Gudrun Schury

Ich wollt, ich wär ein Eskimo

GUDRUN SCHURY, Autorin, Literaturwissenschaftlerin und Dozentin, schreibt u.a. für die Süddeutsche Zeitung, die ZEIT, die Frankfurter Rundschau und die Wiener Zeitung. Ihre Publikationen reichen vom wissenschaftlichen Aufsatz über die Erzählung bis zum unterhaltsamen Sachbuch, darunter »Alles über Goethe« (Aufbau Taschenbuchverlag, 2005) und (zusammen mit Rolf-Bernhard Essig) »Alles über Karl May« (Aufbau Taschenbuchverlag, 2007). Im Aufbau Verlag gab sie »Kängt ein Guruh. Hundert komische Gedichte« heraus.

Seine Zeichenkunst nimmt den Comic vorweg und beeinflusste Walt Disney, seine Gedichte und Erzählungen sind das Gegenteil biedermeierlicher Behaglichkeit, in seinem malerischen Spätwerk stößt er zum Expressionismus vor. Aus ungewöhnlicher Perspektive schaut Gudrun Schury dem Künstler in die Karten. Sie fragt nach Buschs Verhältnis zu den Frauen, zu den Kindern, zu den Tieren, zum Tabak- und Alkoholkonsum (»Jetzt raucht er wieder, Gott sei Dank!«). Sie verfolgt den Weg seiner Bilder vom Bleistift über den Holzstich bis aufs bedruckte Papier. Sie betrachtet Prügelszenen und Todesarten. Und sie befreit den populären Zeichner und Versemacher von Vorurteilen. Nur eines bestätigt sich am Ende: Wilhelm Busch bleibt einzigartig.

Gudrun Schury

Ich wollt, ich wär ein Eskimo

Wilhelm Busch
Die Biographie

aufbau taschenbuch

Mit 42 Abbildungen und 16 Farbtafeln

ISBN 978-3-7466-7071-3

Aufbau Taschenbuch ist eine Marke der
Aufbau Verlag GmbH & Co. KG

1. Auflage 2010

Umschlaggestaltung Originalcover Andreas Petzold
unter Verwendung einer Zeichnung von Wilhelm Busch,
grafische Adaption Mediabureau Di Stefano, Berlin
Druck und Binden CPI – Clausen & Bosse, Leck
Printed in Germany

www.aufbau-verlag.de

Inhalt

Promenade Wilhelm Buschs Lebensweg 7

Erstes Bild Der Untergang des letzten Sterns 11

Promenade Kindheit in Wiedensahl 16

Zweites Bild Es saust der Stock, es schwirrt die Rute 23

Promenade Als Schüler und Student 32

Drittes Bild Landschaft mit Rotjacke 47

Promenade Umgang mit Wappen und Bienen 56

Viertes Bild Ut ōler Welt 64

Promenade In München 68

Fünftes Bild Der Virtuos 77

Sechstes Bild Der Stecher 87

Siebtes Bild Böse Buben 95

Promenade Neue Regierung, neue Stadt 114

Achtes Bild Antonius, Helene & Co. 130

Promenade Von der Müllerin zur Mühle 162

Neuntes Bild Abenteuer eines Junggesellen 171

Zehntes Bild Das Waisenhaus 206

Elftes Bild Lebendige Dinge, tote Tiere 219

Promenade Rückzug – München und Wiedensahl 236

Zwölftes Bild Pfüht, Mäh, Klirrbatsch 257

Dreizehntes Bild Der große Maler mit der kleinen Mappe 266

Promenade Spaziergänge eines Privatiers 274

Vierzehntes Bild Der denkende Punkt 288

Promenade Nach Mechtshausen 309

Fünfzehntes Bild Jetzt raucht er wieder, Gott sei Dank! 320

Sechzehntes Bild Todesarten 330

Anhang
- *Wilhelm Busch:* Was mich betrifft – Von mir über mich 347
- Chronik 369
- Nachweis der Zitate 372
- Literaturverzeichnis 397
- Dank 399
- Register 400
  - Personenregister 400
  - Werkregister 405
- Abbildungsverzeichnis 409

Promenade
Wilhelm Buschs Lebensweg

Die Idee hatte er in der Kunstakademie von St. Petersburg. Eine Ausstellung zu Ehren seines verstorbenen Freundes Victor Hartmann wollte er atmosphärisch festhalten. Und so schilderte er in vier »Promenaden« den Gang des Betrachters durch die Säle, in zehn »Bildern« dessen Eindrücke vor den Kunstwerken. Das ungewöhnliche Opus wurde viele Jahre später zum Welterfolg.

Während im Frühjahr 1874 Modest Mussorgski also seinen Klavierzyklus »Bilder einer Ausstellung« komponierte, arbeitete Wilhelm Busch an der Fertigstellung zweier Bücher. Für »Dideldum!« musste er Zeichnungen auf die Druckstöcke übertragen, für »Kritik des Herzens« Gedichte zusammenstellen und seinem Verleger schicken. Beide Werke gehören nicht gerade zu seinen bekanntesten. Viele Leser wissen gar nicht, dass Busch außerhalb der Bildergeschichten dichtete. Da geht es ihnen nicht besser als seinen Zeitgenossen. Berühmt war Busch längst, aber eben für den »Hans Huckebein«, für die »Fromme Helene«. Was der querköpfige Autor in seinem niedersächsischen Dorf schrieb und zeichnete, sah man erst, wenn es in den Buchläden lag. Den Künstler selbst bekam man selten zu Gesicht. Wie wenig man bis zum Schluss von ihm wusste, beweist der Nachruf in der Berliner »Woche« vom 18. Januar 1908, neun Tage nach Buschs Tod. Zwar attestierte man ihm dort, ein Klassiker zu sein, aber weder in der Schriftstellerei noch in der bildenden Kunst. Als Dichter habe er »zwar recht Hübsches, aber durchaus Unerhebliches geleistet«, und von »malerischen und zeichnerischen Versuchen« wisse man rein gar nichts. Diese »malerischen und zeichnerischen Versuche« bestehen aus rund tausend Gemälden und rund zweitausend Zeichnungen.

Wie konnte einer der populärsten Künstler seiner Zeit nur so unbekannt bleiben? Er wollte es nicht anders. Er verbarg sein Leben vor denen, die es nichts anging. Einer seiner Freunde schrieb über den 46-Jährigen: »Er ist schon mehrfach todtgesagt worden, und man hat an seinen Tod geglaubt, weil man von seinem Leben so wenig weiß [...] von den deutschen Berühmtheiten gibt es wol keine einzige, die mit ihrer Person so wenig an die Oberfläche getreten wäre wie der Verfasser von ›Max und Moritz‹.« Außer etlichen geschäftlichen Schreiben seines Verlegers Otto Bassermann verbrannte Busch sämtliche an ihn gerichtete Briefe. Falls er als Erwachsener immer noch Tagebuch schrieb, so hat er auch das vernichtet. Er hielt die greifbare Existenz eines Menschen für nicht so wichtig.

Das überzeugt, befriedigt aber nicht die Neugier. So gern wüsste der Leser doch, wie es sein Autor mit der Liebe hält, mit den Honoraren und dem Sport. Ob er gern reist. Gern lacht. Gern in die Oper geht. Was er von den Sozialisten hält. Wo er sein Bier trinkt. Ob er alles selbst erlebt hat, was er schildert. Und wann sein nächstes Buch erscheint.

Einer von den Neugierigen war Eduard Daelen. Der »Mann im Bart«, wie Bartträger Busch ihn abschätzig nannte, hatte nicht lange nachgefragt und 1886 eine »lustige Streitschrift« veröffentlicht: »Über Wilhelm Busch und seine Bedeutung«. Eine Lanze wollte er brechen für den verschmitzten Humoristen, poetischen Großmeister und titanischen Kulturkämpfer. Doch Busch »was not amused«. Da hatte sich einer erfrecht, in seinem Leben herumzukramen und dem Publikum Details aufzutischen. Noch dazu hatten sich »Ungenauigkeiten unter die Tinte gemischt«, ja der selbsternannte Biograph war zum Märchenerzähler geworden. Busch gingen dessen »Flüchtigkeiten, Unrichtigkeiten, Taktlosigkeiten« sowie die »Veröffentlichung der persönlichen Karikaturen und derben Privatspäße« entschieden zu weit. Er reagierte mit einer kurzen Selbstdarstellung – und noch mehr Verschwiegenheit. Zu Lebzeiten traute sich kein Biograph mehr an ihn heran. Man tat ihm damit den größten Gefallen und begnügte sich zwangsläufig mit dem Werk. Dass man bei dessen Interpretation ohne seine Hilfe arg im Dunkeln tappte, kümmerte ihn nicht.

Die Reserviertheit des Wilhelm Busch – kein unsympathischer Zug in einer Zeit, in der man biographischen Nichtigkeiten von

Leuten ausgesetzt ist, deren einziger Beruf »Prominenz« ist. Und doch bleibt die Neugier. Wie kam so ein Krämersohn dazu, Bildergeschichten zu ersinnen? Was schätzte er an seinem Dorf auf dem platten Land? Warum heiratete er nie?

Sich Buschs Leben beschreibend zu nähern ist ein Wagnis. Selbst die Papiere und Erinnerungsstücke, die der Vernichtung entgingen, sind keine Protokolle seiner Existenz. Auch eine Autobiographie ist Literatur. Ein Brief enthüllt nur so viel, wie sein Verfasser will. Das Ölgemälde ist immer Interpretation und die Fotografie ein gewollter Ausschnitt der Wirklichkeit. Den »authentischen« Busch wird es also nicht geben.

Will man Wilhelm Buschs Unmut über die »gewöhnlichen biographischen Schreibereien, die naturgemäß entweder lügenhaft, langweilig oder indiskret sind«, ernst nehmen, so bleibt nur ein Weg: ehrlich, kurzweilig und diskret zu sein. Wir können ihm nahekommen, dürfen ihm aber nicht auf den Pelz rücken. Wir müssen misstrauisch bleiben bei den Deutungen, die dieser Pelz erfahren hat, vom Autor selbst, von seiner Familie, vor allem aber von seinen Bewunderern. Während die einen vor der Kostbarkeit des Goldenen Vlieses auf die Knie sanken, vermuteten die anderen den Wolf im Schafspelz, suchten die dritten Läuse. Und Busch selbst? Strich sich den Bart und nannte das Schreiben über ihn eine »unverdient liebenswürdige Vivisection des Karnickels«. So grausam liebenswürdig will keiner sein.

So wird denn stattdessen der Versuch unternommen, Modest Mussorgskis Verfahren heute noch einmal anzuwenden: Buschs Leben als Museum, die vorliegende Biographie als Erkundung desselben. Die »Promenaden« verfolgen seinen Lebensweg treppauf, treppab, in geraden und krummen Linien, auf Ab- und Umwegen. Sie haben das Tempo des Flaneurs und das Tempus der Vergangenheit. Die »Bilder« dagegen laden ein zum Verweilen bei einem Sujet, zum Vergleichen und Tiefblicken. Sie holen ihren Gegenstand in die Gegenwart.

Aus einem dieser Bilder stammt der Titel der ganzen Ausstellung. »Ich wollt ich wär ein Eskimo«, so seufzte Wilhelm Busch in einem Schreiben vom 12. Februar 1875. Viel lieber wäre er selbst statt des Briefes nach Frankfurt gereist. Doch alles war so schwierig geworden. Die verehrte Bankiersgattin war für ihn unerreichbar, er hatte längst die Stadt verlassen und kehrte nur noch manchmal als Besucher in ihrer Villa ein. Keiner weiß, was vorgefallen war zwischen den beiden, die sich gegenseitig »Onkel« und »Tante« nannten, als Wilhelm Busch schrieb:

Liebe Tante!

Ihre freundlichen Zeilen und die der Kinder erhielt ich heut Mittag. – Sie vertraun dem milden Einfluß der Zeit. Wohl und gewiß! Aber doch, derweil wir wandeln, geht all das Gute, was wir nicht gethan und all das Liebe, was wir nicht gedurft, ganz heimlich leise mit uns mit, bis daß die Zeit *für dieses Mal* vorbei. Es weht der Wind; das Schneegestöber hüllt mir Wald und Feld und Garten ein. Ich wollt ich wär ein Eskimo, säße hinten am Nordpol, tief unter der Schneekruste, tränke Leberthran und könnte mich wärmen, an Was ich möchte.

Bei Ihnen brennt's Feuer im Kamin. Da säß ich auch recht gern.

Ihr W. B.

Tausende von Kilometern weit weg siedelt Wilhelm Busch seine Utopie an: Ja, am Nordpol, da herrscht die wilde Natur, mit Schneekruste, Lebertran und was man erträumt. Da könnte er sich in einem Iglu an die Geliebte schmiegen! Die zivilisierte Variante aber heißt: Kaminfeuer statt Körperwärme, sitzen statt »Was ich möchte«.

Das Bild ist typisch für Busch. Er, aus dem kein Draufgänger werden mochte, zog sich ins Reich der Denkbarkeiten zurück. Dort pflegte er das, was er am besten konnte: zusehen und kommentieren. Er nannte den Posten »Maulwurfshügel allerschärfster Betrachtung«. Von dort oben beobachtete er das Treiben ringsumher. »Und wär's nur ein Maulwurfshaufen – Fernsicht«, notierte er auf einen Zettel.

Erstes Bild
Der Untergang des letzten Sterns

Das Land verharrt respektvoll erschüttert: Der Meister ist tot. Bis sich die Nachricht verbreitet, dauert es eine Weile, doch dann überbieten sich die Gazetten im Kränzeflechten. »Er war der Gegenstand einer Art von Cultus und er hatte sich gern dieser Rolle von Gottheit hingegeben«, so steht es in den »Literarischen Blättern der Börsenhalle«. Die »Abend-Zeitung« beklagt, dass mit ihm der letzte Stern untergegangen sei: »Ja wohl! untergegangen! – Der letzte!« In einem anderen Blatt dichtet man: »Auf Dich blickt stolz manch kommendes Jahrhundert, / Uns glücklich preisend, die wir Dich bewundert. [...] / Wer Deiner Größe Spuren je ermessen, / Weiß, dass Du fortlebst, *ewig unvergessen*!« Der lyrische Nachruf steht im »Weimarischen Wochenblatt«. In der Folge erscheinen unzählige Totenreden, Totengesänge, Totenwürdigungen, Totengedichte, Totengespräche und Berichte über die Totenfeier. Es ist unübersehbar: Goethe ist tot. Am 22. März 1832 »am Stickfluß in Folge eines nervös gewordenen Katarrhalfiebers« gestorben. Nichts ist mehr wie früher, eine Epoche unmissverständlich vorbei. Heinrich Heine konstatiert das Ende »der Goetheschen Kaiserzeit«. Nun sei Platz für neue Dichter, den »jungen Wald, dessen Stämme erst jetzt ihre Größe zeigen, seitdem die hundertjährige Eiche gefallen ist, von deren Zweigen sie so weit überragt und überschattet wurden«.

Wie weit aber ragt, wie weit schattet diese Eiche? Was die Feingeister in jenem Frühjahr 1832 erschüttert, ist für die Arbeiter und Bauern nur eine Bestätigung: Die da oben, die Reichen, Berühmten, Umschwärmten müssen auch mal sterben. Während man in Weimar trauert und allerorten dem Verewigten ins Elysium hinterherdichtet, bleiben die Sorgen der kleinen Leute irdisch: das Wetter, die Schufterei, der Preisanstieg.

Nicht anders in dem kleinen Ort Wiedensahl, etwa 40 Kilometer westlich von Hannover. Gut 800 Leute leben zu jener Zeit in dem Straßendorf, verteilt auf 130 Häuser. Die Untertanen des Königreichs Hannover sind Gutsbesitzer, Bauern, Hirten, Tagelöhner, Knechte oder Mägde. Sie üben das Handwerk des Müllers, Wagners, Stellmachers, Schmieds, Leinewebers, Schneiders, Schuhmachers, Lohgerbers, Schlachters, Tischlers, Zimmermanns, Drechslers, Böttchers, Brauers oder Brenners aus. Dazu kommen der Pastor, der Küster, der Lehrer, der Wundarzt, der Bader, der Apotheker und einige Kaufleute. Die Frauen spinnen, nähen, stricken, arbeiten in der Küche, im Stall und auf dem Feld, versorgen Kinder und Eltern. Wer nicht Bauer ist, hat zumindest nebenbei eine kleine Landwirtschaft, ein paar Stück Vieh, einen Obst- und Gemüsegarten.

Die Gegend im Urstromtal der Weser ist seit 4000 Jahren besiedelt. Inmitten dichter Wälder hatten sich an einem Tümpel die ersten Menschen eingefunden; das kostbare Wasser nennen sie »Wedem Sol«, heiliger Teich. Die Christen bauen vor 1000 Jahren die erste Kapelle, langsam wächst ein Hagenhufendorf. Seit Mitte des 13. Jahrhunderts gehört Wiedensahl der Kirche, nämlich dem Kaiserlich Freien Stift zu Loccum, dem die Einwohner den Zehnten zu leisten haben.

Zwischen 1628 und 1660 fordert der Hexenwahn seine Opfer. Vor dem Stiftsbezirksgericht Loccum bekennen sich insgesamt 42 Personen unter der Folter der Zauberei sowie Teufelsbuhlerei schuldig. 1631 gibt es drei Prozesse. Die »Hexen« Margarethe Denkers, Ursula Botterbrodts und Katherine Buers, die man »mit dem Schwerdt vom Leben zum Tod« bringt und anschließend verbrennt, stammen alle aus Wiedensahl.

Ein paar tote Schafe auf der Weide und schwitzende Pferde im Stall des Wiedensahlers Curt Wilkening genügen, dass am 1. September 1659 eine Schrift an die »Assessores und Conventuales deß freyen Kayserlichen Stiftß Lockumb« gerichtet wird. Verfasst hat sie der Bürgermeister von Wiedensahl mit seinem ganzen Rat, 21 würdigen Herren. Sie heißen Arendt Dreyer oder Fritze Peck oder Hinrich Buer oder Johan Bolte. Die Witwe Gese Köllars aus Wiedensahl, steht in dem Schreiben, habe täglich den Verdacht bestätigt, den man schon lange gegen sie hege: »des abscheulichen, und teuflischen Lasters, der Zauberey«. Sie habe für den Tod der Schafe gesorgt, habe die Pferde in Schweiß ausbrechen lassen und ihrem Nachbarn Wilkening »in sein Haus, und absonderlich in die Schlafkammer, Unscheußliche Ungeziefer, als Aydexen in zimblicher Menge gewiesen«. Diese Verfehlungen seien nur der Anfang vom Ende, denn im Grunde werde damit die Obrigkeit und die ganze christliche Gemeinschaft beleidigt, Mensch, Vieh, Feld- und Baumfrüchte beschädigt und überhaupt alles erdenkliche Unheil heraufbeschworen. Man bitte also um Gefangennahme und Tortur der verdächtigen Person. Der Rat gebe auch gern einen Zuschuss zu den anfallenden Kosten.

In der Gerichtsverhandlung sagt Gese Köllars aus, dass sie eine gottesfürchtige Frau sei. Der Nachbar Curt Wilkening habe seine Pferde beim »Kohlenholen und Eisenfahren« so geschunden, dass ihr Schwitzen kein Wunder sei. Und im Übrigen habe er schon lang einen Hass gegen sie gefasst, »weil sie ihm nicht zu Willen gewesen, als er sie verschiedentlich belästigt habe«.

Man lädt neue Zeugen aus der Gemeinde. Sie bestätigen Eidechsen, sprechen vom »schwarzen Mann«, klagen Gese Köllars des Hostienfrevels, des Menschenbehexens und Feuerzaubers an. Es folgt eine Konfrontation der Angeklagten mit den Zeugen, dann eine Befragung in Gegenwart des Scharfrichters unter Weisung der Folterwerkzeuge, dann eine erste Folter. Gese Köllars beteuert immer noch, dass sie nicht zaubern könne und ein reines, gottesfürchtiges Herz besitze. Man solle nur die Wasserprobe mit ihr machen. Am 24. Februar 1660 um die Mittagszeit führt der Scharfrichter die Wasserprobe durch. Dreimal wird Köllars ins Wasser geworfen, davon zweimal gefesselt. Jedes Mal schwimmt sie oben. Die Richter sind ratlos, wenden sich an die nächsthöhere Instanz. Diese entscheidet, Gese Köllars lediglich der Gemeinde zu verweisen. Doch der Rat legt umgehend eine neue Anklageschrift vor. Besonders Curt Wilkening erinnert sich nun an weitere Zaubereien seiner Nachbarin.

Man beginnt mit der peinlichen Befragung. Hände gefesselt auf dem Rücken, Beinschrauben, Verbrennungen. Jetzt gesteht Gese Köllars: Sie habe das Zaubern von ihrer Mutter in ihrem

Haus zu Wiedensahl erlernt, sie habe den Teufel zum Buhlen gehabt, sie habe an Hexentänzen teilgenommen. Das Urteil lautet: Tod durch das Feuer. Freilich begnadigt der Landesfürst die Delinquentin – zum Schwerttod. Am 2. Juni 1660 wird im letzten Hexenprozess des Stifts Loccum die Witwe Gese Köllars aus Wiedensahl enthauptet.

Das Leben der anderen geht weiter. Ganz allmählich setzen sich die Gedanken Friedrich von Spees durch, der in seiner »Cautio Criminalis« die Willkür der Hexenprozesse anprangert. Das Dorf hat jetzt andere Sorgen. Neun Jahre nach Gese Köllars Hinrichtung führt das Kloster Loccum die allgemeine Schulpflicht ein. Aber die Kleinen braucht man zum Weiden der Kühe und Schafe, zur Feldarbeit, als Kinderhüter, zur Pflege der Alten.

Die Zeiten ändern sich, die Abhängigkeiten bleiben: zuerst von den Grundherren, dann von den Umständen – Folgen des Dreißigjährigen Kriegs, Streitigkeiten mit dem Kloster, hohe Abgaben für das Kriegswesen, »Misswuchs, Hagelschaden, Schnecken- und Mäusefraß, ungewöhnliche Dürre oder Nässe«. Die Gesundheit von Wäldern, Äckern, Gärten, Weiden, Arbeitskräften und Vieh entscheidet über das Wohl der Bevölkerung. Das Leben wird bestimmt von den Jahreszeiten und vom Wetter, vom Vieh und vom Ertrag. Bauer Klenke sucht eine Magd. Die Witwe Heumann wurde geschwängert. Pastor Petzold trägt seidene Strümpfe, aber spart sich die Leichenpredigt. 1737 grassieren die Blattern. Mal gibt's eine Hochzeit, mal eine Beerdigung, und jeden Herbst ist Jahrmarkt.

Mitte des 18. Jahrhunderts beginnt für Wiedensahl ein gewisser Wohlstand. Handwerk und Landwirtschaft ernähren gut. Man verwandelt immer mehr Getreidefelder in Kartoffeläcker, man ersetzt die Brache durch Kleeanbau, man verbessert die Geräte zur Flachsverarbeitung, man verfeinert das Düngeverfahren mit Mist, Jauche und Kompost, man intensiviert die Schweinemast mit Eicheln, Bucheckern und Küchenabfällen. Aber das gewohnte dörfliche Gepräge bleibt.

Von 1740 bis Anfang 1832 steigt die Einwohnerzahl Wiedensahls von 704 auf 831 Personen. Am 15. April 1832 steigt sie noch weiter: auf 832. Im Haus des Kaufmanns Johann Friedrich Wilhelm Busch und seiner Ehefrau Henriette Dorothee Charlotte gibt es Nachwuchs.

Ob die Entbindung leicht oder schwer war, ist ungewiss. Ebenso, ob in der 33. Schwangerschaftswoche die Nachricht von Goethes Tod bis in das Haus Nr. 89 vorgedrungen ist. Das Söhnchen nennen sie Heinrich Christian Wilhelm. Geboren drei Wochen, nachdem der »letzte Stern untergegangen ist«, wird sich dieser Sohn später danach sehnen, solch ein Genius zu sein wie Goethe. Seine Bewunderer aber werden ihn komisch finden.

In seinem Werk wird man einmal die alte Heimat wiedererkennen, in der er über 38 Jahre verbringen wird: Wiedensahl mit seinen Stuben und Kammern, Dächern und Zäunen, Apfelbäumen und Hühnern. Und mit seinen braven, bigotten Dörflern, die Dreier oder Bolte heißen, denen die Tonpfeife so gut in der Hand liegt wie der Rohrstock und die böse Buben genüsslich zu Entenfutter zerschroten.

Promenade
Kindheit in Wiedensahl

Will man eine Familiengeschichte aus dem 19. Jahrhundert erzählen, kommen einige Wörter oft vor: »starb früh«, »Witwe«, »zweite Ehe«. Auch bei Wilhelm Buschs Vorfahren ist das so.

1801 war der Wundarzt und Chirurgus Johann Georg Kleine aus der benachbarten Grafschaft Schaumburg nach Wiedensahl gekommen. Seine Frau Amalie war vier Jahre älter als er und bereits Witwe, als er sie heiratete. Er selbst starb im Jahr 1820 mit 45 Jahren an »Auszehrung«, also Tuberkulose. Amalie Kleine blieb, zum zweiten Mal verwitwet, mit drei Kindern zurück. Mit ihrer Tochter Henriette Dorothee Charlotte führte sie den kleinen Kramladen weiter, den sie sich eingerichtet hatten, um die Finanzen aufzubessern. Der Dorfkrämer bot all das an, was nicht selbst geschlachtet, geerntet oder hergestellt werden konnte: Kaffee, Tee, Zucker, Rosinen, Salz, Gewürze, Essig, Branntwein, Heringe, Seife, Tabak, Papier, Tinte, Leder, Scheren, Nähnadeln, Garn, Knöpfe, Gläser, Sensen, Talglichter.

Der Gemischtwarenladen war in einem typisch niedersächsischen Bauernhaus untergebracht, das die Familie Ende 1817 erworben und Anfang 1818 bezogen hatte: ein Fachwerkbau, mit Stroh gedeckt, zur Straße hin eine große Scheuneneinfahrt, nach hinten zum Garten hin die Schlafstuben und Kammern. (Farbtafel 1) Wie bei den Handwerkern und Bauern ringsum fand Leben, Arbeiten und Viehhaltung auf engstem Raum unter einem Dach statt. Der Kaufladen musste genügend für Mutter Amalie, Tochter Henriette und die beiden jüngeren Söhne abwerfen. Dass die Älteste möglichst schnell durch eine Ehe versorgt würde, war eine selbstverständliche Notwendigkeit. Und so heiratete Henriette Kleine mit 19 Jahren den Nachfolger ihres verstorbenen Vaters, Wundarzt Friedrich Wilhelm Stümke. Sie bekam drei Kinder. Keines blieb am Leben. 1829 starb nach siebenjähriger Ehe ihr Mann. Mit 26 Jahren war Henriette Kleine Witwe.

Sie war keine schlechte Partie, und so erscheint ihre zweite Ehe, die sie 1831 einging, folgerichtig. Ihr Bräutigam, der Bauernsohn Johann Friedrich Wilhelm Busch, stammte aus dem westfälischen Dorf Ilvese in der Nähe von Minden. Er hatte eine Ausbildung zum Kaufmann machen dürfen und die Lehrzeit in Loccum verbracht, nur 10 Kilometer von Wiedensahl entfernt. Vielleicht verliebten sich Henriette Dorothee Charlotte, verwitwete Stümke, geborene Kleine, und Johann Friedrich Wilhelm Busch auf dem herbstlichen Kram- und Viehmarkt in Wiedensahl ineinander. Vielleicht lernten sie sich kennen, als er dem Kleine'schen Laden wieder einmal Waren aus Loccum lieferte. Wahrscheinlicher jedoch ist, dass ihre Ehe von den Familien arrangiert wurde, vielleicht mit Hilfe eines Heiratsvermittlers. Eine noch recht junge Witwe mit einem guten Stück Land nebst Kramladen und ein junger Mann, der seine Lehrzeit als Kaufmann hinter sich hatte: Das passte zusammen.

Die Hochzeit fand am 19. Mai 1831 in Wiedensahl statt. Johann und Henriette Busch wohnten nun in ihrem Elternhaus, dem Wiedensahler Anwesen Nr. 89 – freilich nicht allein. Selbstverständlich lebte Henriette Buschs Mutter Amalie Kleine bei ihnen, mindestens ein Knecht und eine Magd, aber das Bauernhaus beherbergte auch noch einen »Altenteiler«. Als Johann Georg Kleine es im November 1817 für 1380 Taler gekauft hatte, gab es eine Bedingung für diesen Kauf: Der bisherige Besitzer solle »vom Käufer als Vater auf- und angenommen« werden, heißt es im Vertrag, solle »Nahrung jeglicher Art« erhalten, »alle benötigten Kleidungsstücke und eine Schlafkammer zur Aufbewahrung seiner Sachen und zur Aufstellung seines eigenen Bettes«. Die junge Ehe zwischen Johann Friedrich und Henriette Dorothee hatte also schon ihre Pflichten. Noch bevor Kinder geboren waren, musste der Erlös aus dem Kramladen bereits für mindestens sechs Personen reichen, mussten das Geschäft, das Haus, der Garten und die Mitbewohner versorgt werden.

Nur zwei Monate vergingen zwischen der Eheschließung und der Zeugung des ersten Kindes. Man darf annehmen, dass die Schwangere bis kurz vor der Geburt weiterarbeitete, wie es da-

Wilhelm Busch: Kücheninneres im Wiedensahler Elternhaus

mals üblich war. Am Palmsonntag, den 15. April 1832, morgens um sechs Uhr, gebar Henriette Dorothee Charlotte Busch ihr viertes Kind, den ersten Sohn in der neuen Ehe, natürlich zu Hause, mit Hilfe einer Hebamme. Vier Wochen später wurde der Junge in der Dorfkirche St. Nicolai evangelisch-lutherisch getauft und erhielt die Namen Heinrich Christian Wilhelm. Bei der Zeremonie trug er ein fragiles Taufhäubchen aus gekräuseltem und besticktem Tüll, das sich bis heute erhalten hat.

Meist versucht man, das Wunder der Geburt mit der Metapher zu fassen: das Licht der Welt erblicken. Wilhelm Busch wird sich später der so bedeutenden wie blutigen Angelegenheit ironisch widmen, indem er schreibt: »Allein man nimmt sich nicht in acht, / Und schlupp! ist man zur Welt gebracht.« Wie salopp dieses »Schlupp« ist, kann man an Zeilen Buschs ablesen, die lauten: »Schlupp! rinnt das Bier durch seine Kehle« oder »Schlupp! sitzt er in der Butterbemme« oder »Schlupp! Ist er im Sack versteckt«. Seine Mutter hätte sicher viel darum gegeben, wenn es mit einem »Schlupp« getan gewesen wäre. Sie wird im Zweijahresabstand weitere sechs Kinder gebären. Von ihren fast 67 Lebensjahren wird sie siebeneinhalb schwanger sein und insgesamt zehn Geburten hinter sich bringen.

Wenig ist zu erfahren über das Leben des kleinen Busch. Zwar schrieb der Erwachsene kurze Autobiographien, doch diese führen nicht tief in den Brunnen der Vergangenheit; die Gefühle muss man oft genug zwischen den Zeilen suchen. Über Vater und Mutter heißt es: »Mein Vater war Krämer; klein, kraus, rührig, mäßig und gewissenhaft; stets besorgt, nie zärtlich; zum Spaß geneigt, aber ernst gegen Dummheiten. Er rauchte beständig Pfeifen, aber, als Feind aller Neuerungen, niemals Zigarren, nahm daher auch niemals Reibhölzer, sondern blieb bei Zunder, Stahl und Stein, oder Fidibus. Jeden Abend spazierte er allein durchs Dorf; zur Nachtigallenzeit in den Wald. Meine Mutter, still, fleißig, fromm, pflegte nach dem Abendessen zu lesen. Beide lebten einträchtig und so häuslich, daß einst über zwanzig Jahre vergingen, ohne daß sie zusammen ausfuhren.« In der zum zweiten Mal überarbeiteten Fassung der Autobiographie, acht Jahre später geschrieben, lautet es dann lediglich: »Ich bin geboren 1832 in Wiedensahl. Mein Vater war Krämer, heiter und arbeitsfroh; meine Mutter, still und fromm, schaffte fleißig in Haus und Garten. Liebe und Strenge sowohl, die mir von ihnen zuteil geworden, hat der ›Schlafittig‹ der Zeit aus meiner dankbaren Erinnerung nicht zu verwischen vermocht.« (Ein Paralleldruck der Autobiographien »Was mich betrifft« und »Von mir über mich« findet sich im Anhang.)

Eine Vorstellung vom Leben der Familie Busch kann man sich nur machen, wenn man zwischen die dürren Begriffe Keile der Phantasie treibt: Was bedeuten das väterliche »nie zärtlich – ernst – heiter – arbeitsfroh« und das mütterliche »still – fleißig – fromm«? Welche Gefühle verbanden Wilhelm Busch wirklich mit dem Vater, und warum verbarg er die Anhänglichkeit an die Mutter, die nur sparsam aus einem zeichnerischen und einem lyrischen Zeugnis in der »Kritik des Herzens« spricht, so tief?

Eine Vorsicht scheint in diesen Lebensbeschreibungen zu walten, niemanden zu verletzen und nicht zu viel von der eigenen Persönlichkeit preiszugeben. Schließlich machte Busch schlechte

Erfahrungen mit »unpaßenden Folgerungen«, die man aus der Charakterisierung seines Vaters gezogen hatte. Von der ersten zur zweiten und schließlich zur dritten Fassung der Autobiographie wird mal mehr, mal weniger stilisiert, weg von der Lebensbeichte, hin zur literarischen Anekdotensammlung. In den kleinen genrehaften Szenen – Buschs oft geübtes Thema in der Malerei – wechselt der Erzähler von der Vergangenheit in die Gegenwart über. Mal spricht er von sich als »Ich«, mal als »Er«, mal als »Du«. Nichts erfährt man über das Familienleben im Wiedensahler Haus, nichts über die Welt des Kramladens, kaum ein Glücksmoment scheint dem Erzähler buchenswert. Wie es drinnen im Herzen aussieht, geht niemanden etwas an: »ich werde mich wohl hüten; ich lasse hier nur ein paar kümmerliche Gestalten heraus, die sich so gelegentlich in meinem Gehirn eingenistet haben, als ob sie mit dazu gehörten.« Umso gewichtiger sind die wenigen Episoden, die Busch aus seiner Kindheit mitteilt. Aber auch ihre Darstellung gehorcht weniger einem entwicklungspsychologischen als vielmehr einem literarischen Muster. Wie diese Geschichten erzählt werden, gemahnt an den poetischen Realismus eines Gottfried Keller, dessen Persönlichkeit erstaunliche Parallelen zu Wilhelm Busch aufweist, dessen Roman »Der grüne Heinrich« Busch aufmerksam las und dessen Kunst er anlässlich der »Züricher Novellen« so charakterisierte: »Er ist einer von den ›Reichsunmittelbaren‹, die das Recht haben, ihre eigenen Münzen zu schlagen, nur förcht ich, die meisten Leut laßen sein Geld durch die Finger gleiten, ohne zu merken, wie apart das Gepräge ist.«

Fast alle Menschen erinnern sich an charakteristische Gerüche, Bilder, Geräusche und Empfindungen ihrer Kindheit. Auch Busch teilt uns so etwas mit: Wie die Großmutter in aller Frühe im Herd Feuer entzündet, wie Wilhelm mit ihr zusammen in der stillen, warmen Küche sitzt. Und: Wie der Vater ihn schlägt. Bezeichnenderweise gibt es nur diese zwei Kindheitserfahrungen, an denen Busch uns teilhaben lässt: »Mein gutes Großmütterlein war zuerst wach in der Früh. […] Als ich sieben, acht Jahr alt war, durft ich zuweilen mit aufstehn; und im Winter besonders kam es mir wonnig geheimnisvoll vor, so früh am Tag schon selbstbewußt in dieser Welt zu sein, wenn ringsumher noch alles still und tot und dunkel war. Dann saßen wir zwei, bis das Wasser kochte, im engen Lichtbezirk der pompejanisch geformten zinnernen Lampe. Sie spann. Ich las ein paar schöne Morgenlieder aus dem Gesangbuch vor. Später beim Kaffee nahmen Herrschaft, Knecht und Mägde, wie es guten Freunden geziemt, am nämlichen Tische Platz. Um diese Zeit meines Lebens passierte eine kleine Geschichte, die recht schmerzhaft und schimpflich für mich ablief. Beim Küster diente ein Kuhjunge, fünf, sechs Jahre älter als ich. Er hatte in einen rostigen Kirchenschlüssel, so groß wie dem Petrus seiner, ein Zündloch gefeilt, und gehacktes Fensterblei hatte er auch schon genug; bloß das Pulver fehlte ihm noch zu Blitz und Donner. Infolge seiner Beredsamkeit machte ich einen stillen Besuch bei einer gewissen steinernen Kruke, die auf dem Speicher stand. Nachmittags zogen wir mit den Kühen auf die einsame Waldwiese. Großartig war der Widerhall des Geschützes. Und so beiläufig ging auch ein altes Bäuerlein vorbei, in der Richtung des Dorfes. – Abends kehrt ich fröhlich heim und freute mich so recht auf das Nachtessen. Mein Vater empfing mich an der Tür und lud mich ein, ihm auf den Speicher zu folgen. Hier

ergriff er mich am linken Flügel und trieb mich vermittels eines Rohrstockes im Kreise umher, immer um die Kruke herum, wo das Pulver drin war. Wie peinlich mir das war, ließ ich weithin verlautbaren. Und sonderbar! Ich bin weder Jäger noch Soldat geworden.«

Der launige Schlusssatz täuscht vielleicht über die Traumatisierung hinweg. Aber wer einmal die Züchtigungsszenen in Buschs Bildergeschichten, in seinen Gemälden und Gedichten zählt, wird das Verlangen spüren, hinter das Heiter-Unbefangene der Memoiren zu blicken. Zusammenfassend schrieb Busch später über das Grundgefühl seiner frühen Jahre: »ich, der in den Kinderjahren die Bangigkeit gründlich studiert hat«. Beide Motive, das des Häuslich-Trauten und das der Prügel, wurden Leitmotive in seinem Werk.

Zweites Bild
Es saust der Stock, es schwirrt die Rute

»Durch die Kinderjahre hindurchgeprügelt.« Was meint dieser Satz, den Wilhelm Busch auf einen Zettel notiert? Handelt es sich um einen Aphorismus, den er in einem seiner Werke verwenden will? Oder fasst er tatsächlich die eigene Kindheit in diesen vier Wörtern zusammen?

So wenig man hier entscheiden kann, ob der Einfall literarischer oder autobiographischer Natur ist, so wenig kann man es für das Gesamtwerk. Übersehen jedenfalls lässt sich das dominante Motiv nicht. Es zieht sich von den ersten Karikaturen für den Künstlerverein »Jung-München« über die großen Bildergeschichten, über Gemälde und Prosaarbeiten bis zu den postum veröffentlichten Gedichten – gemalte Hiebe, gezeichnete Hiebe, gedichtete Hiebe.

Wären da nicht die niederländischen Maler, bei denen man so etwas finden kann, Buschs Behandlung des Themas in den Ölbildern »Die Züchtigung«, »Die Strafe«, »Der Widerspenstige« oder »Frau, einen Jungen am Ohr ziehend« käme einem mehr als merkwürdig vor. Nicht anders als in »Streitendes Bauernpaar« (Farbtafel 9) oder »Der zerbrochene Krug« oder »Zechende Bauern« ist das Züchtigungsmotiv bei Busch ein Reflex auf erlebte Wirklichkeit, die Anlass gibt zu Genreszene und physiognomischer Studie. Statt eines Amorknaben malt er einen »Weinenden Jungen«, statt der Heiligen Familie eine »Frau, ein Kind strafend«. Zweierlei kann man diesen Gemälden ablesen. Erstens: Körperliche Strafe gehört damals zum Alltag. Zweitens: Wilhelm Busch findet das Thema so interessant, dass er es mehrfach behandelt. Eine Schlussfolgerung, der Maler solcher Szenen müsse in seiner eigenen Kindheit Ähnliches erlebt haben, erlaubt das noch nicht. Nur in der Zusammenschau mit weiteren Indizien wird man stutzig.

Noch weit häufiger als mit dem Pinsel rückt Busch der Züchtigung mit Bleistift und Feder nahe – in seinen Bildergeschichten.

Mit einer gewissen Lust scheinen die Exekutionen vor uns ausgebreitet, einer Lust am drastischen Motiv wie an der Provokation unseres erzieherischen Gewissens. Denn nur vordergründig ist ja nach dem Schlagen die Welt wieder in Ordnung. Weder der prügelnde Mann noch das geprügelte Kind rufen unseren Gerechtigkeitssinn auf den Plan. Irgendwie haben die kleinen Racker eine Abreibung verdient, irgendwie versteht man die Wut der gereizten Erwachsenen. Und doch empört sich alles gegen die leibliche Abstrafung.

Sie gerät Busch sogar immer wieder in die Lyrik. Dieselbe Bewegung vom Gemütlichen zum Fürchterlichen, welche Buschs anfänglich zitierte Notiz kennzeichnet, findet sich auch im Gedicht »Hinten Herum«:

Ein Mensch, der etwas auf sich hält,
Bewegt sich gern in feiner Welt,
Denn erst in weltgewandten Kreisen
Lernt man die rechten Redeweisen,
Verbindlich, aber zugespitzt,
Und treffend, wo die Schwäre sitzt.
Es ist so wie mit Rektor Knaut,
Der immer lächelt, wenn er haut.
Auch ist bei Knaben weit berüchtigt
Das Instrument, womit er züchtigt.
Zu diesem Zweck bedient er nämlich,
Als für den Sünder gut bekömmlich,
Sich einer schlanken Haselgerte,
Zwar biegsam, doch nicht ohne Härte,
Die sich, von rascher Hand bewegt,
Geschmeidig um die Hüfte legt.

Nur wer es fühlte, der begreift es:
Vorn schlägt er zu und hinten kneift es.

Busch hält weder viel von den lächelnden Züchtigern noch von den vornehmen Herren. Die ersten Sadisten, die zweiten Sünder, denen man »biegsam, doch nicht ohne Härte« die Wahrheit mit einem Hieb um die Hüfte legen muss.

Besonders im Spätwerk sind sie zu finden, die Auseinandersetzungen mit den »gebornen Flegeln« und ihren Erziehern, die ihnen die »Rücksicht kräftig einzubläun« bestrebt sind. Unter der Überschrift »Nicht Artig« geht es, ebenfalls in der Lyriksammlung »Zu guter Letzt« von 1904, um uns »Welt- und Menschenkinder«, die »ja von Natur keine Engel« sind. Da hilft nur eins:

Es saust der Stock, es schwirrt die Rute.
Du darfst nicht zeigen, was du bist.
Wie schad, o Mensch, daß dir das Gute
Im Grunde so zuwider ist.

Eine Lösung ist das nicht. Weiterhin wird der Mensch nicht zeigen dürfen, was er ist, und weiterhin – Stock hin, Rute her – wird ihm das Gute im Grunde zuwider sein. Trotzdem geistern überall die Schlaginstrumente in Buschs Werk herum, so auch in der Erzählung »Eduards Traum« von 1891, in der vom »ganz verflixten Stock« des Schulmeisters die Rede ist: »Hier vorne schlägt er hin und da hinten kneift es!! Dieser heimtückische Stock stammte vermutlich aus der nämlichen Hecke, wo die abscheulichen Menschen ihre ironischen Gerten schneiden, die auch im-

mer so hintenherum kommen.« Selbst nach Buschs Tod erscheint noch ein Gedicht, das mitten im schönsten Preisgesang des Birkennutzes folgende Strophe enthält:

Von Birken eine Rute,
Gebraucht am rechten Ort,
Befördert oft das Gute
Mehr als das beste Wort.

Warum nur ist Wilhelm Busch – gleich einem anderen Publikumsliebling des 19. Jahrhunderts, nämlich Karl May – so besessen von dem Thema der Prügelstrafe?

Man darf seine Obsession für diesen Teil der »Erziehung« weder als Ausdruck von Perversion noch als soziale Anklage verstehen. Die Kinder, deren Hintern er verhauen lässt, sind schließlich nur Papierkinder, und die Prügler sind Papierprügler. Beide wollen beim Leser keine Parteilichkeit wecken, sondern Nachdenklichkeit und Erheiterung: »Das Leiden, die Marter hat [...] etwas *schauderhaft Anziehendes*, es bewirkt Grauen und Ergötzen zugleich.« Weil diese Leiden und Martern immer die scheinbar Schwachen treffen, lösen sie bei ihrem Betrachter starke Emotionen aus. Er erinnert sich, ist schadenfroh oder empört.

Die Rollen sind stets gleich verteilt. Wer schlägt? Immer die Erwachsenen. Wen? Meistens Kinder, mal ein paar Bauern, mal einen Jesuiten, mal einen Affen. Womit? Mit Stock, Rute, Gerte. Wohin? Bevorzugt auf das Hinterteil. Warum? Zur Bestrafung, zur Erlangung von Disziplin, zur Wiederherstellung der Ordnung. Oder zur Prophylaxe. Statt eine falsche Verdächtigung zuzugeben und sich zu entschuldigen, redet sich der strafende Erwachsene mit dem Gießkannenprinzip heraus. Daran erinnert sich noch der 43-jährige Busch lebhaft: »Als Junge kriegt' ich mal Hiebe und *nicht* mit Recht. ›Kann nicht schaden! hieß es. Die sind für Das, was man nicht weiß!‹« Man schlägt, wenn etwas oder wenn nichts vorgefallen ist, und sicherheitshalber, bevor etwas vorfallen kann. »Küster Bokelmann, der Meister der Schule«, heißt es in der späten autobiographischen Erzählung »Meiers Hinnerk« von 1907, »besaß einen kniffigen Rohrstock, der die schlummernden Seelenkräfte, selbst im voraus, vorzüglich zu ermuntern verstand.« Der Satz ist voll genüsslicher Ironie, die einen bitteren Beigeschmack hat. In der irrigen Annahme, die Seele werde moralisch aufgerüstet, bedient sich der Schulmeister, der noch dazu ein kirchliches Amt versieht, der Züchtigung als Erziehungsinstrument. Was er mit den Schlägen erreichen möchte, sind Kinder, die funktionieren wie kleine Erwachsene, angepasst an deren Vorstellung von »Seelenkraft«. Nun ist Busch aber vom notwendigen Scheitern dieser Bemühungen überzeugt. All seine Prügelszenen legen in drastischer Weise dar, wie er den Menschen sieht – als Ansammlung von Lastern, deren niemand Herr wird: »Unser Herrgott hat wunderliche Schüler in seiner Klaße. Gute Lehren thun's selten allein. Ein Tupfer auf den Schädel, zwei Zupfer am Ohr, drei Stupfer in die Rippen sind meist erst nöthig bis der Schlingel fein still auf dem Platze sitzt, der ihm zukommt, sei's oben oder unten.« Offenbar, so Buschs Erfahrung und pessimistische Weltsicht, ist der Mensch von Natur aus böse und kann höchstens bestraft, aber nicht gebessert werden: »Ist Leidenschaft das Wesen der Welt, so werden Schläge wohl mehr wirken als Worte.«

Wenn Wilhelm Busch ein Thema durch sein ganzes Werk hindurch verfolgt, es malt, zeichnet und bedichtet, es in Briefen und Notizen behandelt, so darf man es getrost als Lebensthema bezeichnen. Verwundet und beschämt durch die Züchtigungen, die ihm als Kind widerfuhren, fällt ihm doch keine andere Maßnahme gegen die natürliche Unbändigkeit des Kindes ein.

In seiner Bildergeschichte »Abenteuer eines Junggesellen« von 1875 führt er zuerst eine Art Reformpädagogik vor. Der Junge Kuno Debisch begeht eine widerwärtige Büberei: Statt eine Flasche Bordeaux unversehrt aus dem Keller zu holen, leitet er von ihrem Inhalt etwas »in sich selbst herüber«, füllt das Fehlende an der Regenrinne auf und sorgt so für eine Wein-Taubenmist-Spatzenbaby-Bowle. Sein Vater, Rektor Debisch, bestraft ihn jedoch anders als gedacht. Er folgt seinem Erziehungsprinzip: »Oberflächlich ist der Hieb. / Nur des Geistes Kraft allein / Schneidet in die Seele ein.« Statt den Sohn zu verprügeln, verweist Debisch (niederdeutsch für »Tölpel«) ihn bloß des Zimmers, was bei diesem nur ein triumphales Grinsen zur Folge hat.

Aber es geht auch anders. Auf seiner Kavalierstour erlebt Knopp kurz darauf das genaue Gegenteil solcher gewaltfreier Pädagogik. Wieder ist der Erziehungsberechtigte mit einem sprechenden Namen versehen: »Druff hat aber diese Regel: / Prügel machen frisch und kregel«. Er ist Verfechter der prophylaktischen Methode, des Schlagens »vor der That«. So wird vor dem harmlosen Ausflug zu einem Schützenfest Sohn Franz erst einmal verhauen. Und weil dieser die Strafe bereits kassiert hat, fühlt er sich zu Bosheiten berechtigt, was seinen Vater wiederum in der vorsorglichen Züchtigung bestätigt – und so weiter.

Sieben Jahre nach dieser Bildergeschichte greift Busch das Erziehungsthema noch einmal auf, diesmal bleibt es nicht Episode. Sehr geschickt bereitet er in »Plisch und Plum« den emotionalen Boden vor: Wer könnte sein Mitleid versagen, wenn zwei süße Hundewelpen ertränkt werden sollen? Und nun rollt vor dem Betrachter eine zweifache Bildungsgeschichte ab: die der geretteten Hunde Plisch und Plum, die der rettenden Knaben Paul und Peter. Sie ist eine einzige Beweiskette des Axioms, dass man alle Lebewesen, wiewohl sie von Geburt an zur Schlechtigkeit neigen, durch Abrichtung in die Gesellschaft einpassen kann. Sowohl das Hunde- wie das Brüderpaar erfahren zunächst eine gutmütige Duldung ihrer Streiche. Höchstens straft man sie durch Schweigen, was natürlich keine Besserung bewirkt. Erst angesichts heillosen Küchendesasters, angerichtet von Hunden und Kindern, wird die bisher gepflegte Erziehungspraxis korrigiert: Plisch und Plum kommen an die Kette, Paul und Peter vor den Katheder. Nun bedarf es keiner großen Widerspenstigkeit, um Opfer der Schulmeisterpädagogik Magister Bokelmanns zu werden. Kaum spürt er einen Anflug von Spott bei seinen Schülern, da:

Flugs hervor aus seinem Kleide,
Wie den Säbel aus der Scheide,
Zieht er seine harte, gute,
Schlanke, schwanke Haselruthe,

Faßt mit kund'ger Hand im Nacken
Paul und Peter bei den Jacken
Und verklopft sie so vereint,
Bis es ihm genügend scheint.

Der Miene Bokelmanns ist zu entnehmen, dass er zu den Prophylaktikern gehört. Von Anfang an steckt ihm die »harte, gute, schlanke, schwanke Haselruthe« in der Scheide seines Oberrocks, um beim kleinsten Anflug von Unbotmäßigkeit ausgepackt und mit Lust angewendet zu werden. Das Ergebnis ist erschreckend. Nicht etwa – wie es anständigen Lausbuben geziemt – rächen sich Paul und Peter an dem Zuchtmeister, indem sie ihm zum Beispiel die Pfeife mit Pulver stopfen oder wenigstens Maikäfer ins Bett schütten. Nein, kaum sind sie geprügelt worden, stehen die beiden als geschniegelte, gestriegelte Musterknaben da, wie sie das Erbauungsbuch nicht besser erfinden könnte. Und noch eine unangenehme Pointe hält die Bildergeschichte bereit, jene Radfahrer-Mentalität, die nach oben buckelt und nach unten tritt. Der Bokelmann'sche Dressurakt wird von den Jungen sofort an ihre Hunde weitergegeben. »Ganz wie Bokelmann verfuhr«, bekommen Plisch und Plum die Haselrute zu spüren, was auch bei ihnen zum gewünschten Erfolg führt. So wie Peter und Paul nun mit Hut und weißem Kragen umhergehen, tragen ihre Hunde jetzt Halsbänder, ganz wie jene sind sie »streng gewöhnt an das Pariren«. Durch Schläge zum Apportieren abgerichtet, gelingt den einst unzähmbaren Hunden die Rettung von Hut und Fernrohr eines reichen Engländers aus einem Teich und in Folge dessen der Wechsel zu diesem neuen Herrn um den Preis von 100 Mark. Das Geld steckt Vater Fittig ein, dessen einziges Verdienst es war, seine Söhne der Prügelpädagogik zu überantworten. Ende gut, alles gut, Hunde brav, Kinder brav.

Lässt man noch einmal die in Buschs Werk ausgebreiteten Erziehungsmethoden Revue passieren, bleibt man ratlos. Sanftmut und Schonung verführen Kinder zu fortgesetzten Missetaten, ja befördern ihre Frechheit. Schmerzhafte Strafen machen sie entweder zu verstockten Bösewichtern, die nichts mehr erschüttern kann, oder zu Zirkustieren, die aus Angst vor Schlägen lächerlich genau erfüllen, was die Dompteure von ihnen verlangen. Das Resultat der pädagogischen Bemühungen sind unverbesserliche Schlingel, charakterlose Marionetten oder tote Kinder wie in »Max und Moritz« und manch anderer Bildergeschichte. Die Schuld liegt, weil sie im Menschen als Naturtrieb angelegt ist, sowohl bei den ungezogenen Kindern wie bei ihren sadistischen Erziehern, die wohl selbst einmal ungezogene Kinder waren. Kann denn als Rezept wenigstens geistige Einwirkung empfohlen werden?

Wilhelm Busch liebt solche Alternativen nicht. Sie entsprechen nicht seinem Weltbild. Seine Sache ist nicht das Bewerten, sondern das Konstatieren. Er konstatiert, dass »wir nicht viel taugen ›von Jugend auf‹«, dass Strafe sein muss, aber meist nichts nützt. Dem angeborenen Bösen im Menschen, protestantisch gesprochen: der Erbsünde, ist sowieso nicht beizukommen. »Ich mache keine Ausnahme«, schreibt Busch, »von dieser allgemein menschlichen Niederträchtigkeit, derentwegen ich mich selber zu bedauern habe. Eine Folge dieser Herzensschlechtigkeit ist natürlich die *Freude* an den Widerwärtigkeiten, welche demjenigen mitunter zu begegnen pflegen, der auf dem Pfade des Lasters wandelt.« Also kann er nur beobachten. Und zeichnen und malen und dichten.

Busch wird als Mann nicht gutgeheißen haben, was er als Knabe anstellte. Er hielt die erhaltene Strafe vermutlich für gerecht: »Ich *glaube* […], daß wir haftbar sind für unser Thun und Sein; besonders für das Letztere, welches das Erste ist. – *So sind* wir, *so* ist unser Charakter: eine ganz bestimmt geartete Kraft. Er kommt in's Handgemenge mit andern Kräften; man handelt; das Resultat erfolgt mit Nothwendigkeit; und wenn wir auch im Rechte sind, so thut uns dennoch zuweilen der ›*Rücken*‹ weh. Man leidet eben, weil man da ist; das ist die Kern- und Wurzelsünde.« Trotz der intellektuellen Einsicht in die Sündhaftigkeit aller Kreatur, in die Notwendigkeit von Handeln und Vergelten vergisst Busch die Hiebe seiner Kindheit nicht. Der »Rücken«, also der verlängerte, tut ihm zuweilen noch weh.

Als Künstler steht ihm freilich ein hervorragendes Bewältigungsmittel zu Gebot: bannen statt verdrängen. Soll doch die ganze Mensch- und Tierheit eine Manifestation des natürlich-sündhaften Lebensdrangs sein! Er wird sie karikieren, er wird sie entlarven, er wird die Schläger wie die Geschlagenen zum Lachen bringen. Er wird sich nicht darum scheren, was die Pädagogen empfehlen, denn dazu »ist er nicht genugsam dressiert«.

Promenade
Als Schüler und Student

Wollte man der elterlichen Prügelpädagogik entkommen, war die Schule der falsche Ort. Bis in die zweite Hälfte des 20. Jahrhunderts hinein galt dort die Maxime: Kann nichts schaden – hie und da und immer wieder zu schlagen. Stellt man sich einen Dorfschullehrer zur Zeit des jungen Wilhelm Busch vor, gehört auf jeden Fall ein Rohrstock dazu. Mit ihm war der Takt aufs Pult zu schlagen, wenn die Kinder Verse lernten, und schnell konnte man sich mit ihm Respekt verschaffen. Dennoch waren gewisse Ideen der Reformpädagogik bis in die Provinz vorgedrungen, und man versuchte, den Unterricht ein wenig kindgerecht zu gestalten.

Wilhelm Busch erhielt seine Ausbildung zunächst bei Friedrich Konrad Bohnhorst. Er war der erste Dorflehrer, der auf seine Tätigkeit in einem Seminar vorbereitet worden war. Aber auch er hatte sich an Richtlinien zu halten, die Einblick in das geben, was man damals als wertvollen Lernstoff betrachtete. Er solle »hauptsächlich auf den Religions-Unterricht und auf die Erlernung recht vieler lehrreicher Bibelstellen« achten, »weil der Landmann und insbesondere der Wiedensahler im Grunde viel auf seine Bibel halte«, den Schülern außerdem »den Kirchensang, das Lesen, Schreiben und Rechnen« beibringen und auch den »Gesang gemeinnütziger Volkslieder« nicht vergessen. »Anderweitige gemeinnützige Kenntniße« brauche er nur »gelegentlich« zu vermitteln, denn er müsse schließlich »Zeit genug zu dem Wichtigsten, dem Religionsunterricht, behalten«.

Die 1818 neu errichtete Schule von Wiedensahl hatte einen Klassenraum von ungefähr 66 Quadratmetern mit sieben Fenstern. Bis zu hundert Kinder wurden dort gleichzeitig unterrichtet. Sogar ein Harmonium zur Liedbegleitung stand zur Verfügung. Im Schulhaus lebte auch die Familie des Lehrers, der eine Wohnstube, vier Schlafkammern, eine Küche mit Speisekammer, Keller, Speicher und Stall zustanden. Das Lehrerdasein war fast ärmlich, da es nur eine geringe Besoldung gab und man auf das wenige Schulgeld angewiesen war, das die Eltern entrichteten. Überlebensnotwendig war daher, dass der Lehrer nebenbei Privatunterricht gab oder Orgel spielte und die Lehrersfrau auf den Tisch brachte, was der Garten hinter dem Schulhaus hergab. Auch eine Altersvorsorge war unbekannt – Lehrer arbeiteten bis zum Tod.

Schon damals dauerte eine Schulstunde 45 Minuten; die älteren Kinder wurden vormittags, die Kleinen nachmittags unterrichtet. Der Stundenplan einer Woche sah für die Großen so aus:

Religion	3 Std.
Biblische Geschichte	1 Std.
Lesen in Bibel, Gesangbuch oder Lesebuch	3 Std.
Hersagen des Gelernten	1 Std.
Schreiben	2 Std.
Kopf- und Tafelrechnen	2 Std.
Singen	2 Std.
Geographie	1 Std.
Deutsche Sprache	1 Std.

Die Kleinen hatten nur zwölf Stunden pro Woche, die aus Religion, Hersagen des Gelernten, Buchstabieren, Lesen, Schreiben, Kopfrechnen, Erzählen und Singen bestanden.

Bibel, Gesangbuch, Katechismus, die Grundfähigkeiten im Lesen, Schreiben, Rechnen, ein wenig Geographie und Musik: Das war Wilhelm Buschs Welt, die er in der Dorfschule kennenlernte. Auch daheim las er überwiegend fromme Bücher. »Gesangbuchverse, biblische Geschichten und eine Auswahl der Märchen von Andersen waren meine frühste Lektüre«, erzählt er in der biographischen Skizze »Was mich betrifft«.

Erst mit neun Jahren erweiterte sich sein Horizont, allerdings auf schmerzhafte Weise – durch Kinderverschickung. In der Selbstbiographie ist sie in die fünf Worte gefasst: »beschloß man, mich zu übergeben«. Zu Hause und in der Dorfschule war der begabte Sohn nicht länger auszubilden. Zwar war der »Altenteiler« inzwischen gestorben, doch es waren noch eine Menge hungrige Mägen zu füllen: Da waren die Eltern Johann Friedrich Wilhelm und Henriette Dorothee Charlotte Busch, die Großmutter Amalie Kleine, der Sohn Wilhelm, die 1834 geborene Tochter Fanny, die 1836, 1838 und 1841 geborenen Söhne Gustav, Adolf und Otto, mehrere Knechte und Mägde. Eine richtige Ausbildung, ein Esser weniger, eine Bettstelle mehr – das waren gute Argumente, zuerst den Ältesten Wilhelm, später auch seine Geschwister nach auswärts zu geben, wo zwar Kostgeld gezahlt werden musste, doch Erziehung und Ausbildung in Händen der nächsten Verwandtschaft lagen.

Es lohnt sich, die Episode genauer zu betrachten, wie Wilhelm Busch sie 1886 in »Was mich betrifft« schilderte: »Als ich neun Jahr alt geworden, beschloß man, mich dem Bruder meiner Mutter in Ebergötzen zu übergeben. Ich freute mich drauf; nicht ohne Wehmut. Am Abend vor der Abreise plätscherte ich mit der Hand in der Regentonne, über die ein Strauch von weißen Rosen hing, und sang Christine! Christine! versimpelt für mich hin.

Früh vor Tag wurde das dicke Pommerchen in die Scherdeichsel des Leiterwagens gedrängt. Das Gepäck ist aufgeladen; als ein Hauptstück der wohlverwahrte Leib eines alten Zinkedings von Klavier, dessen lästig gespreiztes Beingestell in der Heimat blieb; ein ahnungsvolles Symbol meiner musikalischen Zukunft. Die Reisenden steigen auf; Großmutter, Mutter, vier Kinder und ein Kindermädchen; Knecht Heinrich zuletzt. Fort rumpelts durch den Schaumburger Wald. Ein Rudel Hirsche springt über den Weg; oben ziehen die Sterne; im Klavierkasten tunkt es. Nach zweimaligem Übernachten bei Verwandten wurde das Ebergötzener Pfarrhaus erreicht.

Der Onkel (jetzt über 80 und frisch) war ein stattlicher Mann, ein ruhiger Naturbeobachter und äußerst milde; nur ein einziges Mal, wennschon öfters verdient, gab's Hiebe; mit einem trockenen Georginenstengel; weil ich den Dorftrottel geneckt.«

Es sind die einschneidenden Empfindungen eines Kindes, dem nichts übrig bleibt, als die Bangigkeit der Heimatvertreibung mit der Abenteuerlust der ersten großen Reise zu kompensieren. Als wollte er nach 45 Jahren noch den Abschied hinauszögern, folgt dem lapidaren »man beschloß« eine ausführliche Aufbruchsszene. Über der Regentonne hängen als wahre Trauerblumen weiße Rosen. Schon einmal war so ein Wassergefäß zum traumatischen Ort geworden, wie Busch über ein anderes Begebnis seiner Kindheit berichtet: »hinter dem strohgedeckten Hause, neben dem Brunnen, stand ein Kübel voll Wasser, und ich sah mein Schwesterchen drin liegen, wie ein Bild unter Glas und Rahmen, und als die Mutter kam, war sie kaum noch ins Leben zu bringen.« Das gleichzeitig heimatlich-vertraute und bedrohliche Wasser, die weißen Rosen, und nun noch das »versimpelt« gesungene Liedchen »Christine, Christine«. Womöglich ist damit ein niederdeutsches Volkslied gemeint: »Christine, Christane, / Wat māket dīn hāne? / Hei sitt up'n messe / Un ropt: klocke sesse.« Wahrscheinlicher zitiert Busch aber eine bestimmte Fassung des Volkslieds »Betrübte Braut«. Als er 1853 anfing, Märchen und Lieder aus seiner Heimat zu sammeln, war auch eines darunter, das so beginnt: »Christinchen in dem Garten, / Drei Rosen zu erwarten. / Das hat Christinchen am Himmel gesehn, / Daß sie im Rheine sollt untergehn.« Der Name Christine, die Rosen und die traurige Grundstimmung der Ballade, an deren Ende das Mädchen im Rhein liegt und ihr königlicher Bräutigam sich selbst ersticht, sprechen genauso für dieses Lied wie die Tatsache, dass es auch in anderen Volksliedsammlungen als dem »Hannoverland« zugehörig auftaucht.

Jedenfalls ist die Abschiedsszene eine Passage, die Busch wörtlich in die letzte Fassung seiner Autobiographie »Von mir über mich« übernahm. Als hätte er damit schon zu viel verraten über die Wehmut, wechselt er mit der eigentlichen Abreiseszene wieder den Stil: Im Erzählpräsens malt er eine Idylle mit dickem pommerschem Pferdchen, Leiterwagen, Klavier, dem Schaumburger Wald samt Hirschen, ziehenden Sternen. Es ist eine Szene wie von einem der von Busch so über die Maßen geschätzten niederländischen Maler. Doch vor lauter Niedlichkeit »vergisst« der Memoirenschreiber, von sich und seinen Empfindungen zu berichten. Ja, er vergisst, sich sogar mitzuzählen: Die Rede ist von Großmutter,

Mutter, Knecht Heinrich, Kindermädchen und »vier Kindern«. Zu diesem Zeitpunkt hatte Wilhelm bereits vier Geschwister. Will man nicht annehmen, das jüngste Kind, das noch gestillt wurde, sei allein beim Vater daheim geblieben, fehlt in dieser Aufzählung der älteste Sohn selbst. Vielleicht zählte er sich auch nicht mehr zu den Kindern; denn erwachsen genug für eine Emigration war er ja.

Ein Neunjähriger fragt sich wahrscheinlich auf solch einer Reise ständig, warum er von den Eltern so weit weggeschickt wird. Denn die heute lächerlich erscheinende Distanz von 165 Kilometern zwischen Wiedensahl und Ebergötzen war damals eine sehr ernste. Die Reise über Hameln und Lüthorst dauerte drei Tage und entführte Wilhelm so gründlich, dass er seine Eltern erst drei Jahre später wiedersah. Während seiner Abwesenheit bekamen sie ein neues Kind. Über sein Heimweh sagte er später, es seien »solch eigentümliche Halsschmerzen«.

Was berichtet Busch gleich als erstes von seinem neuen Zuhause beim Onkel, dem 35-jährigen Pastor Georg Kleine? Drei Eindrücke werden ausgewählt: Dass der Onkel »stattlich« war, »ein ruhiger Naturbeobachter« und, obwohl »äußerst milde«, ihn ein Mal geschlagen habe. Und nur diese bestrafte Tat wird geschildert, in der letzten Fassung »Von mir über mich« sogar noch ausführlicher: »Von meinem Onkel, der äußerst milde war, erhielt ich nur ein einzigmal Hiebe, mit einem trocknen Georginenstengel, weil ich den Dorftrottel geneckt hatte. Dem war die Pfeife voll Kuhhaare gestopft und dienstbeflissen angezündet. Er rauchte sie aus, bis aufs letzte Härchen, mit dem Ausdruck der seligsten Zufriedenheit. Also der Erfolg war unerwünscht für mich in zwiefacher Hinsicht. Es macht nichts. Ein Trottel bleibt immer eine schmeichelhafte Erinnerung.« Die Demütigung, als jugendlicher Gast vom Onkel mit dem trockenen Stängel einer Dahlie sozusagen symbolisch gezüchtigt zu werden, dürfte groß gewesen sein. Wieder eine schlagende Szene. Wieder eine Betonung des männlich-strafenden Prinzips. Schon die Mutter war ja nur mit einem »still, fleißig, fromm« umschrieben worden, während des Vaters und seiner Strafexpedition auf den Speicher eingehend gedacht wurde. Dass Pastor Kleine auch eine Frau hatte, Wilhelms Tante Fanny, gehört nicht zu den schriftlichen Erinnerungen an Ebergötzen.

Nach der verräterischen Georginen-Episode bemüht sich Busch auch gleich, erneut ins literarische Fahrwasser einzuschwenken, er fährt fort mit ein bisschen Idylle, ein bisschen Zeitkolorit, ein bisschen Grusel, ein bisschen Romantik: »Gleich am Tage der Ankunft schloß ich Freundschaft mit dem Sohne des Müllers. Sie ist von Dauer gewesen. Alljährlich besuch ich ihn und schlafe noch immer sehr gut beim Rumpumpeln des Mühlwerks und dem Rauschen des Wassers.

Einen älteren Freund gewann ich in dem Wirt und Krämer des Orts. [...] Bei ihm fand ich einen dicken Liederband, welcher durchgeklimpert, und viele der freireligiösen Schriften jener Zeit, die begierig verschlungen wurden. Der Lehrer der Dorfjugend, weil nicht der meinige, hatte keine Gewalt über mich – solange er lebte. Aber er hing sich auf, fiel herunter, schnitt sich den Hals ab und wurde auf dem Kirchhof dicht unter meinem Kammerfenster begraben. Und von nun an zwang er mich allnächtlich, auch in der heißesten Sommerzeit, ganz unter der Decke zu liegen. Bei Tage ein Freigeist, bei Nacht ein Geisterseher.

Meine Studien teilten sich naturgemäß in beliebte und unbeliebte. Zu den erstern rechne ich Märchenlesen, Zeichnen, Forellenfischen und Vogelstellen. Zwischen all dem herum aber schwebte beständig das anmutige Bildnis eines blonden Kindes, dessen Neigung zu fesseln, oder um die eigene glänzen zu lassen, ein fabelhafter Reichtum, eine übernatürliche Gewandtheit und selbst die bekannte Rettung aus Feuersgefahr mit nachfolgendem Tode zu den Füßen der Geliebten sehr dringend zu wünschen schien.«

Wilhelm war nun Teil eines protestantischen Pastorenhaushalts. Da er vom Onkel privat unterrichtet wurde, verbrachte er viel Zeit in dessen frommen Wänden. Doch war die Atmosphäre nicht frömmlerisch, denn Georg Kleine gehörte zu jenen Lutherischen, denen die praktische Arbeit genauso zum Gottes-Dienst gehörte wie das Predigen. Sein besonderes Interesse galt der Zucht und

Erforschung von Bienen, die er auf hohem wissenschaftlichem Niveau betrieb.

Naturgemäß färbte die neue Umgebung auf Wilhelm Busch ab; seine ersten Zeichnungen waren Kopien der Porträts, die im Pfarrhaus an der Wand hingen, z.B. Martin Luther darstellend. Seine Lektüre wurde vom Onkel im Sinne geistlicher und klassischer Bildung ausgewählt, erweiterte sich beim Dorfwirt und Krämer Heinrich Brümmer um den »dicken Liederband« und die »freireligiösen Schriften«. Letztere verhalfen Busch in den nächsten Jahren zu kritischem Denken und damit zu einem Gegengewicht zur protestantischen Glaubensgewissheit seiner Umgebung: »In meinem elften Jahr verblüffte mich der Widerspruch zwischen der Allwißenheit Gottes und dem freien Willen des Menschen; mit 15 Jahren zweifelte ich am ganzen Katechismus.«

Das vielleicht wichtigste Ereignis in Ebergötzen datiert unmittelbar von der Ankunftszeit: »Freundschaft mit dem Sohne des Müllers«. Erich Bachmann, gleichaltrig und ebenfalls ein ältestes Kind, wurde einer der engsten Vertrauten Buschs. Er repräsentierte wohl die von Busch so geschätzte Mischung aus bodenständigem Handwerkertum, natürlicher Intelligenz, Gutherzigkeit und autodidaktisch erworbener Bildung. Obwohl er ein Leben lang die Mühle von Ebergötzen und seine Landwirtschaft betrieb, stieg Bachmann ab den frühen 1870er-Jahren zum Bürgermeister, Friedensrichter, Brandkasseninhaber und Bodenschätzer auf.

Es ist eine der ungebrochen heiteren Erinnerungen, die uns Busch von dieser Freundschaft überliefert: »Wir gingen vors Dorf hinaus, um zu baden. Wir machten eine Mudde aus Erde und Wasser, die wir ›Peter und Paul‹ benannten, überkleisterten uns damit von oben bis unten, legten uns in die Sonne, bis wir inkrustiert waren wie Pasteten, und spülten's im Bach wieder ab.« Noch der 50-jährige Busch erinnerte sich dieser Badefreuden, als er die Helden Peter und Paul seiner Bildergeschichte »Plisch und Plum« kopfüber nackt in einen Teich springen ließ. Auch scheint der Umgang mit Erich Bachmann vieles im Gedächtnis verankert zu haben, was später die Lebendigkeit der Geschichten ausmachte: »Mein Freund aus der Mühle, der meine gelehrten Unterrichtsstunden teilte, teilte auch meine Studien in freier Natur. Dohnen und Sprenkeln wurden eifrig verfertigt, und der Schlupfwinkel keiner Forelle, den ganzen Bach entlang, unter Steinen und Baumwurzeln, blieb unbemerkt von uns.« Ein richtiger Junge musste also »Dohnen und Sprenkeln« – Vogelschlingen aus Pferdehaar und Vogelfallen aus einer gebogenen Gerte mit zwei Schnüren – legen und Forellen fangen können! Man kann sich kaum eine bessere Therapie gegen den Trennungsschmerz vorstellen als solch eine Bubenfreundschaft, die von gelehrten Studien im evangelischen Pfarrhaus über gemeinsames Planschen bis zum Töten von Fischen reichte – »da hieß es: Federmeßer raus! durch den Schwanz gestochen, daß das Blut heraus lief, und Abends lagen sie in der Pfanne und brieten und brodelten.«

Trotz des Herumstromerns mit dem Müllersohn machte Wilhelm Busch schnell Fortschritte im Lernstoff. Das belegt ein erstes handschriftliches Dokument, ein Brief an die Eltern, geschrieben kurz nach Weihnachten 1841, also mit neun Jahren. An einigen Korrekturen von fremder Hand ist zu ersehen, dass der Onkel etwas nachhalf; indes sind Länge, Sprachschatz, Rechtschreibung und Stil des Briefs erstaunlich. An die »theuren Eltern« wird artig eine Eingangsfloskel gerichtet, genauso artig für das Weihnachtsgeschenk gedankt, eine neue Hose und ein Buch, aus dem sich »recht viel lernen« lässt. Wie sehr die gedrechselte Ausdrucksweise der Erwachsenen auf den Jungen abfärbte, macht eine Passage deutlich, in der vom eigenen Erfolg berichtet wird: »Ich möchte Euch auch gern eine kleine Freude zum Feste gemacht haben, aber meine Kräfte sind dies Jahr noch zu gering, um irgend etwas hervorzubringen, was Euch wirklich Freude machen könnte; nächstes Jahr soll es hoffentlich schon beßer gehen. Um Euch aber doch einen kleinen Beweis zu geben, daß ich in Ebergötzen nicht so dumm geblieben, als ich hingekommen bin, und daß ich meine Zeit nicht müßig hingebracht habe, schicke ich Euch diejenigen Bücher, die ich bisher vollgeschrieben habe. Aller Anfang ist schwer, das werdet Ihr auch an meinen schriftlichen Arbeiten erkennen; aber ich tröste mich mit dem Sprichworte: mit der Zeit bricht man Rosen, und verliere darum die Geduld nicht, wenn's auch langsam geht.« Unterschrieben ist der Brief nicht etwa mit »Euer Wilhelm«, sondern mit vollem Namen »Euer Euch liebender Sohn W. Busch«. Bis zum nächsten Brief, von dem wir wissen, vergingen sieben Jahre.

Unter Anleitung des Onkels lernte Wilhelm nicht nur das Schreiben, sondern auch das Zeichnen. Die Dorfkirche und das Pfarrhaus von der Hofseite aus waren seine ersten Motive, noch unbeholfen in der Perspektive und bereits sparsam auf kleinen Blättern untergebracht, das eine 12,4 mal 16,1 Zentimeter, das andere 11,7 mal 13,6 Zentimeter. Erst später wurde der Strich freier; Busch wusste allmählich, welche Umrisse man für eine Studie brauchte, was man andeuten, was weglassen konnte. Um 1854 wird er zwei kleine Porträts festhalten, eines von Erich Bachmann, eines von sich selbst – abgezeichnet von einer Daguerreotypie aus dem Jahr 1848. Wie wenig selbstgefällig er war, sieht man daran, dass er das Blatt weiterverwendete und auf der Rückseite für Aufzeichnungen benutzte.

Mit Lernen, Lesen und Spielen in der freien Natur verging die Zeit rasch. Erst nach drei Jahren wurde ein sommerlicher Besuch im Wiedensahler Elternhaus anberaumt. Große Erwartungen hatte der inzwischen Zwölfjährige vermutlich an diese Begegnung – zu zeigen, wie er körperlich und geistig gewachsen war, wie er sich entwickelt hatte zu einem starken, klugen Sohn. Das Wieder-

Porträts von Wilhelm Busch und Erich Bachmann

sehen machte es überdeutlich: »Als ich dann wieder mal nach Hause kam, ging meine Mutter grade ins Feld, den Leuten Kaffee zu bringen. Ich kannte sie gleich; aber sie kannte mich nicht, als ich an ihr erst mal vorbeiging. So hatte ich mich verändert.« Es schwingt Stolz mit, vielleicht auch ein wenig Enttäuschung. Hätte die Mutter ihn nicht erkennen müssen, so fremd er auch wirkte?

Nur noch zwei Jahre bot das Leben in Ebergötzen Sicherheit und Heimatgefühl. Dann musste Busch sich schon wieder trennen von Haus und Garten, von Mühle und Forellenbach, vor allem von dem Freund Erich Bachmann. Der Pastor vertauschte die schlecht besoldete Dorfpfarre bei Göttingen mit einer neuen. Im Herbst 1846 zogen Fanny und Georg Kleine mit ihrem Sohn und dem inzwischen 14-jährigen Wilhelm 50 Kilometer weiter nach Nordwesten, nach Lüthorst, einem Dorf zwischen Göttingen und Hildesheim. Hier wurde Wilhelm, gekleidet in einen schwarzen Rock mit Schößen und mit einem Zylinder, am 11. April 1847 vom Onkel konfirmiert und mit zwei Sprüchen auf das Leben vorbereitet: »Ora et labora« (Bete und arbeite) sowie »Wer da hat, dem wird gegeben, dass er die Fülle habe.« Begleitet wurde das Zitat aus dem Mätthäus-Evangelium von dem frommen Wunsch: »So siehe denn zu, dass du nur erst einiges Gute dir fest aneignest. Dann wird dir täglich mehr gegeben. Wo aber sich das Gute mehrt im Menschen, da mehrt sich auch das Wohlgefallen Gottes an ihm und die Zuversicht zu dessen Gnade.« Ob der pubertierende Busch auch an die Fortsetzung des Bibelverses dachte? Denn auf das tröstliche Versprechen von der kommenden Fülle folgt: »wer aber nicht hat, von dem wird auch genommen, was er hat«. Jedenfalls bewahrte er das Segensblättchen nebst dem »Hannoverschen Kirchen-Gesangbuch«, das er zum 14. Geburtstag erhielt, sorgfältig auf.

Noch im gleichen Jahr drohte der nächste Abschied: Nun sollte aus Wilhelm ernsthaft etwas werden. Schließlich war seine schulische Ausbildung beim Pastor weit fortgeschritten: »In den Stundenplan schlich sich nun auch die Metrik ein. Die großen heimatlichen Dichter wurden gelesen; ferner Shakespeare. Zugleich fiel mir ›die Kritik der reinen Vernunft‹ in die Hände, die, wenn auch noch nicht ganz verstanden, doch eine Neigung erweckte, in den Laubengängen des intimeren Gehirns zu lustwandeln, wo's bekanntlich schön schattig ist.« In der anderen Autobiographie-Fassung wird er diese Lust noch witziger charakterisieren: »eine Neigung, in der Gehirnkammer Mäuse zu fangen, wo es nur gar zu viel Schlupflöcher gibt«.

Sicherlich gegen die Wünsche des Jungen, die zum Zeichnen, zur Naturwissenschaft, zur Dichtung tendierten, »beschloss man« erneut. Man beschloss, den 16-Jährigen auf die Polytechnische Schule in Hannover zu schicken. Das inzwischen vergrößerte »Colonial-, Material- und Manufacturwarengeschäft« von Vater Busch warf vor allem durch den Handel mit Leder so viel ab, dass man es sich leisten konnte, den Ältesten Maschinenbauer werden zu lassen. Die Aufnahmeprüfung hatte durchaus subjektiven Charakter: »Sechzehn Jahr alt, ausgerüstet mit einem Sonett nebst zweifelhafter Kenntnis der vier Grundrechnungsarten, erhielt ich Einlaß zur Polytechnischen Schule in Hannover, allwo ich mich in der reinen Mathematik bis zu Nr. 1 mit Auszeichnung emporschwang.«

Statt von seinen drei verschiedenen möblierten Zimmern in Hannover, statt vom Mitbewohner Karl Bornemann, statt vom Studienbetreuer Justizrat Ebhardt, statt von den Fächern Mathematik, Geometrie, Chemie, Physik, Maschinenbau, Naturgeschichte, Zoologie, Botanik, Technologie, Handzeichnen, Bossieren, statt von seinen Übungen in Fremdsprachen, Klavier und Schwimmen zu erzählen, sind es wieder bloß die Schnurren, die Busch in seinen Lebensbeschreibungen mitteilt. Von seiner ersten Uhr schreibt er und von einem Paletot, also Umhang, den ihm der Dorfschneider angemessen hatte und den er gleich am ersten Tag in Brand setzte, weil er sich zu nah an den Schulofen stellte. Die ersten zwei Jahre in Hannover werden übersprungen – immerhin baut die Familie zu der Zeit in Wiedensahl ein neues Haus –, und gleich geht es im munteren Anekdotenton weiter mit den privaten Auswirkungen politischer Umwälzung: »Im Jahr 48 trug auch ich mein gewichtiges Kuhbein, welches nie scharf geladen werden durfte, und erkämpfte mir in der Wachtstube die bislang noch nicht geschätzten Rechte des Rauchens und des

Biertrinkens; zwei Märzerrungenschaften, deren erste mutig bewahrt, deren zweite durch die Reaktion des Alters jetzt merklich verkümmert ist.« Es gibt wohl kein besseres Beispiel für zurückblickende Ironie als die Aussage von den »Märzerrungenschaften«, die für den Schüler nicht etwa in sozialen Verbesserungen, Pressefreiheit oder demokratischen Fortschritten lagen, sondern im Trinken und Rauchen. Die Schönung hob Busch später auf, als er 1906 »Zur 75jährigen Jubelfeier der Technischen Hochschule in Hannover« Genaueres über die Revolutionswirren und die Rolle der halbwüchsigen Schüler mitteilte: »Das Jahr 48 machte bedenklichen Lärm. Um den Wall die Ketten verschwanden. Aus uns Polytechnikern wurden Kompanien gebildet unter Führung der Lehrer. Den Stock in der Hand, eine weiße Binde um den Arm, zogen wir durch die Straßen und riefen den Frauen ›Guten Abend, Bürgerin‹ zu. Nur waren wir, als Schergen der Ordnung, beim ›Volke‹ recht unbeliebt. Aus den Haustüren im Rösehof gossen unsichtbare Hände uns Schmutzwasser an die Beine. Bald kriegten wir Waffen; alte Steinschloßflinten, die Ohrfeigen austeilten und die Gesichter mit Pulverdampf schwärzten, wenn wir draußen an der Schwedenschanze im Feuer exerzierten. [...] Daß man uns keine scharfen Patronen anvertraute, war ärgerlich. Einstmals, während der Nacht, hatten wir an der Ecke der Ballhof- und Knochenhauerstraße eine leichte Barrikade zu nehmen. Oben aus der Herberge flogen Backsteine herunter, unten bewarf uns von weitem die verwegene Menge. Vergebens verfolgten wir sie. Schießen konnten wir nicht. Da sprang ein langer Kollege, der die Geduld verlor, aus dem Gliede voran und pickte einem Kerl das Bajonett durch die Hose, daß er bölkte wie ein Ochse. Im Lindener Spital hat man ihn wieder kuriert. Und dies, soviel mir bekannt, war unserseits die einzige grausame Bluttat während der ganzen Revolution.«

In Hannover hörte man in der Tat, anders als in Frankfurt und Berlin, nur gedämpft das Freiheitsgeschrei von »schwarzem Pulver, rotem Blut und goldener Flamme«; die republikanische Bewegung forderte keine Opfer wie in den Hochburgen der Revolution. Man beklagte eingeworfene Fensterscheiben, herausgerissene

Gossenbohlen und den Verlust der silbernen Schnupftabaksdose des Polizeidirektors. Es ist schon bemerkenswert, wie bei Wilhelm Busch Aufstand und Niederlage des Volks – bei ihm steht es in Anführungszeichen! – zu einem jener Gemälde erstarrt, wie es sie damals so häufig gab: Es herrscht nächtliche Dunkelheit, hie und da erhellt vom Fackelschein verwegener Gestalten – bewaffnete Aufständische. Im Hintergrund die gerade errichtete Straßenbarrikade. Ein paar Steine fliegen durch die Luft, obenhin vom gelblichen Licht eines Herbergsfensters beleuchtet. Im Vordergrund eine Garde der Bundestruppen. Einer hat sich aus der Reihe gelöst. Mit dem Bajonett stößt er auf einen Angreifer zu. Blut quillt aus dessen Hose. Gutes Motiv!

Doch nicht politischer Zynismus führte bei Busch zu dieser distanziert-ironischen Haltung, sondern Misstrauen in die eigene Urteilsfähigkeit. Mit dem Forellenfischen und der reinen Mathematik kannte er sich leidlich aus, doch was verstand er denn damals von Weltpolitik?

Wilhelm Busch als Student – ein durchaus zeittypischer Anblick. Die Haare lockig bis auf die Schultern fallend, ein Schnurrbärtchen unter der Nase, in den Semesterferien mit den Kommilitonen auf Wanderschaft, erste schriftstellerische Versuche in der Schublade, im Zeichnen und Malen wacker dilettierend, im Trinken und Rauchen militärisch geübt. Eine Zeitgenossin schilderte ihn als »höchst gescheiten geistreichen Kopf«, der sich »fortwährend über die ganze Welt lustig« machte, »alles ins Lächerliche« zog: »Ein Komiker war an ihm verdorben.«

So gut austariert zwischen Studienfleiß, Soldatenspiel und Burschenherrlichkeit hätte es bis zum Abschluss als Maschinenbauingenieur weitergehen können. Doch die elterlichen Vorstellungen vom Zweck des Daseins verdämmerten vor der Erkenntnis, dass ein Künstler in ihm schlummere. Seine Kollegheft führten zwar brav den Lernstoff auf, aber zwischen die von der Tafel mit Bleistift abgezeichneten Hohlbohrer und Nagelbohrer stahlen sich Karikaturen der Professoren, ja hin und wieder ein kleiner spitzbärtiger Mephisto. Ganz traute Busch freilich dem inneren Drang nicht. Später betonte er stets, ein malender Freund habe ihn dazu gebracht, im Frühjahr 1851, nach dreieinhalb Jahren, das Studienfach tatsächlich zu wechseln: »Allmählich kamen die schwierigen Fächer an die Reihe. Vor allem die Voraussetzungen der höheren Mathematik, von denen Berkeley behauptet, sie wären shocking to good sense und deren hohe Bedeutung ich erst später erkannte, machten mich stutzig. Mein Eifer erlahmte. Auf Anraten des Malers Klemme ging ich bis auf weiteres nach Düsseldorf zur Akademie.« Jener Maler Klemme, August mit Vornamen, sollte Busch in den nächsten Jahren wie ein Komet voranziehen: an die Kunstakademien von Düsseldorf, Antwerpen und München.

Zehn Monate hielt Busch es am Düsseldorfer Institut aus, das seinem Namen alle Ehre machte, so akademisch ging es dort zu. Den lieben langen Tag mit schwarzer und weißer Kreide Gipsabgüsse im Antikensaal zeichnen, Porträts kopieren, sich vom Herrn Direktor Wilhelm von Schadow katholische Themen geben lassen: War so das Künstlerleben?

An Willen zum Fleiß mangelte es nicht. Sogar einen umfangreichen, schriftlichen Selbstdisziplinierungsplan arbeitete der Kunststudent aus: »§ 1 Besagtem W. B. wird aufgegeben, sich morgens 7 1/2 Uhr aus den Federn zu erheben […] § 3 Von halb neun bis zwölf Uhr mittags hat er möglichst fleißig auf der Akademie zu arbeiten […] § 5 Von 1/2 2 Uhr bis zum Dunkelwerden: Arbeiten auf der Akademie […] § 7 Das Aktzeichnen ist nie zu versäumen § 8 Die übrig bleibende Abendzeit ist vorzüglich dem Studium der Geschichte und der Komposition zu widmen. N. B. zu Abend zu speisen und Pfeife zu schwelgen, ist nicht untersagt […] Für jede Widersetzlichkeit wird besagtes Subjekt-Objekt von einem moralischen Katzenjammer höchst malträtiert werden.«

Vielleicht sollten mit diesem löblichen Schriftstück die Eltern von der Ernsthaftigkeit des Sprösslings überzeugt werden. Der war freilich selbst nicht sicher, dass er auf dem richtigen Weg war – auf dem Weg, in Düsseldorf ein akademischer Kunstmaler zu werden, der einmal Ölschinken wie »Anbetung der Weisen« oder »Urteil des Paris« für Bürgerstube und Museum pinseln würde. Lapidar gesteht Busch in der Lebensbeschreibung den Düsseldorfer Irrtum ein: »Nachdem ich mich schlecht und recht durch den Antikensaal hindurchgetüpfelt hatte, begab ich mich nach Antwerpen in die Malschule, wo man, so hieß es, die alte Muttersprache der Kunst noch immer erlernen könne.«

Am 27. Mai 1852, kurz nach seinem 20. Geburtstag, schrieb sich »Guillaume Busch« aus »Viedensaal« als Student der Königlichen Akademie der Schönen Künste in Antwerpen ein.

Drittes Bild
Landschaft mit Rotjacke

Mit Zwanzig hat man noch Träume. Man kommt aus Zürich, trotzt der Mama Geld für die Reise ab und will nichts Geringeres als: in München Maler werden! Dort trinkt man Bier und hungert, pinselt und zeichnet, neckt die Mädchen und besucht den Kunstverein. Man begegnet König Ludwig I. Man pflegt Umgang mit Schweizern. Man laboriert an einem »gefährlichen nervösen Schleimfieber«. Man macht Schulden. Man schreibt trotzig an die Mutter: »ich hoffe, ich werde mich hier als Künstler und nicht als Kolorist durchbringen können … auf jeden Fall gehe ich nicht heim.« Man zeichnet und pinselt. Man bettelt die Mutter um Geld an. Und wird am Ende doch kein »richtiger« Maler. Sondern berühmt für anderes.

Wie Gottfried Keller anno 1840 in München ergeht es Wilhelm Busch anno 1852 in Antwerpen. Zum ersten Mal ist er im Ausland, willens, jetzt endlich Maler zu werden. Er studiert, er zeichnet, er malt, er dichtet. Er führt Tagebuch. Dort notiert er dichterische Versuche wie diesen: »Santa Maria! – Das Tuch ist fein. / Ora pro nobis! – O wärst du mein! / Amen, amen! – Ich steck es ein.« Er pflegt Umgang mit deutschen Künstlern. Er verlangt Geld von den Eltern. Er sieht die englische Königin Victoria. Er schreibt nach Wiedensahl: »Ich befinde mich hier in Antwerpen sehr wohl u. kann mich nicht genug freuen, daß ich hier mit meinen Malstudien den Anfang gemacht habe. Jeden falls lerne ich hier in einem halben Jahre eben so viel als ich in Düßeldorf in einem ganzen gelernt haben würde. Zwar wird hier die Malerei etwas handwerksmäßig betrieben, das thut aber nichts zur Sache, denn wenn man erst eben dieses handwerkmäßige, technische so ziemlich in seiner Gewalt hat, so kann man sich nachher desto mehr auf das geistige legen. […] Der Profeßor korrigirt entweder in französischer od. flämischer Sprache. Die Stunden beginnen jetzt um 9 Uhr morgens und dauern dann bis 12 Uhr, darauf ist eine halbe Stunde Pause. Von halb Eins bis 4 Uhr wird wieder gearbeitet u. dann noch Abends von 6–8. Der Name unseres Profeßers ist Dykmans; seine Korrektur ist ausgezeichnet; er sieht immer nur auf das großartige. […] Die Flämischen Maler sind durchgehends ungebildete Leute, mit denen man nicht weiter umgehen kann. Ebenso steht es auch mit der Bildung des ganzen flämischen Volkes. Es wohnt in ihm indeß ein gewißer Sinn für Gemüthlichkeit. Abends sieht man alle Welt vor den Häusern auf der Straße sitzen, ja selbst mit Regenschirmen mitten im Regen. Ich selbst geselle mich wohl im Schlafrock u. mit der Thonpfeife an schönen Abenden zu den Flamändern vor der Hausthüre, um mit ihnen ein Wort zu *klappen* (d. h. gemüthlich sprechen). […]

Meine Adreße ist:
An Herrn W. B.
Adr. Herrn *J. Timmermans*
pont au fromage N° 320.
in Antwerpen.«

Von dieser »pont au fromage«, der »Käsbrücke«, ist es nicht weit zur Akademie und auch nicht weit zu den großen Kirchen und ins Königliche Museum. Dort hängen bedeutende Tafelbilder von Jan van Eyck, Rogier van der Weyden, Dirk Bouts, Hans Memling, Quentin Massys. Aber nicht deren überirdisch schöne Marien, Magdalenen und Engel beeindrucken Busch am meisten. In Antwerpen geschieht etwas, das man nur als Schlüsselerlebnis bezeichnen kann: Busch sieht zum ersten Mal die Werke von Peter Paul Rubens, Adriaen Brouwer, David Teniers d. J. und Frans Hals. Die Zusammenstellung ist nicht zufällig. Akademisch oder blutleer sind die Gemälde keines dieser Maler, und sie gehören einer gemeinsamen Schule an. Brouwer zeigt sich beeinflusst von Rubens und ist Schüler von Hals; er wirkt wiederum auf Teniers ein. Sie alle haben ihre Heiligen und Herzöge porträtiert, aber sind auch Meister der Genremalerei, der niederen und bürgerlichen Szenen. Da gibt es Teegesellschaften, Bauern, Soldaten, heulende Kinder, lachende Kinder, Zecher, Raucher und Kartenspieler, da wird gerauft und geschachert und mancher Krug zerbrochen. Das Erweckungsgefühl, das Busch vor diesen

Originalen hat, kann umschrieben werden mit: höchste Kunst und Heimat. Die Brouwer'schen Bauern hatte er schon in Wiedensahl gekannt, und all die Krüge, Schüssel, Tonpfeifen, Holztische, Fässer hatte er täglich vor Augen gehabt. Auf den Gemälden der alten Meister sieht er das vertraute Leben wieder: den Moment, wenn einer aus dem Becher trinkt, das Detail eines groben Kopftuchs oder einer geschwollenen Wange. Und er sieht, wie souverän Umriss, Farbigkeit und Lichtreflexe behandelt sind, welche Hoheit oder auch Frechheit die Kompositionen besitzen. Er studiert, wie man den Hintergrund mit den Pinselborsten in dunklen Ocker-Braun-Tönen dünn lasierend strukturiert und wie man das Weiß des Kreidegrunds durchschimmern lässt. Er vertieft sich in die Porträts mit großem Hut und weißem Spitzenkragen, in denen die Augen den Betrachter fixieren. Er erkennt, wie dramatisch eine einzige seitliche Lichtquelle die Szene beleuchtet. Er bemerkt, dass ein von Schmerz, Lachen oder Bosheit verzerrter Mund interessanter aussehen kann als ein hold lächelnder. Er entdeckt Landschaften in den Gesichtern der Alten.

Noch 34 Jahre später schwärmt er von den holländisch-flämischen Malern: »Ihre göttliche Leichtigkeit der Darstellung, die nicht patzt und kratzt und schabt, diese Unbefangenheit eines guten Gewissens, welches nichts zu vertuschen braucht, dabei der stoffliche Reiz eines schimmernden Juwels, haben für immer meine Liebe und Bewunderung gewonnen; und gern verzeih ich's ihnen, daß sie mich zu sehr geduckt haben, als daß ich's je recht gewagt hätte, mein Brot mit Malen zu verdienen, wie manch anderer auch.« Hier blickt er bereits auf seine Laufbahn als Maler zurück, die so enthusiastisch beginnt, so viele Bilder hervorbringt und ihm doch so ungenügend erscheint, dass er in seinem ganzen Leben kein einziges Bild öffentlich ausstellt. Bis zum Ende seines Lebens werden sämtliche Bilder privat bleiben. So gründlich haben ihn die Niederländer geduckt? Es sind nicht ihre Fähigkeiten der Bilderfindung, die ihn ducken, es ist ihre »zauberhafte Technik« und ihre unnachahmliche Verbindung von Thema und Kolorit, das dem alltäglichsten Sujet die Farben einer Kreuzabnahme zueignet und der Bewegung raufender Zecher die Evidenz eines Stillebens verleiht.

Fünfmal in seinem Leben wird Busch später das Gemälde eines anderen aus dem Gedächtnis sowie anhand von Reproduktionen kopieren: viermal »Der bittere Trank« und einmal »Die Operation am Rücken«, beide aus dem Städelschen Kunstinstitut in Frankfurt, beide von Adriaen Brouwer. Nicht etwa die ebenfalls geschätzten Meisterwerke von Rembrandt sind ihm diese kopierende Anstrengung wert, sondern zwei Bilder, die gewöhnliche Situationen darstellen.

Das eine zeigt einen Mann, der mit weit offenem Mund Abscheu über seine bittere Medizin kundtut, das andere einen Dorfbader, der ein Geschwür am entblößten Rücken eines Mannes aufschneidet. So wichtig ist dieses Bild für Busch, dass er ihm ein Gedicht an die Seite stellt:

Sahst du das wunderbare Bild von Brouwer?
Es zieht dich an, wie ein Magnet.
Du lächelst wohl, derweil ein Schreckensschauer
Durch deine Wirbelsäule geht.

Ein kühler Dokter öffnet einem Manne
Die Schwäre hinten im Genick;
Daneben steht ein Weib mit einer Kanne,
Vertieft in dieses Mißgeschick.

Ja, alter Freund, wir haben unsre Schwäre
Meist hinten. Und voll Seelenruh
Drückt sie ein andrer auf. Es rinnt die Zähre,
Und fremde Leute sehen zu.

Nicht nur Schwären malt Brouwer, sondern Prügelnde, Besoffene, Pissende. All das gibt es auch bei Busch, selbst einen pinkelnden Bauern. Eins der Motive Brouwers dürfte sogar heutigen Betrachtern ungemein kühn erscheinen. Auf dem Gemälde »Unangenehme Vaterpflichten« streckt ein Säugling dem Betrachter seinen nackten Hintern entgegen, den der Vater, misstrauisch beäugt von einer keifenden Mutter oder Schwiegermutter, mit einem großen Tuch säubert. Busch legt in seiner Fassung das Kleinkind rücklings einer lesenden Kinderfrau über die Knie, und wie er weiterhin das Motiv variiert, mit Schwamm und Puder und Vaterkuss auf Babyhintern, kann man den Bildern 5 bis 11 von »Julchen«, dem dritten Teil der »Knopp«-Trilogie, entnehmen.

Noch nähert sich Wilhelm Busch seinen Meistern vorsichtig. Aus seiner Antwerpener Zeit sind einige Zeichnungen als Früchte des akademischen Unterrichts erhalten und mehrere Ölgemälde, ausschließlich Porträts, wie man sie in den Kursen »Levend Model« anfertigte, also beim Malen von Modellen nach der Natur. Allen Bildnissen gemeinsam ist die bei den altflämischen Vorbildern abgeschaute Behandlung des Hintergrunds in tiefdunklem Braun, aus dem sich der Kopf – in einem Fall auch ein »Stehender Handwerker mit Schürze« – hell beleuchtet hervorhebt.

Immer wieder pflegt Busch später die niederländische Manier. Er porträtiert Männer in holländischer Tracht mit Federhüten und Spitzenkrägen auf dunklem Grund. (Farbtafel 2) Er malt Bauern, ob in der Scheune, beim Dorfbader oder beim Zechen in der Kneipe. Er komponiert Bilder mit heulenden Knaben, Hühner fütternden Frauen, rauchenden Männern. Er schreibt: »Aus meiner niederländischen Haut werde ich aber wohl niemals heraus können.«

Einer der wenigen, die Busch als Maler schätzen werden, ist Paul Klee. Immer wieder zwischen musikalischer, dichterischer und zeichnerischer Begabung schwankend, notiert er beim Anblick von Kairuan am 16. April 1914 in sein Tagebuch: »Die Farbe hat mich. [...] Sie hat mich für immer, ich weiß das. Das ist der glücklichen Stunde Sinn: ich und die Farbe sind eins. Ich bin Maler.« Genauso erlebt sechs Dezennien früher Wilhelm Busch seinen Niederländer-Blitz, der den neuen vom alten Menschen trennt. Auch er weiß es sofort und ganz sicher. Das Tagebuch hält fest: »Anvers, d. 26. Juni. 1852. Sonnabend. Von diesem Tage an datire sich die bestimmtere Gestaltung meines Charakters als Mensch u. Maler. Es sei mein zweiter Geburtstag.«

Völlig entgegengesetzt zu dieser enthusiastischen Phantasie vom neugeborenen Maler verläuft der eigentliche, bürgerliche Geburtstag. Am 15. April 1853 wird Wilhelm Busch 21 Jahre alt. Er verbringt den Tag schwerkrank im Bett, gepflegt von seinen Wirtsleuten. Dies Handwerkerpaar ist ihm mittlerweile zur Ersatzfamilie geworden: Jean Baptiste und Maria Timmermans, wohnhaft Pont au Fromage 320. In der knappen Autobiographie ist ihnen ein längerer Absatz gewidmet: »Ich wohnte am Eck der Käsbrücke bei einem Bartscherer. Er hieß Jan und sie hieß Mie. Zu gelinder Abendstunde saß ich mit ihnen vor der Haustüre, im grünen Schlafrock, die Tonpfeife im Munde; und die Nachbarn kamen auch herzu; der Korbflechter, der Uhrmacher, der Blechschläger; die Töchter in schwarzlackierten Holzschuhen. Jan und Mie waren ein zärtliches Pärchen, sie dick, er dünn; sie balbierten mich abwechselnd, verpflegten mich in einer Krankheit und schenkten mir beim Abschied in kühler Jahreszeit eine warme rote Jacke nebst drei Orangen. – Wie war mir's traurig zu Mut, als ich voll Neigung und Dankbarkeit nach Jahren dies Eck wieder aufsuchte, und alles war neu, und Jan und Mie gestorben, und nur der Blechschläger pickte noch in seinem alten eingeklemmten Häuschen und sah mich trüb und verständnislos über die Brille an.«

Zwei Untertreibungen enthält diese Schilderung. Wo Busch von »einer Krankheit« schreibt, als handle es sich um eine Magen-Darm-Grippe, müsste eigentlich stehen: Typhus. Und wo er bemerkt, dass ihm zum Abschied eine warme rote Jacke und drei Orangen zuteil wurden, müsste er ergänzen: Diese Erinnerung habe ich mein Leben lang als kostbaren Schatz bewahrt.

Als der Kampfflieger Joseph Beuys 1944 über der Krim abgeschossen wurde, retteten den Schwerverletzten einheimische Tataren, indem sie ihn mit Fett einrieben und in Filz packten. So jedenfalls kolportiert es Beuys selbst, der damit, fast psychoanalytisch argumentierend, seine lebenslange Auseinandersetzung mit Fett und Filz als Materialien seiner Kunst deutet. Mit dem Datum 12. Mai 1963 erfindet er sich im Tagebuch eine zweite Geburt – es ist sein eigener Geburtstag, kombiniert mit dem Jahr, in dem er zum ersten Mal Fett als künstlerisches Ausdrucksmittel entdeckt.

Was für Joseph Beuys Filz und Fett, ist für Wilhelm Busch die rote Jacke. Nicht anders ist zu deuten, dass von den nahezu 1000 Gemälden und Skizzen von seiner Hand ungefähr 280 – rote Jacken enthalten. Busch hat seinen Bildern kaum je Titel gegeben, und so behalf sich die Forschung mit einfacher Nennung der Sujets nach dem Muster »Herbstlandschaft mit Windmühle«. Für das Motiv einer großen Bildergruppe bürgerte sich die Bezeichnung »Rotjacke« ein. Damit ist eine Figur gemeint, oft von hinten gesehen, die in gedeckte Farben gekleidet ist, aber dazu eine leuchtend rote Jacke trägt. Sie taucht als winzig kleiner Fleck auf in »Wiedensahler Herbstlandschaft« und in »Regenlandschaft mit einsamem Wanderer«, sie akzentuiert die Gemälde »Bauern am Weinfass« und »Sitzender Mann mit Krug und Bauernpaar«, sie dominiert in »Streitendes Bauernpaar« und »Der bucklige Friedel in roter Jacke«, sie gibt die Bezeichnung her für »Rotjacke unter Buche«, »Rotjacke in der Tür zum Hof«, »Rotjacke mit Kuh in ansteigender Landschaft«, »Rotjacke auf Waldwiese an einem Tümpel«. (Farbtafeln 3, 4, 5, 14)

Hat Busch vielleicht bloß die Tracht der niedersächsischen Bauern wiedergegeben? Zwar tragen seine gemalten Bauern immer Jacken, aber nicht immer rote. Es gibt Landleute in blauen, schwarzen, graubraunen, braunen oder grünen Jacken. Und es gibt Rotjackenträger, die keine niedersächsischen Feldarbeiter sind: holländische Bürger, niedersächsische Frauen, Kinder. Auch die historischen Verhältnisse sprechen nicht für diese Erklärung. Bunte Trachten wurden zwar in vielen ländlichen Regionen getragen, doch nur am Sonntag und bei festlichen Anlässen. Häufig bestand die männliche Festkleidung, gerade im protestantischen Norden, aus einem schwarzen Anzug. Die Alltagskleidung, die man beim Pflügen, Kühehüten oder auch im Wirtshaus über dem Leinenhemd trug, war geschneidert aus gewebtem Wolltuch, das meist blau oder grün eingefärbt war oder die ursprüngliche Farbe der Schafe zeigte, von fast Weiß über gelblich Grau bis Braun und Schwarz. Wenn überhaupt, dann war rote Kleidung den Kindern und Unverheirateten vorbehalten.

Die übermäßige Verwendung des Rotjacken-Motivs muss andere Gründe haben. Ein ganz wichtiger Aspekt ist der malerisch-kompositionelle. Ein Landschaftsbild wäre unausgewogen, zeigte es nur die Palette der vegetabilen Grün- und Brauntöne. Felder, Bäume, Wiesen verlangen geradezu nach der Komplementärfarbe Rot. Allerdings kann dieses Gegengewicht verschiedenste Formen annehmen: ein Fleck von Mohnblumen, ein rostiger Eimer, ein Fuchs, ein Buch im Schoß eines Mädchens. Bei Busch gibt es im Grunde nur zwei Rotmotive als Balance zum Erdig-Grünen: das Haus- oder Mühlendach und die Rotjacke. Eigentlich ist es – farbästhetisch gesprochen – egal, ob die Monochromie einer Erlengruppe am Waldrand von einem Hausdach oder einem Bauern in roter Jacke aufgebrochen wird. Aber fast immer entscheidet Busch sich für Letzteren. Wollte man die größte homogene Abteilung seines Œuvres mit einem Etikett versehen, müsste es lauten »Landschaft mit Rotjacke«; 70 Werke gehören dazu.

Die menschliche Figur in Rot setzt einen anderen Akzent als das Ziegeldach einer Mühle. Sie hat das Zeug zum Rätsel. Was suchen diese einsamen Wanderer, Hirten, Bauern in der menschenleeren Gegend der Busch-Natur? Gewiss, sie sind ein effektvoller Farbfleck und geben dem Raum Proportion. Aber sie sind auch Störkörper, wirken deplatziert mit ihrem kühnen, fremden Rot im heimatlichen Grün. Dunkle Geheimnisse könnten in den dunklen Wäldern verborgen sein. Manche der Landschaften mit Rotjacken entfalten den Sog jener kongenialen Verfilmung der Erzählung »Don't look now« von Daphne du Maurier mit dem deutschen Titel »Wenn die Gondeln Trauer tragen«. Wer je im Kino das mordende Wesen im hübschen roten Mäntelchen gesehen hat, verliert bei manchen Rotjacken Buschs die Fassung.

Am 1. Dezember 1852 schreibt Busch an die Eltern: »In letzterer Zeit habe ich mich hier ziemlich einsam gefühlt.« Seine Künstlerfreunde haben Antwerpen schon wieder verlassen, er selbst »denkt jetzt zu dem Punkte gekommen zu sein«, wo er seine »Vorstudien so ziemlich beendigt nennen kann«. Er fährt fort: »In Kurzem hoffe ich deshalb wieder bei Euch zu sein um dann verschiedene Studien nach der Natur zu malen und darauf ein Bild anzufangen. Die Zeit meiner Ankunft will ich jetzt noch nicht bestimmen; vielleicht überrasche ich Euch einmal.« Er lässt sich den ganzen kalten Antwerpener Winter über Zeit. Im Frühjahr kulminieren Krankheit, Einsamkeit, Versagensangst zum Abschied. Er überrascht die Eltern dann tatsächlich. Irgendwann im Mai 1853 steht er, entkräftet und mit einer roten Jacke angetan, als verlorener Sohn vor der Tür.

Es muss Wilhelm Busch unendlich berührt haben, wie das Ehepaar Timmermans an ihm handelte. Diese sicher nicht übermäßig reichen Leute pflegen ihn und verabschieden ihn mit einer so schlichten wie fast biblischen Geste: das Naheliegende herschenken gegen die äußere und innere Kälte – eine Jacke. Eine warme, rote Jacke. Das ist in Buschs Situation ein dreifacher Pleonasmus, denn »warm, rot, Jacke«, das heißt eigentlich: warm, warm, warm. Oder auch: Geborgenheit, Geborgenheit, Geborgenheit.

Eine Bildkomposition setzt sich fest für immer: Die Fläche wird ganz eingenommen vom heimatlichen Plattland, mit seinen vom Wind zerzausten Weiden, borstigen Sträuchern, braunen Tümpeln, gelben Wiesen, grauen Findlingen. Zwischen dunklen Bäumen ein Ausblick ins Helle. Und irgendwo leuchtet etwas in warmem Antwerpen-Rot.

Promenade
Umgang mit Wappen und Bienen

In Antwerpen steckte sich Wilhelm Busch also mit Typhus an – nicht ungewöhnlich, denn diese Epidemie flackerte weltweit immer wieder auf. So gab es 1847/48 in Prag, 1849 in Oberschlesien, 1852 in Irland Typhuswellen. Aus den Beschreibungen der Krankheit, wie sie Ärzte Mitte des 19. Jahrhunderts gaben, lässt sich heute nicht mehr entscheiden, ob die Patienten damals unter Unterleibstyphus oder Fleckfieber oder einer anderen, als »typhös« eingeordneten Fieberkrankheit litten. Die Seuchen verbreiteten sich unter anderem durch bestimmte Salmonellenarten in Lebensmitteln oder durch Bisse infizierter Kleiderläuse. Welche Form auch immer Busch hatte, er litt jedenfalls unter hohem Fieber, Kopfschmerzen, Mattigkeit, Benommenheit und je nach Art unter Lymphknotenschwellung, Durchfällen oder Hautflecken. Vermutlich war er mindestens drei Wochen lang krank. Danach brauchte er noch viele Wochen zur Rekonvaleszenz.

Nach nur zehn Monaten beendete Wilhelm Busch sein Studium der »alten Muttersprache der Kunst«. Er verließ im Frühjahr 1853 die »Koninklijke Academie voor Schone Kunsten Antwerpen«, er verließ seine Wirtsleute Jan und Mie. Im Gepäck hatte er eine rote Jacke, die Nachwirkungen einer Typhuserkrankung, den unauslöschlichen Eindruck niederländischer Malkunst – und das Gefühl des Scheiterns. Erneut war er ohne Studienabschluss geblieben. Als Ergebnis seines Antwerpener Aufenthalts konnte er zwar einige recht gelungene Gemälde vorweisen, doch war das offensichtlich nicht der Auftakt zu einem Broterwerb. Wo andere Söhne auf dem besten Weg waren, sich für einen gewinnträchtigen Beruf auszubilden, ein eigenes Geschäft und eine Familie zu gründen, war Busch schwach und mittellos nach Hause zurückgekehrt. Die Eltern machten sich vermutlich große Sorgen. Was sollte nur aus ihrem Ältesten werden? Er konnte doch nicht ewig in Wiedensahl hocken, sich von der Mutter verpflegen lassen und Leinwände bepinseln, die keiner kaufen würde!

Busch wandte sich auch zunächst von den Leinwänden ab. Er griff wieder zu Skizzenbuch und Bleistift, hielt ländliche Szenen fest, zeichnete Bäuerinnen und Bauern. Immer war es das gänzlich Unspektakuläre seiner Umgebung, das ihn reizte und das er im Kleinstformat festhielt: ein Hirtenjunge in Holzschuhen, ein verwitterter Ziehbrunnen vor einem Gehöft, Maikäfer, die Blüten des Moorglöckchens, sein Stubenplatz im elterlichen Haus. (Farbtafel 6)

Im Herbst 1853 wich Busch auf anderes Terrain aus – familiär und doch nicht elterlich. Auf dem Weg zum Onkel Georg Kleine in Lüthorst machte er Station bei Verwandten in Hameln. Dort ergab sich immerhin so etwas wie eine Arbeitsbeschaffungsmaßnahme. Er lernte den um fünf Jahre jüngeren Friedrich Warnecke kennen; eine Freundschaft begann, die bis zu dessen Tod 1894 währte. Busch fungierte bald als eine Art Außendienstmitarbeiter für Warnecke, der dabei war, sich zu einem der großen Heraldiker seiner Zeit zu entwickeln. Überall in den Dorfkirchen, Klöstern und Schlössern gab es Wappen. Man musste sie nur erfassen! Eifrig begann Wilhelm Busch mit dem Abzeichnen, wo immer er sich aufhielt, in der Umgebung von Wiedensahl, Lüthorst, Hameln. Der erste erhaltene Brief an den Freund enthält gleich 29 Zeichnungen von Wappen, die Busch von Grabsteinen in der Klosterkirche von Loccum kopierte. Die mit feinem, hartem Bleistift gezeichneten Wappen sind selten größer als 1,5 cm wiedergegeben und mit hauchdünnen Buchstaben beschriftet. Dabei führte die Unkenntnis heraldisch üblicher Symbole bei Busch zu gewollt witzigen Fehldeutungen. Neben einer korrekten Bezeichnung wie »Im Schilde ein Horn; über dem Helme ein Mohr« finden sich auch die Wappenbeschreibungen »zwei Läusekämme«, »drei Hausschuhe« oder »drei Käsemesser«.

Zusammen mit den Zeichnungen sendete Busch Informationen über die adeligen Wappenbesitzer, erzählte Anekdoten und Schauergeschichten aus alter Zeit, schrieb Familiennachrichten aus historischen Chroniken sowie Inschriften auf Urkunden und

Grabmälern ab. Um nach den strebsamen Ausflügen in die große Welt von Hannover, Düsseldorf und Antwerpen nicht wie ein Müßiggänger zu wirken, konzentrierte er sich nun betrachtend und forschend auf die kleine Welt der Heimat. Neben dem Skizzieren ländlicher Sujets und der heraldischen Zuträgerarbeit beschäftigte er sich intensiv mit der Lebenswelt seines Ziehvaters Georg Kleine.

Ohne länger mit den vielleicht stummen, aber doch gefühlten Vorwürfen seiner Eltern konfrontiert zu sein, konnte Busch in der Sphäre des Lüthorster Pastors in Ruhe neue Wege ausprobieren. Er war nun nicht mehr der Neffe, den man zum gebildeten und anständigen jungen Mann formen musste, sondern ein interessanter Gesprächspartner, der einiges an auswärtiger Erfahrung zu bieten hatte. Vor allem Kleines große Passion der Imkerei und Bienenforschung bildete ein ständiges Gesprächsthema: »Es hatte sich grad um einen Grundsatz der Wissenschaft, nämlich, daß nur aus einem befruchteten Ei ein lebendes Wesen entstehen könne, ein Streit erhoben. Ein schlichter katholischer Pfarrer wies nach, daß die Bienen eine Ausnahme machten. Mein Onkel, als gewandter Schriftsteller und guter Beobachter, ergriff seine Partei und beteiligte sich lebhaft an dem Kampf. Auch mich zog es unwiderstehlich abseits in das Reich der Naturwissenschaften.« Diese unwiderstehliche Anziehungskraft des Bienenwesens ging so weit, dass sich später zwei Gerüchte hartnäckig hielten: Busch sei selbst Imker gewesen, und er habe ins »Eldorado der Bienenzüchter« auswandern wollen. Das zweite Gerücht war nicht ganz weit hergeholt. Später erinnerte sich Busch so daran: »Vor mehr als zwanzig Jahren, als ich Imker in Brasilien werden wollte, da hab' ich die Bienenzucht allerdings gründlich gelernt, bei meinem lieben Erzieher und treuen Onkel Kleine, der neben Dzierzon die erste apistische Autorität in Deutschland ist. Er gab ein Blatt heraus, wozu ich hie und da einen Beitrag lieferte.« Man könnte die Idee der Emigration ins goldene Land der Bienen unter der Rubrik »Was Jungs werden wollen: Lokführer« einordnen. Wenn nicht Buschs apistische Bemühungen mehr gewesen wären als eine momentane Spinnerei. Er verstand in der Tat etwas von der Sache. Er liebte die Bienen wirklich. Er besaß etliche Bücher zum Thema, beispielsweise über den Staat der Bienen oder die Anwendung der Darwin'schen Lehre auf sie. Zunächst faszinierte ihn die naturwissenschaftliche Seite, die Frage der Parthenogenese, damals heiß diskutiert. Jungfernzeugung, das war vielleicht ein katholisches Dogma, aber doch keine biologische Alternative! Allerdings, so erkannten die Gegner dieser Auffassung, ließen etliche Beobachtungen keinen anderen Schluss zu: Bei bestimmten Tierarten bringen auch unbefruchtete Eier Junge hervor. Jene »apistische Autorität«, von der Busch schreibt, der katholische Pfarrer Johannes Dzierzon, hatte nachgewiesen, dass die Bieneneier, aus denen Drohnen schlüpfen, nicht besamt sind. Die Königin steuert Anzahl und Geschlecht ihrer Nachkommen durch das Legen befruchteter oder unbefruchteter Eier. Von Dzierzon stammte auch der aus dem Griechischen für »Jungfrau« und »Zeugung« gebildete Begriff Parthenogenesis. Pastor Kleine und sein Neffe verteidigten seine sensationellen Thesen, welche die Bienenzoologie revolutionierten. Da Kleine sich immer mehr in das apistische Spezialgebiet vertiefte und ab 1867 dann das »Bienenwirthschaftliche Centralblatt« herausgab, beteiligte sich Busch schriftstellerisch an der Liebhaberei seines Onkels. Drei Aufsätze trug er zu dessen Journal bei: »Kennen die Bienen ihren Herrn?«, »Unser Interesse an den Bienen« und »Das Netz einer Bienenzelle«. In lockerem Ton beantwortet Busch die erste Frage mit einem glatten Nein. Der Vermenschlichung der Bienen, die dieser Frage zugrunde liegt, tritt er entgegen, indem er die Bienen – vermenschlicht. Es gebe keine Beziehung zwischen Insekten und Insektenhaltern. Die Bienenkönigin zum Beispiel habe ganz andere Interessen: »Fliegt sie aus, so tut sie es beim Schwärmen, also mit der Absicht, ihren Bienenvater böswillig zu verlassen; oder aber in einer der dringendsten Herzensangelegenheiten, nämlich sich zu vermählen, wobei begreiflicherweise der Vater Imker keine Berücksichtigung finden kann.« In diesem wie auch im zweiten Aufsatz findet Busch für das Bienenvolk den Ton einer respektvoll-ironischen Zuneigung, wie er dann auch in den Bildergeschichten zum Thema »Bienenstaat« und »Der

Mensch als notorischer Honigdieb« herrscht. Eine seiner ersten gezeichneten Geschichten wird »Die kleinen Honigdiebe« heißen. Erschienen im Oktober 1859 als Nr. 242 der »Münchener Bilderbogen«, kombinierte sie einen Text der Redaktion mit Bildern von Busch. Auf die vom Betrachter schadenfroh verfolgte Serie aus Naschsucht, Honigdiebstahl, Bienenstich und Schwellgesicht wird Busch öfter zurückgreifen. Und er wird die schon hier erprobte Methode der Übertreibung perfektionieren: So dick sind Nase bzw. Wange der zwei kleinen Honigdiebe angeschwollen, dass diese nicht einmal mehr Knödel essen können und dass die Bienenstacheln vom Schmied mit der Zange entfernt werden müssen.

Zehn Jahre später werden die Bienen selbst im Mittelpunkt einer Bildergeschichte stehen. Sie gehört zu den wenigen überwiegend gutartigen, ja idyllischen Sujets im Schaffen Buschs. Zwar müssen auch hier nacheinander Hans Dralles Schwein, Hans Dralle selbst und der Knabe Eugen mit den schmerzenden Waffen der Bienen fertig werden, zwar endet das Liebespaar Krokus und Aurikel vertrocknet in Heines »Buch der Lieder«, gepresst vom Hinterteil Herrn Knörrjes, – doch für die Insekten selbst sowie Christine Dralle und ihren Herrn Knörrje gibt es in »Schnurrdiburr oder Die Bienen« ein Happyend. Nicht nur Witz, niederdeutsche Mundart und origineller Reim kolorieren die Holzstiche, sondern auch die Verwandlung naturkundlicher Sachverhalte in die Dimension der liebenswürdigen Fabel. Wie es im Lehrbuch steht, werden die Arbeitsteilung im Bienenstock, die Aufzucht und Fütterung der Brut, das Ausschwärmen und der Kampf mit Feinden vorgeführt. Doch alles mit menschlichen Zügen, als Zitat von Grandvilles witzigen Illustrationen des Tierprivatlebens und Vorläufer des Animationsfilms »Das große Krabbeln«. Da stehen behelmte Wächter vor dem Einflugloch, die Stachel wie Hellebarden erhoben. Da hantieren die Arbeiterinnen mit Besen und Eimerchen, servieren Ihrer Majestät den Honig in niedlichen Näpfchen auf zierlichen Blütenblatttabletts oder tragen beim Ausschwärmen die Schleppe. Da sorgt Biene Linchen zärtlich für die Larven. Da befördert Biene Trine fliegend Liebesbriefe von Krokus zu Aurikel. Da liegen die männlichen Tiere unter ihren Laubzudecken und werden ihrem Ruf gerecht:

Und nur die alten Brummeldrohnen,
Gefräßig, dick und faul und dumm,
Die ganz umsonst im Hause wohnen,
Faullenzen noch im Bett herum.
»Hum!« brummelt so ein alter Brummer,
Was, Dunner! ist es schon so spät!?

He, Trine! lauf einmal herummer
Und bring uns Honigbrod und Meth!« –
»Geduld!« ruft sie; »ihr alten Schlecker«,
Und fliegt zu Crocus dem Bienenbäcker.

Trotz der Vermenschlichung des Bienenvolks beantwortet auch »Schnurrdiburr« die Frage nach dem Verhältnis von Honiggeber und Honignehmer pessimistisch. Die Bienenkönigin bringt es auf den Punkt: Der Imker ist und bleibt ein »Staatsfilou«, »Schelm«, »Schwerenöther, ein Honigdieb und Bienentödter«. Diese letztlich illusionslose Betrachtungsweise ist Busch zur Grunderrungenschaft seines Denkens geworden – und zur Quelle seiner Komik.

In Lüthorst hatte sich der Neffe des Pastors also einen eigenen Dienstplan geschaffen: die Bienen beobachten, die Wappen abzeichnen! Dazu kam eine dritte Beschäftigung, bereits in Wiedensahl begonnen und geradezu als Berufseinstieg betrachtet.

Wilhelm Busch fing nämlich an – als wolle er die Rückkehr in die Heimat durch ein besonderes volkskundliches Interesse nachträglich motivieren –, niederdeutsche Märchen, Sagen, Spukgeschichten, Volkslieder und Kinderreime zu sammeln. Noch wurden überall diese Geschichten erzählt; sie drohten freilich mit dem Tod ihrer Bewahrer für immer zu verschwinden.

Bis heute sind die Notizhefte erhalten, in die Busch seine Aufzeichnungen eintrug. Deshalb kennt man auch seine Quellen. Schon die Namen jener Leute führen wieder tief in das Leben der niedersächsischen Dörfer, das zum Fundus für nahezu alle Busch-Kunst werden sollte: »Märchenmuhme« Sophie Bolte und Schäfer Konrad Bax, Stine Aumann aus Ilserheide, der invalide Ziegenberg, genannt »Hinkebein«, Imker Brandt und Jungfer Ippentanz aus Lüthorst, Frau Schäkel, die »allerlei Lieder wusste«, aber sich ihrer nicht ohne Melodie erinnerte: »Der nackte Text fiel ihr nicht ein; sie mußte ihn singen. Ihr Spinnrad schnurrte dazu.« Wie noch heute in der ethnologischen Forschung üblich, besuchte Busch seine Gewährsleute zu Hause: »Mir wurde die Geschichte vom alten Börgmeier vor fünfzig Jahren erzählt [...]. Für gewöhnlich wortkarg, saß er an den langen Abenden, während seine Frauensleute aus spinnen waren, zuhaus einsam im Dunkeln; sobald ich aber an's Fenster klopfte, steckte er den Thrankrüsel an, stopfte die Pfeife und erzählte dann gern und vorzüglich. Auch den alten Schäfer Bax besucht ich mal abends zur Winterzeit. Beim Erzählen lag er lang auf dem Bett. Wurde ihm der Mund trocken, so sprang er auf, um ein neues Endchen Quicksteert [Kautabak], den er im Tischkasten bewahrte, sich hinter die Kusen zu stecken. Inzwischen theilte seine Schäferin das Märlein mit, wie die Hausthiere, jedes in seiner Art, sich darüber aufhalten, daß die Herrschaft so lange weg auf der Hochzeit bleibt. [...] Diese lieben Leutchen überlieferten mündlich, was sie einst mündlich empfangen hatten. Lesebücher, außer Bibel und Gesangbuch, waren damals nicht üblich in Bauernhäusern.«

Nicht von ungefähr verfällt Busch hier bisweilen in den heimischen Dialekt: »Um eine Sprache von Herzen sein eigen zu nennen, muß man, *glaub* ich, etwas drin erlebt haben, etwas sehr

Wichtiges – nämlich die Kindheit. In diesem Sinn hab' ich zwei Sprachen: Hochdeutsch und Plattdeutsch.« Selbstverständlich wurden die Geschichten ihm im Schein der Tranlampe nicht auf Hochdeutsch erzählt, sondern in einer Form der plattdeutschen Mundart, die sich allerdings von Dorf zu Dorf unterschied. So sagten die einen »ik hebb«, die anderen »ek hevve« für »ich habe«. Auch fehlte dem jungen Laienvolkskundler natürlich die Systematik, mit der er nach Gattungen, Typen, Dialektvarianten oder Stoffgruppen hätte unterscheiden können. Und so sind seine Erzählstücke, großteils ins Hochdeutsche übersetzt, so originell zusammengewürfelt wie das Inventar der niedersächsischen Bauernhäuser, aus denen sie stammten.

Viertes Bild
Ut ōler Welt

Seit der Romantik ist »Naturpoesie« salonfähig. Was Johann Gottfried Herder, die Brüder Grimm, Achim von Arnim, Clemens Brentano und Ludwig Uhland sammelnd und nacherzählend schufen, gehört zum »deutschen Hausschatz«. Ein typisches Bücherbrett in der Stube des einfachen Mannes darf man sich zu der Zeit so vorstellen: Bibel, Gesangbuch, Katechismus, Kalender – wenn noch etwas dazukam, dann ein Buch mit Märchen, Sagen oder Volksliedern.

Mit Begeisterung hatten die Dichter zu Beginn des 19. Jahrhunderts begonnen, dem Volk aufs Maul zu schauen. Nicht mehr nur die vom Genie durch Bildung und Inspiration hervorgebrachten Werke sollten als schön gelten, sondern auch die seit Jahrhunderten im Volk überlieferten. Auf der einen Seite standen »Weltliteratur«, Kunstfertigkeit, Gelehrsamkeit, Freigeisterei, auf der anderen »Nationalpoesie«, Ursprünglichkeit, Sinnlichkeit, naive Frömmigkeit. Dass die sogenannten Volksmärchen, die man damals herausgab, ihre Sprache und Form keineswegs nur dem Mütterchen in der Spinnstube oder dem Hirten auf der Weide verdankten, sondern auch durch Bearbeitung, literarische Quellen und Neuerfindung zustande kamen, trug zu ihrer Lesbarkeit und damit Popularität bei.

Man muss Wilhelm Busch in dieser Tradition sehen, wenn er 1853 anfängt, die Sagen, Märchen, Sprüche und Lieder seiner Heimat aufzuzeichnen. Schon 1797 waren »Volksmärchen« von Ludwig Tieck erschienen, 1806/08 folgte die Liedersammlung »Des Knaben Wunderhorn« und 1811 Johann Peter Hebels »Schatzkästlein des rheinischen Hausfreunds«. Zwischen 1812 und 1857 schließlich eroberten in ihren ersten sieben Auflagen die »Kinder- und Hausmärchen« von Jakob und Wilhelm Grimm den Buchmarkt. Auch regionale Varianten gab es bereits, so »Thüringische« oder »Schleswig-Holsteinische Volksmärchen«.

Was also motiviert Busch zu seiner Sammeltätigkeit? »Sie werden schon von mir gehört haben«, schreibt er in einem Brief an Friedrich Warnecke, »daß ich bisher manches von Sagen und Märchen gesammelt habe, wie es mir beiläufig unter dem Volke begegnete. Nun bin ich hier, um bei einem Buchhändler in Einbeck ein kleines Märchenbuch heraus zu geben. Ich hätte es gern, wie sich denken läßt, in einem größern Verlage erscheinen laßen, wenn mir nicht das Honorar die Hauptsache gewesen wäre.«

Etwas zur Volkskunde der Heimat beitragen, den Eltern ein Ergebnis der Wegsuche präsentieren, eigenes Geld verdienen: gleich drei Fliegen, die man da mit einer Klappe schlagen könnte. Zwei der Fliegen aber machen sich davon. Das Märchenbuch wird vollständig erst nach Buschs Tod erscheinen, Geld gibt's natürlich auch nicht dafür. Zu unbekannt ist der junge Mensch, der da mit einer bunten Sammlung von Volksüberlieferungen herauszukommen wünscht. Kein großer Verleger und auch kein Buchhändler in Einbeck beißt an.

Dabei sind die niedersächsischen Bauernpoesien durchaus den Grimm'schen Märchen und Mythen an die Seite zu stellen. Viele Motive gleichen sich sogar, so das Personal von kluger Königstochter über böse Stiefmutter bis dummer Hans. Oder die Grundkonstellationen: Drei Dinge müssen herbeigeschafft oder drei Fragen beantwortet werden, Riesen ist der Kopf zu lausen, und Verbrecherinnen haben im nagelgespickten Fass zu sterben. Wie die Brüder Grimm versucht Busch, den Volkston beizubehalten oder zu rekonstruieren. Zwar übersetzt er die meisten Stücke ins Hochdeutsche, behält aber doch wörtliche Rede im Dialekt bei, gibt gereimte Sprüche auf Platt wieder und pflegt überhaupt den einfachen Satzbau: »Sie tun es, finden sie und machen sie tot.« Statt eines korrekten Genitivs darf es heißen »ihrem Großvater sein Hut«. Statt hochsprachlicher Ausdrücke bleibt es bei: »Da ist das Männchen verschwunden und abgestunken.« Eine ganz eigene ländliche Logik herrscht: »Muschetier aber wurde ein angesehener Herr an des Königs Hofe und hundert Jahre alt. – Das ist aber in alten Zeiten gewesen, wo die Jahre noch kürzer waren als jetzt.« Und die vertrauten Schlussformeln klingen in der Mundart gleich viel lebendiger: »Un wenn se noch estörben sind, säo leiwet se vandage noch.«

Bevölkert sind die Märchen und Sagen – wenig überraschend – von grausamen Riesen, gutmütigen Zwergen, goldlockigen Jungfern, dummen Handwerkern, stinkenden Teufeln und boshaften Hexen. Aber gerade dabei lässt sich ein Zipfel überlieferter Wirklichkeit erhaschen. Auf einmal reichen die Sagen ganz nah an die Chroniken des Loccumer Klosters heran. Auf einmal wird klar, wie einfache Bauern durch heillose Vermischung von Furcht, Kirchenwort und Aberglaube zu Denunzianten werden konnten. In den Geschichten aus Wiedensahl, die Busch sich erzählen lässt, tauchen sie wieder auf, die Eidechsen als Hexenwerk, die Verbindung der Hexen mit dem Teufel, die Weitergabe der Zauberkräfte von Mutterhexe auf Tochterhexe. Das Ergebnis ist hier wie dort das Gleiche: Folter und Hexenverbrennung. Eine der Sagen aus Buschs Notizheft beginnt: »Wenn in alten Zeiten die Leute einen gewissen Karren morgens früh vor einem Hause stehen sahen, so wussten sie, dass in dem Hause eine Hexe war. Auf dem Karren wurde sie zur Weser gefahren und da hineingeworfen; ging sie unter, so war sie frei; schwamm sie aber oben, so wurde sie verbrannt.« Eine andere endet: »Als nun die Aussage des Müllerburschen zu Papier gebracht war, nahm man die Hexe in das scharfe Verhör, worin sie dann bekannte, dass ihre Großmutter ihr das Hexen beigebracht hätte, da sie noch ein unmündiges Kind gewesen. Nach zwei Tagen wurde um einen Pfahl her ein Feuer angemacht, darin man die Hexe vor aller Leute Augen so lange braten ließ, bis sie tot war.« Es ist eine nicht unübliche Form der Vergangenheitsbewältigung, die Wahrheit als Fabel auszugeben.

Starker Tobak sind diese Märchen und Sagen, wie übrigens auch diejenigen aus dem Grimm'schen Fundus. Da wird verstoßen und verprügelt, die Ehe und heiligste Versprechen gebrochen, da fallen die Hüllen und die Köpfe. Für Kinder ungeeignet sind sie trotzdem nicht. Denn Kinder haben ein Gespür dafür, dass im Märchen stellvertretend gelitten und gestorben und geheiratet wird. Nicht wirkliche Menschen kommen dort zu Schaden oder finden ihr Glück, sondern typenartige Figuren sind Gefäße poetischer Gerechtigkeit.

Ähnlich plastisch wie die Märchen und Sagen fallen die Volkslieder und Reime aus, die man den Kindern im Wiedensahler Raum vorsang und -sagte. Sie sind bei Busch wegen der gedächtnisstützenden Funktion von Refrain und Reim fast alle im Dialekt geblieben und gehen noch heute ins Ohr:

Suse muse Kättken, wo wutt du hentäo?
Will na Nawers Huse hentäo,
Da slacht se en Swin,
Da drinket se Win,
Da will wi drä Dage recht lustig sin.

Einige Geschichten veröffentlicht Wilhelm Busch sehr viel später unter wissenschaftlichem Aspekt, im »Korrespondenzblatt des Vereins für niederdeutsche Sprachforschung«. Als gedrucktes Buch sieht er das Sammelwerk nicht mehr. Zwei Jahre nach seinem Tod erst erscheint es unter einem Titel, den Busch indirekt selbst bereits gewählt hat. In dem autobiographischen Text »Wiedensahl« erinnert er sich im Jahr 1901 an das Heimatdorf, erwähnt noch einmal Anekdoten und Gebräuche und schließt etwas melancholisch mit dem Hinweis auf die einst gehörten Erzählungen aus alter Welt: »So war es einmal. Jetzt sind es ›geschichten ut öler welt‹.«

Promenade
In München

Der Komet Klemme war erneut vorangezogen. Wie schon in Hannover und Düsseldorf, so wies der Maler August Klemme auch diesmal, wohin man gehen sollte, um anzubeten: nach München, an die Königliche Akademie der Bildenden Künste. Im Spätherbst des Jahres 1854 verließ Busch Niedersachsen in Richtung Bayern – kein Ausflug, sondern eine Reise von eineinhalb Tagen mit Pferdewagen und Eisenbahn. Er sei kreidebleich gewesen und habe Tränen in den Augen gehabt, wird die Schwester Fanny später erzählen, als er das Wiedensahler Haus an jenem trüben Herbstmorgen verließ. Denn der Vater, verärgert über das Festhalten an der brotlosen Kunst, habe ihm zwar eine Rolle Taler in die Hand gedrückt, aber zugleich betont, dass dies der letzte Betrag sei, den der Sohn von ihm erwarten könne.

Wieder betrieb Wilhelm Busch die Änderung seiner Situation ernsthaft. Er nahm sich eine Wohnung im ersten Stock der Dachauer Straße 3, bei Frau Pfarrer Stiller, dicht beim »Eisenbahnhof« und nicht weit von der Königlichen Akademie. Er ließ sich am 25. November offiziell in die Akademie und im gleichen Monat gern in die neugegründete Künstlervereinigung »Jung-München« aufnehmen. Das gab dem Leben Struktur: Malen und Zeichnen in der Akademie in der Neuhauser Straße, Feiern in der Künstlerkneipe »Beim Kappler« nur ein paar hundert Meter weiter, am Promenadeplatz.

Wegweisend war freilich nicht die Akademie, sondern der Künstlerverein. Knapp urteilte Busch später über das Münchner Studium: »Klemme und ich gingen von Antwerpen nach München, wo wir das Malen verlernten, das wir dort gelernt hatten.« Zwar stieg die Münchner Akademie in dieser Zeit zu einer der führenden Europas auf. Doch noch herrschte dort nicht der Geist Karl von Pilotys, der seinen Schülern erst ab 1856 Freiheit und Farbe auf die Fahnen schrieb. Wilhelm Busch musste bei Akademiedirektor Wilhelm von Kaulbach studieren – einem Könner, aber kaum im Sinne der »alten Muttersprache der Kunst«. Nicht Licht und Farbe dominierten bei ihm, sondern jene standen im Dienst von Idee und Figurenzeichnung. Der Gestus war monumental, die Themen erhaben: »Die Zerstörung Jerusalems«, »Die Schlacht bei Salamis«. Das Personenaufkommen sprengte schier die Rahmen. »Mit ungeheurem Aufwand malerischer Virtuosität«, so schrieb Thomas Theodor Heine 1932, »wurden feierlich kostümierte geschichtliche Unglücksfälle dargestellt und sogleich den staatlichen Sammlungen einverleibt, wo sie jetzt meist im Keller aufbewahrt werden.«

Busch hätte sich für sämtliche Klassen einschreiben können: für Malerei, Bildhauerei, Architektur, Kupferstecherkunst. Auf den Aufnahmeantrag schrieb er, nachdem er zunächst mit dem Wort »Genre« angesetzt, es aber wieder getilgt hatte: »Historienmalerei« und »Technische Malklaße«. Aus dieser Zeit stammen nur wenige Bleistiftzeichnungen, darunter ein sehr gelungener, wenn auch eindeutig dem Unterricht sich verdankender männlicher Akt. (Abb. S. 70) Auf seinen Ölgemälden aber findet sich kein Seeheld und keine geraubte Jungfrau und kein gekröntes Haupt. Sie zeigen kleine Motive vom Land, mal bayerisch, mal niedersächsisch.

Busch lebte in München zwar in einfachen Verhältnissen, aber nicht als Student. Seine öfter in Selbstkarikaturen dokumentierte Kleidung mit auffallender voluminöser Ballonmütze (grün-gelbkariert, eine Art Markenzeichen) und frech geknotetem Halstüchlein charakterisiert ihn als freien Künstler. Der Unterricht war für ihn nur eine von zahlreichen Beschäftigungen. Allmählich kristallisierte sich eine Art von Lebensrhythmus heraus: Im Winter wurde studiert und privat gezeichnet, wurde das »Jung-Münchener« Vereinsleben gepflegt. Der Frühling gehörte den Ausflügen vor die Tore Münchens, bei denen manche Wanderer sogar maskiert waren – einmal marschierten zwei menschliche Maikäfer mit. Akademieschüler in freier Natur gehörten fast zum gewohnten Bild. »Als ich an Land hüpfte«, berichtete eine junge englische Kunststudentin im Mai 1851 nach Hause, »sah ich ein

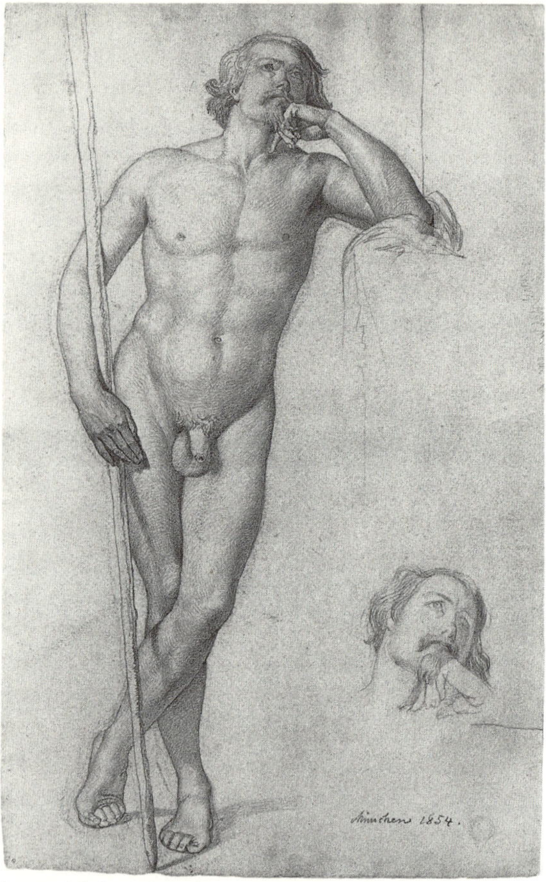

hübsches Bild des Münchner Künstlerlebens. Auf einer kleinen Halbinsel, mitten im hohen Gras und zwischen herrlichen Blumen lagen zwei junge Maler. Ich erkannte dies auf den ersten Blick. Sie stützten ihre Ellbogen im kühlen Gras ab; warmer Sonnenschein fiel auf sie und ein lindes Lüftchen spielte mit ihrem langen Haar. Ihre Filzhüte und eine große Botanisiertrommel lagen neben ihnen am Boden.« Auch im Sommer zogen Wilhelm Busch und seine Freunde zum Malen und Zeichnen in die bayerische Umgebung, an den Starnberger See und besonders häufig nach Brannenburg am Inn, zu Füßen des Wendelsteins. Hier kam man für wenig Geld in der alten Mühle unter. Hier konnte man das Alpenpanorama studieren, aber auch Gesichter und Trachten der Landbevölkerung. Auf den Wanderungen rund um Brannenburg gab es außerdem so manche bayerische Kuriosität zu besichtigen, so die »Marterl«, die christlichen Bildstöcke mit ihren erbaulichen Inschriften: »Wandrer, stehe still und weine – Hier ruhen meine Gebeine – Ich wollte, es wären Deine.«

Zwischen den Aufenthalten in München und in der Sommerfrische fuhr Wilhelm Busch regelmäßig nach Wiedensahl und Lüthorst, verbrachte Monate in der Heimat. Ein richtiger Münchner wurde er nicht, auch wenn ihn diese Stadt bis zu seinem letzten Aufenthalt 1881 immer wieder anzog und er Jahre dort verbrachte. Eher könnte man sagen, Busch war ein Künstler mit Ateliers in Wiedensahl, München, Brannenburg und anderen Orten.

Das Mieten einer Wohnung war damals eine unkomplizierte Sache. Wollte man für einige Zeit woanders leben, zog man aus. Kam man zurück, suchte man sich eben eine neue. Jeweils zu den »Quartalstagen« konnte jene englische Kunststudentin, die selbst mehrfach ihr Quartier wechselte, »die drolligsten Gruppen« von umziehenden Personen beobachten: »Viele Sachen werden hier in der Hand getragen und zu Fuß transportiert. Soldaten werden häufig als Träger engagiert, und das gibt den Umzugsszenen einen ganz eigenen Charme. Ich sah zum Beispiel einen Soldaten, der unter seinem Arm einen großen Spiegel trug und um den Hals einen großen bunten Damenhut gebunden hatte, der auf den Rücken herunterhing.«

Fast alle Studenten mieteten sich bei einer Wirtin in einem möblierten Zimmer ein. Die Miete zahlte man ihr wöchentlich bar auf die Hand. Dafür gab es frische Bettwäsche und einen Kaffee zum Frühstück. Wenn man Glück hatte, bürstete Frau Wirtin auch mal den Mantel aus oder gab einen mütterlichen Rat. Die Mahlzeiten nahm man meist nicht zu Hause ein, sondern aß in einem der zahlreichen Wirtshäuser. So sind die vielen Adressen zu erklären, die Busch in seiner Münchner Zeit zwischen 1854 und 1868 hatte: Von der Dachauer Straße 3 zog er in die Augustenstraße 15, von dort in die Heustraße 7 (heute: Paul-Heyse-

Straße), dann in die Heustraße 4, kurz ins Hotel Leinfelder am Karlsplatz, dann mehrfach wieder in die Heustraße 4, anschließend in die Schwanthalerstraße 28, später in die Wurzerstraße 15. Das unverbindliche Wohnen ermöglichte eine große Mobilität und damit eine Vielzahl von Anregungen – von Biergelagen in München über Bohemeleben in Brannenburg bis zum Malen einsamer niedersächsischer Landschaften oder Porträtieren von Familienmitgliedern.

In der Stadt beschränkte sich Buschs Radius von Wohnen, Arbeiten und Trinken auf zwei Quadratkilometer. Das erlaubte täglichen Austausch mit Bekannten aus dem Künstlerverein. In ihm hatten sich praktisch alle wichtigen Maler Münchens zusammengeschlossen, u.a. Heinrich Lossow, Theodor Pixis, Wilhelm Diez, Karl von Piloty, Otto Stöger, Franz Lenbach, Friedrich August Kaulbach. Später wurden Lenbach und Kaulbach zu guten Freunden Buschs, Otto Stöger diente als Vorbild für eine seiner ersten Bildergeschichten (»Der kleine Maler mit der großen Mappe«), und mit Theodor Pixis war er von Anfang an eng verbunden, ging mit ihm wandern, karikierte ihn immer wieder. Das schien durch des Freundes Aussehen leichtgemacht. »Allerlei wühlerische Witzworte« über ihn waren im Umlauf, berichtete Busch, so »›Atzel der Heunenkönig‹ wegen seiner Perrücke, oder ›Fürst Perückles‹, ›Herzog von Zweiperücken‹, ›Graf zu Glatz und von der Lippe‹ und wie dergleichen hochverrätherisches Zeug sonst noch heißen mag.«

Pixis ist es auch, der ein wenig Einblick in Buschs Lebensweise gewährt: »Was er eigentlich trieb, das wußte niemand. Bekam er in seiner Wohnung unerwartet Besuch, so verschwand gewöhnlich irgend etwas in seiner Tischschublade, ohne daß jemand wissen konnte, was es war, ob ein angefangenes Gedicht oder eine in Arbeit befindliche Skizze, oder eine Regensburger Wurst, die er vor dem eintretenden Freund retten wollte.« Hätte Pixis in diese Schublade hineinsehen können, hätte er bemerkt, dass Busch durchaus etwas trieb. Dort lag – neben Zeichenblock und Knackwurst – wahrscheinlich das »Anatomische Taschenbüchlein zur Nachhilfe beim Studium nach Natur und Antike«, das dieser durcharbeitete. Es führte zusammen mit den Aktstudien an der Akademie zur sicheren Beherrschung der menschlichen Proportion, was für die Entwicklung der Karikaturen und Bilderfolgen unerlässlich werden sollte. Zudem malte Busch daheim in Wiedensahl die Geschwister Anna, Fanny und Hermann, in Lüthorst den Cousin Karl Friedrich Konrad Kleine. Vielleicht verbarg er aber auch sein Brannenburger Skizzenbuch in der Schublade vor den Blicken der Freunde. Die wären unter Umständen von dessen Inhalt nicht entzückt gewesen: »Wenn wir da«, schreibt Theodor Pixis, »am Starnberger See oder im Gebirge, hauptsächlich in dem lieblichen Brannenburg, unsere Plätze aufgesucht hatten und anfingen zu malen, lag unser Busch gewöhnlich höchst behaglich im Gras, rauchte sein Pfeifchen und machte seine schlechten Witze, während uns der Schweiß von der Stirn rann. Da wanderte denn ganz verstohlen sein Büchlein aus der Tasche, und wenn es wieder hineinglitt, da war schon einer oder der andere von uns darin festgenagelt.« Womöglich aber waren es gar nicht die Karikaturen, die Busch zum Verstohlenen verleiteten, sondern die Motive, die er ebenfalls in Brannenburg mit sanftem Bleistiftstrich festhielt: Hausecken und Herrgottswinkel, Kirchlein und Bauernstuben, bewaldete Täler und überwucherte Zäune, Kachelöfen und Holzscheithaufen. Nichts Erhabenes, nichts Dramatisches, nichts Lustiges. Nur ein wenig Idylle, ein bisschen Natur, ein Stück Gewöhnlichkeit. Waren damit Lorbeeren zu ernten?

Sehr bald schon übernahm Wilhelm Busch im Kreis des Künstlervereins die Rolle des ruhigen Beobachters, launigen Zechers und treffsicheren Karikaturisten in einer Person. Man hatte ihn gern dabei, er sagte nie nein zum Bier, seine Zeichnungen und Scherze waren gutes Amüsement. Das war genau der richtige Ort für einen wie ihn: Es ging alles andere als akademisch zu, doch war das Vereinsleben hoch anregend durch den Kontakt zu Kollegen und etablierten Malern. Die größte Anerkennung fand nicht ein Schlachtengemälde oder Blumenstück, sondern eine humorvolle Skizze oder bissige Karikatur. Außerdem konnte man die Wirkung der eigenen Werke schon einmal im kleinen Kreis testen,

Wilhelm Busch 1860 mit Bierkrug. Foto von Ernst Hanfstaengl

konnte sich unorthodoxe Späße erlauben, durfte auch Hingeworfenes und Unfertiges präsentieren. Am Stammtisch erfuhr man, welche Themen in der bildenden Kunst gerade en vogue waren und welche Gemälde sich im Glaspalast gut verkauften.

Berühmt waren die Künstlervereine für ihre Feste, insbesondere im Karneval. Busch trug mit allen seinen kreativen Fähigkeiten zu ihrem Gelingen bei. Er schrieb die Opernparodien »Liebestreu und Grausamkeit« sowie »Schuster und Schneider«, er zeichnete Theaterzettel, konzipierte ein Maskenfest zum Thema

Märchen und wirkte an den Aufführungen mit. Selbst weit weg von München frönte er der neuen Leidenschaft mit dem Stück »Einer hat gebimmelt und alle haben gebummelt« für ein Laientheater in der Nähe von Lüthorst, wo er sich als Schauspieler versuchte. 1863 entstand sogar ein Werk, das es bis ins Münchner Residenztheater schaffte: »Der Vetter auf Besuch«, mit der Musik von Georg Kremplsetzer, Freund und Karikaturenopfer Buschs. Er vertonte auch dessen »Schuster und Schneider« sowie das Märchenfestspiel »Hansel und Gretel«. Dass der – aus Buschs Sicht – kleine, dicke, fast glatzköpfige Tonsetzer zufällig einen Komponisten-Witz-Namen trug, machte es nicht einfach, ihn ernst zu nehmen.

In München hatte das gesellige Leben so viel Anziehungskraft, dass sich – nicht gerade biedere – Zweigvereinigungen mit je eigenem Stammlokal bildeten. Busch wurde schon bald ein »Docht«, das heißt, er wurde bei den »Nachtlichtern« aufgenommen, deren Wappen er zeichnete und denen er Bundeslied wie Chorhymne schrieb. In der ersten Strophe wird Sinn und Zweck des Vereins besungen:

Nachtlichter sind wir allzumal,
Wenn es beginnt zu dunkeln;
Das Öl ist uns das braune Bier,
Bis früh zum Morgen trinken wir
Und leuchten hell und funkeln.

Und einem dritten Verein trat er bei: der »Kassandra«. Dem Anschein nach ein Künstlerverein wie »Jung-München«, doch mit ambitionierterem Namen, handelte es sich bloß um eine gesellige Runde von Künstlern. »Kassandra« war nichts als ein bayerisches Wortspiel: Jedes Mal brachte ein anderes Mitglied zum Bier einen Imbiss mit, der traditionell aus Käse bestand. Käse heißt in München »Kas«, und einen anderen nennt man dort »andra«. Wenn also jedes Mal ein anderer den Käse dabeihatte, sagte man, dass den »Kas a andra« mitbringe: Kassandra.

Für Buschs vergnügliche Abende und auch vereinsinterne Aufträge war somit gesorgt. Immer gab es irgendwo etwas zu feiern, zu parodieren, aufzuführen. Was ihn aber letztlich ins richtige Gleis brachte, waren seine Karikaturen für die Kneipzeitung »Der Beiwagen« seines Vereins »Jung-München«. Neben den Malern der Münchner Akademie nahmen nämlich auch andere Männer an den Stammtischen teil, unter ihnen die Verleger Otto Bassermann und Caspar Braun. Letzterer fand Buschs Karikaturen so gelungen, dass er ihm eine Mitarbeit an seinem Unternehmen antrug. Und dieses Unternehmen war nicht irgendeines, sondern verdankte Ruhm und Geschäftserfolg zwei vielbeachteten und gut verkäuflichen Produkten, den »Fliegenden Blättern« und den »Münchener Bilderbogen«. Endlich tat sich für Busch eine Beschäftigung auf, die nicht Geld kosten, sondern einbringen würde.

Fünftes Bild
Der Virtuos

Als Caspar Braun 1838 mit einem Kompagnon den Betrieb »Caspar Braun & v. Dessauer, Anstalt für Holzschneidekunst« in München gründet, kann er nicht ahnen, dass er künstlerisch und wirtschaftlich zu den Gewinnern gehören wird. Es ist eigentlich riskant, den altmodischen Holzdruck wiederzubeleben, den man von billig hergestellten Flugblättern genauso kennt wie von unerschwinglichen Prachtbibeln. Doch Braun sucht sich die besten Holzstecher, verwendet die neueste Drucktechnik und befriedigt den aktuellen Geschmack an illustrierter Familienlektüre. Mit seinem neuen Partner Friedrich Schneider macht er 1843 die Anstalt zum »Verlag Braun & Schneider«. Das Programm umfasst zunächst Heiligenbilder, »Christkatholische Bilderbogen« oder Heftchen wie die »Kreuzwegandachten«. Doch hat er zwei geniale Ideen: Warum nicht nach den Vorbildern »Punch« und »Charivari« eine illustrierte satirische Zeitung herausgeben? Warum nicht auch profane Bilderbogen verkaufen?

Die »Fliegenden Blätter« erscheinen seit 1844, ab 1848 folgen die »Münchener Bilderbogen«. Der Aufschwung gibt Brauns Strategie Recht, und so spezialisiert sich der Verlag bald ganz auf das Satireblatt, auf Bilderbogen und Bilderbücher. Wie bei anderen Unternehmern fußt Brauns Erfolg nicht nur auf Charisma und Engagement. Er sucht sich für seine Bildgestaltung Studenten von der Kunstakademie, zahlt ihnen ein geringes, dazu bloß einmaliges Honorar. Auch wenn sich ein Bogen zehntausend Mal verkauft, sind sie nicht am Gewinn beteiligt. Um zu sparen, zeichnet der ausgebildete Holzstecher Caspar Braun zu Anfang die Vorlagen noch selbst. Doch er erkennt, dass es sein Renommee steigert, wenn er daneben die Größen Moritz von Schwind, Franz von Pocci, Carl Spitzweg oder Ludwig Bechstein verpflichtet. Sind die »Bilderbogen« zuerst noch anonym bebildert, so sieht man bald Titel wie »Der gestiefelte Kater. Von M. Schwind«.

Der Käufer wird das Produkt nicht länger für ein billiges Spielzeug halten, sondern die Brauen anerkennend hochziehen und denken: Sieh an, sogar der Schwind zeichnet für Braun.

Während die »Münchener Bilderbogen« über das Jahr hin produziert werden, um als 24-Bogen-Band im Herbst zu erscheinen und ab da in den Einzelverkauf zu gehen, gibt es fast jede Woche neue »Fliegende Blätter«, die jeweils aus einem halben Bogen, also acht Seiten, mit illustrierten Witzen und satirischen Bildgeschichten bestehen. Zwar nehmen sie die politischen Verhältnisse aufs Korn, werden sogar mitunter beschlagnahmt, doch bleiben sie insgesamt recht brav und biedermeierlich. Diesen Ausdruck übrigens verdanken wir den »Fliegenden Blättern«. Zwischen 1854 und 1857 veröffentlichen in ihnen die Freunde Adolf Kußmaul und Ludwig Eichrodt eine Fülle lyrischer Ergüsse, die sie aus einer Sammlung abgeschrieben, überarbeitet und vermehrt haben. Da der ursprüngliche Verfasser, Dorfschulmeister Sauter, so gefühlvoll wie bieder wie unfreiwillig komisch gedichtet hat, suchen sie sich ein gemeinsames Pseudonym für ihr Werk und erfinden den Titel »Auserlesene Gedichte von Weiland Gottlieb Biedermaier«.

Zum Abschluss der Biedermaier-Gedichte werden die »Fliegenden Blätter« auch tatsächlich biedermeierlich, wenden sich von der Politsatire ab und der Kritik des Gemeinmenschlichen zu. Dabei kommt ihnen zustatten, dass die Witze und Geschichten volksnah sind. Denn die meisten von ihnen werden vom Publikum eingesandt, in der Redaktion bloß bearbeitet und bebildert. Bis zu 1600 Briefe haben die Mitarbeiter pro Monat zu bewältigen. Das ist auch der Grund, warum Wilhelm Buschs erste Arbeiten für die »Fliegenden Blätter« nicht immer auf einer eigenen Idee fußen. Während er für die Nummer 744 vom Oktober 1859 unter dem Titel »Übertriebene Gefälligkeit« zwei Bilder mit je einer eigenen Zeile beisteuert, hat er für »Die Täuschung« in Nummer 745 und für »Der Deserteur« in Nummer 782 den umfangreichen Text eines anderen zu bebildern. Auch die Texte in seinen ersten »Münchener Bilderbogen« für Caspar Braun, »Der kleine Maler mit der großen Mappe« und »Die kleinen Honigdiebe«, gehen zwar auf handschriftliche Zeilen Buschs zurück, werden aber von der Redaktion formuliert. Sogar das berühmte, später immer wieder mit Buschs Namen assoziierte »Naturgeschichtliche Alphabet« hat nur zum Teil mit ihm zu tun. In der ersten Jahreshälfte 1860 soll Wilhelm Busch auf Geheiß von Caspar Braun das lediglich als Manuskript im Verlag verbliebene Werk von Frieder Carl Adams auf Holzstöcke zeichnen. Der Text von Adams bleibt unberührt, aber bei der Übertragung seiner Zeichnungen greift Busch stellenweise ein, verbessert und überarbeitet, so dass er am Ende sogar die Bilder zu den Buchstaben E – eine weitere Züchtigungsszene: Elefant prügelt Esel –, I und K mit seiner Signatur »WB« versieht. Obwohl Busch die Texte zum »Alphabet« also nicht verfasst, beeindrucken ihn deren Knittelverse und das Prinzip der absurden Reihung nachhaltig: »Die Zwiebel ist der Juden Speise, / Das Zebra trifft man stellenweise«. Noch rund zwanzig Jahre später wendet er das Stilmittel in dem Gedicht »Dorenkat« an, wo es heißt: »Zu Upholm wird das Schaf gemelkt / Die Kuh will Futter, wenn sie bölkt«, oder in seinem »Balduin Bählamm«, wo er formuliert: »Des Lebens Freuden sind vergänglich; / Das Hühnerauge bleibt empfänglich.«

Die Bilderbogen sind eine ebenso geschäftsbelebende Idee wie die »Fliegenden Blätter«. 138 verschiedene Künstler zeichnen im Lauf der Zeit für die Braun'sche Bilderfabrik. Sie werden pro Holzstock bezahlt, in Buschs Fall meist mit drei Gulden, was dieser als bloßes »Biergeld« bezeichnet.

Waren die 35 mal 45 Zentimeter großen Einblattdrucke früher ein verachtetes Volksvergnügen zum Ausmalen und An-die-Wand-Kleben, machen Schwind, Pocci, Busch und Konsorten aus ihnen Sammelobjekte. Ja, die Künstler beginnen zu verstehen, dass man mit den Bilderbogen nicht triviale Bedürfnisse bedienen muss, sondern Aufklärung betreiben, Bildung voranbringen kann. Illustratoren wie Käufer stammen nun aus dem gehobenen Bürgertum, und die Themen sind entsprechend: Serien zur Kostüm- und Altertumskunde, verlässliche Ansichten ferner Länder, »Schattenbilder aus dem russisch-türkischen Kriege« neben »Deutschen Giftpflanzen«, »Ueberreste gothischer Baukunst« neben »Verschiedenen Fuhrwerken«. Der anspruchsvollen Unterhaltung dienen kuriose Geschichten, Moritaten, bebilderte Pointen. Für die Kinder gibt es Märchen und Pferdeporträts, »Das Einmaleins in Reimen und Bildern«, einen pädagogischen Zeigefinger namens »Vom Peter, der die Schule versäumt hat« oder auch die Geschichte vom »Riesen Fratzfressius«. Will man sich etwas Besonderes gönnen, kauft man eine schablonenkolorierte farbige Fassung. Oft bekommen die Kinder zu Weihnachten einen ganzen Stapel von Bilderbogen – Beschäftigung für viele Wochen, in denen bemalt, ausgeschnitten und aufgeklebt wird.

Wilhelm Buschs Bildergeschichten fügen sich ganz organisch in das Programm der »Fliegenden Blätter« und »Münchener Bilderbogen«. Schließlich kennt er die Produkte aus dem Haus Braun & Schneider recht gut, für das auch seine Kollegen Wilhelm Diez und Friedrich Lossow tätig sind. Trotzdem sieht man auf den ersten Blick, dass mit Buschs Graphik allmählich ein neuer Stil einzieht. Seine Bilder konzentrieren sich immer mehr auf die Hauptfiguren, werden sparsamer in der Binnenzeichnung, sind weniger kleinteilig im Ambiente als die der Kollegen und erinnern damit bald nicht mehr an den spätromantischen Stil eines Ludwig Richter oder Moritz von Schwind. Sie betonen die Figurenkontur, die gestische Dynamik und den Bewegungsverlauf. Sie karikieren Situationen und Konstellationen, nicht einzelne Typen. Sie stellen kein Endstadium eines gezeichneten Witzes dar, sondern entwickeln die Pointe aus einem dramaturgischen Verständnis der ganzen Erzählung heraus. Das verleiht ihnen eine Tendenz zum Abstrakten, zum Zugespitzten, zum Frechen – und damit zum modernen Comic. Eine der innovativen Illustrationen Buschs, mit der er seiner Zeit weit voraus ist, stammt aus den »Fliegenden Blättern« von Ende 1865. Als befände man sich mitten in einem »Donald-Duck«- oder »Asterix«-Heft, wird in »Der Virtuos« nicht mehr und nicht weniger betrieben als eine Verrenkungsstudie. Vordergründig mit Satz- und Tempobezeichnungen wie »Adagio« oder »Forte vivace« motiviert, führen die fünfzehn Bilder den Grotesktanz zweier komischer Figuren vor: des Klaviervirtuosen und seines einzigen Zuhörers. Jeder Körperteil, jeder Gewandzipfel beschreibt vom anfänglichen »Silentium« bis zum abschließenden »Bravo-bravissimo« des Klavierkonzerts eine musikalische Kurve. Beine werden umeinander gedreht wie Seilstränge, Ohren gespitzt auf Lauschergröße, Hände flitzen so schnell über die Tasten, dass sie 25 Finger zu haben scheinen. Des Spielers Sacktuch, das modisch zwischen den Frackschößen hervorsteht, zipfelt bald nach links und bald nach rechts, krümmt sich zur Locke, schraubt sich zur Spirale, kräuselt sich zum Ringelschwänzchen, sträubt sich zum Hahnenschweif; und während der Pianist so konzentriert an seiner »Fuga del diavolo« sitzt, dass seine Mähne einer Rauchsäule gleicht, – verknotet es sich selbst. Berückend der Einfall, sprachliche in graphische Bilder zu verwandeln: Wenn der Zuhörer neben dem Klavier »Stielaugen macht«, so bekommt er von Busch Augen am Stiel gezeichnet, wenn er »ganz Aug und Ohr ist«, besteht sein Kopf aus Riesenohr an Riesenauge. Und verblüffend modern die Idee, in einer Simultanschau mehrere Bewegungsphasen derselben Figur zu kombinieren, als könne man ihrem Zappeln so rasch nicht mit den Augen folgen – Daumenkino, das keinen Daumen braucht.

Nicht nur Finger und Frackschöße beteiligen sich am wilden Pianistenballett. Selbst der Klavierhocker muss mit, selbst die Noten hält es nicht mehr auf den Zeilen, so dass sie in schönster Anarchie durch die Luft taumeln – für den Kenner eine Verbeugung vor Grandvilles Notenexplosion in einem der Holzstiche von »Un Autre Monde«. Auf diese Weise gerät das affektierte Konzert des Virtuosen zur Satire auf selbstdarstellerische Künstlerattitüde wie auf deren übertriebene Verehrung. Zugleich erlaubt das Thema dem Künstler Busch, seinen Bewunderern zu demonstrieren, welch Virtuos er ist. Ein Schelm, wer doppelt dabei denkt.

Die Bildergeschichte vom Virtuosen erlebt eine beispiellose Karriere. Schon die Erstpublikation hebt sie als Sonderdruck der »Fliegenden Blätter« hervor; 1868 folgt ein Zweitdruck als »Münchener Bilderbogen« in einer Auflage von 12000 Stück, noch im gleichen Jahr werden 3000 Blätter nachgedruckt. Bis 1927 gibt es immer wieder Reprints, so dass die Gesamtzahl auf 178000 Exemplare steigt. Es ist aber auch eine hervorragende Verwertungsstrategie, Illustrationen zunächst für die Satirezeitschrift anfertigen zu lassen und jene nach einiger Zeit als Bilderbogen zu wiederholen, die jederzeit von denselben Vorlagen nachgedruckt werden können. Da von einem Holzstock maximal 20000 Abdrucke herzustellen sind, behilft man sich für größere Auflagen mit Metallkopien, die durch Galvanisation gewonnen werden.

Wilhelm Busch arbeitet 13 Jahre lang für das Münchner Verlagshaus und trägt an die 150 Geschichten mit über 1500 Holzstichen bei. Man hat inzwischen sogar die Gesamtauflage seiner Arbeiten für Braun & Schneider gezählt: Von den ungefähr 48 Millionen Bilderbogen, die zwischen 1848 und 1932 verkauft werden, stammen 5355000 Blätter von Busch. Staunend betrachtet er seine Karriere, ja erinnert sich noch im Alter daran, wie verwundert er damals war, mit seinen Sachen zu verdienen, »weil ich dachte, ich könne doch kein Geld nehmen dafür, was mir selber soviel Pläsier gemacht hatte, es zu zeichnen«. So wie Busch seinen Verlag im wörtlichen Sinn bereichert, so gewinnt er auch für sich selbst bei der Arbeit. Noch viele Jahre später wird er sich an Ideen und Pointen aus den »Fliegenden« erinnern und sie für sich umsetzen.

Ermutigt von dem Erfolg, beginnt Wilhelm Busch in der Zeit seiner höchsten Produktivität für Braun & Schneider, an eine größere, eigene Veröffentlichung zu denken. Wenn sich einzelne Bilderbogen schon so gut vermarkten lassen, müsste man doch auch ein ganzes Buch verkaufen können! Ergebnis sind vier gezeichnete Geschichten unter dem Titel »Bilderpossen«. Das ergibt ein schönes Kinderbuch mit 57 Seiten. Aber was heißt Kinderbuch?

Wehe dem Kind, dem solche Possen im Traum erscheinen! Da wird ein Kater in der Tür zerquetscht, da bedrängen den kleinen Krischan beim verbotenen Pfeiferauchen das Ungeheuer Runkelmunkel und der schwarze Morian, da zieht der Menschenfresser seine gekochte Hexe mit einer gewaltigen Gabel aus dem dampfenden Topf. Und schließlich »Der Eispeter«. Die Geschichte beginnt harmlos: »Als *anno 12* das Holz so rar, / Und als der kalte Winter war; / Da blieb ein Jeder gern zu Haus; / Nur Peter muß auf's Eis hinaus.« Der Knabe übersieht geflissentlich ein paar eindeutige Zeichen: dass die Krähen vor Kälte vom Baum fallen, der Hase am Wegesrand und sein eigener Hosenboden auf einem Stein festfrieren. Nein, er muss einfach die Schlittschuhe anschnallen! Natürlich büßt er die Waghalsigkeit im Eisloch, und sogleich beginnt seine Verwandlung in ein Kunstwerk. Zwar kann er sich aus dem Wasser befreien, doch »bald schießt hervor, obschon noch klein, / ein Zacken Eis am Nasenbein«. Der Zacken wird länger, wird »scharf als wie ein Schlachtermesser«, wird gar zum Speer – schon ist aus Peter ein kunstvoll geformter Eispeter geworden. »Und jeder fragt: Wer mag das sein? / Das ist ja ein gefrornes Stachelschwein!« Der Rest der Geschichte ist fast so tragisch wie »Romeo und Julia«. Der Förster erweist

sich als rettender Engel, findet das gefrorene Peterstachelschwein, bringt es zusammen mit dem Vater nach Hause, und am warmen Ofen beginnt die ersehnte Rückverwandlung in ein Menschenbild. Doch leider sind die Aggregatzustände nicht exakt ineinander überzuführen. Was

gerade noch in die Gegend stach wie eine futuristische Plastik, zerfließt nun zu einer Soft Sculpture à la Claes Oldenburg. Was bleibt von Peter?

Diese Friedhofsidylle ist wohl eine der stärksten Erfindungen Buschs, zugleich hochprosaisch, hochtragisch und hochkomisch. Sie zeigt, welche Komik der Blick auf die Unbedarftheit und das von Entsetzen ausgelöste mechanische Handeln der verwaisten Eltern hervorruft. Das, was einmal ihr Sohn war, können sie ja nicht einfach mit dem Wischlappen aufnehmen. Also schöpfen sie die breiigen Überreste mit Kelle und Mütze in das größte Gefäß, das ihnen gerade zur Hand ist: einen Steinguttopf zum Einmachen. Und wenn man einen Einmachtopf gefüllt hat, so verschließt man ihn mit Schweinsblase, Tuch und Zwirn, kennzeichnet ihn anschließend mit »Apfelmus«, »Schmalz« – oder eben »Peter«. Und wenn man das erledigt hat, so trägt man diesen gefüllten Einmachtopf dorthin, wohin man alle gefüllten Einmachtöpfe trägt. In den Vorratskeller, zu den Gurken, Rettichen und dem Käse. Auch ein so außerordentliches Erlebnis wie das Gefrieren und Zerfließen des Sohnes soll in die gewohnte Ordnung zurückfinden. Die enorme Fallhöhe vom zeichnerischen Witzblattstil zur Ungeheuerlichkeit der erzählten Geschichte macht hier den Reiz aus. Sie erlaubt Busch, dem Betrachter die wie Kasperlepuppen angelegten Figuren zuerst ans Herz zu legen, um anschließend ihr Verhalten auf der Bühne der Bürgerlichkeit dem befreiten Lachen eines ertappten Publikums preiszugeben.

Die Erfindung jenes Schlussbildes ist so kühn, dass Busch sie in der Neuauflage des »Eispeters« 1880 fortlassen wird. Ursprünglich schließt das Käse-Peter-Gurken-Bild eine Episode ab, die nicht von ungefähr als »Posse« daherkommt. Busch hatte sich ja schon in theatralischen Possen versucht, vor allem im Umkreis der »Jung-Münchener«. Das Scherzhaft-Groteske, das die Posse auf der Bühne definiert, behält er in der Zeichnung bei, desgleichen den komödientauglichen Knittelvers, in der Bilderposse »Katze und Maus« sogar den Auftakt mit Personenverzeichnis und Beschreibung des »Bühnenbilds« – obwohl man das, schönstens gezeichnet, vor Augen hat: »Ort der Handlung: Die Küche. Links ein Mauseloch, rechts ein Loch im Stiefel. Eine Pumpe. Ein Kleiderstock, woran eine Hose hängt. Eine Stalllaterne und ein Topf mit Wichse.« Diese Verdoppelung ist typisch für die Posse, die von Parodie und Übererfüllung lebt, nicht von Ironie und Andeutung. Wieder eine Parallele zum Comic. Das Überdeutliche, das dem Bilderbuch für Kinder geschuldet ist, äußert sich auch im Großformat der Holzstiche (bis zu 11 mal 20 Zentimeter), in dem Busch später fast nie mehr arbeiten wird.

Nun hätte es sich angeboten, die »Bilderpossen« im Hausverlag erscheinen zu lassen. Doch von Braun & Schneider ist keine Rede, schließlich pflegen sie noch immer ihre ausbeuterische Entlohnungspraxis. Aber im Sommer 1858 hatte Busch in der Brannenburger Malerkolonie Ludwig Richter kennengelernt und durch ihn auch dessen Sohn Johann Heinrich Richter, Verlagsbuchhändler in Dresden. Ihm bietet er – aufgefordert – das Bilderbuch an. Prompt erlebt Busch bei der ersten eigenständigen Publikation die so vielen Autoren-Verleger-Paaren vertraute Serie aus Zutrauen, Missverständnis, Drohung, Rückzug, Annäherung, Kompromiss. In einem seiner Briefe an Richter heißt es sehr charakteristisch: »Sie haben mich mit Ihren Anträgen gewißermaßen verfolgt; – ich schicke Ihnen einen Entwurf, – stelle meine Bedingungen – diese Bedingungen gefallen Ihnen nicht – Sie machen ein bittersüßes Gesicht – thun mit dem ironischen Hinterfuße einen Seitenhieb [...].« Wenn Kunst mit Kapital in Verbindung tritt, scheinen Empfindlichkeiten auf beiden Seiten inbegriffen. Trotz ungern gelesener Begriffe wie »Anteilshonorar« oder gar »hinterlistig-dumm« einigen sich Richter und Busch auf einen mehr als anständigen Lohn. Am 11. November 1864 wird das Bilderbuch im »Börsenblatt« angezeigt. Nicht einmal die erste Auflage von 6000 Stück verkauft sich, ein regelrechter Misserfolg für jemanden, der die Verkaufszahlen von Bilderbogen gewohnt ist und argumentiert: »Ich betrachte meine Sachen einfach als das was sie sind, als Nürnberger Tand, als Schnurrpfeifereien, deren Werth nicht in ihrem künstlerischen Gehalt, sondern in der Nachfrage des Publikums zu suchen ist.«

Neben den missliebigen Auseinandersetzungen um Bedingungen und Zahlungen sieht Busch es auch ungern, von den materiellen Sendungen seines Verlegers abhängig zu sein. In der Ruhe von Wiedensahl hat er die »Bilderpossen« gezeichnet, sie an Richter geschickt und den Zuschlag erhalten. Nun wartet er wochenlang auf die Druckstöcke, wie er an Freund Bassermann schreibt: »Die lange Pause von drei Wochen war mir recht zuwider. Ich hatte mehrere neue Sachen angefangen, und du weißt, wie ungern ich wieder etwas in die Hand nehme, was ich schon hinter mir zu haben glaubte. Für spätere Fälle muß ich mir das anders einzurichten suchen, in dem ich mir die Hölzer gleich selber machen laße.« Busch muss sich einer Praxis anbequemen, die auch bei seiner Arbeit in München üblich ist. Zwischen Entwurf und Druckbild schieben sich Holzstöcke, Stecherhände und Probeabzüge.

Sechstes Bild

Der Stecher

»Ich hatte auf Holz zu erzählen. Der alte praktische Strich stand mir wie andern zur Verfügung.« So beschreibt Wilhelm Busch die Anfänge seiner Arbeit für den Münchner Verlag. Der Holzerzählung geht allerdings ein Prolog auf dem Papier voraus; den gewichtigen Epilog muss man anderen überlassen. Bevor der Künstler seine bildnerische Idee schwarz auf weiß gedruckt nach Hause tragen kann, hat sie einige Entwicklungsstufen zu durchlaufen. Dass er zuerst die Zeichnungen anfertige und dann die Verse dazu, hat Busch ausdrücklich betont. Bis zu dreißig Mal wiederholt er ein Motiv, bis es ihm gefällt. Sein Nachlass zeigt darüber hinaus, dass er nicht nur zeichnerische Skizzen und Vorstufen braucht, bis das Ergebnis vorliegt, sondern auch sprachliche für die Textteile. Unzählige Papiere von seiner Hand zeigen Zeilennotizen, bildnerische Einfälle, Bewegungs- und Physiognomiestudien eng aneinander. So erhielt sich ein Skizzenblatt zum »Hans Huckebein«, auf dem bereits des Raben Kompottverspritzung skizziert ist, außerdem dicht an dicht Profilstudien für Tante Lotte und den fliegenden Raben. Schließlich findet sich hier der Grund dafür, warum die Tante nicht Liese oder Marie heißt: Busch notiert sich das Reimpaar »Compotte / Tante Lotte«.

Buschs wichtigstes Arbeitsgerät ist zunächst der Bleistift. Besonders gute Bleistifte kauft man schon damals bei der Firma

Faber in Nürnberg. Auch Busch tut das, wie man der Bildergeschichte »Schnurrdiburr oder Die Bienen« von 1869 entnehmen kann, in der er sich als Steckenpferdreiter selbst karikiert und in deren klassisch anmutendem Vorspruch er dichtet:

O, Muse! reiche mir den Stift, den Faber
In Nürnberg fabriziren muß!
Noch einmal sattle mir den harten Traber
Den alten Stecken-Pegasus!

Vierzehn bzw. fünfzehn Jahre später gibt Busch das Werkzeug noch einmal je einem selbstspöttisch gezeichneten Alter Ego in die Hand, dem Dichter Balduin Bählamm sowie dem Maler Klecksel. Ersterer bevorzugt einen »Faberstift« der Nummer 4, während es von Zweiterem heißt: »Indessen zieht der Kuno aber / Den Bleistift Numro 5 von Faber.«

Auf der damaligen Skala von 1 bis 7 (entsprechend BB bis HHH) stehen Nummer 4 und 5 für die mittelharten bis härteren Bleistifte. Mit Numro 5 lässt sich immerhin der Hosenboden des übelgesinnten Kunstkritikus Dr. Hinterstich schmerzhaft durchlöchern, wie Kuno Klecksel befriedigt feststellt: »Ein rechter Maler, klug und fleißig / Trägt stets 'n spitzen Bleistift bei sich.« Während die extrem harte Nummer 7 schon geradezu als Waffe bezeichnet werden muss, wie Wilhelm Busch mit der Schauerballade »Schreckliche Folgen eines Bleistifts« für die »Fliegenden Blätter« beweist. Der spanische Malergeselle Pedrillo hat so gewisse Bleistift-Vorlieben:

Meistens nahm er Nro. 7
Und mit kunstgeübter Hand
Spitzt' er ihn an beiden Enden,
Weil er dieses praktisch fand.

Praktisch ist das freilich, aber nur für Frauenverächter. Es presst leider eine schöne Malermuse den verliebten Pedrillo samt doppelseitig gespitztem Bleistift an ihren Busen, und das Ganze endet tragisch:

»Au!« schrie plötzlich da Pedrillo,
Und das Mädchen schrie es auch;
Tödtlich fielen Beide nieder
Unter einem Myrthenstrauch.
[…]
Ach! ein Bleistift Nro. 7,
Den Pedrillo zugespitzt,
Zugespitzt an beiden Enden,
Hatte dieses Blut verspritzt.

Busch nimmt sich die Moral von der Geschicht (»Ach! o Jüngling, spitze niemals / Einen harten Bleistift mehr«) zu Herzen und – verwendet einen weicheren.

Ist die Skizze des Motivs befriedigend ausgefallen, gilt es, die Vorzeichnung für den späteren Druck anzufertigen. Wilhelm Busch bevorzugt für das Reinzeichnen den Bleistift, den er auch gern, wird dieser allmählich zu kurz, mit Verlängerer oder Zigarettenspitze wieder passend macht. Ab etwa 1867/68 kommen Gänsekiele und Tinte bzw. Tintenfischtusche dazu. Wie damals üblich, schneidet er sich die Kiele mit dem Federmesser selbst zu und benützt Eisengallustinte oder zu Tusche verdünnbare Sepiapaste aus der Tube. Das ergibt je nach Zusammensetzung und Sättigung einen Federstrich von rötlichbrauner oder dunkelgrauer bis tiefschwarzer Farbe.

Es folgt die Umsetzung der Vorzeichnung auf den grundierten Druckstock mit Hilfe des Bleistifts. Eine heikle Angelegenheit, denn die Güte des Holzes ist ebenso wichtig wie die Güte der eigenen Übertragungsleistung. Weil das für den späteren Druck optimale, da sehr glatte und elastisch-harte Buchsbaumhirnholz nicht an jeder Ecke zu haben ist, hat es sich eingebürgert, den Bildergeschichtenerzählern die Platten zuzusenden – eine Zeit, Geld und Nerven raubende Praxis, zumal wenn man Ausfälle wie »graue, pockig gewordene Hölzer« einrechnet, »bei welchen der Bleistift einsinkt, wenn man einen harten Strich macht«, oder verzeichnete Hölzer oder gar einen Entwicklungsprozess während des Zeichnens, der weitere Stöcke nötig macht.

Wilhelm Busch muss in dieser Phase auch eine verbindliche Handschriftfassung herstellen, indem er die Verse mit Bleistift oder Feder aufschreibt, die zugehörige Illustration aus dem großen Zeichenbogen ausschneidet und an die richtige Stelle einklebt, dann mit den nächsten Versen fortfährt usw. Dieses Manuskript dient später im Verlag zum Setzen des Textes und zur Kontrolle der Bildabfolge. (Farbtafel 7)

Wollte man sich Wilhelm Busch bei der Druckvorbereitung vorstellen, so müsste das so aussehen: Der Schreibtisch ist bedeckt mit grundierten Buchsbaumklötzchen, Transparentpapier, farblosen Griffeln, Bleistiften, Vorzeichnungen. Der Meister legt sich das erste Holz und das erste Bild seiner Geschichte zurecht. Nun hat er die Illustration freihändig – und zwar seitenverkehrt – auf den Druckstock zu übertragen, damit das Ergebnis dann wieder seiner Vorzeichnung gleicht. Natürlich kann er in dieser Phase seinen Entwurf noch variieren und verbessern, ja er wird verzichtbare Details weglassen oder etliche bloß angedeutete Partien erst jetzt ausführen. Für die grobe Linienführung und bei schwierigen Partien bietet ihm das Durchpausen Hilfe. Er dreht das Transparentpapier nach dem Abpausen der Vorzeichnung einfach um und hat so das gewünschte seitenverkehrte Motiv für den Holzstock. Dieses beidseitig zu benutzende Papier dient ihm auch als Orientierung beim freien Abzeichnen seines Entwurfs. Lässt man nämlich dabei das Spiegelprinzip außer Acht, können auf einmal aus Rechtshändern der Vorzeichnung im Druck Linkshänder werden – etwas, was Busch noch bei der »Frommen Helene« in Kauf nimmt. Jedem Bild der Handschrift entspricht eine Platte; im Falle des »Eispeters« mit seinen 23 Bildern und einer Titelillustration schickt Busch am Ende 24 bezeichnete Buchsbaumstöcke von Wiedensahl nach München.

Von nun an ist der künstlerische Prozess seinem Einfluss entzogen. Jetzt kommt es entscheidend darauf an, wie gut die Handwerker in der xylographischen Anstalt die Holzzeichnung umsetzen. Manchmal sind es tatsächlich mehrere Holzstecher, die sich einer Geschichte annehmen, oft lässt sich das Ergebnis auch einem bestimmten Mitarbeiter zuordnen. Die Zeichnung

Beispiele von Bilderhandschrift, Druckstock und Holzstich desselben Motivs: Bild 14 aus »Katze und Maus«

Buschs auf dem Holz muss für das Hochdruckverfahren, bei dem Text und Bild gleichzeitig in der Presse liegen, vorbereitet werden. Das bedeutet, dass die später schwarz erscheinenden Teile erhaben stehen bleiben, alles, was weiß bleiben soll, herausgeschnitten werden muss. Bei Umrisslinien ist das nicht schwer. Aber was macht man mit Baumschatten, was mit dunklen Stubenecken, was mit Kleiderfalten? In der Malerei steht die ganze Palette zur Verfügung, um Licht und Schatten darzustellen, in den graphischen Künsten kann eine dunkle Fläche wiedergegeben werden durch Schummern mit der Mine, Stricheln mit der Feder, Lavieren mit dem Pinsel. Im Holzstich, also der Xylographie, müssen alle Hell-Dunkel-Werte durch feine Schraffuren ausgedrückt werden, je dichter, desto dunkler. Differenzieren lassen sie sich durch Länge, Richtung und Krümmung der Einzelstriche oder aber mit Durchkreuzungen. Dabei ist feiner zu arbeiten als beim Holzschnitt, ja die Tonwerte reichen fast an Tiefdruckverfahren wie den Kupferstich heran. Doch sind der Strichstärke Grenzen gesetzt durch die nötige Breite der Holzgrate sowie durch die Werkzeuge, die vom feinen Grabstichel über den Kammstichel für Parallelschraffen bis zum breiteren Bollstichel reichen. All die Ausdrucksmöglichkeiten, die sich aus der Kombination der Stichel ergeben, muss der Holzstecher im Repertoire haben, wenn er die Rundung eines Fasses, eine behoste Kniekehle oder den Schatten eines Schweins darstellen will. Denn immer mal wieder deutet die Holzzeichnung nur an, macht sich nicht die Mühe, eine ganze Wandfläche gleichmäßig zu schraffieren. Insofern ist eine gedruckte Bildergeschichte immer Teamwork. Der Erfindungsreichtum des Illustrators kann noch so groß sein – wenn der Stecher ihn nicht adäquat umsetzt, ist dem zeichnerischen Witz der Stachel genommen. Im Übrigen beziehen sich Vorzeichnung und Reproduktion aufeinander wie Zapfen und Loch. Busch zeichnet vom ersten Entwurf an für ein lineares Medium. Er übersetzt die intimen Grauabstufungen des Bleistifts innerlich in Schwarz-Weiß-Schraffuren. Er weiß, was später im Druck gut aussehen wird. Er nutzt die stilistischen Eigenarten der Holzstichtechnik geschickt, um das Genre Bildergeschichte zur Vollendung zu bringen.

Ob die Holzstecher wohl immer zu seiner Zufriedenheit arbeiten? Man kann das nur halb nachprüfen. Zwar haben sich viele Bleistift- und Federentwürfe Buschs erhalten, aber natürlich keine Zeichnungen auf dem Druckstock, denn sobald die Platte mit Druckerfarbe bestrichen wird, sind die Striche auf dem Holz verloren. Wilhelm Busch beklagt sich immer wieder über schlechte Stecher, lässt einzelne Bilder überarbeiten oder gar wiederholen. Das bedeutet für ihn, dass er den verdorbenen Druckstock erneut vorbereiten muss: »Nun werden mir allmählig die Probeabzüge eingeliefert; sind welche dabei, die gar zu schlecht sind, so muß ich die Zeichnung noch mal machen. Das ist eine unbehagliche Zeit.« Die besten Erfahrungen macht er mit einer Kombination aus eindeutiger Aufzeichnung, welche die Gesetze des Holzstichs beachtet, und sorgfältiger Arbeit des Xylographen. Doch selbst seinem Lieblingsstecher Johann Jakob Ettling, der immerhin schon in Paris für Gustave Doré gearbeitet hat und der ihm für die selbständigen Werke gute Druckhölzer liefert, wird Busch nie ganz trauen. Seinen »Holzwurm« nennt er ihn, einen »sanft-listigen Biedermann«, und wirft ihm »Überhaspelungen« vor: »Er capirt eben nicht, daß, trotz aller anscheinenden Flüchtigkeit, diese Sachen im Ausdruck höchst gewißenhaft sind.«

Bis hin zu den »Abenteuern eines Junggesellen« aus dem Jahr 1875 entstehen alle Bildergeschichten Wilhelm Buschs im Holzstichverfahren, und immer bleibt ihm dies Arbeiten lästig. Einmal nennt er es »in Holz sitzen« – analog zu »bis über die Ohren in Zeichnungen sitzen«, aber gemahnend an »in Haft sitzen«. Bereits 1873 hatte er versucht, der Holzfron durch einen Wechsel zur Zinkographie zu entkommen, bei der unmittelbar auf die Zinkplatte gezeichnet wird, um die Bilder zu reproduzieren. Aber ein kleiner Ausrutscher bringt ihn davon wieder ab: »Ich zeichnete auf Papier und unmittelbar auf die Platte; beides gelang vorzüglich; d. h. *ein*mal gelang es *nicht*, und das machte mich wieder misstrauisch.« Erst 1876, mit dem zweiten Teil der »Knopp«-Trilogie, wird die große Vereinfachung beginnen. Nur noch ein Entwurf und eine Originalzeichnung sind ab da nötig. Denn die Reinzeichnung wird auf fotomechanischem Weg übertragen als sogenannte Photozinkotypie, als Klischee zum Drucken. Busch braucht jetzt bloß noch mit der Feder auf Papier zu zeichnen. Die Vorlage wird abfotografiert und das Negativ auf eine lichtempfindlich gemachte Zinkplatte übertragen, von der dann gedruckt wird. Der Weg zwischen Entwurf und Buch ist deutlich verkürzt, die Kosten, die beim Holzstich rund ein Drittel der Gesamtsumme ausmachten, reduziert. Kein Stecher kann mehr eine Arbeit verpfuschen. Jeder noch so zarte Strich auf dem bedruckten Papier ist von Busch gewollt.

Doch so zart er ist, er bleibt ein Strich und unterscheidet sich nur in seiner Spontaneität von jenem aus dem Holz geschnittenen. Auch die Zinkotypie ist ein Schwarz-Weiß-Verfahren. Auch für sie sind Hell-Dunkel-Wirkungen in Schraffuren zu übersetzen. Auch hier dominiert die Umrisslinie der Figur, des »Konturwesens«, wie Busch sagt. Auch mit ihr sind die Bildergeschichten keine malerisch-statische, sondern eine graphisch-dynamische Kunst. Und die beherrscht Wilhelm Busch seit seinen Münchner Anfängen immer glänzender.

Siebtes Bild
Böse Buben

Als Wilhelm Busch beginnt, sich Bildergeschichten-Streiche für ein Buch auszudenken, ist der 31-Jährige längst kein Debütant mehr. Er hat reichlich Erfahrung gesammelt beim Entwerfen, beim Zeichnen, beim Texten, beim Verhandeln mit Verlegern und Stechern. Er kann aus einem Fundus von Motiven schöpfen. Wie man eine Gestalt zur Komik verzerrt, beherrscht er. Auch, wie man Satiren möbliert und Possen zur Pointe bringt. Er hat die seit Erfindung der »Comic histories« durch William Hogarth noch kaum vorhandene Gattung der Bildergeschichte auf sich zugeschnitten – statt Texte zu illustrieren, zeichnet er fortlaufende Szenen, die noch von den Worten Heiterkeitshilfe erhalten. Er wird das später einmal nennen »in Bildern schreiben«.

Bevor Busch zwei von ihnen unsterblich macht, gibt es schon eine kleine Gang aus bösen Buben, die er durch aberwitzige Folgen von Streichen jagt. In der Moritatenparodie »Trauriges Resultat einer vernachläßigten Erziehung« erzählt er den Lesern der »Fliegenden Blätter« in 37 »erschröcklichen« Strophen, was passiert, wenn die lieben Eltern nicht achtgeben auf ihren Sohn. Was kann da schon groß passieren! Höchstens, dass am Ende das siebenjährige Fritzchen, seine Eltern, seine Tante, ein unschuldiger Trödler und der Schneider Böckel als Leichen die Teile der Ballade dekorativ voneinander scheiden.

Schneider Böckel … wird es nicht bald einen Schneider Böck geben? Nicht nur das, es wird auch sein verhängnisvolles Reim- und Spottwort wieder geben. »Kaum, daß dieser Herr sich zeigte«, heißt es im »Traurigen Resultat«, »Gleich schrie Fritzchen: meck, meck, meck!« Das Fritzchen sollte sich nur einmal an die eigene Nase fassen: Mit seiner karierten Tracht, dem breiten Gesicht und der Topffrisur gehört es nicht gerade zu den Schönheiten. Aber zu den Prototypen. Die karierte Hose wird nach Fritzchens Tod einem würdigen Nachfolger der Böse-Buben-Bande vererbt und

das Babyface unter dem schwarzen Haarhelm wird auf dessen Kumpel verpflanzt werden.

Auch die einleitenden Verse erscheinen als ein Vorspiel: »Ach, wie oft kommt uns zu Ohren, / Daß ein Mensch was Böses that«. Dass sich Bosheit verdoppeln lässt, wenn man zu zweit ist, beweist Busch – wiederum in den »Fliegenden Blättern« – dann an einem Beispiel aus der Antike. Ausgerechnet den stoischen Diogenes bringen die beiden »bösen Buben von Korinth« aus dem Fass und aus der Fassung. Natürlich geht so etwas nicht gut aus:

Zwei Nägel, die im Faße stecken,
Fassen die Buben bei den Röcken.

Die bösen Buben weinen
Und zappeln mit den Beinen.

Da hilft kein Weinen und kein Schrei'n,
Sie müssen unter's Faß hinein.

Die bösen Buben von Korinth
Sind platt gewalzt, wie Kuchen sind.

Der Eispeter landet im Einmachtopf, Fritzchen im Bauch eines Fisches, die bösen Buben von Korinth sind nur noch Pfannkuchen ihrer selbst. Und die nächsten Strolche werden als Entenfutter enden.

So einiges deutet also auf die Büberei voraus, die Busch nun vorhat. Er muss sich gar nicht in unbekannte Welten versetzen, nur alles an Missetaten zusammenkramen, was er mangelhaft beaufsichtigten Kindern zutraut. Dazu das Bilderrepertoire aus der Heimat, märchenhafte Motive wie in den »Jung-Münchener« Theaterarbeiten, Erinnerungen an die eigene Kindheit, einen Blick in das Volksbuch vom »Ulenspiegel« und einen in den berühmten »Struwwelpeter«, den Groteskhumor aus den »Fliegenden Blättern«, die zeichnerische Vielfalt der »Münchener Bilderbogen«. Fertig!

Fertig? Bestseller lassen sich nicht planen. Dass er einmal mit sieben Streichen in die Weltrangliste aufsteigen würde, kann Wilhelm Busch nicht ahnen, als er sich im November 1863 in Wiedensahl zum Zeichnen hinsetzt. Er hat München wieder einmal den Rücken gekehrt, um in ländlicher Ruhe arbeiten zu können. Die vier »Bilderpossen« sind auf die Buchsbaumklötze zu über-

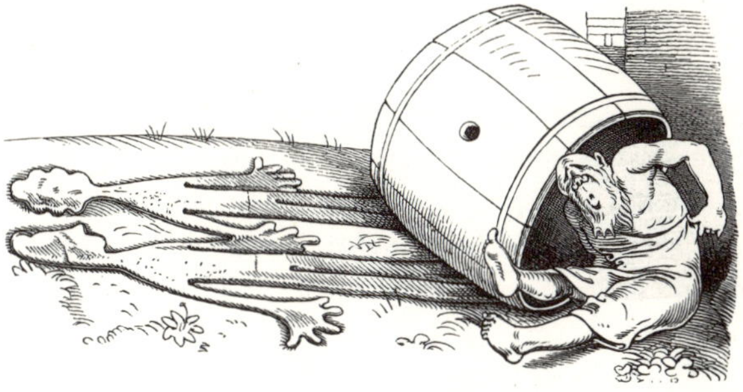

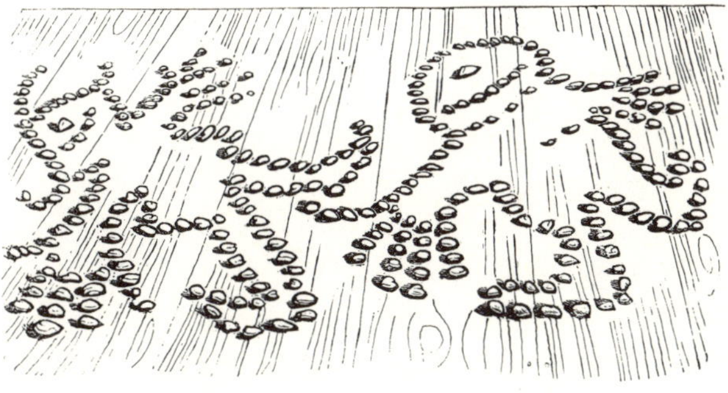

tragen, Caspar Braun wartet auf neue Beiträge zu den »Fliegenden Blättern«. Aber das ist noch nicht alles. Da spukt so etwas wie eine neue Bilderposse herum, vielleicht ein weiteres Kinderbuch. Schnell kommt er mit den Entwürfen voran, zumal das stürmische und nasse Wetter ihn hinter dem Ofen festhält; schon am 12. Dezember ist die Rede von »etwas Neuem mit circa 100 Zeichnungen für den Holzschnitt«, das er »in den Abenden [...] fertig skizzirt« habe. Noch weiß Busch nicht, dass sein Kinderbuch mit den vier »Bilderpossen« im Verlag Johann Heinrich Richters alles andere als ein Kassenschlager werden wird. Er sieht sich bereits als den selbständigen Autor, der von nun an Bücher, nicht bloß Beiträge veröffentlicht. So scheint es nur konsequent, wenn Busch sein Manuskript zunächst Richter anbietet – und dieser es ablehnt. Der Verleger entscheidet zwar nicht leichtfertig, macht Busch noch im November 1864 Hoffnung, sieht sich aber nach miserablem Weihnachtsgeschäft zu Anfang des Jahres 1865 gezwungen, kein weiteres Risiko mit schlecht verkäuflichen Kinderbüchern aus Wiedensahl einzugehen. Selbst als Busch ihm das neue Buch honorarfrei überlassen will, sagt Richter nein – »sehr anständig aber ängstlich« nennt Busch ihn. Sollen denn die Skizzen in der Schublade bleiben? Noch dazu haben sie seit dem Spätsommer 1864 einen Text bekommen. Wilhelm Busch kennt nur noch einen Verleger, der ihm das Buch vielleicht abkauft. Am 5. Februar 1865 schreibt er an ihn:

Mein lieber Herr Braun!

Wie sehr würde es mich freuen, einmal wieder etwas von Ihnen zu hören! Ich schicke Ihnen nun hier die Geschichte von Max u. Moritz, die ich zu Nutz und eignem Plaisir auch gar schön in Farben gesetzt habe, mit der Bitte, das Ding recht freundlich in die Hand zu nehmen und hin und wieder ein wenig zu lächeln. Ich habe mir gedacht, es ließe sich als eine Art kleiner Kinder-Epopoe vielleicht für einige Nummern der fliegenden Blätter und mit entsprechender Textveränderung auch für die Bilderbögen verwenden.

Caspar Braun ist nicht so ängstlich wie Johann Heinrich Richter und ausnahmsweise auch einigermaßen anständig, was das Pauschalhonorar betrifft. Er sieht es diesen »gar schön in Farben gesetzten« Zeichnungen an, dass sie zu schade für die »Fliegenden Blätter« sind und nicht dazu taugen, auf sieben »Bilderbogen« verteilt zu werden. Sie sollen das Kinderbuchprogramm seines Verlags zieren.

Das Werk geht seinen Gang: Zeichnung auf die Holzdruckstöcke im August 1865 in München, kurz darauf Druck von diesen Stöcken in einer Auflage von 4000 Stück mit zarter Schablonenkolorierung, Auslieferung Ende Oktober desselben Jahres, zögerlicher Absatz, auch aufgrund heftiger Proteste von Lehrern und Erziehern. Wieder keine große Auflage, kein übermäßiger Erfolg.

Im Jahr 1998 wird ein Exemplar dieser Erstauflage auf einer Auktion umgerechnet 125000 Euro erzielen. Zum Zeitpunkt von Buschs Tod wird »Max und Moritz« in der 54. Auflage mit mehr als 400000 Stück verbreitet und auf Englisch, Dänisch, Hebräisch, Japanisch, Lateinisch, Polnisch, Portugiesisch, Russisch, Ungarisch, Schwedisch und Wallonisch zu lesen sein. Warum »Max und Moritz« ihre Vorläufer so weit hinter sich lassen, gehört zu den Unwägbarkeiten der Buchbranche. Sie sind nicht frecher als der »Eispeter«, kaum besser gezeichnet als »Katze und Maus«, siedeln im gleichen Ambiente wie »Krischan mit der Piepe«. Und doch vereinen sie seit ihrem ersten Erscheinen ein heterogenes Millionenheer von Bewunderern unter dem Banner des Humors. Etwas, das vielleicht erst wieder Loriot schafft.

»Eine Bubengeschichte in sieben Streichen« erzählt Busch, wie er den Untertitel formuliert. Also eine Geschichte über Buben. Die sind nicht nur das Gegenteil von Mädchen, sondern auch das Gegenteil von brav. Keine Knaben, keine Jungen, nein, Buben. Schon seit dem Althochdeutschen schwingt in dem Wort etwas Dreistes mit, wie noch die Zusammensetzungen Lausbub, Rotzbube, Spitzbub oder Gassenbube verraten. Besonders bei Luther assoziiert sich dem »Buben« gern ein »bös«. Und zu Zeiten Schillers brauchte der Bube gar kein schlechtmachendes Adjektiv oder

Kompositum mehr: Tauchte er auf, war zumindest ein Schelm, wenn nicht ein ausgewachsener Schurke gemeint. Das Vorwort zu »Max und Moritz« lässt auch keine andere Interpretation zu. Es sind »böse Kinder«, die sich über »weise Lehren« lustig machen, Gottesdienst und Schule schwänzen, stattdessen »Übeltätigkeit« zu ihrem Lebenszweck erklären. Dabei kommt erschwerend hinzu, dass die Protagonisten nicht einfach dumpf-brutal handeln, sondern hinterlistig. Von ihnen selbst wird kein Tier getötet und kein Mensch gestoßen. Was den unbedarften Dorfbewohnern nach und nach widerfährt, scheint aus dem Nichts zu kommen. Das Gewohnte spielt verrückt. Plötzlich hängen tote Hühner im Baum, die, kaum gebraten, wie von Geisterhand verschwinden. Eine Brücke bricht zusammen, eine Pfeife explodiert, ein Bett spuckt Maikäfer aus, ein Kornsack hält nicht dicht.

Es ist die ländliche Umgebung, deren sich die Buben für ihre Streiche virtuos bedienen. Was sie heimlich aushecken, soll Respektspersonen der Lächerlichkeit preisgeben, Sachen und Wesen zerstören, die eigene Genäschigkeit, Spott- und Abenteuerlust befriedigen. Dabei beweisen die beiden von Bild zu Bild, dass sie sich nicht mit Dummejungenstreichen abgeben. Sie sind jugendliche Straftäter: Tierquälerei, Beleidigung, Diebstahl, Sachbeschädigung, Hausfriedensbruch, schwere Körperverletzung, Verstoß gegen das Sprengstoffgesetz. Was aber macht diese Anhäufung von Verbrechen so lustig?

Wie so oft ist es die diskrepante Information. Der Leser und Betrachter der Geschichte teilt mit Max und Moritz das Vergnügen des Schabernack-Ausdenkens und darf doch, anders als die Übeltäter selbst, in aller Gemütsruhe die Folgen ihrer Taten miterleben. Nur ein beobachteter Streich ist ein gelungener Streich. Um nicht erwischt zu werden, müssen sich die beiden Buben rechtzeitig aus dem Staub machen, und so verpassen sie die Todesqualen der Hühner, das Magendrücken Böcks, Onkel Fritzens nächtliches Ballett und die gigantische Explosion bei Lämpel. Nicht sie sind Nutznießer ihrer Bosheit, sondern wir. Wir sehen Witwe Bolte im Keller ahnungslos den Sauerkohl aus dem Fass schöpfen, während zwei Ebenen höher Max und Moritz schon

Mundraub an ihren Brathühnchen begehen. Wir möchten Lämpel mit seinem brennenden Fidibus über dem Pfeifenkopf und dem ins Bett kriechenden Onkel Fritz zurufen »Tu's nicht!«, weil wir die bösen Folgen böser Taten voraussehen. Wir dürfen lachen über Groß und Klein, über Schaden und Dummheit. Und am Ende noch darüber, wie die Moral so herrlich triumphiert.

Es ist ein bewährtes Schema, das schon Lorenzo da Ponte für sein »Don Giovanni«-Libretto wählte. Im ersten Akt erfolgt die Darstellung der begangenen Übeltaten. Wo Leporello der verzweifelten Elvira und zugleich dem Publikum Don Giovannis Register gebrochener Herzen herzählt, wendet sich der Erzähler in »Max und Moritz« mit einem »Ach« klagend an den Leser, um ihm sogleich die Missetaten der Buben aufzulisten: »Menschen necken, Thiere quälen, / Äpfel, Birnen, Zwetschen stehlen«. Der ganze Hauptteil, in der Oper wie in der Bildergeschichte, dient dem von Szene zu Szene neu erbrachten Beweis von Bosheit und Unbelehrbarkeit, konsequent gekrönt von tödlicher Strafe. Im Epilog schließlich finden sich die Geschädigten zusammen, um zu beteuern, dass ihnen das höllische Ende ihrer Peiniger kein bisschen leidtue. Im »Don Giovanni« singt das Ensemble: »Das ist das Ende des Bösen! Der Tod solcher Schufte gleicht ihrem Leben.« Und »Max und Moritz« schließt mit dem »freudigen Gebrumm« der Dörfler: »Gott sei Dank! Nun ist's vorbei / Mit der Übelthäterei!!«

Solche Parallelen zur Bühne sind gar nicht so weit hergeholt. Wilhelm Busch selbst vergleicht seine Kunst einem »Papiertheater«. Die Äußerung entstammt einem seiner letzten Gedichte, der Widmung »An Helene«, erschienen anlässlich einer Jubiläumsausgabe der »Frommen Helene« zum 75. Geburtstag ihres Schöpfers im April 1907. Wie die damals beliebten Ausschneidebogen, aus denen sich Kinder Bühnenbild und handelnde Personen der großen Theaterwelt bastelten, hätten wir seine Bildergeschichten demnach zu betrachten. Es gibt sogar eine Art Simultanbühne in »Max und Moritz«: jenes aufgeschnittene, also der Vorderwände entkleidete Haus der Witwe Bolte, in dem gleichzeitig auf drei Ebenen gehandelt wird. Schon bei der Bilderposse »Katze und

Maus«, aber auch in »Müller und Schornsteinfeger« sowie in »Der Schnuller«, laut Untertitel »Drama ohne Worte«, fallen Theateranklänge auf, die man in einem illustrativen Medium nicht erwartet.

Aber das Verfahren passt erstaunlich gut zur Bildergeschichte. Man ist sogar versucht, von filmischen Stilmitteln zu sprechen, denn unwillkürlich greift man zu Ausdrücken wie »Kadrierung«, »Montage«, »Großaufnahme«, »Draufsicht« oder »Halbtotale«, will man die Bilderfolge beschreiben. Busch wechselt sehr effektiv zwischen der Gesamtsicht und dem Detail, wobei bereits der Bildausschnitt Witz transportiert. Das lässt sich schon an den ersten drei Bildern studieren. »Seht, da ist die Witwe Bolte« ist das Porträt dieser Dorfschönheit unterschrieben. Lediglich das isolierte Brustbild braucht Busch hier, um sie für den Anfang genügend zu charakterisieren. Ihre Merkmale Schleifchen-Blümchenbluse, Knollennase und Großknotenkopftuch machen sie unverwechselbar. Wie bei einem Erinnerungsbild wird die Umgebung ausgespart. Nur die Person zählt. Als müsse sie für die lange Belichtungszeit eines Fotografen stillstehen, ist jede Bewegung aus dem Bild verbannt. Das Repräsentative dieser Haltung wird freilich aufs Witzigste konterkariert von der karikaturenhaft übertriebenen Physiognomie und hausfraulichen Tracht der Witwe. Unmittelbar darauf folgt der Auftritt der wichtigsten Nebenpersonen in diesem Streich: »Ihrer Hühner waren drei / Und ein stolzer Hahn dabei«. Auch hier reduziert Busch auf das Wesentliche. Die Hühner sind zu birnenförmigen Figuren abstrahiert und mit Bedacht von hinten gegeben. Denn auf diese Weise geraten ihre hochgereckten, strichartigen Schwanzfedern zusammen mit den Aftern zu drei Ausrufezeichen, die sagen: Was wir an den Hühnern schätzen, kommt hier heraus!!!

Schließlich schürzt der Dramatiker textlich den ersten Knoten, indem er Max und Moritz Brot in Stücke schneiden, kreuzweise an Fäden binden und als Köder auslegen lässt. Nur das Ergebnis der Aktion wird zeichnerisch gestaltet – das Fadenkreuz mit den Brotstückchen, zwei Paar sich rasch entfernende Füße. Später wird der Leser sie wiedererkennen: Die spitzen Schuhe unter der karierten Hose gehören Moritz, die derberen hat Max an. Ein Bild, das an Effektivität auch vom Comic nicht mehr zu übertreffen ist. Zwar stammt die Erfindung der Hühnerschikane durch Fadenkreuze gar nicht von Busch, sondern aus dem Volksbuch vom »Ulenspiegel«. Doch wie er das Vorbild abwandelt, wie er aus einer Textillustration eine Momentaufnahme in Nahsicht macht, wirkt ungeheuer modern.

Dabei bedeutet die Vereinfachung der Motive nicht, dass sie die Aussage vergröbern. Im Gegenteil erlaubt Buschs Reduktionismus, die Aufmerksamkeit auf Details zu richten, die für die Handlung verzichtbar sind, nicht aber für den Kunstgenuss. Im Bild des im Baum hängenden Hühnerquartetts beispielsweise scheinen Zeichnung und Text zunächst auseinanderzudriften: »Jedes legt noch schnell ein Ei«, lautet der Text; zu sehen sind drei Hennen und ein Hahn. Wie soll der Hahn bitteschön ein Ei legen? Sieht man genauer hin, bemerkt man einen zeichnerisch ungeheuer komisch umgesetzten Wortwitz. Die drei Hennen lassen im Todeskampf tatsächlich ihr letztes Ei fallen, genauso wie der Gockel – dessen »Ei« jedoch aus einem kleinen, ovalen Stückchen Hühnerkot besteht.

Oder: die Hände des Herrn Lämpel. Extravaganterweise trägt dieser Vertreter der örtlichen Schulgelehrsamkeit dunkle Handschuhe. An prominenter Stelle rutschen sie in jenem Bild, das ihn beim Orgelspiel zeigt, von der Bank auf den Boden. Man kennt das aus der filmischen Formensprache: Sollen wir auf ein Ding besonders achten, erscheint es beleuchtet im Vordergrund, oder es wird darauf gezoomt, oder man zeigt es uns in einem Zwischenschnitt. Die Handschuhe trägt Lämpel dann wieder beim Zuschließen der Kirche und auf dem Nachhauseweg – ein Detail seiner Kleidung, das ihn zusammen mit den langen Frackschößen, dem steifen Kragen, den Gamaschen und der Gelehrtenkappe als jemanden charakterisiert, der schon durch das städtische Äußere von den Dorfbewohnern unterschieden ist. Nach der grässlichen Pfeifenexplosion ist nichts mehr übrig von Lämpels Eleganz. Die Kappe in Rauch aufgegangen, die Brille verbogen, die Pfeife zerbrochen, das ganze Lämpel'sche Gesicht zu einer haarlosen Fratze versengt. Nur etwas hat er wundersamerweise behalten: Er streckt uns die schwarz behandschuhten Hände entgegen! Aber, so begreifen wir langsam, es sind nicht Handschuhe, die seine Hände schwarz erscheinen lassen, sondern Hautverbrennungen.

Wilhelm Buschs Zeichnungen sind nicht zimperlich, zu seiner Zeit fand man sogar: jugendgefährdend. Das gilt für den Text genauso – und auch wieder nicht. Denn der jugendliche Leser wird zwar entzückende Reime erkennen, wird einprägsame Sentenzen liebgewinnen, wird eine alles überkuppelnde Moral entdecken, doch geht ihm die Doppelbödigkeit des Ganzen wohl erst als Erwachsenem auf. Wer ist dieser Ich-Erzähler, der da zu uns spricht? Auf jeden Fall hat er von Anfang an den Überblick: »Aber wehe, wehe, wehe! / Wenn ich auf das Ende sehe!!«

Man hat ihn sich tunlichst mit einem Zeigestock vor einer großen Bildertafel vorzustellen. In Knittelversen, dem bevorzugten Versmaß für das Volksbuch, deklamiert er uns sieben Fälle von Kindsbosheit vor, weist uns drastische, komische und immer eindrückliche Bilder dazu. Natürlich verschwindet er nicht etwa, während er deklamiert und weist, hinter seiner Geschichte. Er bleibt unser Sprachrohr, wir sehen mit seinen Augen. »Ach« seufzt er, »herjemineh«, »wehe« ruft er, »denkt euch nur« und »seht«. Er gibt seinen Senf dazu mit »Na! Das wird Spektakel geben«. Er kann sich nicht enthalten, jedes seiner schaurigen Exempel mit einer Sentenz zu beschließen: »Dieses war der dritte Streich / Doch der vierte folgt sogleich.« Irgendwie ist dieser Bänkelsänger ganz schön penetrant mit seinem überlegenen Wissen. Er erzählt uns, dass man Hühner hält »der Eier wegen, / Welche diese Vögel legen«, und fügt naseweis hinzu, dass es zweitens zum Zwecke des Verspeisens und drittens wegen der Federn geschehe. Welche didaktische Finesse! Auch kennt er sich einfach überall aus. Er weiß, dass Schneider Böck in der ganzen Gemeinde hohes Ansehen genießt und dass der Mensch was lernen muss. Er belehrt uns, wie man mit Onkeln umgehen muss und dass man einem guten alten Mann ruhig einmal eine Pfeife gönnen könne. Dabei hat er im Grunde keine Ahnung von dem, was er da besingt. Zitiert er doch die Witwe Bolte beim Anblick ihrer toten Hühner mit: »Fließet aus dem Aug', ihr Thränen! / All mein Hoffen, all mein Sehnen, / Meines Lebens schönster Traum / Hängt an diesem Apfelbaum!!« Als stünden einer einfachen alten Frau solche Worte zu Gebote!

Auch hier ist es natürlich wieder die Diskrepanz von Form und Funktion, die den Witz erzeugt. Wenn zehn Verszeilen darauf verwendet werden, den Nutzen der Hühnerhaltung ausführlich darzutun, als gelte es die Vorzüge der bemannten Raumfahrt zu erläutern, ist das komisch. Wenn eine küchenmesserbewehrte Alte in Kopftuch, Schürze und mit Krokodilsträne unter einem Apfelbaum steht und zu einem vor Tragik bebenden Bühnenmonolog anhebt, der selbst den inversiven Genitiv nicht verschmäht, um der Trauer um ihre vier Hühner Ausdruck zu verleihen, ist das komisch. Wenn eine Klimax pietätvoller Ausdrücke – »Die Verstorbnen, die hienieden / Schon so frühe abgeschieden, / Ganz im Stillen und in Ehren« – in der hauswirtschaftlichen Banalität gipfelt »Gut gebraten zu verzehren«, ist das komisch.

Zum Vergnügen am Text gehören auch einprägsame Reime wie »Gurgeln« auf »schmurgeln« oder »Fritze« auf »Zippelmütze«, gehören Reim-Binnenreim-Trios wie »voller Tücke in die Brücke eine Lücke«, gehören eindeutschende Schreibweisen wie »perdü«, gehören Lautmalereien wie »schnupdiwup« oder »kritze kratze«, gehören erzwungene Lesefehler – nur wenn man das Wort ungebührlich dehnt, kann man den Rhythmus beibehalten: »Daß sie von dem Sauerkohle / Eine Por-ti-on sich hole«. Kein Zufall ist es, dass sich »Lämpel« so schön auf »Exempel«, »Böck« auf »meck« und »Bolte« auf »wollte« reimt. Namen wählt Busch mit Bedacht. Sie haben nicht nur gute Reime abzugeben, sondern sollen Typen repräsentieren, unverwechselbar sein und zu ihren Trägern passen. Stellt man sich die Figuren aus der Bubengeschichte zusammen, so ergibt sich die Reihe Witwe Bolte – Schneider Böck – Frau Böck – Lehrer Lämpel – Onkel Fritz – Meister Bäcker – Bauer Mecke – Meister Müller. Auf den niederdeutschen Sprachraum verweisen Bolte und Mecke, ja Träger dieser Namen kennt Busch aus Wiedensahl und Hannover. Zusätzlich sind dem Bauern die zwei einzigen Dialektzeilen in den Mund gelegt. Der Lehrer mit seinem sprechenden Namen erlaubt mehrere Assoziationen. Obwohl er wörtlich »Lämmlein« heißt, kann man dabei auch an ein Lämpchen denken und ihn damit als kleines Licht charakterisieren; ein kleiner Meister Lampe im Sinn von Hasenfuß mag ebenfalls mitschwingen. Schließlich ist es vielleicht mehr als ein Zufall, dass in der weitverbreiteten Gelehrten- und Lehrerschelte »Facetiae Pennalium, das ist Allerley lustige Schulbossen« von Julius Wilhelm Zincgref, die zwischen 1618 und 1654 dreizehnmal aufgelegt wurde, ein besonders naiver »Pennal« den Namen »Lempel« trägt, und es von einem anderen »Schulfuchs« heißt: »mein guter Lämpel«. Womöglich hat sich von dieser Standessatire aus der Name »Lämpel« für einen bestimmten Lehrertypus verbreitet.

Böcks Name verdankt sich einem uralten Spottritus. Schon seit dem frühen 15. Jahrhundert verhöhnt man den Schneider als »Geißbuhlen« oder »Schneiderbock«. Das erklärt, warum er bei Wilhelm Busch Böckel oder Böck heißt und mit dem Ziegenruf »meck, meck, meck« gehänselt wird. Dass gerade Schneider Böck als Einziger in dieser Geschichte verheiratet ist – mit der so appetitlichen wie praktisch veranlagten Frau Böck –, macht die Sache noch pikanter.

Keine dieser Figuren hat einen Vornamen, ihre Identität ergibt sich nur aus ihrer Funktion, die sie im Dorf oder für die Knaben haben. Eine Witwe ist eine Witwe und ein Onkel ein Onkel. Schneider, Lehrer, Bäcker, Bauer und Müller sind genugsam charakterisiert durch ihre Berufe, Frau Böck hat keine andere Funktion als Ehefrau des Schneiders zu sein. Zwei Schlussfolgerungen lassen die Namen und Berufe immerhin zu: Ort der Handlung ist ein Dorf, und zwar in Norddeutschland. Die Andeutung einer Pappelallee, ein paar Tiere, ländliche Geräte, vor allem die zahlreichen Interieurs stützen von zeichnerischer Seite her diese Zuordnung. Wohnhaus, Schneiderwerkstatt, Kirchlein, Backhaus, Scheune, Mühle, Flüsschen, Brücke, Maikäfer, Hühner, Enten, Gänse, ein Spitz – Busch siedelt die Streiche in der Landschaft seiner Kindheit an.

Ein wenig anders sieht es mit den titelgebenden Helden aus. Ihnen fehlt nicht der Vor-, sondern der Nachname. Auch Eltern scheinen sie nicht zu haben, höchstens einen Onkel. Sind sie Brüder oder Freunde? Sie gleichen sich an Bosheit, nicht im Aussehen. Der eine hell-, der andere dunkelhaarig, der eine schmal, der andere breit, der eine kariertbehost und spitzbeschuht, der andere mit kurzem, offenem Jäckchen und derbem Schuhwerk. Wüsste man nicht, wer von beiden welcher ist, sähe man es ihnen trotzdem an. Zum Dunkelhaarigen mit dem breiten Gesicht, der Helmfrisur, den runden Augen, der Knopfnase, dem halbkreisförmigen Mund, der kurzen Jacke, den Hosenträgern, den groben Schuhen kann nur der kurze, tief intonierte Name Max passen. An Moritz aber, mit seinem spitzen, hohen »itz«, ist alles spitz: die Schuhe, die Knie, der winklige Mund, die dreieckige Nase, die Augenwinkel, der Schopf im Nacken und der vorwitzige Haarzipfel auf dem Kopf. Wie haben die beiden sich bloß gefunden? Unwillkürlich muss man an jene Jungenfreundschaft in Ebergötzen denken, als keine Forelle und kein Vogel sicher waren vor Wilhelm Busch und Erich Bachmann.

Ein spätes Bekenntnis früher Schelmerei? Busch selbst antwortet verblümt: »Du fragst, ob Max u. Moritz eine wahre Geschichte sei. Nun, so ganz wohl nicht. Das meiste ist bloß so ausgedacht, aber einiges ist wirklich paßiert, und denn, daß böse Streiche kein gutes Ende nehmen, da wird sicher was Wahres dran sein.« Die Gattung der Moritatenparodie lässt die harmlose Variante der seligen Jugenderinnerung indes nicht zu. Nur übertriebene Gemeinheiten rechtfertigen ein übertriebenes Ende mit einer der grausamsten Todesarten, die man sich vorstellen kann. Nein, Max und Moritz sind keine richtigen Kinder und nicht bloß Nostalgie. Schon ihre Namen verraten es. Zum Individuum fehlt ihnen der Nachname; die mächtige Alliteration verbrüdert sie zwar rhetorisch, ein Stilmittel, das Busch später mit Hans Huckebein, Plisch und Plum, Balduin Bählamm sowie Kuno Klecksel wiederholen wird. Was sie dennoch unterscheidet, ist der Klang. Das behäbigtiefe »Max« als Abkürzung von Maximilian ist im Süden zu Hause, während der spitze »Moritz«-Klang zu Böck und Mecke passt. Hier ist vielleicht »Der Vetter auf Besuch«, wie Buschs Münchner Singspiel mit Kremplsetzer-Musik heißt, das im gleichen Jahr entsteht wie »Max und Moritz«. Sein Schauplatz ist eine Mühle, und zwei Leute in einer Mehlkiste spielen eine komische Rolle. Auffällig ist, dass sich zu jener Zeit Busch in Karikaturen selbst eine Moritz-Tolle zeichnet, während er seinem Max eine Physiognomie verpasst, die der von Georg Kremplsetzer ähnelt. Noch dazu sieht in einem frühen Titelblattentwurf Maxens kurzes Jäckchen aus wie ein bayerischer Janker. Die Rollen wären so verteilt: Max, ein bayerischer Bub (vielleicht auch ein wenig das kindliche Ich Kremplsetzers), zu Gast beim niedersächsischen Cousin Moritz (vielleicht auch ein wenig das kindliche Ich Buschs) zum Zweck der Spitzbüberei.

Auf immer neuen Schauplätzen vertreten diese zunächst so erfolgreichen Schadenstifter das jugendliche Prinzip der Vernichtungslust. So wie die Buben Typen sind, die nach Belieben ihres Schöpfers Böses tun, so sind die Häuser Spielhäuser, sind Raum und Zeit ein Ungefähr. Hier können zwei Gänse einen Mann tragen, hier sind die Maikäfer nachttopfgroß, hier passen zwei Jungen auf einmal in den Mahltrichter. Hier folgt nicht ein Tag auf den anderen und der Sommer nicht auf den Frühling. Max und Moritz beginnen nicht bei Sonnenaufgang mit ihren Streichen und werden während ihrer Dauer keinen Tag älter. Wenn ein Wochentag genannt wird, dann, um unchristliche Lasterhaftigkeit zu betonen: Ausgerechnet »einstens, als es Sonntag wieder«, schleichen sich die beiden Buben in Lämpels Stube. Daraus folgt aber nicht, dass der nächste Streich etwa an einem Montag spiele. Alles geschieht »einstens« oder »bald«. So unwichtig ist die Chronologie, dass im fünften Streich die Maikäfer von den Bäumen rieseln und im sechsten erst die »schöne Osterzeit« herrscht. Systematisch verwirrt der Erzähler unseren Zeitbegriff durch den Wechsel von Gegenwart und Vergangenheit: »Ahnungsvoll tritt sie heraus: / Ach, was war das für ein Graus!« – »wie zwei Mäuse / Fressen sie durch das Gehäuse; / Und der Meister Bäcker schrie«. Wo die raum-zeitlichen Gesetze so wenig gelten, wird man misstrauisch bei den anderen. Und wirklich ist die Logik in der Bildergeschichte eine andere als im Leben. Es kann nicht darum gehen, ob es für einen Bäcker sinnvoll ist, eine offene Mehlkiste unter den Kamin zu stellen. Es geht darum, Komik zu erzeugen: Zwei rußschwarze Knaben plumpsen kopfüber ins weiße Mehl. Das allein wirkt noch nicht übermäßig lustig. Aber es ist komisch als Teil einer Folge von Bildern, in denen durchgespielt wird, was man mit Strichkörpern anstellen kann. Zuerst verlieren sie die Binnenzeichnung und werden zu Schattenrissen. Statt Augen, Ohren, Hemden, Hosen tragen sie jetzt Einheitsschwarz. Dann wird die Füllung ausgetauscht. Aus Rabenschwarz wird Kreideweiß. Nachdem die Figuren einmal als Positiv, einmal als Negativ vor uns erschienen sind, lösen sich auch noch ihre Konturen auf. Die menschlichen Umrisse zerfließen zu unförmigen Teiggebilden, die kurz darauf als tadellos rund gebackene Lebkuchenmänner vor uns stehen, die wenig später ihren menschlichen Kern wieder freigeben, der wiederum bald »fein geschroten und in Stücken« vor unseren Augen liegt. Eine aberwitzige Metamorphose vom Kind zum Raben zur Kreide zum Brei zum Backwerk zum Körnerfutter.

Auf den papierenen Körpern der »Phantasiehanseln«, wie Busch seine Figuren nennt, ist also viel Platz für Scherz, Satire, Ironie und tiefere Bedeutung. Letztere wäre freilich nicht in der Moral zu suchen. Es geht diesem Bänkelsänger, der vor keiner Übertreibung zurückzuckt, nicht darum, böse Kinder mittels Abschreckung zu bessern. Was beim »Struwwelpeter« schon kaum funktionierte, klappt bei einer Bildergeschichte parodistischer

Herkunft erst recht nicht. Zwar wackelt er am Anfang, am Schluss, ja sogar inmitten seiner Ausführungen kräftig mit dem pädagogischen Zeigefinger, doch ist dieser viel zu krumm, als dass wir ihn ernst nehmen könnten. Wir durchschauen es sogleich: Was als Erziehungsratgeber daherkommt, ist nur ein Vorwand, um genüsslich alles zu demontieren, was irgendwie heilig sein könnte. Denn die vermeintliche Konzentration auf die sieben Streiche der jugendlichen Übeltäter kann nicht darüber hinwegtäuschen, dass die eigentlichen Komikhelden der Geschichte die Dorfbewohner sind. Nur auf 43 von insgesamt 96 Bildern sind Max und Moritz überhaupt zu sehen, und oft höchst unvollständig als reine Andeutung ihrer selbst: zwei Unterkörper, vier Schuhe, zwei Haarschöpfe, zwei Gebildbrote, ein Muster aus Körnern. Mindestens so erheiternd wie ihre Schurkereien aber ist die Charakteristik ihrer biederen Opfer. Ob Witwe Bolte oder Bauer Mecke, ob Meister Bäcker oder Lehrer Lämpel, es sind Karikaturen. Tut es uns etwa leid, wenn der Schneider nur noch mit seinen langen dürren Beinen aus dem Flüsschen ragt? Ist es etwa zu Tränen rührend, wenn Frau Böck das Bügeleisen auf die Gattenmitte presst, als gälte es, das Hemd am Mann zu plätten? Nicht Mitleid erregen die Figuren, sondern Bewunderung für die Kunst ihrer satirischen Darstellung. Das eigentliche Thema der Geschichte lautet denn auch nicht: »Ach, was muß man oft von bösen / Kindern hören oder lesen«. Sondern: Schauen wir doch mal, was passiert, wenn Unordnung in ein verschlafenes Nest einzieht. Wir brauchen die bösen Buben, sonst würden wir nie bemerken, wie unglaublich komisch Onkel Fritz schon beim pustend-schnarchenden Schlafen aussieht und erst recht, wenn er in Hemd und Zipfelmütze vor seinem Bett herumtanzt. Wir brauchen Max und Moritz, sonst sähen wir nie, wie der dicke Bäcker beim Teigkneten fast den einen Pantoffel verliert und Bauer Mecke jemanden mit den Knien in den Schwitzkasten zu nehmen versteht. Schließlich bliebe uns auf ewig der Anblick eines auf dem Kanonenofen hockenden nassen Schneiders und einer explodierenden Gelehrtenstube verborgen.

Von Episode zu Episode wird deutlicher, dass es nicht darum geht, die schlimmen Folgen einer Tat zu demonstrieren. Keine der Bübereien wird sofort und vom Opfer geahndet. Im Gegenteil können Max und Moritz als Glückspilze gelten, denn ihre Vorhaben gelingen nach Plan und sie werden als Übeltäter nicht erkannt. Erst im vorletzten Abenteuer müssen sie ihre Identität preisgeben, und erst im letzten büßen sie, wenn auch nicht für alle ihre Verfehlungen, sondern nur für die letzte. Dabei wird diese Buße nicht etwa im Epilog dargestellt. Nein, es ist ein »Streich« wie die sechs vorausgegangenen auch, den sie nicht überleben. Nicht eine systematische Verfolgung der Verbrecher führt zu deren Ergreifung, sondern der siebte Streich geht schief – ein unglücklicher Zufall.

Wenn es denn eine Moral von der Geschichte geben sollte, so lautet sie nicht: Seht her, was passiert, wenn man böse ist; also seid hübsch artig! Sondern: Der Mensch ist nicht zu erziehen und nicht zu bessern; also lasst ihn und freut euch des Witzes! Dabei bekommen zum Amüsement der Leser alle Beteiligten schön der Reihe nach ihr Fett ab. Anständige Bürger werden zur Demonstration der eigenen Lächerlichkeit provoziert. Tiere werden erhängt, geprügelt, zertrampelt. Die beiden letzten Streiche aber drehen den Spieß um zur Rache an den Provokateuren. Endlich wird Bosheit geahndet – mit Bosheit. Kaum durch den Kamin gefallen, durchleben Max und Moritz innerhalb von kurzer Zeit die mehrstufige Verwandlung in Brot, vom Mehl über den Teig und das Backen bis zum Verzehr. Die Sprache kann den Bildern kaum noch folgen und behilft sich mit Kürzestformeln: »Ratsch!!« – »Puff!!« – »Da!« – »Knacks!!« – »Schwapp!!« – »Ruff!!« – »Ruff!!« – »Knusper, knasper!« Der letzte Streich schließlich braucht keinen Umweg über verschiedene Zustände mehr; er befördert »das Lumpenpack« unversehens ins tödliche Mahlwerk. Nachdem Bauer Mecke die Täter gefasst hat, hält er sich nicht auf mit Anklage und Gerichtsverfahren, sondern schreitet sofort zur Selbstjustiz. Dabei lässt er nicht einmal das biblische »Auge um Auge, Zahn um Zahn« gelten, sondern beugt das Recht nach der Willkür des Augenblicks. Ob er ihre anderen Taten überhaupt kennt, bleibt ungewiss. Eigentlich dürfte er die Knaben nur für das Aufschlitzen zweier Getreidesäcke bestrafen. Doch er behandelt sie, wie man gemeingefährliche Verbrecher behandelt, zumindest im Märchen. Übrigens scheint er ein Meister der Verdrängung zu sein, denn am Schluss wird seine Reaktion auf den Tod der Kinder wiedergegeben mit »Wat geiht meck dat an?!« Und der Müller als Henker in diesem Lynchprozess fragt auch nicht lange nach der Angemessenheit des verhängten Strafmaßes. Schließlich wäscht er seine Hände in Unschuld. Hat Bauer Mecke etwa von Kindern gesprochen? »Mahl er das, so schnell er kann!«, lautete die Anweisung. Er tut, was man ihm sagt, er mahlt »das«, und zwar so schnell er kann. Erstes Bild: Oben kommen Körper hinein. Zweites Bild: Unten fällt Tierfutter heraus. Sinnfälliger Tod zweier Schleckermäuler. Gerade noch haben sie vier Hühner verdrückt, nun runden sie selbst zwei Entenbäuche.

Wer in dem Film »Fargo« die Folgen einer Leichenbeseitigung mittels Schredderns gesehen hat, ist für die Körnerlösung dankbar. Mit ihr verlässt der Erzähler endgültig die Ebene jeder Glaubwürdigkeit. Schon in der Bildergeschichte »Trauriges Resultat einer vernachläßigten Erziehung« folgt auf den Schneiderspott des bösen Fritzchens ein grotesker Todesreigen, in dem absurde Unglücksfälle und ein tödlicher Justizirrtum darin gipfeln, dass sich Mörder-Böckel mit seiner gigantischen Schere selbst den Hals abschneidet. Die Todesart jenseits aller Wahrscheinlichkeit ist hier der Moritatenparodie geschuldet, in »Max und Moritz« öffnet sie die Geschichte zusätzlich einer allegorischen Deutung. Zwar muss aus Gründen der poetischen Gerechtigkeit die Todesstrafe an Max und Moritz vollstreckt werden, doch dient sie zugleich einem höheren Zweck: der Vergebung unserer, der Nutznießer, Sünden. Mit der finalen Schrotung der Bösewichter zerfällt die Ursache von Anarchie und Spott in saubere Stückchen. Das Dorf versinkt wieder in seinem Alltag aus Ordnung, Ernst und Langeweile, in dem es nichts zu bestaunen, nichts zu lachen gibt. Die Bewohner kehren zurück zu ihrem »schönsten Lebenstraum« (Boltes Hühner), zu ihrem »Lebenszweck« (Böcks Schneiderei), zu »Pantoffel, Schlafrock, Mütze« (Onkel Fritz), zu ihrer »größten Freud, der Zufriedenheit« (Lämpel). In bester Selbstgerechtigkeit können sie sich wieder als »Witwe Bolte, mild und weich« gerieren, als »guter Onkel Fritz«, als »braver Bauersmann«. Wir aber, die erheiterten Betrachter all dessen, werden durch den märchenhaften Stellvertretertod der bösen Buben reingewaschen von der sieben Streiche lang währenden Schuld schadenfrohen Gelächters.

Und bei der nächsten Bildergeschichte sündigen wir aufs Neue.

Promenade
Neue Regierung, neue Stadt

Vierzehn Jahre lang hielt es Wilhelm Busch in München. Er war 1854 in die Dachauer Straße gezogen, wechselte fast zehnmal die Wohnung, bevor er die Stadt 1868 wieder verließ. Er gewann viele neue Freunde und lernte zwei seiner späteren Verleger kennen. Er gewöhnte sich an ein Künstlerleben zwischen Holzstockfron, Bierkneipe und Sommerfrische. Während dreizehn von diesen vierzehn Münchner Jahren war er für Braun & Schneider tätig und bescherte ihnen hübsche Auflagenhöhen für manche der Bilderbogen. Er veröffentlichte zwei Kinderbücher, von denen das eine später seinen Weltruhm begründen sollte. Welch eine Karriere vom mehrfachen Akademieabbrecher zum gefragten Zeichner!

Wie bei fast allen Menschen erfolgte auch bei Busch dieser Aufstieg nicht ohne Rückschläge, wurde begleitet von Phasen depressiver Verstimmung, von Krankheit, Leid, ja Todesnähe. Sieben Jahre nach seiner schweren Typhuserkrankung in Antwerpen zeigte er in München erneut Symptome der Infektion. Diesmal überwand er sie aber etwas schneller. Am 20. November 1860 konnte er seinem Freund Otto Bassermann melden, dass er über den Berg sei: »Verdenke es mir nicht, lieber Otto, daß ich Deinen lieben Brief Dir so gar spät beantworte. Seit dem Tage Deiner Abreise hat mich das Schleimfieber. Anfangs habe ich mich stark dagegen gesträubt, ich ging aus während ein paar schöner Tage, aber plötzlich warf es mich unwiderstehlich nieder; einige Zeit glaubte ich, es sei aus mit mir. Nachdem ich nun drei Wochen ununterbrochen das Bett gehüthet, kann ich seit etwa 8 Tagen wieder auf sein, worin ich es jetzt fast bis auf einen ganzen Tag gebracht habe. Mein Apetit hat sich vortrefflich wieder eingefunden, so daß ich von Tag zu Tage meine Kräfte wachsen fühle und wieder etwas Fleisch sammle. Es war auch gar zu erbärmlich. Freilich auch jetzt schlottert mir noch die Hose an den Gebeinen; Popo und Bauch sind wie weggeblasen; nun! ich gräme mich nicht darum; nur kostet es doch etwas viel Geld, besonders, wenn ich das mitrechne, was in der Zeit hätte verdient werden können.«

Genau zwanzig Jahre zuvor hatte Gottfried Keller ebenfalls in München an dem »gefährlichen nervösen Schleimfieber« gelitten und sich nur mit Hilfe sarkastischer Selbstironie davon abgehalten, an einer Künstlerexistenz zu verzweifeln, die gänzlich von den Zuwendungen der Mutter abhängig war. Und auch Busch hätte seine trinkfreudige Boheme-Existenz nicht ohne die Mutter finanzieren können, die ihm heimlich Geld aus ihrem Eier- und Butterverkauf zusteckte. Dass ihn diese Tatsache zeitlebens beschämte, offenbart ein späterer Brief: »Das Krähen des Hahns, der der Hel geweiht, ist freilich bedeutungsvoll. Den Dieben und Kranken, den armen Sündern und Gespenstern tönt vor Allen sein mahnender Ruf. Petrus ging hinaus und weinte bitterlich. Ich selber hab ihn oft gehört, wenn ich in der Fremde vom nächtlichen Gelage kam; er rief mir dann ein wohlbekanntes ländliches Haus vor die Seele, das Haus meiner Eltern.«

In solch einer Phase der Krankheit, wie er sie in München erlebte, wurde Busch die Voraussetzung aller freiberuflichen Arbeit bewusst: Verdienen kann nur der Gesunde. Ohne Lohnfortzahlung im Krankheitsfall, ohne konziliante Kollegen ist der Selbständige in jedem Augenblick abhängig von der eigenen Leistungsfähigkeit, wenn nicht von mildtätigen Angehörigen. Krankheitstage dienen ihm weniger zur Erholung denn zur Sorge um die Zukunft.

Traditionell gibt es einen weiteren Bereich neben der eigenen Gesundheit, dem der Künstler seine Ängste und Sorgen widmet: der nationalen Lage. Wie schnell können sich die Verhältnisse ändern, wie schnell können Konflikte eskalieren, wie schnell können aus Auftraggebern politische Feinde werden, wie schnell können ästhetische Werte kippen! Von München aus wirkten die Reden Bismarcks im preußischen Abgeordnetenhaus vielleicht genauso weit weg wie die Schlacht von Königgrätz oder der Friede von Prag. Als Preußen freilich am 20. September 1866 neben Kurhessen, Nassau und Frankfurt auch das Königreich Hannover annektierte – fast 3000 Tote und Verwundete bei Langensalza hinterlassend –, war die nationale Frage bedenklich nahe gerückt. In der Einverleibungsurkunde Wilhelms I. vom 3. Oktober 1866 hieß es zwar beschwichtigend: »Durch das Patent, welches Ich heute vollzogen habe, vereinige Ich Euch, Einwohner der hannoverschen Lande, mit Meinen Untertanen, Euren Nachbarn und deutschen Brüdern. [...] Ihr werdet die Notwendigkeit des Geschehenen erkennen. [...] Eine gleiche Verteilung der Staatslasten, eine zweckmäßige energische Verwaltung, sorgsam erwogene Gesetze, eine gerechte und pünktliche Justizpflege, kurz alle die Garantien, welche Preußen zu dem gemacht, als was es sich jetzt in harter Probe bewährt hat, werden Euch fortan gemeinsame Güter sein.« Doch viele Einwohner lehnten den neuen Status ab und gaben bei den folgenden Wahlen ihre Stimme den sogenannten welfischen Partikularisten, die an überkommenen Rechten festhalten wollten und hofften, der im österreichischen Exil lebende König Georg V. werde die Welfenmonarchie wiederherstellen. Sie erhielten immerhin neun Sitze im Reichstag, die Nationalliberalen zehn.

Wenn Wilhelm Busch zu jener Zeit von München aus mit Zug und Postkutsche heimfuhr, reiste er also nicht mehr von bayerischem Königreich zu welfischem Königreich, sondern in eine preußische Provinz. Allerdings mit einem Dorf Wiedensahl, das besonders welfentreu blieb. Den Wechsel scheint er mit Gleichmut hingenommen zu haben. Einen Brief vom 20. Oktober 1866 an Otto Bassermann schloss er mit: »Ich bin nun auch preußisch, aber dennoch stets Dein aufrichtiger Freund W. Busch.« Die Proteste der königstreuen Hannoveraner gegen die Übernahme forderten Buschs Spottlust heraus. Es gibt wenig politische Satire in seinem Werk, aber die antipreußische Haltung seiner Landsleute reizte ihn dazu. In »Der Geburtstag oder Die Partikularisten. Schwank in 100 Bildern« unterteilt er die Rollen gattungsgemäß in Gut und Böse. Erstere halten treu am alten Herrscherhaus fest, Letztere begrüßen als »Hochverräter« in aller Gemütsruhe das Neue:

Man sieht zuerst mit Angstgefühlen
Herunterfallen von den Stühlen

Die angestammten Landesväter –
Sodann, als kühler Hochverräther,
Zieht man die Tobacksdos hervor,
Blickt sanft und seelenvoll empor,
Streckt sich auf weichem Kanapee,
Schlürft mit Behagen den Kaffee –
Und ist man so auf's Neu erfrischt,
Dann denkt man: Na, die hat's erwischt!
So denkt der böse Mensch. – Jedoch
Es giebt auch gute Menschen noch.

Und diese guten Menschen, eben die Partikularisten, werden nun vorgeführt. Ob sie Krischan Stinkel, Bürgermeister Mumm, Schneider Böck – er kommt direkt aus »Max und Moritz« – oder Apotheker Pille heißen, zwei Hoffnungen einen sie: »Et *schall* nich bliben ans et is!« und »Uns' olle König mot weer her!!« Freilich, was da nicht so bleiben soll, wie es ist, entpuppt sich bei Fortgang des Bilderschwanks als Wunsch mit völlig anderem als politischem Hintergrund. Es ist nicht die neue preußische Okkupation, welche die biederen Dörfler durcheinanderbringt, sondern ihr alter Eigennutz. Zwanzig Flaschen von Pilles Likör »Busenfreund« sollen den Geburtstag des davongejagten Königs versüßen, landen aber zum kleineren Teil im Schlund des Lastträgers, zum größeren in einer Pfütze.

Als die Sache mit dem »Busenfreund« in allgemeiner Trunkenheit von Mensch, Gans, Schwein und Bock mündet, versucht man es mit Eiern als Festgabe für den exilierten Herrscher. Sie werden unter Ehrenjungferbegleitung auf die lange Reise geschickt, auf der sie natürlich bald durch einen Kutschenunfall zu Bruch gehen: »Die Junfern und der Ehrengreis / Sind alle drei ganz gelb und weiß.« Damit sind sie nicht nur besudelt, sondern tragen auch die inzwischen abgeschafften hannoverschen Landesfarben. Allerdings ohne große Freude an der Demonstration. Denn es stinkt. Wer kann da faule Eier eingeschmuggelt haben? »Hier schlich bei Seite Krischan Stinkel / Und zwinkert mit dem Augenwinkel, / Und spricht zu seiner Frau Christine: / ›De fulen, Stine! dat sind mine!!‹« Kein »Busenfreund« für den König, die patriotischen Eier faul und kaputt. Jetzt kann die Ehre des Dorfes nur noch eines retten: Konditor Knickebieter soll eine schöne fette Henne aus reiner Butter formen. Wie es sein Name nahelegt, spart er bei der Herstellung ein wenig, doch schließlich wird das Butterhennchen auf den Weg gebracht – auf dem es nicht bleibt. Ein weiteres Kutschenmalheur, und das Kunstwerk zergeht unter dickem Bürgermeistergesäß. Für diesmal war es nichts mit den königlichen Geschenken. Man tröstet sich mit einem Spruch, der dem ganzen Schwank seinen ständigen Refrain gibt:

> Da hieß es: »Heda! Mutter Köhmen!
> Up düt da will wi Einen nöhmen!!'«
> Gesagt, gethan. – Für Mutter Köhm
> Ist dies natürlich angenehm.

Der Partikularismus wird entlarvt als einer, der nicht politisch, sondern individuell ist. Nur vordergründig liegt den Dörflern das Wohl des untergegangenen Königshauses oder der eigenen Provinz am Herzen. Pille will Geschäfte machen mit seinem »Busenfreund«, Stinkel seine faulen Eier loswerden, der Konditor sich an der gespendeten Butter bereichern, Kneipenmutter Köhm (auch sie trägt einen sprechenden Namen: niederdeutsch für Kümmelschnaps) an allem Gerede und Gezeter mitverdienen.

Und alle zusammen vor allem immer wieder »einen nehmen«, einen Schnaps nämlich.

Wie so oft siedelte Busch die Bildergeschichte in der niedersächsischen Heimat an, die ihm nicht nur die Motive von Eiersuche, Schweinerausch und Gasthausprügelei lieferte, sondern in diesem Fall auch die politische Konstellation der aus Prinzip gegen die Verpreußung opponierenden, vermeintlich schlauen Dorfgemeinschaft mit ihrem unverstandenen Welfenkonservatismus. Als Busch den »Geburtstag« 1872 entwarf, machte er aus seiner – parteipolitisch gesprochen: nationalliberalen – Sympathie für die neue Ordnung kein Hehl. Das Ende der Kleinstaaterei bedeutete für ihn das Ende der ständigen Grenzübertritte, Zollkontrollen und Devisenwechsel.

Auch wenn er in gewisser Hinsicht als Münchner Künstler gelten konnte, ließ Wilhelm Busch die Verbindung zur Heimat während der ganzen Zeit niemals abreißen. Monate verbrachte er in Wiedensahl, besuchte von dort aus Verwandte und Bekannte in Lüthorst, Ebergötzen, Hameln, Hannover und Wolfenbüttel. Er blieb 1859 zwar der Hochzeit Fanny Buschs mit Pastor Hermann Nöldeke fern, verpasste 1863 die Hochzeit seines Bruders Gustav, nahm aber 1865 an der Hochzeit des Bruders Adolf, 1867 an der Hochzeit seiner Cousine Helene Kleine und 1868 an der Hochzeit seines Cousins Karl Kleine teil. Wie man sich feierlich traut, wusste er nun. Nicht aber, wie man die Frau dazu findet.

Die Familienereignisse waren nicht alle fröhlich. Während seiner Münchner Zeit starb am 6. Juli 1858 die Schwester Anna, am 30. August 1868 der Vater, beide in Wiedensahl. Aus den überlieferten Briefen – für das Jahr 1858 fehlen sie ganz – erfährt man nicht, wie tief ihn Annas Tod berührte. Es kann sein, dass ein Gedicht aus der 1874 veröffentlichten Sammlung »Kritik des Herzens« ihr gewidmet ist. Es endet mit den Zeilen »Wo du auch seist; im Herzen bleibst du mein. / Was Gutes in mir lebt, dein ist's allein.« Der Verlust des Vaters, zu dem das Verhältnis von Anfang an nicht überschwänglich war, wurde zwar geziemend betrauert, doch nicht mehr. Als ältester Sohn hatte er die Pflicht, die im Trauerfall üblichen Angelegenheiten zu regeln und die Mutter zu unterstützen. Es führte dazu, wie er bemerkte, dass er »wenig in gewohnter Weise« arbeiten konnte. Schon im Juli 1866 hatte ihn ein Schlaganfall der Mutter nach Hause gerufen und vom Arbeiten abgehalten. Henriette Busch überlebte ihren Mann nur um eineinhalb Jahre, sie starb am 16. Januar 1870 daheim in Wiedensahl.

Zu dieser Zeit hatte ihr Sohn längst seine letzte Münchner Wohnung aufgegeben und lebte bereits seit fast zwei Jahren überwiegend in Frankfurt. Die Verbindung war durch den Bruder Otto entstanden, der, frisch promoviert, Ende 1865 dort eine Stelle als Erzieher angetreten hatte. In der Villa des Bankiers Johann Daniel Heinrich Kessler hatte er von den acht Kindern die ältesten zu unterrichten: die Söhne Hugo und Harry sowie die Töchter Nanda und Letty. Im Juni 1867 besuchte Wilhelm Busch seinen Bruder erstmals, der ihm die Dame des Hauses vorstellte. Johanna Kessler war ein Jahr älter als Busch, reich, munter, gebildet – und Kunstsammlerin.

Sogleich begeisterte sie sich für eins von Buschs kleinen Gemälden mit dörflichem Sujet, lud den Künstler zu sich ein. Zunächst stand ihm das Fremdenzimmer des Hauses an der Bockenheimer Landstraße 62 zur Verfügung, später erhielt er zusätzlich ein Atelier und schließlich 1870 eine eigene Wohnung in einem Haus auf dem Kessler'schen Grundstück. Anders als die möblierten Zimmer in München war das nun ein richtiger Hausstand, mit mehreren Zimmern, Atelier und Bedienung. Busch freute sich denn auch gebührlich daran, dass ihm seine »neue Wohnung hier sehr behaglich« sei: »Die zwei Fenster des Wohnzimmers gehen nach Westen. Gardienen und Überzüge von Sopha und Stühlen sind vom selben braun geblümten Stoff. Ein bequemer Lehnstuhl breitet wohlwollend seine Arme aus, während die große Schwarzwälder Uhr in der Ecke ticktackt und mit ernster Stimme ihre Stunden ruft. Das Atelier mit Holztapete sieht nach Norden, das Schlafzimmer nach Ost und Süd. Die Küche hat einen kleinen und einen großen Heerd; natürlich wird nur der kleine gebraucht, wie es der Größe des Haushaltes angemeßen. Die Mary kocht unter Fr. Kesslers Anleitung zu meiner vollen Zufriedenheit. Was die

Wilhelm Busch: Johanna Kessler. Bleistiftzeichnung

Kostspieligkeit anlangt, so wird darüber Buch geführt; ich hoffe, das Resultat wird nicht ungünstig ausfallen. Heute habe ich weißen Kohl mit Speck und abgekochten Kartoffeln gegeßen. Wirklich recht brav!«

Buschs Frankfurter Leben wurde von drei großen Themen beherrscht: Malerei, Freundschaft, Philosophie. Da Johanna Kessler in ihm vor allem den aussichtsreichen bildenden Künstler sah, wandte sich Busch wieder verstärkt der Ölmalerei zu. Aber nicht die Straßenfluchten der Großstadt, nicht die eleganten Damen in Opernrobe oder gar Fabriken und Markthallen interessierten ihn. Erneut färbte das Rustikale die Leinwand. Überdeutlich wurden Reminiszenzen an die verehrten Niederländer, seine »großen Lieblinge«, so beim Porträt des Bruders Otto (Farbtafel 2) in holländischer Tracht. Es entstanden Dutzende von Bildern, darunter »Eingeschlafene Trinker«, »Alte Bauern« und ein »Toter Hahn«, ein »Feldweg« sowie Kühe und Hütejungen bei der »Rückkehr von der Weide«. Die Modelle dazu fand Busch bei seinen Besuchen in Wiedensahl und Lüthorst. Durch den Maler Anton Burger, Gründungsmitglied der Kronberger Malerkolonie, kam er in Kontakt mit einer neuen, von Camille Corot inspirierten Landschaftsauffassung mit ihren duftigen silbrig-grauen Farbtönen. Zu seinen traditionell kleinen Formaten (etwa 9 mal 22 oder 13 mal 18 Zentimeter bis 21 mal 25 Zentimeter) gesellten sich nun auch Arbeiten wie »Großes Stilleben mit totem Hasen«, das immerhin 104,5 mal 79 Zentimeter misst. Die Hinwendung zum größeren Ölgemälde dokumentiert Wilhelm Buschs ernsthaften Versuch, als Maler zu gelten, der ab und an auch eine Bildergeschichte zeichnet.

Dieser Rolle entsprechend diente Busch der Familie Kessler als eine Art Hauskünstler. Etliche seiner Gemälde blieben im Besitz der Gastgeber. Außerdem gestaltete er für sie Tanzkarten und Einladungen, kopierte die von Johanna Kessler so geschätzten Kupferstiche Daniel Chodowieckis aus dem Städelschen Kunstinstitut, versuchte sich im Radieren und Ton-Modellieren, fertigte Porträtbüsten, getuschte Silhouetten und Gemälde von den Familienmitgliedern. Nicht nur die Kessler'schen Kinder saßen Modell für ihn, überhaupt beschäftigte er sich stark mit kindlichen Ausdrucksweisen. War er in Wiedensahl, musste er nur den Kopf zum Fenster hinausstrecken, um sie zu studieren: »Das Intereßanteste, das ich hier sehe, ist der neunjährige Sohn meines Nachbars, der grad unter meinem Fenster den Tummelplatz seiner jugendlichen Spiele hat. Dieser junge Mensch macht sich in dem engen Kreise seiner Wirksamkeit das Leben so angenehm wie möglich. Ißt er sein Morgenbutterbrod, so versäumt er sicher nicht, einem hungrigen Hunde jeden Bißen erst vor die Nase zu halten, eh er ihn selber in's Maul schiebt; wodurch er sich, nebst der Annehmlichkeit, die der Genuß eines Butterbrods schon an sich zu gewähren pflegt, auch noch das Vergnügen verschafft, einen Andern Das entbehren zu sehn, was er selber genießt. – Sobald die Mistpfütze bis oben mit Jauche gefüllt ist, zieht er seine eignen Stiefel aus und seines Vaters Stiefel an, um darin herum zu patschen. – Muß er sich schneutzen, so schmiert er den Schleim ohne Frage auf den Thürdrücker oder an den Pflugstiel; denn dadurch verschafft er sich erstens Luft, und zweitens die Genugthuung zu sehen, wie ein Andrer hineintappt. – Gackelt irgendwo ein Huhn, gleich schleicht er hinterher, nimmt das warme, kaum zur Welt gebrachte Ei sofort in Empfang und vertauscht es im Laden des Krämers gegen die Süßigkeit des Candiszuckers. – Ja, sogar aus dem Bedürfniße des Schiffens weiß sich dieser erfinderische Kopf eine Quelle des Vergnügens zu schaffen. Indem er nämlich den Schlauch vorne zusammenkneift, treibt er so den Strahl mit Heftigkeit bald steil in die Luft, bald in Parabeln und Hyperbeln und allen Curven der höheren Geometrie auf den Schnee, oder in die Astlöcher der Balken und Bretter, und wehe der unglücklichen Spinne, die, durch den nahenden Frühling hervorgelockt, in irgend einer Spalte sich blicken läßt: Rückzug, schleunige Flucht, oder der bitterste Tod: das ist die Alternative.«

Ganz alltäglich waren denn auch in der Malerei die Sujets: »Weinender Junge, dessen Butterbrot hingefallen ist«, eine ältere Schwester, welche die jüngere beim Laufenlernen festhält, schließlich ein der Bildergeschichte merkwürdig angenähertes Doppelstück, das im ersten Bild zwei Schusterjungen zeigt, die sich um einen Apfel zanken, im zweiten Bild die Szene nach der Rauferei mit dem Älteren als Sieger neben dem greinenden Jüngeren.

Es ist nicht zu übersehen: Busch war der Frankfurter Familie wie ein leiblicher Onkel ans Herz gewachsen. Welche Rolle hätte er auch spielen sollen in der Villa, die der Hausherr geschäftehalber selten betrat, in der die tüchtige Hausfrau und etliche Dienstboten walteten, Dr. Otto Busch Lehre wie Moral vertrat? Die wenigen Andeutungen aus jener Zeit besagen, dass der »Onkel« ganz gern eine andere Rolle gespielt hätte: »Busch lebt in Frankfurt, ist sehr fleißig, malt sogar in Öl, hat aber mit kaum mehr als 2 Menschen Umgang. Der eine dieser Menschen ist eine Frau, aber nicht seine eigene.« Johanna Kesslers 19 Jahre älterer Gatte hatte für sie wohl einen entscheidenden Nachteil gegenüber dem ins Haus geflatterten Künstler: Er hatte keine ästhetischen Ambitionen. Seine Welt war die Bank, die Börse, das Geschäft. Seine Frau dagegen verkörperte den Typus der musisch veranlangten Dame, die im Salon ebenso zu Hause war wie auf einer Vernissage oder auf einer Landpartie. Wie bei fast allen Privatangelegenheiten schwieg sich Wilhelm Busch über diese Geschichte aus. So lässt sie sich lediglich unter dem Rubrum »Frankfurter Freundschaft« führen. Allzu phantasievoll müsste man in den erhaltenen Blättern des Briefwechsels zwischen den Zeilen lesen, wollte man erfahren, welcher Art die Bande zwischen Johanna und Wilhelm waren. Mit Sicherheit bewunderte sie ihn, verehrte er sie. Vielleicht ist das Verhältnis am besten mit »Meister und Muse« zu charakterisieren. Die Resignation ins Unmögliche aber wird überdeutlich an den Signaturen, mit denen die beiden ihre Briefe unterzeichneten: Onkel und Tante nannten sie sich gegenseitig.

Mit Resignation ist auch eine philosophische Maxime umschrieben, die gut in Buschs geistigen Horizont jener Zeit passt. Schon 1863 äußerte er: »Das entscheidende Wort, welches durch unsre Seele klingt, ist Resignation, ein rauhes Wort oder ein sanftes, je nach dem wir die Saiten gespannt haben.«

Sieben Jahre bevor Busch erstmals nach Frankfurt kam, war dort Arthur Schopenhauer gestorben, am 21. September 1860. Die Stadt war noch voll seines Geistes – oder des Widerspruchsgeistes. Ob Busch auf seinen Spaziergängen die beiden Häuser Schöne Aussicht 17 und 16 streifte, in denen Schopenhauer von 1843 bis zu seinem Tod wohnte, oder sein Grab auf dem Hauptfriedhof besuchte, ist nicht bekannt.

Den Spuren des Philosophen muss man im Werk und in den Briefen nachspüren. Man kann jedenfalls davon ausgehen, dass Wilhelm und Otto Busch in der Kessler-Villa über Schopenhauer diskutierten, denn Otto Busch ist der Autor von »Arthur Schopenhauer. Beitrag zu einer Dogmatik der Religionslosen«. Die 176 Seiten starke Abhandlung, eine Übersetzung der Hauptlehren Schopenhauers in eine pragmatische Denk- und Sprechweise, veröffentlichte er 1877 in jenem Verlag, zu dem auch sein Bruder

Wilhelm Busch: Arthur Schopenhauer

gewechselt war, bei Friedrich Bassermann in Heidelberg. Bemerkenswert an dieser Schrift sind die vielen eingeschobenen Gedichte, darunter etliche von Goethe. Genannt werden deren Verfasser nicht. Und so bleibt auch der Autor folgender vier anonym: »Es sitzt ein Vogel auf dem Leim«, »Sie stritten sich beim Wein herum«, »Ich meine doch« sowie »Wärst du wirklich so ein rechter / Und wahrhaftiger Asket«. Wer 1874 einen Lyrikband mit dem Titel »Kritik des Herzens« erworben hatte, wusste, von wem die Gedichte stammten: Wilhelm Busch. An dem ersten Beispiel lässt sich die Transformation Schopenhauer'schen Gedankenguts in die Sprache der geradezu volkstümlichen Poesie gut studieren:

Es sitzt ein Vogel auf dem Leim,
Er flattert sehr und kann nicht heim.
Ein schwarzer Kater schleicht herzu,
Die Krallen scharf, die Augen gluh.
Am Baum hinauf und immer höher
Kommt er dem armen Vogel näher.

Der Vogel denkt: Weil das so ist
Und weil mich doch der Kater frißt,
So will ich keine Zeit verlieren,
Will noch ein wenig quinquilieren
Und lustig pfeifen wie zuvor.
Der Vogel, scheint mir, hat Humor.

Das letzte Wort gibt die Richtung vor: Humor. Otto Busch unterscheidet ihn als Grundton der »subjectiven Neueren« von der Ironie, welche er den »objectiven Alten« zuschreibt: »Versteckt sich also bei der Ironie der Scherz hinter den Ernst, so ist es beim Humor gerade umgekehrt, er ist der hinter Scherz versteckte Ernst. Der Grundton der Ironie ist ein lächelnder Ernst, der des Humors ein ernstes Lächeln.«

Mit dem Wort »Humor« im letzten Vers ist ein Zweifaches bezeichnet, die Betrachtungsweise des Vogels und die seines Erfinders, wobei nicht zu überlesen ist, dass diese Haltung nur so »scheint«. Denn sie kann nur als Galgenhumor verstanden werden. Dass man angesichts der eigenen Vernichtung »lustig pfeift«, ist die sowohl desillusionierte wie altruistische Konsequenz aus der Vernunfteinsicht in die Unabwendbarkeit des Schicksals. Nicht nur überdeckt der Vogel mit dem Zwitschern die eigene Angst, er widmet seine letzten Lebenssekunden dem Vergnügen des feindlichen Zuhörers (und damit dem unseren), indem er »lustig pfeift wie zuvor«. Die Vogelgeschichte lässt sich leicht als Allegorie auf das Leben lesen. Kurz ist es und endet in Bedrängnis und Unfreiheit. Der Mensch ist nichts als ein armer Vogel auf der Leimrute, der ängstlich dem nahenden Tod – deshalb ist der Kater schwarz – entgegenblickt. Bei dieser pessimistischen Erkenntnis angekommen, schlägt das lyrische Ich eine bestimmte Geisteshaltung vor, und die liegt weder in demütiger Ergebung noch in Verzweiflung noch in Hoffnung auf Erlösung noch in sinnlosem Aufbegehren. Sie liegt in einem scheinbar unsinnigen und überflüssigen Verhalten, das jedoch Distanz zum eigenen Ich und wahre Geistesfreiheit offenbart: dem Lebenswillen seinen letzten Triumph zu gönnen, die verbleibende Zeit in resigniertem Humor zu eigenem und fremdem Pläsier zu nutzen. Arthur Schopenhauer drückte das in »Die Welt als Wille und Vorstellung« so aus: »Alles im Leben giebt kund, daß das irdische Glück bestimmt ist, vereitelt oder als eine Illusion erkannt zu werden. Hiezu liegen tief im Wesen der Dinge die Anlagen. Demgemäß fällt das Leben der meisten Menschen trübsälig und kurz aus. [...] Das Leben stellt sich dar als ein fortgesetzter Betrug, im Kleinen, wie im Großen. Hat es versprochen, so hält es nicht; es sei denn, um zu zeigen, wie wenig wünschenswerth das Gewünschte war: so täuscht uns also bald die Hoffnung, bald das Gehoffte.«

Dass Wilhelm Busch seinen Schopenhauer gelesen und sich ins Populäre übersetzt hat, macht eine Passage aus einem Brief von 1875 deutlich, in deren Verlauf eine wörtliche Rede zum unsterblichen Kalauer taugt: »Wie könnte uns auch das Zeug nur so bedeutungsvoll erscheinen, wenn alles nicht aus *einer* Wurzel wüchse? Die ist, was Schopenhauer den *Willen* nennt: Der allgegenwärtige Drang zum Leben; überall derselbe, der einzige; im Himmel und auf Erden; in Felsen, Waßer, Sternen, Schweinen, wie in unsrer Brust. Er schafft und füllt und drängt, *was ist*. Im Oberstübchen sitzt der Intellekt und schaut dem Treiben zu. Er sagt zum Willen: ›Alter! laß das sein! Es giebt Verdruß!‹ Aber er hört nicht. Enttäuschung; kurze Lust und lange Sorge; Alter, Krankheit, Tod, sie machen ihn nicht mürbe; er macht so fort. Und treibt es ihn auch tausend Mal aus seiner Haut, er findet eine neue, die's büßen muß. – Und dieser Wille, das bin *ich*.«

Eine Fülle von Einflüssen, darunter auch Gedanken Schopenhauers und ihre Umsetzung durch Otto Busch, ging in die Bildergeschichten ein, die in der Frankfurter Zeit entstanden. Sie befassten sich noch grimmiger als »Max und Moritz« mit der schlechtesten aller Welten im Allgemeinen sowie im Inneren des Menschen und mit den religiösen Tröstungen, die Letzterer dagegen ersann. Auch einen äußeren Unterschied zu den Kinderbüchern gab es nun: Auf dem Umschlag stand nicht mehr »Verlag von Braun und Schneider«, sondern »Heidelberg. Verlag von Fr. Bassermann«.

Wahrscheinlich begann Wilhelm Busch um 1871 nachzurechnen, welche Summen der Münchner Verlag mit »Max und Moritz« und seinen Arbeiten für die »Fliegenden Blätter« verdiente, während er selbst zwar mit beträchtlichen, aber doch pauschalen Honoraren abgespeist worden war. 1875 kam es dann sogar zu einer (möglicherweise gerichtlichen) Auseinandersetzung um Nachzahlungen seitens des Verlags. Jedenfalls nimmt man an, dass diese Verstimmung Busch veranlasste, Kontakt mit anderen Verlegern aufzunehmen. Da »Hans Huckebein, der Unglücksrabe« zuerst in der Zeitschrift »Über Land und Meer« erschienen war, kam er als selbständige Publikation im gleichen Verlag von Eduard Hallberger heraus. Nach einem kurzen, wiederum finanziell unerfreulichen Intermezzo beim Verlag Moritz Schauenburg für den »heiligen Antonius« wechselte Busch dann mit den folgenden Büchern – ab der »Frommen Helene« und der »Jobsiade« – zu Bassermann nach Heidelberg.

Der sieben Jahre jüngere Otto Bassermann gehörte seit der frühen Münchner Zeit zu seinen engsten Freunden. Von den rund 1630 Briefen Buschs sind 242 an ihn gerichtet. Er hatte 1865 den Verlag von seinem Vater übernommen und gleich bei seinem Freund nach neuen Buchprojekten für erwachsene Leser angefragt, was einen nicht unbedeutenden Anstoß zur Konzeption der »Frommen Helene« gab. Allerdings bestätigte sich die alte Wahrheit, dass wenige Verhältnisse eine Vermischung von Privatem mit Geschäftlichem vertragen. Obwohl Bassermann seinem Autor nach und nach eine damals (und erst recht heute) völlig unübliche dauerhafte Gewinnbeteiligung von bis zu 45 Prozent des Bruttoertrags – unter Offenlegung der Reingewinnhöhe – zusicherte und stets loyal blieb, ärgerte sich Busch immer wieder über Bassermanns vorsichtige Geschäftspolitik. Sie führte beispielsweise dazu, dass die Kunden wochenlang auf vergriffene Titel warten mussten, weil das Papier für den Nachdruck fehlte. Auch schien ihm der Verleger oft nicht spendabel genug mit seinem berühmten Zugpferd umzugehen. Es verwundert, dass trotz dieser Differenzen und einem deutlich abgekühlten Verhältnis Wilhelm Busch von Otto Bassermann bis zum Schluss als seinem »Freund und Verleger« sprach. Denn dieser hätte mehr als einmal Grund gehabt, beleidigt zu sein, begegnete ihm doch sein Autor mit Misstrauen, sprach davon, »beschissen« worden zu sein, verlangte die nachträgliche Änderung früherer Verträge zu seinen Gunsten oder seinen gesamten Anteil am erwarteten Gewinn bereits als Vorschuss. Immer wieder reagierte Bassermann fassungslos auf diese Unterstellungen und Forderungen. Auf einen resümierenden, geschäftlich abrechnenden und versöhnlichen Brief, in dem er am Ende fragte, ob der Freund denn nicht bestätigen könne, dass er ihm »ein ehrlicher, gewissenhafter und nicht engherziger Verleger« gewesen sei, reagierte Busch mit der Hinzuziehung eines Rechtsanwalts. Erst Anfang 1887, nach einem Versöhnungsangebot Bassermanns, sollte das Verhältnis wieder einigermaßen ins Reine kommen.

Immerhin bleibt festzuhalten: Otto Bassermann machte Wilhelm Busch nach heutigen Maßstäben zum Millionär, und Busch wiederum machte Bassermann äußerst wohlhabend. Der Verlag, der auch wichtige wissenschaftliche Literatur herausbrachte, wäre lang vergessen, hätte ihm nicht Busch seine Werke anvertraut. Und als die Zusammenarbeit begann, in der Frankfurter Zeit zwischen 1868 und 1872, begann sie gleich mit mehreren Höhepunkten seines Bildergeschichtenschaffens.

Achtes Bild
Antonius, Helene & Co.

Bei der Beschreibung der großen Bildergeschichten aus der Frankfurter Zeit greift man unwillkürlich zu Begriffen wie »erstmals« und »einzigartig«. Erstmals dringt das politische Geschehen ins Werk ein, erstmals gibt Busch detailliert Auskunft über seine Quellen, erstmals bekommt er die Härte der Zensur zu spüren, erstmals zeichnet er außerhalb von Wiedensahl eine Bilderfolge. Einzigartig ist die Konzentration auf religiöse und bürgerliche Themen, die Treffsicherheit von Strich und Wort, einzigartig auch der Schaffensfleiß jener Epoche: Neben den Gedichten und Briefen, den vielen Gemälden, den Skizzen in Notizbüchern, den Städel-Kopien, den kleinen Gebrauchsgraphiken, den Radierungen und Tonarbeiten entstehen zwischen Juni 1867 und Mai 1872 sechs Beiträge für die »Fliegenden Blätter« und sieben für die »Münchener Bilderbogen«, darunter die politische Bosheit »Monsieur Jacques à Paris« und die Turner-Satire »Die Folgen der Kraft«. Auch zeichnet er für die Blätter »Daheim«, »Deutsche Latern« und »Die Illustrirte Welt«. In der Zeitschrift »Über Land und Meer« erscheinen die Bildergeschichten »Hans Huckebein, der Unglücksrabe«, »Das Pusterohr«, »Die kühne Müllerstochter«, »Das Bad am Samstag Abend« und »Der Schreihals«. Schließlich veröffentlicht Busch jene großen Bildergeschichten in Buchform: »Schnurrdiburr oder Die Bienen«, »Der heilige Antonius von Padua«, »Die Fromme Helene«, »Bilder zur Jobsiade«, »Pater Filucius«. Dabei ist zu bedenken, dass er viel unterwegs ist, zwischen Frankfurt und der Heimat hin- und herpendelt, wieder kurz in München wohnt, private Reisen nach Wolfenbüttel, Göttingen, Kassel und Dresden, berufliche nach Stuttgart, Straßburg und Heidelberg unternimmt. Und auch in Frankfurt gibt es jede Menge Zerstreuungen, so ist Busch »regelmäßig in den Museumsconzerten« und »Quartettsoireen«, empfängt Besuche der Brüder Hermann und Gustav sowie des Vetters Ernst aus Lüthorst, verbringt viele Mittagspausen in der Kunsthandlung Prestel am Roßmarkt und viele Abende in der Trinkstube zum Barfüßer-Eck am Großen Kornmarkt 10.

Wie ein genussvoller Abschied vom Kindlichen wirkt die Bienengeschichte »Schnurrdiburr« mit ihrem idyllischen Sujet, den netten Zeichnungen und dem Happyend. Dennoch mangelt es nicht an kleinen Bosheiten und traurigen Details, zeigt sich hie und da ein giftiger Stachel. Bei den folgenden Werken wird sich Busch in tiefgründigeren Sphären bewegen: Religion, Gesellschaft, Intellekt, Sexualität, Tod. Sowohl Umfang wie Ambiente wie Anspielungsreichtum der Bildergeschichten sind jetzt ganz auf erwachsene Leser hin konzipiert. Nicht mehr wie bei »Max und Moritz« finden sie auf einer Moritatenbühne im Irgendwann statt, geben nicht mehr ein paar Streiche in einem idealtypischen norddeutschen Dorf wieder. Nicht mehr wie bei »Schnurrdiburr« zeigen sie am kleinen Ausschnitt der großen Naturgeschichte, dass uns die Tiere gar nicht so unähnlich sind. Nun greift Busch nach dem Welttheater. Ganze Biographien von der Kindheit bis zu Himmel oder Hölle umspannt er, politische und konfessionelle Parteinahme betreibt er, Fragen nach Woher, Wozu und Wohin stellt er – und beantwortet sie mit Ironie und bitterböser Komik.

Auffallen muss zunächst die Häufung religiöser Motive schon in den Titeln: »Der *heilige* Antonius von Padua«, »Die *Fromme* Helene«, »*Pater* Filucius«. Hat sich Busch in die Arme der Kirche geworfen? Natürlich dienen ihm diese Gestalten nur als Umrisse, in die er Sarkasmus und Witz einzeichnet. Die Geschichte von Antonius entpuppt sich als freche Legendenparodie, Helene ist so falsch fromm, dass am Ende der Satan triumphiert, und Filucius stammt gleich aus dem Geschlecht der Tartüffe. Dabei nehmen alle drei Bildergeschichten nicht etwa den christlichen Glauben aufs Korn, sondern explizit die katholische Kirche oder vielmehr jene ihrer teils historischen, teils aktuellen Ausformungen, die einem nüchternen Protestanten vorkommen müssen wie das Hokuspokus von Schamanen. Dass sich Busch in seiner Frankfurter Zeit ausgerechnet mit konfessionellen Fragen befasst, zeigt, dass er ein aufmerksamer Beobachter ist. Am 18. Juli 1870 beschließt das Vatikanische Konzil die Unfehlbarkeit des Papstes, eine Maßnahme mit Diskussionspotenzial bis heute. Andererseits beginnt unter Bismarck der (überwiegend protestantische) preußische Staat, die Macht der katholischen Kirche immer mehr zu beschneiden, so mit den Maigesetzen von 1873. Vorausgegangen war am 4. Juli 1872 das Jesuitengesetz, das alle Niederlassungen des Ordens in Deutschland untersagte und dessen Mitglieder Aufenthaltsbeschränkungen unterwarf – Auftakt zum sogenannten Kulturkampf des Reichs gegen den politischen Katholizismus, wie er sich in der Zentrumspartei, aber auch im passiven Widerstand katholischer Geistlicher formiert.

Genau in dieses klerikale Wespennest sticht Wilhelm Busch nun dreimal, wenn er auch anfänglich erstaunt ist, dass Zeitströmung und Bildergeschichten so gut übereinstimmen, wo zwischen beiden doch bloß »ein zufälliger Zusammenstoß stattfindet, hervorgerufen durch die heftige Strömung vom Jenseits der Berge«.

Woher Busch die Anregung ausgerechnet zu einer Heiligenvita hat, ist kein Geheimnis. Er selbst teilt in einem Brief mit, warum und wie er sich den Stoff angeeignet hat. Er habe »zufällig ›Unserer lieben Frauen Kalender‹«, in die Hände bekommen: »In protestantischen Anschauungen aufgewachsen, mußte es mir sonderbar erscheinen, daß es im Ernste einen wirklichen Heiligen, einen Menschen ohne Sünde geben sollte. Aus dem Contraste dieser weitverbreiteten Anschauung mit dem Begriff eines richtigen Heiligen ging, unter Benutzung vorgefundener Legenden, die mehr oder weniger komische Lebensscizze hervor, wozu dann ein bestimmter Name als Repräsentant der Gattung nicht eben unpaßend erschien. Der etwas derbe Ton fand seinen Rückhalt an Legenden, Volksliedern und Märchen, worin z. B. der Heilige Petrus in ungenirt kräftiger Weise behandelt wird.«

In der Tat muss einem Protestanten solch ein Marienkalender befremdlich vorkommen, wird doch die Gottesgebärerin dort in einer Mischung aus Naivität, Devotion, Übertreibung und Verniedlichung als eine Art Übermutter dargestellt, der kaum etwas

Menschliches fremd ist. Nicht anders als die Märchen aus alter Welt oder die dörflichen Kirchweihbräuche betrachtet Busch mit dem Interesse des Ethnologen dieses merkwürdige Produkt vergangener Volksfrömmigkeit. Die Quelle, die er in seinem Brief nennt, entstammt der gegenreformatorischen Bewegung der Dillinger Jesuiten aus dem Jahr 1652 und heißt mit Haupttitel »Mariae Stammen-Buch« – was Busch alles nicht wissen konnte, da seinem wohl antiquarisch erworbenen Exemplar die ersten 14 Seiten fehlten. Doch der erhaltene Rest muss ihn sehr fasziniert haben, schon wegen der barocken Fraktur-Typographie und kalendarischen Reihung, wegen der Anhäufung von Marienmirakeln und Heiligenlegenden der nicht gerade zurückhaltenden Art.

Wie ein wahrer Gourmet bemächtigt sich Busch dieser üppigen katholischen Konfektschachtel. Mal stibitzt er nur den Namen eines Doktors, mal nascht er ein Detail aus einem abstrusen Marienwunder, mal verleibt er sich eine ganze Geschichte ein. Wie bei keinem anderen seiner Werke wird er später Auskunft geben, woher seine Ideen stammen. So schreibt er über das dritte Kapitel seines »heiligen Antonius«, er habe dort die Motive dem »Sinne nach getreu aus unserer lieben Frauen Kalender« übernommen. Auch findet sich auf dem hinteren Vorsatzblatt seines Marienkalenders die Bleistiftnotiz: »pag. 144. Der Custor, der die Maria schön und den Teufel häßlich malen läßt.« Was hat er denn auf Seite 144 gelesen? Die Szene mit dem Mariengemälde, aber auch alle anderen Einzelheiten von Verführung, Flucht und Einkerkerung bis zum Ende, als der Mönch mit Hilfe Marias über Satan triumphiert: »der Teuffel [...] wecket die Mönch auff, die finden ihn, und schlagen ihn in Eisen: Er schreyt zu Maria, O Jungfrau, du weist, daß ichs auß Verblendung deß Feinds gethan, hilff mir. [...] Maria zwingt den Sathan, daß er ihn müste erledigen, und selbst für den Bruder in seiner Form, in der Gefängnuß sitzen. Der Custor leuttet am Morgen selbst, der Abbt verwundert sich, findt den Teuffel in der Gefängnuß, der sein Raachgirigkeit wider Mariam, und Mariae Liebhaber, bekennt hat, ist alsdann mit dem H. Weyhwasser besprenget, verschwunden.«

Busch stellt die vorgefundenen Teile etwas um, beginnt mit dem Mariengemälde, schließt die Flucht mit der Nonne aus dem Nachbarkloster an und endet wie sein Vorbild mit der Überlistung des Teufels durch Marias Beihilfe. Allerdings passt er diese Geschichte, die im Kalender eine von vielen Marienlegenden ist, in seine Antonius-Vita ein. Aus dem Zisterzienser- wird ein Karmeliterkloster, aus dem anonymen Mönch der heilige Antonius, und auch die Nonne erhält nun ein individuelles Gesicht als Schwester Laurentia. Aber so einige Anklänge an die barocke Vorlage bleiben stehen: Schreibweisen wie »Custor«, Ausdrücke wie »unsre liebe Frau«, vor allem die Naivität des Legendentons, der sich hervorragend mit der Busch'schen Sentenzenhaftigkeit kombinieren lässt:

Alsbald so kommt der ganze Haufen
Der Klosterbrüder herzugelaufen
Und führen mit vielem He! und Ho!
Zum Kerker den guten Antonio.
Doch in der Früh, als das Glöcklein läutet
Und Jeder hinab zur Metten schreitet –
O Wunder! – da sitzt schon ämsig und frei
Bruder Antonio vor seiner Stafflei!
Im Gefängnis aber, in einer Ecken,
Hockt der Teufel mit Knurren und Zähneblecken.
Der Prior tunkt ein den langen Wedel
Und besprengt ihm den harten Teufelsschädel,
Und blärrend und mit Ach! und Krach!
Fährt er ab mit sammt dem Fensterfach.

Recht nützlich ist die Malerei,
Wenn etwas Heiligkeit dabei.

Nimmt man die Illustrationen hinzu, erhält Buschs Version mehr und mehr Schlagseite nach der komischen Richtung, ausgelöst durch eine parodistische Unterströmung, die den Leser und Bildbetrachter unversehens auf die Insel der Seligen zutreibt. Wobei die Seligkeit nicht im Himmel liegt, der dem frommen Antonius winkt, sondern im höchst diesseitigen Genuss der »He«s und »Ho«s, der »Malerei, wenn etwas Heiligkeit dabei«. Eben: *etwas* Heiligkeit. Denn immer fügt Busch seinen geistlichen Vorlagen – außer dem Marienkalender noch andere Werke – genau das Quantum weltlicher Unbotmäßigkeit bei, dass sie sich von der Erbauung weit genug entfernen und doch vor der Blasphemie haltmachen. Weil er die Gottesmutter unverzerrt so zeichnet, wie sie auch ein frommes Flugblättchen wiedergeben könnte, weil er ihr keine humoristischen Stilblüten unterschiebt, kann er bei den anderen Figuren und Handlungen umso besser ausholen. Aber auch hier muss er nur ein wenig anachronistisch sein, ein wenig übertreiben, was im katholischen Material schon vorgebildet ist. Gerade die abstrus scheinenden Erfindungen sind gar nicht von ihm, so der Name Alopecius, die Stimme aus dem Himmel »Tödte, tödte!«, die am Sonnenstrahl aufgehängte Kappe, der Verführungsversuch, der Bär als Lasttier. (Bei Busch eine meisterliche Bilderfindung: wie der Bär den Esel auffrisst und ihn damit gleichzeitig als Träger ersetzt.)

Selbst Motive, die den geistlichen Stand in ungünstigem Licht erscheinen lassen, entnimmt Busch seinen frommen Vorlagen, darunter die Geschichte des stummen Findelkinds, das in der Gegenwart des Heiligen plötzlich sprechen kann und offenbart, wer sein Vater ist: Bischof Rusticus.

Wenn Busch seinen »Antonius« als eine »mehr oder weniger komische Lebensscizze« charakterisiert, »wozu dann ein bestimmter Name als Repräsentant der Gattung« passe, verweist er auf das Typenhafte seiner Schilderung. Die Variation einer historisch überlieferten Antonius-Biographie liegt ihm fern. Dazu hätte er sich auch für einen der beiden Antoniusse entscheiden müssen. Stattdessen mischt er unbekümmert Szenen aus dem Leben des heiligen Antonius Eremita – dessen berühmteste Attribute sind die Versuchung und das Schwein – mit Motiven aus dem »Decamerone«, aus der Korbinianslegende sowie Geschichten aus seinem Marienkalender und gibt dem Ganzen den Namen des volkstümlichen Heiligen Antonius von Padua, dessen Taten aber bei ihm gar nicht vorkommen. Auf diese Weise wird seine Bildergeschichte zur Legendenessenz, zur Überheiligenvita.

Der aufrechte Katholik wird sich verwahren gegen eine solche satirische Darstellung seiner Konfession, in der Wunderglaube, fromme Schlitzohrigkeit und alkoholische wie sexuelle Versuchung im Zentrum stehen. Er wird es nicht lustig finden, wenn Mönche, deren Weinkeller durch Marias Eingreifen vor einem Brand bewahrt bleibt, jubilieren: »Juhe! Wir sind ja wieder voll / Ja wieder voller Gnaden!« Auch wird er die Verquickung religiöser Vorbildhaftigkeit mit rustikaler Animalität nicht goutieren, wenn dem frommen Eremiten Antonius vor lauter asketischer Standorttreue »zuletzt das wilde Kraut / Aus Nase und aus Ohren schaut.« Schließlich stellt er sich das Eintreten durch die Himmelspforte wohl nicht so vor: »Da grunzte das Schwein, die Englein sangen. / So sind sie Beide hinein gegangen.«

Obwohl sie die Freude an der Parodie einer historischen Literaturform hätten erkennen müssen, reagieren schon Buschs Zeitgenossen nicht alle amüsiert. Das vorletzte Verspaar »Es kommt so manches Schaf herein, / Warum nicht auch ein braves Schwein!!«, der Gottesmutter in den Mund gelegt und sich auf die Doppelhimmelfahrt von Antonius und seinem schweinischen Waldesfreund der letzten Lebensjahre beziehend, führt – zusammen mit den Motiven der schlüpfrigen Beichte Monikas und der Versuchung des heiligen Antonius – bei Erscheinen der Bildergeschichte zu einer Anklage. Buschs Verleger Moritz Schauenburg muss sich am 27. März 1871 vor dem Schwurgericht Offenburg wegen »Herabwürdigung der Religion und Erregung öffentlichen Ärgernisses durch unzüchtige Schriften« verantworten. Zwar wird der Angeklagte freigesprochen und die angeordnete Beschlagnahmung des Werks wieder aufgehoben, doch behält Antonius' Heiligenschein Flecken. Immer wieder kommt es zu Konfiskationen. In ganz Preußen, zu dem inzwischen viele katholische Gebiete gehören, bleibt das Buch jahrelang verboten, in Bayern bis mindestens 1890 und in Österreich sogar bis 1902.

Aus heutiger Sicht hat das Verfahren gegen den »Antonius« nicht nur üble, sondern sogar glückliche Folgen. Zum einen wird Wilhelm Busch im Zuge der Verteidigung dazu provoziert, seine Absichten und Quellen offenzulegen. Gegen den Vorwurf der Unzüchtigkeit notiert er sich zum Beispiel das Argument: »Das Lächerliche und das Wollüstige sind geradezu Gegensätze.« Und er listet dem Anwalt seines Verlegers alle Kapitel des »Antonius« samt ihrer Vorlagen auf. Über die besonders inkriminierten Stellen im 8., 9. und 10. Kapitel heißt es dort:

> No 8. Beichte. Motiv aus Unserer l. Fr. Kalender.
>
> No 9. Versuchung. Stützt sich auf eine vielfach bildlich, z. B. von den alten niederländischen Malern, dargestellte Legende.
>
> No 10. Das Attribut der Sau wird demjenigen Antonius zugeschrieben, welcher als Beschützer der Hausthiere hier und da verehrt wird. Wer etwas Anstößiges darin findet, mag sich erinnern, daß der Ochse das Attribut des Heil. Lucas ist und ihn durch alle Zeit und an jeden Ort zu begleiten pflegt.

Zum anderen lässt sich an den Vorgängen in Österreich die Findigkeit von Busch-Liebhabern demonstrieren. Um wenigstens zum 70. Geburtstag des Dichters am 15. April 1902 den seit 1871 verbotenen »Antonius« wieder zugänglich zu machen, bedienen sie sich eines Tricks: In einer Appellation an den Justizminister fragen sie offiziell an, ob ihm der nachfolgende Wortlaut des inkriminierten »heiligen Antonius von Padua« bekannt sei. Und dann folgt der vollständige Text. Da jede Anfrage schriftlich festgehalten werden muss und diese Protokolle wiederum veröffentlicht werden müssen ... gibt es auf einmal wieder den »Antonius« in Österreich zu lesen. Wenn auch als »Interpellation in der 122. Sitzung des Abgeordnetenhauses vom 16. April 1902«.

Als habe er die Scharmützel um seine Heiligenvita vorausgesehen, lässt Wilhelm Busch diese mit einer Pseudoschelte beginnen:

Hier Romane, dort Gedichte,
Malzextract und Coursberichte,
Näh- und Mäh- und Waschmaschienen,
Klauenseuche und Trichinen – –
Dieses druckt man groß und breit –
Aber wo ist Frömmigkeit??? –

Man könne nicht mehr »mit kindlichem Gemüth morgens in die Zeitung« sehen, ohne Entsetzliches zu erfahren, selbst aus Österreich! Die wohlfeile Klage ist einem Biedermann in den Mund gelegt, dessen Hausmütze hinter Zeitung und Kaffeetasse hervorlugt. Da dieser gute Christ im Folgenden den Part übernimmt, von Irrungen, Wirrungen und geistlichen Triumphen des Antonius zu berichten, wäscht sein Autor gleichsam die Hände in Unschuld: Das Ganze erzählt ja jener brave Bürger!

Ganz ähnlich ist das Verfahren in der nächsten Bildergeschichte. Auch sie beginnt mit einer Medienschelte: »Ach, die sittenlose Presse! / Thut sie nicht in früher Stund / All die sündlichen Excesse / Schon den Bürgersleuten kund?!« Und dann werden sie genannt, all die sündlichen Exzesse der »großen Städte«. Nichts als Bälle, Konzerte und Modetorheiten, nichts als Börse, Oper und Liberalismus. Die Empörung des einfachen Bürgers, der hier als »frommer Sänger« daherkommt, hat eine dreifache Funktion. Sie charakterisiert das Sündenbabel der Großstadt, aber vor allem denjenigen, der sich darüber erregt, und sie schiebt die Geschichte an:

»Komm Helenchen! sprach der brave
Vormund – Komm, mein liebes Kind!
Komm auf's Land, wo sanfte Schafe
Und die frommen Lämmer sind.
Da ist Onkel, da ist Tante,

Da ist Tugend und Verstand,
Da sind deine Anverwandte!«
So kam Lenchen auf das Land.

Diese Zeilen mit ihren Schlüsselwörtern »brav, lieb, sanft, fromm, Kind, Land, Lämmer, Tugend« versprechen eine Erbauungsgeschichte. Freilich braucht der Prolog sie nur, um ihnen im Verlauf systematisch den Sinn auszutreiben. Was nun folgt, ist die Demontage aller Tugend- und Verstandversprechungen, aller »Anverwandten«, aller Nebenfiguren, ja selbst der Landidylle. Und auch die der frommen Helene. Denn diese Lene reift nicht am Ufer der Verführung zu einem heiligen Gewächs heran wie Antonius. Sie taucht immer wieder unter. Anders als ihr Vorgänger ist sie kein Typus, aus einem Marienkalender entsprungen und zu einer Rolle ausgebaut. Sie lässt sich einer bestimmten Epoche, einer gewissen sozialen Schicht und der katholischen Konfession zuordnen. Sie lebt nicht irgendwo auf Gottes weiter Erde, sondern in Gegenden, die sich benennen lassen. Wobei Busch sich hütet, mit dem Finger auf einen bestimmten Ort zu zeigen. Fürs städtische Flair genügen ein bisschen Heidelberg-Romantik auf der Hochzeitsreise, die Nennung Frankfurter Vergnügungen und ein Säulen-Altan-Detail der Kessler'schen Villa, ein paar auf München verweisende Bavarizismen, ein Kloster, das stark an Andechs erinnert. Anders als Antonius trägt Helene kein nachthemdartiges Büßergewand, sondern falsche Zöpfe, Korsett, »Sündenstiebel« und »süße himmlisch hohe Prachtpopös« nach der Mode der Zeit. Modisch ist auch ihre französische Halbbildung, in der aus Georg »Schorsch« und aus Hans »Schang« wird, in der man »Witwe Kliko« trinkt und »Cotteletts« isst. Ja, Helene mischt sich entschieden ins Weltliche – und schwört ihm vergebens ab. Ihre Sünden können von keiner Macht gerade noch verhindert werden. Sie findet nicht irgendwann ihre Berufung, sondern sie irrt, solang sie strebt. Zwar streiten wie am Ende des zweiten »Faust«-Teils die himmlischen und höllischen Mächte miteinander um ihre Seele, doch erfährt Helene nicht die Gnade einer Rettung. Hier siegt, obschon leicht lädiert, der Teufel. Er ziert auch als offenkundiger Patron der Geschichte die Titelillustration. Dass sein Triumph sozusagen die Rache für Antonius' Himmelfahrt ist, wird an einem kleinen Detail ersichtlich: Als Wilhelm Busch 1871 für Johanna Kessler eine Zierhandschrift des »Antonius« in Feder und Sepiatusche auf Bütten anfertigt, beginnt und schließt er diese Blätter mit allegorischen Vignetten. Der Titel zeigt Teufel und Engel sich als Gegner gegenüberstehen. Wie in der »Helene« ist der Teufel mit einer zweigezinkten Gabel, der Engel mit Schwert und Schild bewaffnet. Den Schluss bildet eine Szene, in welcher der Engel über den Teufel triumphiert, der hilflos am Boden liegt. Gerade hat ihm der Engel seinen Schweif entzweigehauen. In der »Helene« nun führt genau dieselbe Verletzung zwar zum Aufheulen, nicht aber zum Untergang des Teufels. Trotz Kupierung gelingt es ihm, Helenes Seele mit der Gabel in die Hölle zu schleifen.

Wie beim »Antonius« geht es bei der »Helene« also um den Kampf zwischen Gut und Böse, der ein Leben lang währt. Auch die »Fromme Helene« ist eine Biographie. Wie wir dem heiligen Antonius vom Babyalter bis zur Himmelspforte folgen, so folgen wir seinem weiblichen Pendant vom Lenchen-Stadium bis zum »Schlund der Hölle«. Ihr Dasein besteht aus sechs Phasen: Kleinkindalter in der Stadt (offenbar als Waise) – Jungmädchenalter auf dem Land bei Tante und Onkel Nolte – Leben als städtische Dame – Ehe und Mutterschaft an der Seite Schmöcks – Witwendasein – Büßerinnenexistenz. Jede dieser sechs Phasen endet mit Vertreibung. Aus der sündigen Stadt wird Helene vom Vormund aufs Land geschickt. Von dort verstößt sie Onkel Nolte wegen ihres Benehmens. Aus dem Dasein als gutsituierte Alleinstehende vertreibt sie Alter und Torschlusspanik. Die kurze Ehe hinterlässt sie als Witwe. Das Witwendasein führt zur Ermordung ihres priesterlichen Freundes und Vaters ihrer Kinder. Die Büßerinnenexistenz endet mit selbstverschuldetem Trinkertod und Höllensturz.

Zumindest die Nebenfiguren dieser Lasterlebensbeschreibung dienen als Leitbilder, so lässt der Prolog hoffen. Sie stammen aus ganz verschiedenen Gesellschaftskreisen, vom Geschäftsmann bis zur Küchenmamsell. Wenn schon Helene immer wieder an Tugend und Verstand scheitert, wird sie wenigstens durch ihre Umgebung eines Besseren belehrt? Befänden wir uns in einem bürgerlichen Lustspiel, vermuteten wir mit einiger Wahrscheinlichkeit Witz, Verstand und Herzensgüte auf der Seite des Dienstpersonals. In der »Frommen Helene« kommt ihm keine kleine Rolle zu. Da ist Hannchen, die ländliche Magd. Willig hantiert sie mit Stiefelbürste, Kaffeekanne und Kohlenzange. Aber sie ist noch in anderer Hinsicht willig: Vetter Franz und wohl auch Onkel Nolte stehen ihr bedenklich nahe. Im Küchenmädchen Kathi aus dem Schmöck'schen Haushalt findet sie eine Nachfolgerin in jeder Hinsicht. Diese arbeitet ebenfalls brav, doch lässt sie sich gern umgarnen, und das von zwei Herren gleichzeitig, von Jean und Franz. Jenem Jean, einem Diener am Rande von Faulheit und Alkoholismus, fällt die brutalste Partie in der Geschichte zu: Aus Eifersucht ermordet er Vetter Franz mit einer Champagnerflasche. Letztere ist auch das wichtigste Requisit eines Kellners in Heidelberg, der ein wenig zu kokett die flitterwöchnernde Helene ansieht. Etwas weiter unten in der Hierarchie finden sich ein Droschkenkutscher und fünf Armenhäusler. Der Kutscher ist »frech und ruchlos von Natur«, die Armen, darunter ein kleines Mädchen, sind dem Alkohol verfallen.

Die Tugend ist also offensichtlich eher in den besseren Kreisen angesiedelt! Gerade im geistlichen Milieu müssten sich doch wahre Heilige finden lassen. Die Auswahl ist groß. Auf Helenes Wallfahrt begegnen wir einer Bruderschaft nebst einem Chor frommer Jungfrauen mit ihrem Vorstand Bruder Jochen sowie zwei Pilgern. Leider benimmt sich obengenannter Droschkenfahrer nicht so, wie die Pilger es sich vorstellen. Und so blockiert Bruder Jochen die Kutschenräder, aufgebrachte Wallfahrer zerren den Fahrer herunter, die Jungfern Nanni und Adelheid machen ihm mit Krücke und Schirmspitze fast den Garaus. Auch »Pilgerin und Pilgersmann« vergessen, wozu sie eigentlich die Wallfahrtshöhe erklommen haben; jedenfalls nicht zu Anbandeln, Bier und Schadenfreude.

Nun bleiben als moralische Vorbilder nur noch die Helene am

nächsten stehenden Menschen, ihre Verwandten, ihr Ehemann. Onkel und Tante Nolte sind durchaus brav, bieder und ehrbar. Sieht man genauer hin, haben sie freilich ebenfalls unangenehme Eigenschaften: brutale Strenge und Selbstgerechtigkeit auf Seiten des Onkels, bigotte Eitelkeit auf Seiten der Tante. Dass Nolte als Strafe für Helenes Liebesbrief hinterrücks ihre Nase ins heiße Siegelwachs stößt, dass er sie wegen eines kleinen Streiches unbarmherzig des Hauses verweist, kündet ebenso wenig von pädagogischer Einfühlung wie das ewige »Herumnöckern« seiner Gemahlin, die strickt und betet und sich selbst für »gottlob! recht tugendlich« hält. Allmählich wird es eng. Denn sowohl Helenes Mann wie ihr geliebter Vetter Franz taugen erst recht nicht zur positiven Folie. Schmöck qualifiziert sich zur Ehe nicht durch Schönheit oder Liebenswürdigkeit. Das wird in Helenes Heiratsentschluss ganz deutlich: »Es sei ! … Ich nehme *Schmöck & Companie*«. Sie nimmt keinen Mann, sondern ein Unternehmen, das wirtschaftliche Sicherheit verspricht. Später wird sie schmerzlich bemerken, dass ihr nicht einmal Schmöck & Co. genügend zu bieten haben, und wird sich ihren eigenen Compagnon halten.

Schmöck scheint ausschließlich körperliche Regungen zu zeigen: schwitzen, essen, trinken, rauchen. Gerade das aber macht ihn unfähig zu jener körperlichen Regung, die seine Frau im Hotelzimmer von ihm erwarten darf: »Plums! Liegt er da und rührt sich nicht.« Das scheint sich auch späterhin nicht zu bessern, sonst müsste Helene nicht zu drastischen Mitteln greifen, um schwanger zu werden. Schmöcks Ende aber ist wie sein Leben: Er stirbt aus Fressgier. Sein Rivale überlebt ihn nur um ein Kapitel. Franz, die eigentliche männliche Hauptgestalt, nimmt ein böses Ende an der Seite Kathis, denn er hat »nun mal« schon seit Hannchens Zeiten »n' Hang für's Küchenpersonal«. Und nicht nur das. Als Schüler bereits beginnt er seine Liaison mit Helene, die er später als Geistlicher in der Weise fortsetzt, dass als Frucht der gemeinsamen Wallfahrt Helene ein Zwillingspaar geboren wird, dem unfähigen Schmöck so unähnlich wie zwei Eier einem Rettich. Trotz seines geistlichen Standes landet Vetter Franz umweglos in der Hölle.

Wohin man auch blättert: Es werden lustvoll alle zehn Gebote gebrochen und alle sieben Todsünden begangen. Man vergottet abwechselnd sich selbst und den irdischen Genuss, man huldigt abergläubischen Vorstellungen. Man führt den Namen des Herrn im Munde bei gottlosen Verrichtungen und entweiht die Pilgerschaft. Man ehrt nicht Vater und Mutter (in Gestalt von Onkel und Tante). Man tötet. Man bricht die Ehe. Man stiehlt. Man begehrt seines Nächsten Weib. In der Dienerschaft und bei den Pilgern herrschen Unkeuschheit, Trägheit, Unmäßigkeit und Zorn, bei Noltes Stolz, Neid und Zorn, Herr Schmöck ist ein Paradebeispiel für Unmäßigkeit, Franz für Unkeuschheit, Helene selbst hat Teil an Stolz und Geiz und Unkeuschheit. In all der Verderbtheit bleiben einzig zwei Unschuldige. Doch ihr Leben dauert bloß zwei Bilder lang. Kaum sind die Zwillinge Schmöck geboren, vergisst ihr Autor sie auch schon wieder. Für Helenes Lebensweg sind sie überflüssig. Nicht einmal die Mutterrolle ebnet ihr den Weg ins Paradies. Denn dafür müsste sie sich entwickeln.

Obwohl sie frühzeitig ans Seelenheil denkt, sich geistlichen Übungen unterzieht, Barmherzigkeit übt (wenn auch mit Eigenvorteil gepaart), ja fleißig die Sünden anderer benennt, hat Helene nicht die Gnadenchance eines Antonius. Ihr Leben funktioniert nicht nach dem Läuterungsschema. Antonius wird heilig, weil er sich immer mehr purifiziert von Lastern und Wünschen, bis er des Himmels würdig ist. Helene verharrt, wie sie ist. Im zweiten Kapitel beteuert sie: »Dies will ich nun auch ganz gewiß nicht wieder thun.« Im sechsten Kapitel wiederholt sie: »Ach! – Ach! Ich will es nun auch ganz gewiß nicht wieder thun!« Im sechzehnten Kapitel setzt sie noch eins drauf: »Nein! – Aber nun will ich's auch ganz – und ganz – und ganz – und ganz gewiß nicht wieder thun!« Auf diese Weise werden die harmlosen Streiche der Jugend mit dem Alkoholismus ihres Witwendaseins parallelisiert. In der Selbstschau, die sich nicht von der heuchlerischen Betrachtung ihrer sozialen Klasse emanzipieren kann, bleibt Helene ihr Leben lang gleich. Und so auch ihre Umgebung. Nichts ändert sich, nicht die Sündhaftigkeit der Welt, nicht die Verführbarkeit des Menschen, nicht sein Biedersinn, nicht sein schlechter Charakter. Alles ist nur eine Manifestation des ewig bösen Willens.

Busch geht hier noch über das Schema beispielsweise der »Kameliendame« hinaus (welche er sehr viel später lesen und ausführlich kommentieren wird). Dort herrscht wenigstens auf dem Land Unschuld und Gesundheit, nur die Stadt ist ein Sündenpfuhl. Bei Busch ist die Sünde auf dem Land und in der Stadt zu Hause, beim Personal wie beim Priester, hinter jeder klein- und großbürgerlichen Fassade – weil der Mensch nun einmal gar nicht gut ist. Wenn Busch Gesellschaftskritik übt, so übt er Menschheitskritik. Keinen nimmt er aus vom Bosheitsverdacht, auch nicht sich selbst. Er stammt ja genau aus jenem dörflichen Milieu und jener bürgerlichen Schicht, die er in seinen Bildergeschichten verspottet. Er behauptet: Wir alle sind wie Helene. Wir verdienen vielleicht unser Selbstmitleid, aber jedenfalls unseren Selbstspott. Dabei ist Busch doch weit entfernt vom Tragischen, weil er das Wirken des mächtigen Naturtriebs im Leben der kleinen Leute aufspürt, die sich ewig treu bleiben. Franz ist und bleibt ein Filou, Schmöck ein Schmock. Selbst über den Tod hinaus sind die Gestalten sich ähnlich, so wenn der saufenden Helene »die jüngst verstorbne Tante« in ebenjener Tracht und mit denselben mahnenden Gesten erscheint, die sie schon im Leben kennzeichneten. Und was sagen eigentlich die letzten Worte Noltes? »›Das Gute – dieser Satz steht fest – / Ist stets das Böse, was man läßt!‹ / ›Ei ja! – Da bin ich wirklich froh! / Denn gottseidank! Ich bin nicht so!!‹« Solche Sätze sind mit zwei unumstößlichen Ausrufezeichen verankert in ihrer ganzen moralinsauren Selbstgefälligkeit. Ein Nolte ist »nicht so«, weil er nie so war und nie so sein wird. Genau das verleiht ihm seine selbstherrliche Gewissheit. Was er sich nicht fragt, weil er es überhaupt nicht in Betracht ziehen kann: Wird er dem jenseitigen Schicksal der frommen Helene im Schmorkessel des Teufels, in dem bereits Vetter Franz schwitzt, entgehen? Die Bosheit, mit der in vier Einzelstudien Noltes philiströse, besserwisserische, selbstgerechte, schadenfrohe Biedermannsphysiognomie bei dieser Moralsentenz gezeichnet ist, sagt nein. Seine Miene stellt die wohlfeile Kritik am Verhalten Helenes in Frage, eben weil sie von solchem Spießer geäußert wird.

Denn wie immer in der Bildergeschichte sind Wort und Bild nicht voneinander zu trennen. Dass fast allen Zweizeilern eine Zeichnung beigegeben ist, eröffnet die wunderbare Möglichkeit der spannungsreichen Beziehung zwischen beiden, die sich entweder ergänzen oder aber konterkarieren. Viel mehr braucht Satire nicht. Der Text sagt: »Franz aber faßt die Leiter an, / Daß Lenchen ja nicht fallen kann.« Das Bild sagt: Franz fasst mitnichten die Leiter an, sondern die reizenden hinteren Ausbuchtungen der niedlichen Bohnenpflückerin Helene. Der Text sagt bald darauf: »Man sah ihn oft bei Hannchen stehn!« Das Bild aber sagt: Franz steht nicht nur bei Hannchen, sondern begrapscht dabei die hinteren Ausbuchtungen der niedlichen Stiefelwichserin. Der Text im dreizehnten Kapitel legt ihm über die neu geborenen Schmöcks die gratulierenden Worte in den Mund: »Das ist fürwahr zwiefacher Segen!« Das Bild zeigt Franz, der den Zwillingen gleicht wie ein Drilling, hinter der Wiege stehend, die Hand zu einer Geste erhoben, die Schmöck nicht sehen kann, weil er sich über »seine« Kinder beugt. Vier Finger hebt er in die Höhe und bedeutet uns damit: Das ist fürwahr *vier*facher Segen, nämlich jeweils zweifacher für den gehörnten Ehemann und zweifacher für mich, den leiblichen Vater. Auf diese Weise machen Zeilen und Zeichnungen gegeneinander misstrauisch und eröffnen eine Deutung, die sich erst aus deren Kombination ergibt. Anders verstünde man auch das zugleich witzige und schreckliche Ende der frommen Beterin nicht. Hat sie sich nicht um Besserung bemüht, hat sie nicht bereut und gebüßt? Nimmt man Wort und Text zusammen, so begreift man, dass hier ein raffiniertes Spiel getrieben wird mit der Bedeutung von Umkehr und Änderung. Helene kehrt um, aber nicht wie ein Antonius. Helene ändert sich, aber nicht wie gedacht. Von ihren ersten Max-und-Moritz-Streichen im Nolte'schen Haus über ihren Ehebruch bis hin zu ihrer letzten Verfehlung, die wiederum nur eine lässliche ist, bleibt sie die normale Sünderin von nebenan. Die Opfer- wie die Täterrolle stehen ihr gleich gut. Wenn sie etwas ändert, so ändert sie nur ihr Äußeres. So wirft sie in einer hochtheatralischen Geste die Insignien des Kameliendamenlebens – Korsett, Stiefel, Haarteil, Kosmetik – ins Feuer. Wäre sie schlauer, wüsste sie, dass man den lieben Gott damit nicht beeindrucken kann. Denn die Seele bleibt gleich, ob sie in der modisch ausgeschnittenen Rüschenrobe mit Prachtpopö steckt oder im hochgeschlossenen Witwenkleid. Helenes eigentliche Tragik – und damit die Komik der Geschichte – liegt in jener Erkenntnis, dass die einzig mögliche Wandlung vom Wollen gänzlich unabhängig ist. Als Gefäß des grundsätzlich bösen Willens wird der Mensch sich innerlich niemals ändern. Die einzige Veränderung, die mit ihm vorgeht, besorgt die Zeit, unerbittlich und unaufhaltsam. So verharrend die Seele, so verfallend der Leib. Wie Wilhelm Buschs Hauptfigur vom Lenchen zur Lene zur Helene zur Madam Schmöck zur Büßerin zur armen Seele mutiert, ist ein Höhepunkt bissiger Zeichenkunst.

Höchstens bei William Hogarth und Thomas Rowlandson, sonst aber wohl nie vor Busch wurde die Frau jenseits der Wechseljahre so gnadenlos karikiert. Aus dem wohlgeformten Körper ist ein hageres Gestell geworden. Pobacken, Brüste und Wangen hängen. Wo früher die Löckchen sich ringelten, stehen jetzt nur noch ein paar Strähnen. Aus dem kecken Näschen wurde eine rote Säufernase. Sieht man genau hin, entdeckt man sogar mehrere lange Damenbarthaare auf Helenes Gesicht. Sie rekurrieren auf ein Bild, das Busch später wieder verwarf. Zur Illustration des Satzes

»Die Proppertet ist sehr zu schätzen« sah die Handschrift noch eine Zeichnung vor, die Helene vor dem Spiegel bei der Rasur zeigt.

So lachhaft schon der heilige Antonius ist, wie er – von hinten gesehen – samt Schwein im Himmel verschwindet, so übertrifft ihn die tote fromme Helene noch. Verspürt jeder fühlende Mensch wenigstens ein bisschen Mitleid, wenn Paulinchen in Heinrich Hoffmanns »Struwwelpeter« zu einem Häuflein Asche verkohlt, amüsiert Helenes Ende als Räucherstäbchen bloß, zumal der Zeichnung die respektlose Zeile »Der Rest ist nicht mehr zu gebrauchen« beigegeben ist. Die vorletzte Metamorphose der Sünderin, bevor sie als arme Seele ganz entmaterialisiert wird, ist ähnlich abstrakt-ornamental wie diejenige von Max und Moritz zu Körnerfutter; eine der vielen dekorativen Todesarten, die Meister Busch zelebriert.

Wieder einmal hinterlässt die Bildergeschichte nur einen einzigen, allerdings großen und erheiternden Trost, der nicht im Inhalt, sondern in ihrer satirischen Kunst liegt. Keine Figur in der »Frommen Helene« reizt zur Identifikation, keine Handlung zur Nachahmung, keine Sentenz zur Orientierung. Wer etwa in seinen religiösen Gefühlen und moralischen Prinzipien schwankend ist, wird nach der Lektüre nicht besser dran sein. In seinem Schopenhauer-Buch charakterisiert Otto Busch jenen Skeptizismus, der auch seinen Bruder umgetrieben haben dürfte: »Der Glaube ist für die Fragen des Intellects nur ein Windkissen der Ruhe––, ein Löchelchen, und die ganze Herrlichkeit nimmt ein luftiges Ende.« Immerhin bleibt als unausgesprochene Utopie jenseits des wundergläubigen, wallfahrtseligen Katholizismus der aufge-

klärte Protestantismus. In Wilhelm Buschs dritter religiöser Satire wird auch er vielen Anfechtungen ausgesetzt.

Schon die titelgebende Hauptfigur lässt nichts Gutes ahnen. »Pater Filucius« verdankt seinen Namen vier Vätern: dem italienischen Jesuiten Vicenzo Filliucci, sodann einem französischen Filou, daneben Lucifer und schließlich dem römisch-katholischen Prinzip, verkörpert in einer typisch lateinischen Endung. Unschwer ist seinem Habitus das Jesuitische abzulesen, vom breitkrempigen Hut über die Gürtelschärpe bis zu den schnallengeschmückten Schuhen. In der Bildergeschichte verfolgen wir sein Treiben im Haushalt von Junggeselle Gottlieb Michael, Base Angelika und den beiden Tanten Petrine und Pauline. Als rechter Nachfolger von Molières Tartuffe ist Heuchelei, Geld- und Weibergier sein eigentliches Element. Nachdem er bei Angelika, der engelgleichen, nicht landen kann, macht er sich erfolgreich an Petrine heran, der er den Hund Schrupp verehrt, in dessen Gefolge dann Flöhe, zerkaute Stiefel sowie ein bepinkelter Hausrock auftreten. Schließlich kommt er ihr sogar in unzweideutiger Absicht nahe. Dramatisch spitzt sich das Geschehen zu, als die ganze Ruchlosigkeit des Filuzi in einem Giftmordanschlag auf den Hausherrn sowie nach dessen Vereitelung im Engagement der Spitzbuben Inter-Nazi und Jean Lecaq gipfelt. Das gute Ende indessen naht in Gestalt von Wächter Hiebel, Meister Fibel und Bullerstiebel, welche die drei Spitzbuben Mores lehren. In versöhnlicher Vereinigung versammelt das Schlussbild die Tanten, die Helfer und die frisch Verlobten Gottlieb und Angelika.

Lässt man diese Geschichte an sich vorüberziehen, vermisst man zweifellos die gewohnten Unterkellerungen und Schlupflöcher. So wie eine der Illustrationen gestaltet ist, nämlich als Schattenriss in reinem Schwarz vor weißem Hintergrund, scheint die ganze Geschichte einer Schwarz-Weiß-Logik zu gehorchen. Die Prinzipien von Gut und Böse sind klar verteilt, Komik entsteht in Nebenhandlungen wie der Flohjagd und durch die Schadenfreude am Untergang des verbrecherischen Jesuitenpaters. Dass an dieser Geschichte nicht viel herumzuinterpretieren ist, liegt daran, dass Wilhelm Busch hier zum ersten und einzigen Mal eine Allegorie liefert, die sich unmittelbar aus dem politischen Tagesgeschehen speist. Er könne doch einmal »Papst, Infallibilisten, Jesuiten und Mucker« als Thema behandeln, hatte Otto Bassermann am 13. Juni 1872 vorgeschlagen. Schon drei Tage später reagiert Busch mit der Frage: »Was giebt es denn für ein Spezialwerk über die Herren Jesuiten? Kannst du mir nicht so Was zuschicken?« und macht sich an die Arbeit, die er schon Ende Juli beendet.

Das Werk ist reine Schlüsselliteratur, ein »Tendenzstückerl«, ja eine »allegorische Eintagsfliege«, wie Busch selbst halb verächtlich, halb auf Widerspruch hoffend schreibt. Ohne Kenntnis des historischen Hintergrunds ist der »Filucius« weder besonders lustig noch besonders erhellend. Als Beispiel diene das zweite Bild mit seinem Text.

Zwo bejahrte fromme Tanten
Lenken seinen Hausbestand;
Und Petrine und Pauline
Werden diese zwo benannt.

Sie sind schon recht witzig, die beiden karikierten Tanten in ihrer Gegensätzlichkeit. Aber warum sind sie so unterschiedlich und woher kommen ihre merkwürdigen Namen? Wie alles in dieser Erzählung sind sie reine Allegorien. Tante Petrine, deren

Name an Petrus, den Felsen des Papsttums, gemahnt, verkörpert die katholische Kirche. Ihr Tiara-ähnlicher Kopfschmuck, die Stattlichkeit ihres Körpers, ihres Putzes und ihres Religionsabzeichens verraten es. Pauline hingegen – von Paulus, dem Patron der Protestanten, sich herschreibend – ist hager-asketisch und mit ihrer beffchenartigen Halsbinde so schmucklos wie ein evangelischer Geistlicher. Als »bejahrte fromme Tanten« führen die beiden den Hausstand ihres Neffen. Dieser, der im Namen sowohl das religiöse Prinzip wie den deutschen Michel anführt, ist mit dem deutschen Reich zu identifizieren. Als Junggeselle fehlt ihm allerdings noch etwas; erst mit Angelika wird er komplett sein. Der Haushalt Gottlieb Michaels, also der deutsche Staat, steht demnach unter der Führung der zwei großen alten Kirchen. Nun mag man an den weiteren Figuren und Handlungen herumrätseln. Einfacher macht es in diesem Fall der Autor, der eine Entschlüsselungsliste verfasst hat:

Mein lieber Baßermann! […] Zum Privatgebrauch, aber nur dazu, gebe ich dir folgenden Theaterzettel:

Der Staat
Der Ultramontanismus
Der Protestantismus
Die Staatskirche
Der Jesuitismus
Socialdemocratie
Franzosenthum
Nähr-, Lehr- und Wehrstand

In dieses Verzeichnis der dramatis personae muss man nur noch die Schauspielernamen eintragen, nach dem Muster »Socialdemocratie = Inter-Nazi« und so fort. Um ja nicht fehlzugehen, kann man einen weiteren Brief an Bassermann hinzunehmen, in dem Busch über den »deutschen Michael mit der protestantischen und katholischen Haushaltstante und der staatskirchlichen Base« spricht, über den »Jesuit mit Verführung, Gift und Dolch und sonstigen feindlichen Gewalten im Bunde« und schließlich über »die von ihm eingeführte ultramontane Preße nebst Gefolge«. Damit meint er den Hund Schrupp nebst seinen Flöhen.

Plötzlich ist die Handlung doch ganz lustig. So wenn Schrupp, also die katholische Presse, nach der Flöte des Jesuiten tanzt, das »Ketzerl« Tante Pauline durch Knurren vertreibt, aber Tante Petrine küsst, überall seine Flöhe verteilt, die Insignien der beschaulichen protestantischen Gelehrsamkeit zerkaut und das Bein am deutschen Staat hebt. Weniger lustig ist die Allianz aus Jesuitismus, sozialistischer Internationale und Franzosentum, also den Spitzbuben Filucius, Inter-Nazi und Jean Lecaq. Dass sich der Jesuit mit dem Sozialisten und dem Franzosen (dem »Hans-mach-in-die-Hose«) zum Schaden des deutschen Reichs verbünde, ist nichts als Angstspekulation. Wilhelm Busch glaubt sich freilich harmlos. »Familiär genommen« sei der »Filucius« »wohl drastisch zu nennen, aber politisch genommen [...] ist er's nicht; er spricht einfach die neuesten Wünsche des Staates aus, die allerdings mit den Wünschen der Kirche nicht ganz übereinstimmen können.« Auf welche Seite aber schlägt sich Busch am Ende? Auf die Seite der Hochzeit zwischen Gottlieb Michael und Angelika, zwischen Staat und Staatskirchentum, wie es im anglikanischen System – vielleicht deshalb der Basenname – vorgebildet war. Die etablierten Tanten-Kirchen sind auch dabei, doch nur als Gäste im Hintergrund.

Es ist dies – zusammen mit »Der Geburtstag oder Die Partikularisten«, der 1873 folgen wird – einer der seltenen Fälle, in denen Wilhelm Busch explizit weltanschauliche Parteinahme betreibt. Wie eine Konfession Land und Leute prägen kann, hatte er in seiner Münchner Zeit erlebt und sehr merkwürdig gefunden. Der Katholizismus und sein Einfluss gehen ihm seitdem entschieden gegen die Gesinnung, was auch später so bleiben und sich sogar in finanzieller Unterstützung des Evangelischen Bundes auswirken wird. Seine bevorzugte Regierungsform sieht er in Bismarcks modernem Nationalstaat verwirklicht, allerdings kombiniert mit einer bereits seit 1848 wieder obsoleten Reichskirchenidee. Damit mischt er sich, wenn auch in stark verschlüsselter Form, in die Auseinandersetzungen der ersten Jahreshälfte

1872 ein, die in den Jesuitengesetzen vom 4. Juli 1872 und dem anschließenden Kulturkampf gipfeln. Er ist und bleibt ein Bewunderer Bismarcks, den er den »großen Steuermann« nennt und von dem er bis zu seinem Tod ein Bildnis an der Wand hängen hat, das sogar Aufnahme ins Testament findet.

Es ist ja nicht ungewöhnlich, dass Dichter oder bildende Künstler – und unter ihnen vorzugsweise Karikaturisten – sich ins aktuelle Geschehen mengen. Viele dieser tendenzliterarischen Werke oder tagesmodischen Zeichnungen sind vergessen oder werden nur mit Dechiffrieranweisungen veröffentlicht. Bei Wilhelm Busch ist das anders. Durch Aufnahme in die Gesamtausgaben seiner Werke steht der »Pater Filucius« nun gleichberechtigt neben den anderen Bildergeschichten. Sein Autor degradiert ihn in der Autobiographie zur Ausnahme, wenn er über seine Werke schreibt: »Fast sämtlich sind sie in Wiedensahl gemacht, ohne wen zu fragen und, ausgenommen ein allegorisches Tendenzstück und einige Produkte des drängenden Ernährungstriebes, zum Selbstpläsier.« Das »allegorische Tendenzstück« ist also nicht zum Selbstvergnügen gemacht, sondern zum Pläsier der anderen. Das trifft sicherlich den Gehalt des Textes. Aber es tut den Illustrationen Unrecht. Sie stehen dem »Antonius« oder der »Helene« nicht nach. Ob die propere Lieblichkeit Angelikas, ob die hündische Physiognomie Schrupps oder der an Grandville geschulte Einfall, den durch Fußtritt hinausgeworfenen Filucius in einen Spiralwirbel aufzulösen – Buschs Lust an der zeichnerischen Zuspitzung, seine meisterliche Beherrschung von Situation und Detail sprechen aus jedem Bild. Und noch eine Beobachtung belegt, dass er es mit der Abwertung des Machwerks nicht ganz so ernst meint: das Porträt Gottlieb Michaels. Wie so viele seiner Bildergeschichten beginnt Busch auch den »Filucius« mit zeichnerischer Vorstellung der Hauptfiguren. Herr Michael gehört zu den sympathischsten. Mit den Locken unter der kecken Mütze, seinem verschmitzten Blick, den forsch nach oben gebogenen Schnurrbartspitzen und seiner zigarrenhaltenden Rechten, die sich gemütlich auf dem Hausrock abstützt, gönnt man ihm den Hausstandstriumph am Ende und die hübsche Angelika dazu. Betrachtet man ein Selbstbildnis Buschs aus

dem Jahr 1866, auf dem er sich mit gleicher Barttracht und Handhaltung wiedergibt, muss die Ähnlichkeit verblüffen.

Zwei Indizien stützen die Annahme eines Selbstporträts als Gottlieb Michael: Die Zigarre und das Auge. Seit seinen Tagen in Hannover war Busch starker Raucher; ihn nicht qualmen zu sehen, war offenbar geradezu unmöglich, jedenfalls gibt es kaum ein Foto von ihm, das ihn ohne Zigarette oder Stumpen in der Hand zeigt. Zum Zweiten weist das Gesicht des ansonsten recht gefälligen Gottliebs eine merkwürdige Anomalie auf: Das linke Auge scheint unter einem etwas herabhängenden Lid zugekniffen. Wenn nicht der Stecher das Bild verdorben hat – was Busch reklamiert hätte –, ist es so gewollt. Übrigens wurde beim »Filucius« der Verleger eigens beauftragt: »Den Xylographen dürftest Du wohl speciel einschärfen den *Umriß der Köpfe, Nase, Mund* und *Augen besonders* genau zu nehmen.«

Nun, Busch war genau jenes besondere Kennzeichen eines schmäleren, etwas zugekniffenen oder sogar schälkisch-zwinkernden Auges zu eigen, wie sein allererstes Bleistift-Selbstporträt (Abb. S. 40), etliche Fotografien und vor allem das Porträtgemälde Franz Lenbachs beweisen (Farbtafel 8). Einer der ersten Busch-Interpreten, Paul Lindau, schreibt darüber: »Das Porträt ist von einer sprechenden Aehnlichkeit. Lenbach hat es nicht versäumt, dem Humoristen das eine eigenthümlich zugekniffene

Auge, das Alles sieht, Alles prüft und jede Lächerlichkeit in der Bewegung, jede Absonderlichkeit in den Linien des lieben Nächsten festhält, zu geben.« Wenn Busch der Figur des Gottlieb Michael seine Züge leiht, kann sie ihm nicht unwichtig gewesen sein. Und da sie eindeutig mit dem zeitgenössischen Staat zu identifizieren ist, ergibt sich die Linie Gottlieb Michael – Deutsches Reich – Wilhelm Busch. Keine kleine Bürde.

So dringend scheint Busch und Bassermann die Veröffentlichung des »Pater Filucius« zur rechten Zeit, dass die Vollendung eines größeren Werks unterbrochen wird. Seit längerem sitzt Busch an einer anderen und in gewissem Sinne bestellten Arbeit: der Illustration des satirischen Epos »Jobsiade« von Carl Arnold Kortum. Doch der Auftrag für den Verleger Carl Müller-Grote zerschlägt sich, Busch gibt dem Opus ein eigenes Gepräge und bietet es Bassermann als »Bilder zur Jobsiade« an, wobei er erst während der »Filucius«-Zeit, im Juni/Juli 1872, den Text zu den Bildern verfasst sowie die Anfangs- und Schlussvignette zeichnet. Man weiß nicht, ob man mehr bedauern soll, dass »Leben, Meynungen und Thaten von Hieronimus Jobs dem Kandidaten, und wie Er sich weiland viel Ruhm erwarb auch endlich als Nachtswächter zu Sulzburg starb«, so die Erstauflage aus dem Jahr 1784, heute ziemlich vergessen sind, oder ob man begrüßen soll, dass die »Jobsiade«, so der Titel der erweiterten Ausgabe von 1799, in Buschs Version fortlebt. Im 19. Jahrhundert figuriert Kortums zunächst anonym erschienenes Buch noch unter den bekannten und sehr erfolgreichen Titeln.

Zu Recht beschränkt sich Wilhelm Busch auf den ersten, böseren Teil der Fabel, deren parodistische Elemente ihm wie Vorläufer seiner Bildergeschichten vorkommen müssen. »Ich denke, die Jobsiade wird gefallen«, schreibt er nach Übersendung des Manuskripts. »Das Schema, welches ihr zum Grunde liegt, ist das Unverwüstliche daran; es ist der Lebenslauf in abstracto. Drum gefallen mir auch die späteren Theile nicht; sie sind eben auch factisch hinzugequält.«

Kortum hatte im ersten Teil die komische Kontrafaktur eines Heldenepos entworfen, dabei den Ton sowohl der bekannten

Volksbücher wie ihrer modischen Nachahmung im Sturm und Drang parodiert, die Handlung des Pfarrerromans »Leben und Schicksale des Martin Dickius« auf die Spitze getrieben, den eh schon einfachen Knittelversen lustvoll Gewalt angetan und das Ganze auch noch mit eigenen Holzschnitten im Stil billiger Einblattdrucke versehen – ideale Voraussetzungen für Busch, mit den üppigen Zutaten einen gepfefferten Eintopf zusammenzurühren. Aus den 37 Kapiteln werden bei Busch neun, aus 4 024 macht er 554 Zeilen (zu 102 Bildern) und kocht damit die weitschweifige Handlung quasi zu Kortums Fleischextrakt ein. Der Antiheld bietet ihm reiche Auswahl an Eigenschaften, die seine Zeichen- und Verskunst herausfordern. Hieronimus Jobs ist Faulenzer, Tölpel, Taugenichts und die um ihn angeordnete Handlung ein einziger Beweis, dass auch seine menschliche Umgebung egoistisch, einfältig, frech oder gleich dummdreist ist.

Wie Grimmelshausen seinen Simplicissimus und Voltaire seinen Candide, so lässt Kortum seinen Jobs mit unglaublicher Naivität eine Lebensreise durchstolpern, auf der dieser zwar nichts lernt, doch wir etwas begreifen: dass wir bislang auf die Behauptung von der besten aller möglichen Welten hereingefallen sind. Bei manchen Abenteuern wird Busch offenbar so lebhaft an seine eigene Kindheit und Studentenzeit erinnert, dass er der Vorlage sogar etwas hinzufügt: Biergebrauch und Bierbauch Jobsens, dessen ausführliche Kanzelrede oder eine Episode, bei der dem Schulrektor vom kindlichen Helden Haare in die Pfeife gestopft werden. Die Geschichte kennt man aus Ebergötzen, wo Kuhhaare in der Pfeife des Dorftrottels eine Georginenstängelzüchtigung nach sich gezogen hatten.

Was Zeit und Schauplatz der Handlung betrifft, so kommen sie Kortums Interpreten sehr entgegen. Die »Zopfzeit«, in der das Ganze angesiedelt ist, gibt Gelegenheit zu den schönsten Perücken-, Kostüm-, Jabot- und Stiefelporträts. Mit Bedacht zeichnet Busch die »Jobsiade« als einziges seiner Werke nicht in Niedersachsen, sondern in Frankfurt. Denn hier kann er seine Chodowiecki-Kopien und seine Kostümball-Tanzkarten als Anregung nutzen, um in seinem Bilderepos die typischen gebausch-

ten Rüschenkleider und Hochfrisuren nebst Hüten, Hauben, Schnallenschuhen, Degen und Fächern unterzubringen. Außerdem dienen Charakter, Körperhaltung und Bewegungsmuster des zeitgenössischen Personals der Zurschaustellung eines aberwitzigen Karikaturenreigens.

Berühmt ist vor allem die Szene der Examinierung des Theologie-Kandidaten Hieronymus Jobs geworden. Gesehen aus Positionen wie In-Tischhöhe oder Schräg-von-Vorn oder Vonhinten-Oben, illustrieren die zu einer gleichgeschalteten Formation aus Büsten-Perücken oder Rücken-Perücken reduzierten Professoren den achtmal wiederholten Refrain »Über diese Antwort des Kandidaten Jobses / Geschah allgemeines Schütteln des Kopfes«.

Legt man Carl Arnold Kortums »Leben, Meynungen und Thaten von Hieronimus Jobs dem Kandidaten« und Wilhelm Buschs »Bilder zur Jobsiade« nebeneinander, muss man konstatieren, dass der Jüngere die ältere Vorlage kongenial umsetzt und abwandelt. Bei Kostüm, einzelnen Sätzen und Worten sowie der Handlung spielt er mit Archaismen, bei Zeichenstil und Textduktus mit Anachronismen.

Wo Kortum am Ende 34 Strophen braucht, um zu schildern, wie »der überall bekannte Freund Hain mit seinem dürren Knochenbein« Kavalier wie Bauer, Viehmagd wie Dame, Leser wie sich selbst und schließlich auch Hieronimus holt, erledigt Busch

die Angelegenheit höchst ökonomisch. Wie schon bei »Max und Moritz«, wie schon bei »Helene« überrascht er uns mit einer originellen Todesart. Kortum deutet umständlich an, dass erst der Quacksalber den Jobs ins Jenseits befördert:

Er bekam nämlich ein hitziges Fieber,
Das wäre wol nun bald gegangen über,
Wenn mans seiner guten Natur
Hätte wollen überlassen nur;

Jedoch ein berühmter Doktor im Kuriren
Brachte ihn, durch seine Lebenselixiren,
Nach der besten Methode, gar schön,
An den Ort dahin wir alle einst gehen.

Busch dagegen verbindet allegorische Zeichnung und zeitraffenden Text. Die Medizinflasche anthropomorphisiert er und

lässt den Tod – in Kapuzenmantel und Pantinen, doch eleganter Haltung – das Herz einer Uhr anhalten:

Um acht Uhr kommt die Medicin,
Wonach es auch etwas besser schien.

Doch sah man etwa gegen Zehn:

Hieronymus wird von dannen gehn!

Punkt Zwölf erscheint der Knochenmann
Und hält das Perpendikel an.

Der Vergleich der Schlussszene ist insofern nicht ganz charakteristisch, als Kortums Verse meist viel origineller sind. Bei ihm entdeckt Busch dichterische Ausdrucksmittel, die er schon immer geschätzt hat und die er nach der Lektüre umso lieber anwendet. Carl Arnold Kortum hatte pseudobelehrende Sentenzen eingeführt, eine Erzählerstimme verwendet, Banalitäten umständlich erläutert, lächerliche Namen erfunden, mit Stilhöhenunterschieden gespielt, gewollt gestelzte Ausdrücke oder doppelte Verneinungen gesetzt und vor allem den Reim auf jede erdenkliche Art herbeigequält. Er hatte Wörter mit Hilfe eingeschobener Buchstaben zerdehnt (»endelich«), Fremdworten eine deutsche Aussprache aufgezwungen, die Grammatik gebeugt (statt »blies« »bluß«) und Umgangssprachliches eingeflochten. Er hatte Wortteile als Enjambement benutzt, damit sie sich reimten (»Und war froh, dass er eben mit hei- / ler Haut den Bauern entgangen sey«). Vor allem war er ein Meister des unreinen Reims und des worterfindenden Reimzwangs: »Seel« reimt auf »Bagatell«, »Vater« auf »Senater«, »Gegen ihn« auf »Gemahlin«, »Amalie« auf »Kanaille«, »denck er« auf »Henker«, »heucheln« auf

»schmäucheln«. Den komischen Höhepunkt aber bildet der Reim auf des Titelhelden Namen: »Diese Rede hat den Eheleuten Jobsen / Wie leicht zu schließen ist heftig verdrobsen.« Wilhelm Busch greift das unmittelbar auf, wenn er im fünften Kapitel reimt: »Grad als die Mutter, Frau Senaterin Jobsen, / Ein wenig zankte, weil sie's verdrobsen«. Aber schon im Prolog hat er diesem Reimpaar ein noch wilderes vorausgeschickt: »So wollen wir dem Hieronymus Jobsen – / Nachdem wir uns eine Pfeife gestobsen –«. Es ist gar nicht auszumalen, was die komische Dichtung bis hin zu Robert Gernhardt getan hätte ohne die Traditionslinie Kortum – Busch, in der solche lustig-schiefen Reime vorgebildet sind und immer wieder Neologismen zu Reimzwecken geboren werden – wie schon bei Busch, der seinem »Hieronymus« ein »Verwundernuß« antraut.

Leser lieben so etwas. Als Buschs »Jobsiade« Mitte November 1872 in den Handel kommt, dauert es nur vier Wochen, bis die Erstauflage von 6000 Stück verkauft ist, und Otto Bassermann jubelt: »Deine Sachen, lieber Freund, sind doch von einem ganz riesigen, im Buchhandel kaum dagewesenen Glück begleitet!« Im folgenden Jahr druckt er 5000 und dann noch einmal 2000 Stück nach; bis 1958 werden es allein in der Bassermann'schen Ausgabe 111000 sein. Die neue Verbindung zwischen Wilhelm Busch und seinem Verleger hat sich schon mit den ersten beiden Stücken, der »Helene« und dem »Jobs«, als fruchtbar erwiesen. In Bassermanns Erinnerung lebt jener Augenblick, als ihm der Freund die Manuskripte anbietet, als goldene Anekdote fort: »Im Jahre 1871 erhielt ich in Heidelberg eines Tages ein Karte von B, durch die er mich einlud, möglichst gleich [...] in den Holländer Hof zu kommen, (wo wir früher manche Flasche zusammen getrunken hatten), er sei nur auf einige Stunden da. Da ich vermuthete, es handle sich wieder um eine weinreiche Nachmittags-Sitzung, leistete ich der Einladung ungern Folge. Ich traf W B mit seinem Bruder Otto im Speisesaal, u ersterer sagte mir nach kurzer Begrüßung: ›Lasse Dir doch eine Tasse Kaffee hinauf in mein Zimmer bringen. Dort findest Du zwei Sachen von mir, die Du in Deinen Verlag haben kannst, wenn Du sie willst.‹ Droben fand ich

›Die fromme Helene‹ u die ›Bilder zur Jobsiade‹, die ich geradezu verschlang.«

Seit »Verlag von Fr. Bassermann« auf seinen Büchern steht, meldet sich Busch auch verstärkt in Werbe- und Vertriebsangelegenheiten zu Wort. Von Kritiken hält er zunächst wenig, dafür umso mehr von viel frequentierten Verkaufsstellen wie Kurbädern und Bahnhöfen: »Schön, daß die Helene so emsig umworben wird! – Was Rezensionen anbelangt, so muß ich Dir wiederholentlich bekennen, daß *derartige* Sachen nicht rezensirt sein sollen und wollen. Sie sind bislang nicht dadurch gefördert, weder künstlerisch noch buchhändlerisch, und werden auch künftighin nicht dadurch gefördert werden. Guter Humor und guter Vertrieb, die thun's. [...] Jedenfalls mußt du auch dafür sorgen, daß Helene die Bäder besucht (die Saison ist nahe) und daß sie auf den Bahnhöfen sich orientiren lernt (Sch.[auenburg] hat vom h. Antonius auf dem Straßburger und Kölner über 2000 Exempl. abgesetzt), das wird dem guten Kinde gesünder und förderlicher sein, als hundert Rezensionen. Ich fürchte, ich fürchte nur: Adelmann, die fette Schnecke, wird wieder drucksen statt zu drucken, und wenn's dann Brei regnet, so fehlt der Löffel.«

Die fette Schnecke ist der ungeliebte Frankfurter Drucker Carl Adelmann. Nicht nur unsatiniertes oder zu dünnes Papier und unsauberen Druck muss ihm Busch anlasten. Bei der »Frommen Helene« gibt es mit jeder Neuauflage peinliche Verzögerungen: Entweder kann nicht gedruckt werden, weil die Lettern des Satzes anderweitig gebraucht werden, oder das Papier fehlt – was aber eher an Bassermanns Zögerlichkeit liegt. Busch jedenfalls weist die Schuld an der Misere hauptsächlich dem unzuverlässigen »Adelmann, diesem abscheulichen Fettpopo«, und seiner »jammervollen Wirthschaft« zu: »Mit dem Adelmann ist es aber auch wirklich ein Skandal! Es regnet Brei, und der verfluchte Kerl giebt den Löffel nicht heraus.«

Der nächste Drucker, Georg Otto, wird den Löffelmangel ausgleichen und ab der »Jobsiade« gute Arbeit leisten. Trotzdem ist auch dieser zu lahm für die Ungeduld des stolzen Kindsvaters. »Ich bin zur bestimmten Zeit fertig gewesen, ich habe immer gedrängt«, schreibt er fast nörgelnd am 6. November 1872 über seinen immer noch nicht ausgelieferten »Jobs« an Otto Bassermann. Er will schnell gedruckt, schnell verkauft und schnell bezahlt sein.

In Frankfurt ist Wilhelm Busch zum standesbewussten Künstler avanciert, der weiß, was er wert ist. Alles scheint nun zugleich möglich: Johanna Kessler zu Gefallen in Öl malen, skizzieren, modellieren, Gedichte schreiben, mit den Bildergeschichten Furore machen und dabei reich werden. Er hat seinen Zeichenstil längst gefunden und ist sich seiner lyrischen Mittel gewiss. Er bezieht Stellung. Er legt zwei männliche, einen weiblichen »Lebenslauf in abstracto« vor, einer immer böser als der andere. Er zeigt die Folgen von Frömmelei, Spießertum und katholischer Saturiertheit, ja stützt den antiultramontanen Wahlkampf. Er nimmt sich die Freiheit, pessimistisch zu denken und sich eher an Schopenhauer denn am Katechismus zu orientieren. »Die Philosophie ist die Religion der Religionslosen«, formuliert es der Bruder, und Wilhelm Busch selbst: »Der Schopenhauer wohnt Wand an Wand mit dem Christentum. Nur dass die Wand keine Türe hat.« Sein feste Burg ist zu jener Zeit nicht der Glaube an Gott, sondern die Überzeugung vom Willen als allgegenwärtigem Prinzip. Das hat Konsequenzen. »Meine Überzeugung ist ein für alle Mal: Wir taugen alle zusammen in der Wurzel nicht, und schüttelten wir die guten Werke auch nur immer so aus dem großen Sack hervor.« Zu bessern ist der Mensch also nicht – nur zu erheitern.

Sehr spät wird Wilhelm Busch dies noch einmal formulieren. »An Helene« ist das wehmütig rückblickende Gedicht betitelt, das er seinem Geschöpf zum 36. Geburtstag widmet und worin es heißt: »Du hast dich nicht gebessert, bliebst die Gleiche […] Und eben dies macht uns ein Hauptvergnügen.«

Promenade
Von der Müllerin zur Mühle

Warum gab Wilhelm Busch im Laufe des Jahrs 1872 seine Frankfurter Existenz auf? Die Gründe können wir nur vermuten. Überdruss an der Großstadt und ihren gesellschaftlichen Verpflichtungen mag genauso eine Rolle gespielt haben wie Versagung noch näheren Umgangs mit Johanna Kessler. Es ist nicht von der Hand zu weisen, dass ein Gedicht, das Busch später in »Dideldum!« abdrucken ließ, in verschlüsselter Form auf die Frankfurter Verhältnisse anspielt:

Idiosyncrasie.

Der Tag ist grau. Die Wolken ziehn.
Es saust die alte Mühle.
Ich schlendre durch das feuchte Grün
Und denke an meine Gefühle.

Die Sache ist mir nicht genehm.
Ich ärgre mich fast darüber.
Der Müller ist gut; trotzalledem
Ist mir die Müllerin lieber.

Schon im Mai 1872 wurde Busch in einem Brief geradezu goethisch, als es darum ging, die Vorzüge der Wolfenbütteler Gegend zu preisen, in der er als Gast im Forsthaus von Gustav Busch weilte: »Fern von der Frankfurter Börsenluft, unter blühenden Bäumen, beim Gesange der Nachtigallen, in heiterer Betrachtung des Federviehs, der Pferde, Füllen, Hunde und Katzen auf dem Hofe meines Bruders in Wolfenbüttel ist dieser Frühling so recht behaglich an mir vorüber gezogen.« Busch hielt sich den ganzen Frühling und Sommer über von Frankfurt fern. Seine Zeichen- und Holzstockarbeiten erledigte er in Wiedensahl, Reisen führten ihn nach München, Wolfenbüttel, Dresden und Lüthorst. Von dort meldete er am 25. Oktober lapidar an

Otto Bassermann: »Nach Frankfurt werde ich wohl noch so bald nicht zurückkehren.« Einen Monat später hieß es erneut: »Nach Frankfurt komme ich wohl so bald noch nicht. Es gefällt mir hier zu gut. Auch gedenke ich mich vorher noch in Berlin umzusehen.« Von Berlin aus, wo er den Jahreswechsel verbrachte, fuhr er Anfang Januar 1873 wieder nach Wiedensahl. Um zu bleiben. Statt im Elternhaus, das den – inzwischen mit Wilhelm zerstrittenen – Bruder Adolf mit Frau Johanne und Familie beherbergte, wohnte er nun im Pfarrhaus bei seiner Schwester Fanny, seinem Schwager Pastor Hermann Nöldeke und deren drei Söhnen Hermann, Adolf und Otto (zu jener Zeit zwölf, sieben und fünf Jahre alt); er hatte im ersten Obergeschoss drei Zimmer für sich, eins zum Wohnen, eins zum Schlafen, eins mit Nordlicht zum Arbeiten.

Es lässt sich leicht ausmalen, dass gewisse Frankfurter Damen einen gewissen Malerfreund nur ungern ziehen ließen. Noch dazu verordnete sich dieser eine schier unüberbrückbare persönliche Distanz. Am 10. Januar 1873 schrieb er bereits wie von einem anderen Kontinent: »Wann werde ich Sie wiedersehen, liebste Tante? – fern, fern, immer ferner! Und Alles verschwindet!« Wie sämtliche Briefe an Busch aus dem Haus Kessler ist auch ein offenbar darauf folgender, vorwurfsvoller von »Tante« Johanna nicht erhalten, weil Busch ihn vernichtet hat. Nur aus seiner Antwort lässt sich die Verstimmung über den endgültigen Wegzugsentschluss ahnen, den Frau Kessler vielleicht lediglich über die Haushälterin Marie erfuhr:

Liebste Tante!

Ich bin aufrichtig gegen Sie gewesen, so aufrichtig, daß ich versucht sein könnte, es zu bereuen, wären nicht Neigung und Vertrauen zu Ihnen noch immer dieselben. Wie mögen Sie mich nur mit einem Vorwurf kränken, den ich gewiß nicht verdient habe.

Ich habe im Herbst meinem Bruder erklärt, ich wolle bis März meine Wohnung behalten und, wie es sein Wunsch, meine Sachen selber ordnen. […] Der Marie mußte ich das natürlich mittheilen. Ich habe sie gebeten, wie bisher, so auch ferner nach meinen

Sachen zu sehn. – Das ist der Verlauf. – Ich bitte Sie, liebe, gute Tante, verbittern Sie mir nicht einen Entschluß, der mir so schon saurer geworden, als ich sagen mag.

Wie sauer der Entschluss ihm wurde, lässt sich an einer gewissen Rastlosigkeit ablesen, die er nun an den Tag legte. Keineswegs zog er sich ins Wiedensahler Schneckenhaus zurück, sondern reiste viel, arbeitete andernorts, spielte mit dem Gedanken an einen weiteren Umzug. Wie schon früher gehorchten seine Arbeitsphasen einem Rhythmus. Im Winter konnte er gut im Stillen zeichnen und »im Buchsbaumholze sitzen«, im Sommer konnte er gut verreisen und Ateliers in Wolfenbüttel, Lüthorst oder anderswo nutzen. Er nahm an Hochzeiten der Familie teil, besuchte die Museen Amsterdams und die Weltausstellung in Wien. Er begab sich zusammen mit Bruder Hermann auf eine Reise in die Vergangenheit, als er über Gelsenkirchen, Köln, Brüssel, Brügge und Gent nach Antwerpen fuhr, wo er die alte Wirkungsstätte wiedersah. Doch das Haus von Jan und Mie war abgerissen, dessen Bewohner lange tot. Auch traf er sich oft mit Verwandten, Bekannten, Freunden oder Kollegen, empfing aber Besucher fast nie im neuen Zuhause. Es hätte sich wohl nicht geschickt, wären aus der Stube des protestantischen Pfarrhauses lebhaftes Gespräch, dichter Nikotinqualm und das Geräusch des Entkorkens von Flaschen gedrungen.

Im März 1873 begann Wilhelm Busch die lange Reihe seiner Besuche bei Erich Bachmann in Ebergötzen. Ab jetzt fuhr er fast jedes Jahr mindestens einmal zum Jugendfreund »in die Mühle; das ist ein altes, altes Haus; da braust und rauscht ein Bach dran vorbei, der geht über das Mühlrad und dreht es, und das Mühlrad setzt das Mühlwerk in Bewegung, das geht denn immer rickeracke! rickeracke! bei Tag und bei Nacht, so daß ich recht schön gewiegt und gerüttelt wurde, wenn ich im Bette lag.« Auch wenn er andere Fahrten verschob oder Einladungen absagte, der Aufenthalt in Ebergötzen wurde zu einem gern geübten Ritual. Oft fuhr er im April, Mai oder Juni hinüber, manchmal auch im November oder Januar. Es hatte mit Heimatgefühl, ja einer gewissen Sentimentalität zu tun, wie Busch in einem Brief bekannte, in dem er eine Reise »von Göttingen aus über die Berge nach meinem lieben, alten Ebergötzen« schilderte, »wo ich den letzten und schönsten Theil meiner Kinderjahre verlebte. Noch immer erschüttert es mich, wenn das enge, felsige Thal mich umfängt, in dem die Quellen sich zu dem Bach vereinen, worin ich vor 30 Jahren Forellen mit der Hand gefangen. Kein Ort ist mir so vertraut wie Ebergötzen. Ich lese es wie ein Buch, wie 'ne Chronik; bei jedem neuen Besuch fang ich ein neu Kapitel an. Der Müller in der alten Mühle mitten im Dorf ist seit meinem zehnten Jahr mein Freund, der liebste und beste, den ich habe.«

Selbst das Arbeiten in München nahm Busch in jenem Jahr wieder auf, lebte für ein paar Wochen im Hotel »Europäischer Hof«, freundete sich in der neugegründeten Künstlergemeinschaft »Allotria« näher mit Lorenz Gedon, Friedrich August Kaulbach und Franz Lenbach an.

Was aber sollten die Verehrer von Antonius und Helene, von Jobs und Filucius als Nächstes zu sehen bekommen? Ausnahmsweise lässt sich der Zeitpunkt, an dem das bereits konzipierte neue Werk konkrete Formen annahm, geradezu auf die Stunde genau datieren, denn am 25. Oktober 1873 schrieb Busch an Bassermann: »Gestern Abend habe ich angefangen, Etwas Neues zu überlegen und anzuordnen.« Wie fast immer schritt die Arbeit schnell voran und wurde von äußeren Ablenkungen freigehalten. Ende Dezember bis Januar saß Busch an den Holzstockzeichnungen, was ihn sogar eine Vergnügungsfahrt nach Ebergötzen absagen ließ, in einem der typischen munter-humorigen und vertrauensvollen Briefe an Erich Bachmann: »Es regnet und regnet. So kommen denn diese Zeilen an meiner Statt; du nimmst sie morgen Abend bei Reimer in Empfang, steckst sie dann vielleicht in die Brusttasche deines Schwalbenschwanzes, engagirst eine mit solidem Busen behaftete Tänzerinn und so drehen wir uns im gemüthlichen Walzer, bis uns der Schweiß auf der Nase steht. Mir fallen da all die guten Ballvergnügungen ein, welche vor nunmehro 30 Jahren bei Brümmers zu sein pflegten; der saure Weißwein und Bachmanns Jorg seine weiße Hose und sein blauer Frack mit goldenen Knöpfen – und ich hätte jetzt auch gern mal wieder einen Ebergötzer Ball gesehen, um sonst und jetzt mit einander zu vergleichen. Aber es ist doch beßer, wenn ich bei meiner Arbeit bleibe; es liegt noch ein hübscher Haufen Holz vor mir; und das läßt mir keine Ruhe, bis es aus meinen Händen und in den Händen des Xylographen ist.«

Aus dem hübschen Haufen Holz war nach und nach ein hübscher Haufen verschiedener Buschiana entstanden. Unter dem Verfassernamen auf dem Titelblatt konnte, wer wollte, ein Selbstporträt des jungen Wilhelm Busch erkennen.

Dideldum!

von

Wilhelm Busch.

Verlag von Fr. Bassermann in Heidelberg.

1874.

Die Illustration wiederholte ein Bild, das dem dritten Gedicht von »Dideldum!« beigegeben war. Zum ersten Mal trat Busch nämlich nicht nur mit den bekannten Bildergeschichten, sondern auch mit Liedern und lyrischen Stücken hervor. Der Titel verspricht etwas Leichtes, Sammelsuriumhaftes. Im ersten Gedicht wird dieses »Dideldum!« eingeführt als eine Selbstbeschwörung des Trinkers in der Schenke, dem die ganze Umgebung gestohlen bleiben kann:

> Es ist mal so, daß ich so bin.
> Weiß selber nicht warum.
> Hier ist die Schenke. Ich bin drin
> Und denke mir: Dideldum!

Das mit »Individualität« überschriebene Gedicht kommt anspruchslos daher, bekennt sich aber in einer illustrierten Initiale zum Programmatischen: Gefeiert wird auf ironische Weise der Primat des Geistigen über das Geistliche. Wobei das Geistliche durch Bibel und Rosenkranz, das überlegene Geistige durch Weinflasche und Römer verkörpert sind. Auch in »Wankelmuth« und »Trinklied« geht es um volle Gläser, das Glücksspiel, den Kater danach. Als wirkten noch die konfessionell motivierten Bildergeschichten nach, bemüht der Autor immer wieder Vergleiche aus dem kirchlichen Bereich, so wenn er katholisch, lüstern und trunksüchtig in eins setzt, wenn er das selig alkoholisierte lyrische Ich als »neuen Heilgen« mit Aureole zeichnet (die Titelillustration), oder wenn er den Katzenjammer in der Ausnüchterungszelle wiedergibt als »Fluchend geh ich auf und ab / Wie ein heilger Vater«. Aus der spöttischen Sphäre des »Filucius« und des »Geburtstags« stammen Anspielungen auf die Welfentreuen, auf den Kölner Erzbischof und seine Verurteilung durch den preußischen Staat, auf einen unsittlichen Jesuitenpater jener Zeit, auf die Anklagen gegen den Erzbischof von Posen.

So einheitlich die ersten Seiten mit ihren Liedern und Zeichnungen erscheinen, so heterogen geht es weiter. Zweifellos hat Wilhelm Busch für »Dideldum!« seine Schubladen von abseits Veröffentlichtem oder bislang Unveröffentlichtem befreit, außerdem Motive privater Herkunft (aus dem »Tanz-Büchlein« für Johanna Kessler) zweitverwertet, die Bleistiftzeichnung einer Bauernkirmes variiert und eine frühere Dichtung illustriert. Nicht anders als bei den »Fliegenden Blättern« folgt hier alle naselang etwas gänzlich anderes. Vor allem der Stil der Illustrationen ist so unterschiedlich, als handle es sich nicht um das Werk eines einzelnen Künstlers. Von der Scherz-Strichzeichnung (»Anleitung zu historischen Portraits«) reichen sie über die klassische Bildergeschichte mit böser Pointe (»Der Maulwurf«, »Romanze«, »Die Kirmeß«, »Der Zylinder«) bis zur idyllischen Initialenillustration im Stil Ludwig Richters. Wie später noch oft, so schlägt Busch in den drei Schlussgedichten einen süß-resignativen Ton an. In »Summa summarum« heißt es: »Demnach hast du dich vergebens / Meistentheils herumgetrieben; / Denn die Summe unsers Lebens / Sind die Stunden, wo wir lieben.«

Neben den an die Münchner Zeit erinnernden Trinkermotiven, neben den Themen von Seelen- und Herzensresignation stößt man in »Dideldum!« auf eine weitere autobiographische Fährte, allerdings ganz anderer Natur. Wenn es trotz des Buntscheckigen einen roten Faden gibt, so hat dieser Faden wadenförmige Ausbuchtungen. Anders als F. W. Bernstein, der reimt: »Schön ist zwar die Wade, / doch sie bringt's nicht. Schade«, brachte es die weibliche Unterschenkelrundung für Busch durchaus – in der Phantasie, in der Lyrik, in der Zeichnung. Im »Trinklied« zwickt die Ich-Figur »der Kellnerin listig in die Wade«. In dem gezeichneten Witz »Trübe Aussicht« eröffnet sich ein unfreiwilliger Blick auf zwei alte dürre Frauenwaden im Regen. »Die Kirmeß« erlaubt die Darstellung so manch von männlichen Voyeuren in Augenschein genommenen Frauenbeins, bevor im Schlussbild die Dorfjugend sich um eine anzügliche Szene versammelt: Hermine hängt unter Zurschaustellung ihrer Beine mit über den Kopf geschlagenem Rock am Rebengeländer fest. Gleich in der nächsten Bildergeschichte »Der Zylinder« wird der Herr mit Hut verhängnisvoll verführt, dorthin zu schielen, wo ein stürmischer Wind den Rock eines Frauenzimmers »schön und kräftig« bis zu den Kniekehlen hochwirbelt.

Anders als das heutige Schönheitsideal sah dasjenige zu Buschs Zeit die runde Wade vor. In einem der Gedichte, die ebenfalls in der ersten Hälfte der 1870er-Jahre entstanden, setzt Busch ihm und ihr ein Denkmal:

Zwischen diesen zwei gescheiten
Mädchen, Anna und Dorette,
Ist zu allen Tageszeiten
Doch ein ewiges Gekrette.

Noch dazu um Kleinigkeiten. –
Gestern gingen sie zu Bette,
Und sie fingen an zu streiten,
Wer die dicksten Waden hätte.

Waden waren wohl ein gewichtiger Körperteil. In einem Brief an Erich Bachmann dienten sie gar als pars pro toto für Frau und Töchter: »Ich denke an das Schneegestöber. Wenn das bei Euch auch so ist, wie hier, so müßen deine *sechs weiblichen* Waden auf dem Heimwege doch etwas kühl und naß geworden sein.« Dass Busch sich auch künstlerisch mit dem Sujet beschäftigte, ersieht man aus einigen späteren Skizzen, in denen er Frauen von hinten beim Bücken festhielt, eine Haltung, die zwangsläufig zum Entblößen der Unterschenkel führt. Er zeichnete sie immer treffend, die Wade, zum Beispiel diejenige der verkappten, weil satanischen Nonne Laurentia im »Antonius«, die sich beim Lüpfen der Kutte zeigt. Und dass Busch zumindest in Gedanken mit strammen Waden spielte, erläutert ein Brief an Nanda und Letty Kessler, geschrieben ein Jahr nach »Dideldum!«: »Schönen Dank für Eure Briefe, und es freut mich, daß es Euch in Brückenau so gut gefallen, daß die Letty so furchtbare Waden gekriegt und daß der Harry so schön getanzt hat. Was die Waden betrifft, so möcht ich wohl mal recht tüchtig 'neinzwicken.« Die Verbindung weiblich – Wade – zwicken taucht schon 1859 in der Kneipzeitung von »Jung-München« auf, wo Busch verseschmiedet: »Und jetzt – mit süß-verruchten Händen / Kneif ich sie heimlich in die Waden«. Sie bestätigt sich 1870 in der Bildergeschichte »Der hastige Rausch«, wo sie von einem Trinker an einer Kellnerin geübt wird, und findet ihren Höhepunkt bei Herrn Knopp, der durch die Zurschaustellung der drallen Waden seiner Haushälterin Dorothee auf die Idee kommt, diese samt jenen zu ehelichen, jedoch wenig später der Wade der fensterputzenden Liese nicht widerstehen kann. »Obgleich dies« Zwicken »nur ganz unten geschehen«, führt es zur Entlassung Lieses – ungerecht, doch mit dem eheweiblichen Gespür dafür, dass es sich um eine Stellvertretungspose männlicher Erotik handelt.

Neuntes Bild
Abenteuer eines Junggesellen

Männliche Erotik und Wilhelm Busch – wie geht das zusammen? Verklemmt sind seine Bildergeschichten nicht. Man hat durchaus den Eindruck, da zeichne einer, der Bescheid weiß über küssliche Münder und stramme Waden, über niedliche Popos und stattliche Dekolletés. Schon 1878 wird das von Paul Lindau erkannt und mit einem inzwischen geflügelten Wort bezeichnet: Busch habe »eine unverhohlene Vorliebe [...] für gewisse heikle Dinge, die man als ›verheirathete Geschichten‹ bezeichnen könnte«.

Friedrich Theodor Vischer urteilt über den »heiligen Antonius« sogar, der »Strich« darin sei »pornographisch«. Insbesondere »gründlich eckelhaft« ist ihm die Behandlung von Antonius' Bart. Zweifellos assoziiert der Ästhetiker bei dem doppelsäckig herabhängenden Bart des Heiligen gewisse männliche Körperteile, auf die Busch genauso zweifellos gar nicht anspielen will. Nicht, dass er so etwas nicht gekonnt hätte, aber im Fall des »Antonius« hätte es keinen Sinn ergeben, den frommen Klausner als wandelndes Gemächte darzustellen. Für dessen Anfechtbarkeit findet er andere Bilder.

Als ihn die Kunde von Vischers Anwurf erreicht, antwortet Wilhelm Busch überrascht: »Was Sie von Vischer erzählen, war mir neu. Ich habe ja meine Nücken; doch einen *reizenden Strich* hätt ich mir niemals zugetraut. Entweder sah der Mann mit Proletenaugen oder mit bösen. Nie hab ich ein Wort mit ihm gesprochen; sah ihn nur mal in ›Jung-München‹, wo er, von Pixis eingeführt, zum allgemeinen Erstaunen über den Ästhetiker, höchst schweinerne Anekdoten colportirte.« Wie zu vermuten, steckt das Schlüpfrige nicht im Stift des Zeichners, sondern im Auge des Interpreten: »Jedes saubere Mannsbild mußte ja ohnedies vermuthen, daß der Ästhetiker ein etwas anrüchiges Herz im Busen trug, als er jene, eines zotenfreudigen Weinreisenden höchst würdige, Beobachtung anstellte.« Nicht nur wie hier im Brief, sogar öffentlich rächt sich Busch, indem er in »Was mich betrifft« Vischer – ohne Namensnennung – »einen alten Ästhetiker« heißt, »dem bei der Bestellung des eigenen Ackers ein Stäubchen Guano ins Auge geflogen«.

Busch versteht es, in den Bildergeschichten die Balance zu halten zwischen Andeutung und offenem Geheimnis. Wer will, kann sich die junge Helene in Gedanken entblättern; genug Anregungen für die Phantasie wird er finden. Wer will, kann sich vorstellen, was hinter Paravents und Alkovenvorhängen passiert, wie es nach dem Küssen, Wangentätscheln und Wadenzwicken weitergeht. Aber selbstverständlich liefert Busch nirgends einen »pornographischen Strich«. Weder hätte seine zeitliche noch seine soziale Herkunft aus dem prüd-protestantischen Bürgertum so etwas erlaubt, und sicher war er zu intelligent, seinen Ruhm auf solch billige Weise zu verspielen.

Ähnlich wie Goethe, so hat auch Busch seine lasziven, mitunter sogar unflätigen Seiten. Er hinterlässt Kneipzeitung und Karikaturenbuch von »Jung-München« so manchen derben Spaß in derben Reimen (»Der Adam hält den Apfel noch / Die Eva hält den Stiel« oder »Du beugst die lilienweißen Knie, / Und hebst das Hemd und machst Pipi!«) und zeigt sich in der Selbstkarikatur »Von der doppelten Brille« auf dem Zweilochplumpsklo, Durchfall rechts und Erbrechen links gleichzeitig erledigend. Er albert in einem Brief an Nanda Kessler herum: »Der Gourmand hat im Traume / An Schnepfendreck gedacht. / Er träumt, es hätt ihm ein Engel / Was auf die Zunge gemacht.« Er lässt im Singspiel »Schuster und Schneider« die Angebetete das arme Schneiderlein zurückweisen mit dem Satz »Deine Nadel ist ja schon ganz krumm«, eine Anzüglichkeit, die er bei Wiederaufnahme und Illustrierung der Romanze für »Dideldum!« leider verdirbt. Und er spielt mit dem lyrischen Zeilenfall, um in »Wie schad, daß ich kein Pfaffe bin« unsere Gedanken zu lenken:

Und dich, du süßes Mägdelein,
Das gern zur Beichte geht,

Dich nähm ich dann so ganz allein
Gehörig ins Gebet.

Das ist jedoch bereits das Äußerste an Anspielungen, was Busch wagt. Wie man sich die angedeuteten sexuellen Taten vorzustellen hat, bleibt wohlweislich verborgen. Werden sie denn wenigstens in Buschs nächstem großen Werk ausgebreitet? Es ist seltsam: So wie in Mozarts Oper der große Verführer Don Giovanni keine einzige der Bühnenfrauen »besitzt«, so handeln Buschs »Abenteuer eines Junggesellen« zwar von Abenteuern, aber nicht von erotischen. Herr Knopp ist auf Brautschau ausgezogen, weil er nicht länger unbeweibt durchs Leben gehen will. Auf seinen Reisen durch Stadt und Land, ins Tal und in die Berge sieht er viel. Stramme Waden und prächtige Popos sind nicht dabei. Stattdessen schlägt er sich herum mit alten Jungfern, saufenden Einsiedlern, ehebrecherischen Pfaffenliebchen, frömmelnden oder untreuen Ehemännern, herrschsüchtigen, bösen oder hauenden Ehefrauen, prügelnden oder überforderten Vätern, ungeratenen Söhnen, koketten Töchtern. Und natürlich: der Tücke des Objekts in Gestalt einer platzenden Hose oder eines angehefteten Schweineschwanzes. All die Abenteuer des Tobias Knopp haben nur einen Sinn – ihm die Wahrheit eines geflügelten Worts vor Augen zu führen: Warum in die Ferne schweifen, wenn das Gute liegt so nah. Das Gute liegt sogar sehr nah und bald in Knopps Bett. Mit einem der knappsten Heiratsanträge der Weltliteratur und damit einem hocheffizient gestalteten Happyend zwischen Hausherr und -hälterin schließen die »Abenteuer«:

Knopp der eilt nach Hause fort.
Und, sieh da, schon ist er dort.

Grade lüftet seine nette
Gute Dorothee das Bette.

»Mädchen – spricht er – »sag mir ob – «
Und sie lächelt: »Ja, Herr Knopp!«

Bald so wird es laut verkündet:
Knopp hat ehlich sich verbündet,

Tobias Knopp *Dorothea Lickefett*

Erst nur flüchtig und civil,
Dann mit Andacht und Gefühl. –

Na, nun hat er seine Ruh.
Ratsch! – Man zieht den Vorhang zu.

Was hinter diesem Bettvorhang geschieht, welcher vom nackten Amorknaben der Mythologie selbst geschlossen wird, bleibt wiederum der Phantasie überlassen. Herr Knopp ist nun kein Junggeselle mehr.

Herr Busch immer noch. Als er die Geschichte von Tobias Knopp ersinnt, die schließlich drei Teile umfassen wird, ist er 43 Jahre alt und hat sich wie endgültig in Wiedensahl eingerichtet. Liegt die Aventiure hinter ihm? Hat er ein holdes Weib errungen? Antworten auf diese Fragen muss man sich aus den Quellen herauswaschen wie Gold aus einem Gebirgsbach. Nuggets sind selten. Liest man Beiträge über »Busch und die Frauen«, so fassen diese den weiblichen Part des Titels notgedrungen sehr weit. Alle Briefpartnerinnen werden aufgezählt, und jede noch so kleine Äußerung des großen Geheimniskrämers landet auf der Goldwaage. Was letztlich im Beutelchen zurückbleibt, reicht nur für ein Bettelarmband. Buschs Liebes-Geschichte ist rührend unscheinbar. Da sind die lang verjährten Jugendschwärmereien: »Die Herzen und Namen, welche ich einst der Rinde schlanker Buchen anvertraut, sind längst vernarbt.« Da ist die Bohemezeit in München: »Wieder wohne ich bei einer Doctorswittwe, die aber diesmal ein gar hübsches Töchterlein hat. Aber was will das sagen? Nur zuweilen erlaube ich mir einen schüchternen Seitenblick.« Da sind die verpassten Gelegenheiten: »ein Gefühl von Reue und Sehnsucht überkömmt mich, wenn ich denke, daß ich so schnell fortreiste.« Und die Sprüche: »Es lebe die Liebe! – Leben und Liebe. – Das klingt so hübsch. – Wenn nur der alte unerbittliche Stabreim: Leid nicht sogleich dahinter säße.« Und die Beteuerungen: »Ich werde nie heiraten. Erst mußte ich von 400 Gulden im Jahr leben und studieren […] und später, als ich es pekuniär gekonnt hätte, war meine Geliebte gestorben [eine irrige Erinnerung derjenigen, die Buschs Worte aufzeichnete; jene Geliebte war verheiratet].« Da ist der Pessimismus: »daß ich mich jedoch mit Dem aussöhnen sollte, was naturgemäß schmerzliche Folgen hat, wär doch zu viel verlangt. Diese Malefizliebesglut ist das Hauptfeuer unter dem brodelnden Hexenkeßel der Welt«. Da ist der Rückzug ins Platonische: »Und die Weiber? Ja, fast hielt' ich sie für beßer, als uns! Hab ich nicht eine Mutter gehabt und eine Schwester, die ich liebe?! Kenn' ich nicht ein paar herzensgute Weiberchen, die ich nur ungern entbehren möchte?! Sind Sie nicht auch dabei?! Aber räsonirt muß sein! Und das mit Recht!« Da ist schließlich die Rolle des resignierten Onkels: »Die alte wacklichte Mühle steckte ganz voll junger Mädchen, die mich *natürlich* nicht tiefer intereßiren konnten; da ich aber in ähnlichen Verhältnißen meine Jugend verlebt, so war mir alles, was paßirte, so klar und verständlich, daß ich in den kleinen, niedrigen Puppenstuben wirklich recht lustige Tage verlebte.«

Und dazwischen sind vier Bekanntschaften, die sein Herz näher angehen. Sie heißen Richter, Kessler, Anderson und Kessler. In Wolfenbüttel, wo er den geliebten Bruder Gustav seit dessen Haushaltsgründung im Mai 1863 immer wieder besucht, lernt Wilhelm Busch die Kochgehilfin Anna Richter kennen. Bis heute hat sich aus deren Elternhaus eine Fensterscheibe erhalten, in die »W B« eingeritzt ist. Im Sommer 1864 hält er womöglich beim Vater Adolph um die Hand der siebzehnjährigen Anna an, was der wohlhabende Händler natürlich ablehnen muss. Als Schwiegersohn einen Künstler, der nur »Bilderpossen« zeichnet? Über die Enttäuschung sucht Busch mit einem »närrisches Herz!« hinwegzukommen: »In Wolfenbüttel blieb ich über 14 Tage bei durchweg sonnigem Wetter. Herrlich! Erdbeerbowlen, Waldparthien und ländliche Spiele. Wie man nur so kindisch sein kann!

Aber schön war's! – Besonders die Partie nach der Köhlerhütte, tief im dunkelgrünen Wald, mit Wein in Menge und recht lustigen Frauenzimmern; beim Heimwege am späten Abend, Mädchen am Arm, flimmerte alles von tausend und tausend Funken, theils aus dem Kopf heraus, theils drum herum von Johanniswürmchen, wie ich so viel noch nie bei einand gesehn. Ein hübsches Kind, das ich da wieder fand, bot mir auf's neue manch heimlich-gute Stunde. Ein närrisches Herz, was der Mensch im Leibe hat! – Nun!« Allgemein bezieht man ein Gedicht aus der »Kritik des Herzens« auf diese Episode. Die Vergleiche aus Flora und Fauna sowie der Ehemann, den Adolph Richter schließlich für seine Tochter aussuchte, einen elf Jahre älteren Bahn- und Postgehilfen – Busch selbst ist fünfzehn Jahre älter als Anna! –, legen den Zusammenhang mit Wolfenbüttel nahe:

Sie war ein Blümlein hübsch und fein,
Hell aufgeblüht im Sonnenschein.
Er war ein junger Schmetterling,
Der selig an der Blume hing.
Oft kam ein Bienlein mit Gebrumm
Und nascht und säuselt da herum.
Oft kroch ein Käfer kribbelkrab
Am hübschen Blümlein auf und ab.
Ach Gott, wie das dem Schmetterling
So schmerzlich durch die Seele ging.
Doch was am meisten ihn entsetzt,
Das Allerschlimmste kam zuletzt.
Ein alter Esel fraß die ganze
Von ihm so heiß geliebte Pflanze.

Vier Jahre später gerät Buschs Herz erneut aus dem Takt. Obwohl Scheidungen zu jener Zeit durchaus vorkommen, ist Johanna Kessler für eine bürgerliche Verbindung unerreichbar. Sie, die Ehefrau des reichen Frankfurter Bankiers, die Mutter von acht Kindern, spielt wohl nur in Gedanken mit einem Abweichen vom vorgeschriebenen Weg. Und so oszilliert die Beziehung zwischen Familienherzlichkeit, Musenseligkeit, angedeuteter Liebe und

Resignation. Man kann das gut an den mehr oder weniger ironischen Benennungen ablesen, die Busch seiner Freundin gibt: »Tante Johanna«, »liebste Tante«, »Madamche«, »unumschränkte Herrscherin eines gewißen Reiches«, »Liebs guts Ungeheuer«. Sehr oft umgeht er die direkte Anrede, lässt Frau Kessler nur über die Töchter grüßen, und das klingt dann so: »Dein liebes, gutes Mütterchen«, »Frau Mama«, »gutes Mamache«, »die gute hochzuverehrende Frau Mama«. Überhaupt versucht er sein Interesse an der ältesten Kessler hinter der Zuneigung zur Trias aus Mutter und Töchtern zu verbergen: »An / Johanna, Nanda und Letty! / Wo ich auch sei – ich denke immer / An die bewußten Frauenzimmer!« Zwischen den Zeilen an Johanna Kessler kann man lesen, dass Busch wirklich ernsthaft ins Herz getroffen ist, dass es ihn immer wieder in die Frankfurter Villa zieht: »Soll ich? Soll ich nicht? – Ich breite Ihre Briefe aus und finde, sie sind eine Kette, die von hier nach Frankfurt, von Ostern bis Michaelis, ja noch viel weiter, reicht. Soll ich, oder soll ich nicht?« Und nach einer Aussprache oder einem Vorfall folgt der Brief vom Eskimo am Nordpol tief unter der Schneekruste mit Lebertran und »Was ich möchte«.

Man muss Buschs Diskretion respektieren; nur ganz vorsichtig lassen sich Zeichen deuten, Worte zusammenreimen. Aufschlussreich sind die Gaben an Johanna Kessler, die zum Kostbarsten gehören, was er schenken kann, und zwar »sehr gerne«, wie er sich noch im Alter erinnert: Es sind in wochenlanger Arbeit entstandene Zierhandschriften von »Hans Huckebein«, »Antonius«, »Helene«, »Filucius«, »Jobsiade« und »Dideldum!« (mit der besonders sorgfältigen Auszierung des Gedichts »Idiosyncrasie«). Für die verehrte Empfängerin sind dort sowohl Schrift als auch Zeichnungen eigenhändig mit feiner Feder aufgetragen und anschließend zart koloriert.

Umgekehrt verraten die Gaben aus Kessler'scher Küche und Handarbeitssalon, wie man bemüht ist, Busch mehr und mehr auf den »Onkel« festzulegen. In all den Jahren der Korrespondenz wandern viele gebratene Vögel von Frankfurt nach Wiedensahl (später Mechtshausen) und daneben: ein Fußsack, eine Lesedecke mit Ärmeln, eine mollige Unterlage, eine gehäkelte Börse, ein Kästchen, eine Fußdecke, ein »niedlicher« Beutel, eine »kunstreich gestrickte Ärmelweste«, erneut eine gestrickte sowie bestickte Weste, ein Geldbeutel, eine »wärmende Decke, gewirkt von guten Händen«, noch einmal eine Börse, wieder ein Fußsack, noch eine Weste, eine »Weihnachtsdecke, gewoben von schönen Händen«, ein Tabaksbeutel, eine Börse.

Busch nimmt die Rolle an. Allmählich wird sein Ton brüderlicher. In einem Dankschreiben für eine der Decken, die Johanna für ihn gestickt hat, bedichtet er sogar unromantisch das Hinterteil: Er sitze darauf »recht eifrig; so daß mir / Das Instrument, was wir benützen, / Um drauf zu blasen und zu sitzen, / zuweilen ordentlich 'n bißel einschlummert. (Ihnen auch bei der Decke, gelt ja?)«. Diesem Brief vom 26. April 1877 folgen bis zum Dezember intensive Begegnungen in Frankfurt und weitere Briefe. Dann tritt eine schwer einzuordnende Pause in Korrespondenz und Besuch ein. Johanna Kessler scheint Busch zu tadeln, er scheint die Verstimmung nicht ausräumen zu können, er beendet den Briefwechsel. Erst im August 1891, nach dem Tod von Ehemann Kessler, wird die Verbindung erneut geknüpft werden.

Johanna Kessler ist aber nicht die einzige Frau, mit der Busch sich in jener Zeit abgibt. In den Januar 1875 fällt der Beginn einer wunderbaren Freundschaft, die wenig wunderbar endet. Anlässlich der Gedichtsammlung »Kritik des Herzens« erhält er von der holländischen Schriftstellerin Maria Anderson einen offenbar enthusiastischen Brief, den er umgehend beantwortet: »Ihr Urtheil, gnädige Frau, ist mir äußerst schmeichelhaft gewesen. Dem kleinen Buche, welches vielfach mit einer gewißen sittlichen Entrüstung zurück gewiesen wurde, wird es hoffentlich wohl thun, daß eine Dame so freundlich ihre Hand darauf gelegt. Genehmigen Sie die Versicherung meiner außerordentlichen Hochachtung.« Gegen seine sonstigen Gewohnheiten entspinnt sich daraufhin sofort ein lebhafter Briefwechsel mit der zehn Jahre Jüngeren, der schnell philosophisch und mitunter geradezu intim wird – auf Holländisch mit deutschen Antworten. Im Laufe von sechs Monaten wird aus der »geehrtesten Frau Anderson« die »liebe

Frau Anderson«, ein »liebs guts Madamchen« und dann gar »Liebe Mary« und abgekürzt »L. M.«. Der letzte Brief datiert vom 9. August 1878 und lautet: »Vor einer Stunde von der Insel im Meer zurückgekehrt, schicke ich Ihnen einliegend das Gewünschte zurück. Mit freundlichem Gruß Wilh. Busch.« Hat sich das Verhältnis inzwischen derart abgekühlt? Offensichtlich. Zwischen erstem und letztem Schreiben erfolgen Bekenntnisse der Briefpartnerin, die man wohl in Richtung Antrag oder aber Antragszurückweisung interpretieren muss, und es erfolgt eine persönliche Begegnung in Mainz. Nicht ganz unvorbereitet. Vorsorglich hatte Anderson ihr Porträtfoto geschickt, das allerdings nicht dazu geeignet ist, Busch in die Arie »Dies Bildnis ist bezaubernd schön« ausbrechen zu lassen. Unverblümt schreibt er: »Meinen Dank für Ihre Photographie, obschon ich sagen muß: Sie haben recht! In der linken Backe befindet sich Was wie eine Pflaume, oder ein Kluntje!«

Eigentlich hätte ein Treffen in anregendem Gespräch verlaufen müssen, denn Busch zeigt sich in seinen Briefen an Anderson ungewohnt freigebig mit Aussagen über sein Dasein und Denken. Lebhaft diskutiert er mit ihr über Schopenhauer, über Darwin, über das Christentum, über die deutsche und holländische Sprache, über Literatur, über Seelenwanderung, Tierliebe und Malerei. Auch pflegt er bisweilen einen geradezu koketten Ton, den sie erwidert zu haben scheint. Zwischen April und September 1875 fällt mehrmals das Wort »Liebe«, wenn auch mit bedeutendem Zusatz: »Da Sie mich platonisch lieben, so will ich auch kein Brummbär sein. Liebe per distance gefällt dem Herrn wohl! Sie kommt mir vor wie zwei geflügelte Engelsköpfe auf Goldgrund.« Freilich: Dieser Herr ist nicht Busch, sondern der HErr. Denn zur gleichen Zeit entstehen Zeilen, in denen Busch seinen Junggesellen Tobias Knopp auf der Brautschau angesichts des versoffenen Eremiten Krökel und dessen Anbetung der heiligen Emmerenzia entschieden verlautbaren lässt: »Und die Liebe per Distanz, / Kurz gesagt, mißfällt mir ganz.«

Wenig später nimmt Busch den Wink wieder zurück: »Liebe Mary. Die Thätigkeit des Blumenkohl-ähnlichen Gehirns pflegt man *Geist* zu nennen. Sie haben gesagt, daß Sie meinen *Geist* liebten. – Gut! – Was kümmert Sie denn meine physikalische Beschaffenheit? – Sollten Sie etwa *Geist* und *Seele* mit einander verwechseln? – Das *Bild der Seele*, welches durch Vermittlung der Sinne im Gehirn sich zeigt, heißt *Körper*. – Wehe, wehe!! – Kommt Ihnen mein Geist, der vielgepriesene, gar so ungenügend vor?? – Ahem! Ihr W. B«. Doch eine Woche darauf befasst sich Busch erneut mit dem verhängnisvollen Gefühl: »Denn wer hat *zuerst* so hübsch und freundlich auf platonische Liebe gedrungen? Nicht ich, sondern Sie, Madamchen! Bin ich nicht mit himmlischer Seelengüte auf Ihren Wunsch und Standpunkt eingegangen? Und nun kommen Sie daher und machen mich zu einem alten weisen Murkepott!! – ›Jugend ist relativ.‹ – Ja! – Auch zwischen Weibern und Männern. – Mit 17 Jahren ist so ein Mädchen fix und fertig für Bett und Ball und wohlgeübt in allen Künsten des Krieges und des Friedens, während der gute Jüngling dieses Alters mit der

Mappe unterm Arm noch ganz bescheidentlich zur Schule wandelt. Kaum daß er mit 25 Jahren ein wenig für voll genommen wird. – Aber das Auge der ewigen Gerechtigkeit da droben blinzelt scharf. – Die eben erwähnte Jungfrau ist nun schon längst, wie man zu sagen pflegt, ›aus dem Schneider heraus‹; sie ist ausgemerzt und abgemeiert, und wehe ihr, wenn sie dem Schicksal zu trotzen wagt. Es kommt der frische blühende Nachschub auf den Ball und dann heißt's: So alte Knochen sollten sich doch lieber ausruhen und zu Hause bleiben! – Ein Glück, wenn sie noch Einen erwischt und in den Stand der heiligen Ehe zu sich herniederzieht. Mit 50 Jahren kann sie nur noch *ausnahmsweise* ein Kind kriegen, während der Mann von 50 Jahren nur *ausnahmsweise keine* Kinder mehr machen kann. – So gleicht sich die Sache recht nüdlich aus. – Wären Sie, Madam, so alt wie ich, so würde ich zum mindesten zehn Jahre jünger sein als Sie. – Sie fühlen sich noch jung; ich auch. Das ist recht schön und brav von uns. Aber damit alles seine Richtigkeit hätte, müßten wir auch von *andern* für jung gehalten werden. Ach du grundgütiger Himmel!«

Ist man nun jung genug für eine Verbindung oder nicht? Will Wilhelm Busch mehr als eine Brieffreundschaft zu der Witwe mit fünfjährigem Sohn? Noch einmal spiegelt er Rückzug vor: »Liebe Frau Anderson! Sie haben selbst und zuerst unsern Verkehr so begrenzt, daß er gewißermaßen ein Zwiegespräch über den ›platonischen Zaun‹ sein sollte. Fragen Sie nun aber zu genau nach meiner *Person*, so möchte mir das leicht eine Veranlaßung geben, über den Zaun hinüber zu steigen. Eine verhängnißvolle, unberechenbare Veränderung der Situation. Wehe!« Auf dieses »Wehe«, ein Wort, das in der Korrespondenz gefährlich oft fällt, folgt endlich die persönliche Begegnung: »Es soll mir auf einen kleinen Bogen nicht ankommen. Wie wär's, wenn wir an besagtem Mitwoch *Abend* ein paar Stunden auf dem *Bahnhofe* in Mainz zusammen verplaudern könnten?« Der kleine Bogen bedeutet einen sehr geringen Umweg auf der Fahrt von Frankfurt nach Heidelberg, die Busch sowieso vorhat. Und: Gibt es einen Ort, der den Durchgang mehr symbolisierte als ausgerechnet ein Bahnhof?

Maria Anderson hat diese Begegnung vom 6. Oktober 1875, die, weil der Bahnhof »nur eine hölzerne Scheune war«, dann doch im Speisesaal eines Hotels stattfand, unsentimental geschildert. Von platonischer Liebe scheint keine Rede gewesen zu sein, von Liebe erst recht nicht. Er spricht über Kartoffeln und Verkaufszahlen, »grübelt über Seelenwanderung«, ist »melancholisch«, »ernsthaft« und trinkt »ziemlich viel Wein«. Sie fragt, ob »ihm das Anfertigen seiner komischen Sachen [...] selbst nicht viel Vergnügen bereite«. Am nächsten Tag sitzt er schon mit der Zeitung da, als sie den Frühstückssaal betritt. »Ich bin ein Bauer, steh' ziemlich früh auf«, sagt er, und dass er heiser sei, weil er nachts das Fenster offen ließ. Man besieht noch einen berühmten Weinort, ermuntert den Kutscher zu einem Gläschen, amüsiert (Busch) und ängstet (Anderson) sich anschließend über einen völlig betrunkenen Kutscher. Am Bahnhof in Kastel verabschiedet man sich: »Busch fuhr nach Heidelberg, zu seinem Verleger, und ich nach Wiesbaden zurück.«

Wie sehr ihn die Begegnung ernüchtert hat, überliefert genau jener Verleger, zu dem Busch von Mainz aus fährt. Otto Bassermann spricht von einer »fürchterlichen Stimmung«, in welcher Busch ankommt, in der Familie vermutet man gleich eine »mißglückte Freite oder Brautschau«. Bestätigt wird das durch einen Brief an Erich Bachmann. Nach seiner Rückkunft aus Heidelberg schreibt Busch ratlos an den offenbar eingeweihten Freund: »Von der Bewußten fand ich Bücher und zehn Briefe vor. So geht's, wenn man *vorher* nicht genau zusieht. Was nun?« Es geht wie immer in solchen Fällen: Die schnell geschlossene Briefliebe wird nach enttäuschendem Rendezvous erst langsam ausgeblutet, dann in aller Stille begraben. Noch fast drei Jahre lang schickt Busch Karten aus dem Urlaub, bedankt sich für Bücher und Artikel, antwortet auf Fragen. Die Schreiben werden immer kürzer, der Abstand zwischen ihnen immer länger. Im August 1878 ist Schluss. Es scheint, als sei Busch im Nachhinein die Geschichte peinlich geworden. Wenig verhüllt urteilt er vierzig Tage nach dem Mainzer Treffen Johanna Kessler gegenüber, die seit Beginn von der deutsch-holländischen Korrespondenz weiß: »Die holländischen Bilder hab ich freilich gern, *sonst* ist mir Holland mehr als gleichgültig. Deutschland ist mir am Liebsten – war, ist und wird es sein.«

Frauennamen, die man diesem unglücklichen Abenteuer des Junggesellen Busch folgen lassen könnte, gibt es wohl. Doch keine Nachweise, dass er mit einer der Damen näheren Umgang pflegt. Eine merkwürdige Briefaffäre mit Auguste Gruber, die sich ihm unter männlichem Pseudonym nähert, endet innerhalb weniger Monate. Von einer Wolfenbütteler Bekanntschaft, der Berlinerin Grete Fehlow, unterrichten höchst interessante Zeichnungen Buschs. Er gibt sie in Rückansicht im Schleppenkleid wieder. Er hält sie eingehüllt in den Wintermantel, die Hände im Muff vergraben, fest. Er zeigt sie in furiosen Bewegungsstudien bei der Hausarbeit. Und er zeichnet sie hingelagert mit entblößten Brüsten, wohl das einzige Motiv in seinem Œuvre, bei dem ein skizzierter Akt außerhalb der akademischen Studien entsteht.

Auch ein herzlicher Briefwechsel mit Grete Fehlow entspinnt sich, der nach ihrer Verheiratung andauert. Doch mehr als Briefe, als Zeichnungen, als Gemälde wird man nicht finden. Die Bleistiftzeichnung einer hübschen jungen Frau wie Grete Fehlow, das Ölgemälde einer glutäugigen Schönen aus Paraguay: Das sind die einzigen Bemächtigungen weiblicher Körper, die wir sehen.

Schenkt man einigen Damen Glauben, die näheren Umgang mit Wilhelm Busch hatten, so wäre er durchaus in Frage gekommen. Es scheint sogar regelrechte Schwärmereien gegeben zu haben: »Er war so der Typ, wie sich junge Mädchen in meiner Jugend einen bleichen, gefährlichen, leidenschaftlichen Liebhaber vorstellen.« Aber immer ist das Mädchen schon vergeben, zieht er sich von der Dame zurück, hat er eine Verheiratete erkoren. Was bleibt, ist Kompensation. Er zeichnet, er malt, er schreibt Gedichte und Briefe. Er qualifiziert sich statt zum Liebhaber zum »Vetter« oder »Freund« oder »Onkel«. Wie heißt es in »Julchen« über den unbeweibten Mann? »Onkel heißt er günstgen Falles / Aber dieses ist auch Alles.«

Eine der Frauen will das mit dem Onkel nicht akzeptieren, umso mehr, weil sie ihn von Kind an in dieser Rolle erlebt. Als sie selbst bereits Heirat, zwei Geburten und eine furchtbare Flucht-und-Suizid-Geschichte des Ehemannes hinter sich hat, als sie den »Onkel« ihr immer noch herzlich zugeneigt findet – wagt sie einen Vorstoß. Nach dem Wiederanknüpfen der Beziehungen zum Haus Kessler im Jahr 1891 ist es nur noch vage die nun verwitwete Mutter Johanna, die Busch umwirbt, doch deutlich Tochter Nanda. Kurzerhand hatten Johanna, Letty, Nanda und deren zwei Kinder ein persönliches Treffen mit Busch in Bad Rehburg herbeigeführt. Im darauf folgenden Brief an Nanda Kessler rühmt dieser ihr »herziges Lachen« und nennt sie eine Hexe: »Warum lacht die Hex? – Weil sie weiß, daß sie hexen kann!« Er ist inzwischen fast sechzig, sie ist fast dreißig, lebt mit ihren Kindern in der Wiesenau, auf dem elterlichen Grund in Frankfurt. Wieder muss man sich die nun folgende Geschichte aus den erhaltenen Briefen zusammenreimen. Am 22. Oktober 1891 antwortet dem »lieben Nanderl« der »alte Onkel W. B.« auf wohl recht eindeutige Reflexionen über »Symptome des Übels« – eines altbekannten Übels: »Ja, die Sehnsucht, die allgemeine, im rosigen Nebel von tausend Möglichkeiten der Erfüllung, ist eher was Wonniges. Kommt aber der Wunsch, der bestimmte, und zugleich das Hinderniß, das grad so bestimmte, dann ist der Teufel los. Unwirrsch, unstet, weg Schlaf und Appetit; wo man auch hintappt, nichts recht, nichts wünschenswerth! – Doch endlich tobt er aus, der arme Kerl; Madam Vernunft, die scheu beiseit gegangen, darf wieder näher treten; müd und matt legt er sein Haupt an den getreuen, wenn auch nicht sehr üppigen, Busen dieser verständigen Freundin; sammelt sich; baut sich ein schönes Luftschloß weit hinten am Nordpol und kann nie mehr heraus, will nie mehr heraus, wenigstens nie mehr auf lange. […]

Was that Nausikaa, als sie sich in dem alten ruppigen Odyßeus so bitter enttäuscht sah? Hat sie geschimpft und die Mägde gekniffen; hat sie gewaschen, gebügelt, wie verruckt, für die ganze königliche Familie; hat sie den Heldenliedern des Sängers gelauscht, zu Nacht, in der Halle? Nahm sie einen braven Phäaken zum Mann, kriegte 10 Kinder und 100 Enkel hernach, bis ihr der Kopf gewackelt? – Der Dichter schweigt darüber; er ist ihretwegen beruhigt; er kennt das Mädel.«

Der »alte ruppige Odyßeus« alias Wilhelm Busch verweist Nanda auf ihre Rolle als Nausikaa. Im sechsten Gesang von Homers Epos bittet der Held die phäakische Königstochter um Hilfe. Nausikaa kleidet ihn, versorgt ihn, ebnet ihm den Weg zu ihren Eltern. Odysseus hat nichts als seinen Segen, seine guten Wünsche für sie. Einer von ihnen lautet: »Mögen die Götter dir schenken, so viel dein Herz nur begehret / Einen Mann und ein Haus […] Denn nichts ist besser und wünschenswerther auf Erden, / Als wenn Mann und Weib, in herzlicher Liebe vereinigt, / Ruhig ihr Haus verwalten«. Sein Wunsch scheint mit ihm selbst erfüllt, denn keinen anderen als Odysseus begehrt nun die Prinzessin zum Mann. Ihr Vater Alkinoos selbst schlägt die Verbindung vor. Doch Odysseus spricht nur von Heimkehr, von Abreise.

Der literarische Verweis ist schlau gewählt. Keine Frau der Welt könnte der Schmeichelei widerstehen, mit der gottschönen Nausikaa verglichen zu werden, »einer Unsterblichen gleich an Wuchs und reizender Bildung«. Und wenn schon diese holde Königstochter eine Zurückweisung vom großen Odysseus akzeptieren muss, umso mehr die kleine Bürgerin Nanda vom alten, ruppigen Wilhelm.

So wie Johanna Kessler ihn früher zum »Onkel« gestutzt hat, so stutzt Wilhelm Busch nun Nandas Phantasiegewächs aufs rechte Maß. Sie soll ihm nicht als Partnerin, sondern als Familienmitglied entgegentreten: »Das Familienbild, liebe Nanda!, in der Wiesenau – ein Garten, zwei Häuser, drei anmuthige Frauen darin – fast verkramt, so schien's, in der Rumpelkammer der Vergeßenheit – dann plötzlich wieder hervorgeholt und aufgestellt vor meinen leibhaftigen Augen – soll's noch mal weg? – (Nein, weg, ganz weg, geht nimmer!) – Oder soll's gestutzt, verkürzt, der alte Rahmen verkleinert werden? Eins weg daraus? Wegen einer liebenswürdigen Laune, die vorüberzieht, wie Wolken? Wie schmerzlich wär's, wie ungerecht!«

Wie bedauerlich, dass Nandas Antwort nicht vorliegt. Sie scheint sich angegriffen zu fühlen. Busch versucht zu beruhigen: »Nein! liebste Nanda! Keine Drohung sollt's sein, was ich schrieb, sondern ein Ausdruck der Besorgniß. – Wie möchte, wie dürft ich wohl eine hübsche, heitere, herzige Frau, die es so gut gemeint, die mir mehr Wohlwollen bewiesen, als ich jemals verdiente, wie könnt ich die wohl hinweg wünschen aus meiner besten Erinnerung, und käme ich auch zehnmal aus einer nun zehnjährigen, festhaftenden Welt, wo ›sozialdemokratische‹ Grundsätze, gleichviel, ob von oben oder unten, noch kaltes Entsetzen erregen, wo man nur aus denjenigen Träumen, worin man sich nicht so gut unterhalten, wie möglich, gewißermaßen beruhigt zu erwachen pflegt und wo's, so zu sagen, nur einen ehrlichen, berechtigten Traum giebt, nämlich den: zur rechten Zeit heirathen, Kinder erziehen, treu sein und arbeiten, was das Zeug halten will. Nein! du, deine Mutter, die Letty, ihr drei, ihr seid mir die Liebsten, die ich in der Ferne besitze und die ich behalten will, es müßte sonst paßiren, ich weiß nicht was.«

Was mag wohl inzwischen in Nandas Gemüt vorgehen? Dass sie tief gekränkt sein könnte, mutmaßt jetzt auch der »Onkel W«: »Liebe Nanda! – Ich schrieb dir längst und du schriebst nicht wieder. Oweh! Mir sitzt ein Wörtlein im Sinn – wo hört ich's nur gleich? – das heißt: rächen. Ein krächzendes Wort, giftig und vergiftend; aber noch glaub ich nicht dran.« Das schreibt er Mitte

Dezember 1891. Als er Ende Januar 1892 immer noch nichts aus Frankfurt vernommen hat, versucht er es mit einer Zeichnung. Einen Hofhund und eine anfliegende Wespe zeigend, illustriert sie die Verse »Liebe Wespe! ach i bitt, / Schwirr nit so und prick mi nit!« Endlich antwortet Nanda, und zwar beschwichtigend. Zum Dank bekommt sie vom »alten Onkel« einen Bilderbrief, der die Rollen endgültig festlegt. Die »holde Geistesverwirrung in Betreff der Korrespondenz« sei überwunden, ja habe ihn »erheitert«, der Frühling sei da und der Osterhase am Werk. Nanda möge doch die Mama, das gute Schwesterlein, die Kinder und Onkels grüßen. Illustriert ist der Brief so liebevoll wie ein Kinderbuch, mit Schlüsselblume, Frosch, Nachtigall, und: »dann dieser Osterhas, der legte auch schon 4 Eier: ›Jedem ein Ei, dem braven Mamachen aber 2.‹« Der Ton ist unmissverständlich. Zwischen Nanda und Wilhelm darf zwar Zärtlichkeit walten, aber es ist die Zärtlichkeit des »tausendjährigen«, des »alten, nüdlichen, gemüthlichen, friedlichen Onkel Wilhelm« für seine »angebetete« – welches Wort wird folgen? – »Tante«.

So bleiben denn die Abenteuer des Junggesellen Busch aufs Schriftliche beschränkt oder verborgen in einem Kämmerchen seiner Erinnerung, jenem »lieben, traulichen, teilweis graulichen, aber durchaus putzwunderlichen Polterkämmerchen der Erinnerung«, zu dem er uns keinen Schlüssel gibt. Den üblichen Lebensweg seiner Generation mit Verlobung, Heirat, Hausstandsgründung, Kindern, Enkelkindern geht er nicht. Und geht ihn doch. Nein, lässt ihn gehen, stellvertretend. Das hat den Vorteil, dass es nicht weh tut.

Die Bildergeschichte »Abenteuer eines Junggesellen« steht zunächst für sich allein: Ende gut, Vorhang zu. Wahrscheinlich aber hatte Busch von Anfang an vor, den Lebenslauf Knopps weiterzuverfolgen, erstmals bis in eine neue Generation hinein. Er lässt sich viel Zeit, bis sein »Julchen« geboren wird, so, als wäre er zugleich mit Dorothee Knopp schwanger. In Ruhe beobachtet er, wie rasant sich die »Abenteuer« verkaufen – wieder einmal versäumt Bassermann den rechtzeitigen Nachschub –, wie nach drei Monaten eine vierte Auflage nötig wird und bereits 18 000 Leser sich an ihnen ergötzen. (Später findet er das ein schlechtes Ergebnis.) Wenn er allerdings genötigt wird, diese Ergötzlichkeit in einem Bahnabteil zu teilen, ist es ihm hoch unangenehm: »in Kreiensen zog ein Herr meine Abentheuer eines Junggesellen aus der Tasche und las sie laut der Reisegesellschaft vor bis Nordstemmen. Es war mir sehr peinlich und ekelhaft; ich that, als wenn ich schliefe.«

So richtig abgeschlossen, so definitiv abgeschlossen wie die vorigen Bildergeschichten sind die »Abenteuer eines Junggesellen« nicht. Ein zugezogener Vorhang provoziert den Ruf »… und alle Fragen offen«. Es ist die Hauptfigur selbst, welche diese Fragen offenlässt. Herr Knopp ging ja deshalb auf Brautschau, weil ihm sein Leben völlig bedeutungslos erschien ohne Familie und Nachkommen:

Ach, so denkt er, diese Welt
Hat doch viel, was nicht gefällt.
Rosen, Tanten, Basen, Nelken
Sind genöthigt zu verwelken;
Ach, und endlich auch durch mich
Macht man einen dicken Strich.
Auch von mir wird man es lesen:
Knopp war da und ist gewesen.
Ach, und keine Thräne fließt
Aus dem Auge, was es liest;
Keiner wird, wenn ich begraben,
Unbequemlichkeiten haben;
Keine Seele wird genirt,
Weil man keinen Kummer spürt.
Dahingegen spricht man dann:
Was geht dieser Knopp uns an?

Wird denn Knopp als Ehemann jemanden etwas angehen? Das ist die Frage, die nach Fortsetzung heischt. Während der Eispeter, Max und Moritz, Antonius, Helene und Jobs ein durchaus phantastisches Ende nehmen, wird Knopp im ersten Teil in ein ganz realistisches und deshalb vorläufiges entlassen. Er folgt nur dem Beispiel von Millionen Männern vor und neben ihm – er heiratet. Anders als viele andere bringt er aber schon einen Erfahrungsschatz mit in die Ehe. Nicht umsonst hat er auf seiner Bildungsreise alle Abarten von Familienleben studieren können. Es kommt darauf an, was er daraus macht.

In »Herr und Frau Knopp« sowie »Julchen«, dem zweiten und dritten Teil der Trilogie, erfüllt Busch sein neu entwickeltes Konzept noch konsequenter. Brauchte er in den »Abenteuern« doch ein paar groteske Zufälle, unerklärliche Unfälle, übernatürliche Einfälle, so ist ihm im Folgenden das normale Familienleben schon komisch genug. Die »Knopp«-Trilogie ist insofern ein Experiment, als Busch darin weniger Geschichtenerzähler ist denn scharfer Beobachter des bürgerlichen Alltags. Damit nähert er seine Bildergeschichte der Genremalerei an. In »Was mich betrifft« spricht er im Zusammenhang der Antwerpener Eindrücke von seinen malerischen »Versuchen«, sie zögen »sich immerfort durch die Verhältnisse hindurch, welche mir schließlich meinen bescheidenen Platz anwiesen«. Damit können nur die Bildergeschichten gemeint sein. Manche der Motive hätten auch einem Niederländer gut angestanden: Herr Knopp mit Pfeife im Ohrensessel oder mit dem nackten Julchen auf dem Knie, Herr Knopp beim Kaffeemahlen, Stiefelwichsen, Ziegenmelken und Kindwiegen, Frau Dorothee mit Fidibus, Besen oder Kaffeekanne, Julchen samt Liebhaber und Dackel im nächtlichen Garten. Der Eheleute Lebenslauf ist ganz aufs Häusliche gestimmt. Keine berufliche Tätigkeit, keine Reise. Der Tag wird ausgefüllt von Necken, Spielen, Pfannekuchen-Essen, Pfeife-Rauchen, Waschen, Rasieren, Anziehen, Julchen-Pflegen, Dienstboten-Beaufsichtigen.

Notwendigerweise braucht es zur Satire die Überspitzung. Gewiss ist es Hokuspokus, dass eine Frau aus dem Sarg entweicht und ihren Ehemann zur kristallinen Salzsäule erstarren lässt. Gewiss ist der kleine, kugelrunde, glatzköpfige Knopp – mit Helenes Schmöck teilt er Figur, Bequemlichkeit und knallende Einsilbigkeit des Namens – besonders komisch, wenn er zusammen mit langen, spindeldürren Tanten oder Pfaffen im Bild erscheint. Gewiss ist es unwahrscheinlich, dass ein Mann, dessen Name schon wenig schmeichelhaft auf einen kleinen, runden Knopf verweist, seinen Hund auch noch »Knipp« nennt. Gewiss fließen die Flüssigkeiten wie Wasser, Bier, Grog, Milch, Pflaumenmus, Eiklar, Kaffee, Tinte, Blut, Schweiß und Tränen reichlicher als in der Wirklichkeit. Gewiss weist kein Hosenboden der Welt jenes »wechselnde Mienenspiel« auf, wie es Busch in »Herr und Frau Knopp« zur Belustigung von Frau Dorothee ersinnt. Und trotzdem sind die Episoden weit weg vom Absurden, zeugen Zeichnungen und Verse bei aller satirischen Abstraktion von genauer Alltagsschau. Sie sind gemischt aus ironisierter Idylle, realistisch aufgefasster Momentschilderung und schwankhafter Situationskomik.

Woher weiß Busch eigentlich, wie ein Ehestreit im Schlafzimmer aussieht und wohin man beim Säugling den Puder streuen muss? Er weiß es aus Beobachtung, gutem Gedächtnis, Analogie und eigener Erfahrung. Von »zeichnender Verwerthung« schreibt er einmal über ein Brautpaar, das er beobachtet hat, und dass seine Bildergeschichten »im Leben geglüht« seien. Nie lebt er isoliert von der Welt. Immer sind da Brüder, Schwestern, Freunde und deren Angehörige. Immer wird irgendwo geheiratet, wird ein Kind geboren, ein anderes eingeschult oder konfirmiert. Nie ist er sich zu schade, in der Küche vorbeizuschauen oder mit einem Nichtchen zu spielen, sogar die Neffen eigenhändig zu wickeln. Im Haus des Bruders Gustav scheint es für damalige Verhältnisse so locker zugegangen zu sein, dass man schon mal einen ehelichen Kuss erspähen, ein vertrautes Flüstern belauschen oder ein gewisses Gretchen mit nackten Brüsten zeichnen konnte. Auch beim Verlegerfreund Otto Bassermann mit seinen Töchtern Elsa, Auguste, Hedwig, Marie sowie beim Freund Erich Bachmann mit seinen Kindern Erich und Henriette Louise ist Gelegenheit, Säuglingen und Kleinkindern zuzusehen, ihr Mienenspiel beim Trinken, Schlafen, Schreien zu studieren. Gerade Bachmann wird dem Jugendfreund gegenüber keine Veranlassung zu Prüderie und Scheu gesehen haben.

Und so genügt dem Humorbedürfnis, was Julchen in ihrer kindischen Einfältigkeit anstellt, weil es »im Leben geglüht« ist. Wo bei »Max und Moritz«, bei »Helene« die Bösartigkeit der Streiche und ihre übertriebene Bestrafung amüsiert, reizt im Knopp'schen Familienleben der Wiedererkennungseffekt zum Lachen. Wie überzeugend ist doch der Einfall, Klein Julchen in Nachahmung der väterlichen Tätigkeit und im kindlichen Hochgefühl der Hilfeleistung das imposante Rauchgerät von festgebackenen Schlacken »säubern« und dabei zusammen mit dem Pfeifenkopf gleich das Reinigungsinstrument in Form des Rasiermessers zerstören zu lassen! Wie treffend ist doch die Erfahrung wiedergegeben, dass in den Physiognomien von Kindern schon die der späteren Erwachsenen schlummern! Wie entlarvend wirken doch der streng symmetrische Bildaufbau bei dem Porträt der gouvernantenhaften Erbtante und der Einfall, dem schlemmenden Knopp wie von ungefähr die Zipfel seiner umgebundenen Serviette als Schweinsöhrchen an den Kopf zu legen!

So grausam auch das Schicksal so mancher Figur aus den »Fliegenden Blättern«, von Eispeter, Max und Moritz oder Helene erscheint, so hinterlässt es doch in der Seele des Betrachters weniger Spuren als dasjenige der Knopp-Familie. Denn Erstere können mit einem »gottseidank! Ich bin nicht so!!« abgetan werden. Bei Letzterer fühlt man sich, seine Familie und die eigene Ungeschicklichkeit – ums Zeitgepräge bereinigt – ertappt. Und keine Tröstung weit und breit, nicht einmal die der Religion.

Bezeichnenderweise findet Tobias Knopp kein christliches Grab, obwohl ihm doch ein solches Motivation war, sich fortzupflanzen und jemanden auf Erden zu hinterlassen. Nachdem er Tochter Julchen an den Mann gebracht hat, bleibt ihm »hienieden eigentlich nichts mehr zu thun«. »Er hat seinen Zweck erfüllt« und kann gehen. Allerdings ist er zu Lebzeiten nicht besonders fromm gewesen, zum Gebet greift er nur in äußerster Not, die Messe ist ihm bloße Gewohnheit. Das qualifizierte ihn eigentlich für das Fegefeuer. Aber für die Sterbeszene greift Busch nicht wie bei »Antonius« und »Helene« auf die christliche Vorstellung von Himmel und Hölle zurück. Schon die in »Julchen« vierfach wiederholte Eröffnungssequenz »Einszweidrei! Im Sauseschritt / Läuft die Zeit; wir laufen mit« illustriert eine halb heidnische Skelettgestalt, von der nur Kleid, Knochenbeine in Wanderschuhen, Sense und Sanduhr zu sehen sind. So groß ist sie und so geschwind läuft sie, dass ihr Kopf beständig in Wolken verborgen bleibt. Ganz ähnlich jene Gestalt, die Knopps Tod vollzieht.

In der Wolke sitzt die schwarze
Parze mit der Nasenwarze,

Und sie zwickt und schneidet, Schnapp!!
Knopp sein Lebensbändel ab.

Die Parze entstammt nicht der christlichen Ideenwelt. Keine Gottesmutter, nicht Engel oder Teufel bemühen sich um Knopps Seele, sondern ganz heidnisch endet das Leben, indem es, abgeschnitten vom Lebensfaden, in sich zusammensinkt. Selbst Hausmütze und Pfeife sind vom Verfall betroffen. Statt des christlich-lateinischen »Memento mori« hat die Parze eine deutsche Inschrift auf ihrem Spinnrocken.

Busch konzentriert in diesem Bild mehrere Schicksalsvorstellungen. Bei den Griechen wurde das individuelle Schicksal von den drei Moiren, mächtigen Schwestergottheiten, verhängt, die in einer Höhle oder einem Tal wohnten. Bei Homer taucht mehrfach die Metapher ihres Spinnens auf: Klotho spinnt den Lebensfaden, Lachesis misst ihn zu, Atropos schneidet ihn ab. Dieses

Bild fasst Wilhelm Busch in einem einzigen zusammen, indem der Schicksalsfaden gleichzeitig vom Rocken ausgeht, mit Knopps Mütze verbunden ist und abgeschnitten wird. Den Namen »Parze« entnimmt er der römischen Mythologie. Sowohl bei Griechen als auch bei Römern waren die Moiren bzw. Parzen erhabene Göttinnen mit Kronen auf den Häuptern. Nicht aber in der altnordischen Mythologie, in der die Nornen hexenhafte Schicksalsgöttinnen sind, wie sie noch in Shakespeares »Macbeth« als »weird sisters« auftauchen. Und wirklich: Busch hatte eineinhalb Jahre vor Abfassung von »Julchen« wieder einmal »Macbeth« gelesen und dessen Hexenszenen in sein »liebes Plattdeutsch« übersetzt. Diejenige unter den Nornen, die das Lebensseil kappt, wird als besonders grausam geschildert. Als drei hässliche alte Spinnerinnen finden sie Eingang in Grimms Märchen, und die schöne Verbindung Parze – Schere – Nase – Warze begegnet schon bei Heinrich Heine:

> Es hält die dritte Parze
> In Händen die Schere,
> Sie summt Miserere;
> Die Nase ist spitz, drauf sitzt eine Warze.

All das nun kompiliert Busch in einem Bild und vier Zeilen. Von der Wolkenbewohnerin sehen wir nur eine Warzennase, einen Rocken und eine Hand mit Schere, was noch an die ursprüngliche Dreizahl der Schwestern und ihre Tätigkeiten erinnert. Heftige Federstriche deuten Dunkelheit oder Gewitterstimmung an. Und der Text verbreitet Endstimmung mit dem letzten Buchstaben des Alphabets: sitzt – schwarze – Parze – Nasenwarze – zwickt. Vom »Schnapp!!« der Parzenschere ist es nicht weit zum letzten »Ratsch!«: Dem weiblichen Chronos, wiederum im Sauseschritt, bleibt es vorbehalten, den allerletzten Vorhang zuzuziehen. Nach dem ersten Akt versah Amor dies Geschäft, nach dem zweiten die Hebamme. Amor, Zeitallegorie und Hebamme sind es auch, die den Unterschied zur »Frommen Helene« markieren. Wo Helenes Leben in christlicher Sphäre abläuft bis hin zum höllischen Ende, bewegt sich Knopps Biographie ganz im Bürgerlich-Weltlichen, das seine Satirespitzen nicht länger aus dem Katholizismus bezieht, sondern aus einem parodierten Klassizismus.

Die »Knopp«-Trilogie entsteht in den Jahren 1875 bis 1877, in jener Zeit, als Wilhelm Busch seinen festen Wohn- und Arbeitsplatz in Wiedensahl hat, aber auch nach Frankfurt oder München fährt, den Bruder Hermann in Uelzen besucht und in Wolfenbüttel in einem eigens gebauten Bretteratelier mit Nordlicht malt. Weil »Abenteuer eines Junggesellen« die letzte Arbeit ist, für die er »in Holz sitzen« muss, also alles noch einmal auf die Holzstöcke zeichnen, gewinnt er Zeit. Ab »Herr und Frau Knopp« genügt eine Entwurfs- und eine Reinzeichnung, die dann via Photozinkotypie mechanisch vervielfältigt wird. Busch ist damals relativ häuslich; manchmal vertritt er sogar den Pastor, wenn Schwester und Schwager verreist sind und er im Pfarrhaus »die geistlichen Angelegenheiten« allein besorgen muss.

Wollte man über Buschs damaliges Selbstgefühl spekulieren, so könnte es ungefähr so ausgesehen haben: Junggeselle mit Familienanschluss, der allmählich den Luftzug verspürt, der vom Sauseschritt der Zeit herrührt. Mit einem Wort – Onkel. Man könnte auch sagen: Beobachter. Muss der angehende Familienvater selbst heiraten, zeugen und erziehen, so kann der Onkel das alles gemütlich von außen betrachten. Seinem Tobias Knopp tritt Busch den üblichen Lebenslauf des normalen Bürgers ab, mit all den Freuden und all den Unannehmlichkeiten. Knopp ist zwar in gewissem Sinn eine Karikatur. Wo andere Männer ein lebendiges Herz im Rock verborgen haben, trägt er eine herzförmige Berlocke offen auf der Brust vor sich her, damit ja klar wird, wes Geistes Kind seine Reise ist. Den Mund seiner Auserwählten erreicht er zum Küssen selbst dann kaum, wenn er sich auf die Zehenspitzen stellt. Und doch ist er auch liebenswürdig. Und doch sind Sehnsüchte, Peinlichkeiten, Verhaltensformen in seine Gestalt eingeflossen, die Busch gut kennt.

Wie Knopp treibt sich Busch ohne finanzielle Engpässe oder berufliche Rücksichten in fremden Gegenden herum und besieht sich bei diesen Gelegenheiten auch fremde Frauen. Selbst manche Äußerlichkeit seines Helden darf als unbarmherziges Selbstporträt gelten. Denn überkritisch bezeichnet sich Busch inzwischen längst als etwas »ältlichen Herrn mit Bauch und Glatze (ja ja, er hat'se!)«. Mit einer Größe von 1,81 m und dem üppigen Bart gehört der 44-Jährige allerdings nicht zu den knoppigen, sondern zu den stattlichen Männern seiner Zeit. Dass er wie Knopp eine dienstbare Liese in die Wade zwickt, ist unwahrscheinlich. Das Erstaunen über Gewohnheiten solcher »Jungfern« teilt er jedoch mit ihm. Es muss ja nicht gleich das Vermengen von Kuchenteig mit Nasensekret oder das Ausborgen der herrschaftlichen Zahnbürste sein, wie es in »Herr und Frau Knopp« geschildert wird. Aber Haushälterinnen haben eben so ihre Eigenheiten: »Der Haushalt geht ja sonst ganz paßabel. Fräulein H. löffelt allerdings noch immer mit dem Meßer und balsamirt sich Sonntags mit wohlriechender Haarpomade, daß ich das Fenster öffnen muß, doch wird sich ja wohl mal Gelegenheit finden, diese Tugenden auf gelinde Art abzustellen.« Noch 1897 wird Busch in einem Brief an den Neffen Otto über eine der »Haustanten« seufzen: »Nie in meinem Leben hab ich mich so nach menschenwürdiger Gesellschaft gesehnt, wie jetzt, nachdem ich die Person näher kennen gelernt habe, an die wir gerathen sind, wie der Hund an die Flöhe. Nun handelt es sich darum, daß wir sie, und zwar möglichst schnell, los werden, ohne verdrießliche Weiterungen. Denn so unglaublich beschränkt sie ist, innerhalb ihres engen Gesichtskreises besitzt sie eine Geriebenheit, der Mutter [Buschs Schwester Fanny] und ich nicht gewachsen sind. Ein paar hundert Mark wird es wohl kosten; aber das thut gar nichts. Wir wollen auch nicht vergeßen, daß sie arm ist.«

Sie heißen Fräulein Husemann, Frau Nickels, Ernestine, Else oder Dortchen, und ohne sie geht nichts. Wilhelm Busch lebt zwar als Junggeselle, doch pflegt er keine Männerwirtschaft. Seit er mit seiner Schwester Fanny und seinem Schwager Hermann Nöldeke zusammengezogen ist, wird er rundum versorgt. Wo es hauswirtschaftlich langgeht, bestimmt die Schwester, die von diversen Helferinnen unterstützt wird, so dass jederzeit gut gekocht, die große Wäsche erledigt, das Obst eingemacht werden kann. Natürlich packt Busch mal mit an, natürlich pflegt er seine

Gartenliebhabereien, natürlich entscheidet er mit, welche Anschaffungen getätigt werden, schließlich ist er der größte Verdiener im Haus. Aber ansonsten ist er frei. Notgedrungen wird er diese Freiheit, die ja auch Freiheit von ehelicher Bindung ist, sowohl verflucht wie verteidigt haben. Vielleicht passt ein verheirateter Wilhelm gar nicht zu seinem Selbstbild. Liest man jenen Brief, in dem er sich mit noch nicht 37 Jahren bereits zum ältlichen Onkeltyp stilisiert, scheint es fast so. Gerichtet ist er an Freund Bassermann anlässlich dessen bevorstehender Hochzeit am 22. Februar 1869: »Mit Freude und Genugthuung sehe ich Dich nun im Begriff, jenes ernsthafteste aller Geschäfte zu beginnen, welches ich Dir oft mit heiterem Prophetenblicke in die Zukunft als besonders segensreich und so recht eigentlich für dich paßend geschildert habe. Ein solides, ehrliches Geschäft, ein altbewährtes Geschäft! – […] Also am 22ten! – Vor allen Übrigen müßen bei einer Hochzeit ja wohl Braut und Bräutigam zugegen sein. Ich denke mir sogar, diese beiden glücklichen Leutchen werden sich dann recht viel mit einander zu schaffen machen, so viel, daß sie es nicht eben vermerken, wenn ein gewißer guter, braver, etwas ältlicher Herr mit Bauch und Glatze (ja ja, er hat'se!) – der nicht alt genug ist, um Ehrfurcht einzuflößen oder bei der Großmutter zu sitzen, noch jung genug, um seiner hübschen Tischnachbarin genehm zu sein (sie hat zwei lange blonde Locken über den Nacken herabhängen, das liebe Kind!) – wenn, sage ich, jener genannte Herr seinen Frack im Schranke und sich selber hinter dem Ofen läßt, und, von den sanft dahinschwebenden Wolken des bläulichen Dampfes umhüllt, an die Zeiten denkt, die vergangen und an die, welche kommen – nur an die, welche kommen – Liebster Freund! möchten sie dir doch alles, alles Gute bringen!«

Unüberhörbar herrscht hier schon ein gewisser eigenbrötlerischer Ton. Busch wird ihn in den folgenden Jahren noch öfter anschlagen, in einer von mehreren Rollen, in denen er auftritt. Gerade den Gedichten, die ab den 1870er-Jahren entstehen, sind solche Töne abzulauschen. »Sehr ernsthaft, tief empfunden, reizend […] in der Auffassung fast sammt und sonders düster, beinahe pessimistisch, in der Form muthwillig«, nennt sie ihr erster Interpret Paul Lindau. Als Gegengewicht zu den heiter-bösen Bildergeschichten erscheint im Oktober 1874 das Bändchen »Kritik des Herzens« mit 81 Gedichten. Ganz bewusst ohne jedes graphische Element, denn: Hier spricht der Dichter. Und was spricht er? Er legt Zeugnis ab von »meinem und unserem bösen Herzen«, wie er sich in sein eigenes Exemplar notiert, und gesteht seine Überzeugung, »daß wir nicht viel taugen ›von Jugend auf‹«. In einem der Gedichte heißt es geradezu: »Sehr tadelnswert ist unser Tun, / Wir sind nicht brav und bieder.«

Wie recht Busch daran tut, aus der Schublade »Humor, Witz, Karikatur« zu krabbeln, macht kurz nach Veröffentlichung ein Leserbrief an den Verlag deutlich. In einem empörten Schreiben meldet sich der mit dem sprechenden Namen Gustav Spieß gesegnete kaiserlich türkische Generalkonsul zu Wort. Ein »erbärmliches Sammelsurium« von »Mißgeburten« sei dieses Werk. Er aber fühle die Pflicht, aus dem »empörten gesunden Menschenverstande heraus« einmal aufzuklären, welche Obszönität man hier »für den Weihnachtstisch deutscher Familien empfehle«. Spieß ist das beste Beispiel dafür, dass man als Autor nicht ungestraft die Lesererwartung enttäuscht, die man jahrelang erfüllte. »Wer«, so Spieß weiter, »die Ankündigung ›Neuestes von W. Busch‹ liest und dort findet: ›Indem er jede Falte des menschlichen Herzens prüft und jeden Zug etc. etc.‹, der sollte glauben, es handle sich wirklich um Gedichte, die etwa in satirischer Form die Schwächen des menschlichen Herzens beleuchteten. Wenn die geehrte Redaktion das Neueste von W. Busch aber wirklich durchblättert hat, dann wird sie das Buch mit Widerwillen und Ekel aus der Hand legen und mir beipflichten, daß solche Erzeugnisse eines ›Dichters‹ ins Feuer und nicht auf den Weihnachtstisch gehören. Von Witz ist kaum die Rede, trivial ist das meiste, schal fast alles und schmutzig-lasziv viel zuviel […] Wenn jemand, der sich eine gewisse Popularität erworben, diese dazu mißbraucht, um solches Zeug in die Welt zu setzen, dann gebührt ihm eine derbe Abfertigung […] Schon die letzten Zeichnungen verrieten eine bedenkliche Hinneigung zum Obszönen, und über die Berechtigung einer so verzerrten Karikatur kann man zweierlei Ansicht sein. Für das neueste Werk des Dichters Busch hätte derselbe am besten das Lieblingstier des hl. Antonius selbst als Motto gewählt – damit wäre ihm der wahre Stempel aufgedrückt worden.«

Das macht neugierig. Schmutzig, lasziv, obszön, schweinisch – hat Busch hier etwa die Diskretion seiner Bildergeschichten verlassen zugunsten zotiger Gedichte? Dass seine Lyriksammlung nicht die Popularität und den Verkaufserfolg eines »Hans Huckebein« erreichen würde, ist ihm klar. Die Kritik an der »Kritik« erstaunt ihn dann trotzdem: »Die ›Kritik des Herzens‹ macht an allen Ecken und Enden viel Wirbelwind in den Blättern; sogar der türkische Consul in Leipzig ist ganz entrüstet darüber. Ich laße blasen, was blasen mag, hülle mich einsam in meinen Mantel […].«

Es fällt schwer, in dem Band überhaupt etwas zu finden, was der krittelnde Spieß gemeint haben könnte. Zwar erblickt man neben »Blümelein« und »Mägdelein« ein paar »Spitzbuben«, ein »Bocksgesicht«, ein »unverhülltes Weib« und »Onkel Kaspers rote Nase«, doch ist das alles, selbst am zeitgenössischen Geschmack gemessen, überaus harmlos. Der türkische Konsul hat zweifellos noch nie Heinrich Heine gelesen und überdies etwas vom Vischer'schen Guano ins Auge bekommen. Manches Gedicht ist ihm wohl einfach zu flüssig:

Wärst du ein Bächlein, ich ein Bach,
So eilt ich dir geschwinde nach.
Und wenn ich dich gefunden hätt'
In deinem Blumenuferbett:
Wie wollt ich mich in dich ergießen
Und ganz mit dir zusammenfließen,
Du vielgeliebtes Mädchen du!
Dann strömten wir bei Nacht und Tage
Vereint in süßem Wellenschlage
Dem Meere zu.

Eher als jener der Obszönität trifft Busch der Vorwurf der Falscheinschätzung seiner Leser. Leicht überlesen diese, dass im Eröffnungsgedicht ein Ich die »hohen Gedanken im hohen Haus« nicht findet und deshalb »ganz bescheiden bei kleineren Leuten« anklopft. Deutlicher als Heine, von dessen Gedichten und Versepen er sich vielfach anregen ließ, versteckt Busch das weltanschaulich Bedenkenswerte hinterm scheinbar gemütlich Tändelnden und liedhaft Schlichten. Dass er oft zum Mittel des lyrischen Ichs greift, provoziert das beliebte Missverständnis, der Autor meine sich selbst. Dass er inhaltlich immer wieder dem Schema der Überführung huldigt, zeitigt womöglich Überdruss. Sich, uns und so vielen anderen hält er den Spiegel vor: dem Mann, dem Weib, dem Pfaffen, dem Kritikus, dem Säufer, dem Selbstgerechten, dem Neider, dem Frömmler, dem Asketen, dem Eitlen:

Er stellt sich vor sein Spiegelglas
Und arrangiert noch dies und das.
Er dreht hinaus des Bartes Spitzen,
Sieht zu, wie seine Ringe blitzen,
Probiert auch mal, wie sich das macht,
Wenn er so herzgewinnend lacht,
Übt seines Auges Zauberkraft,
Legt die Krawatte musterhaft,
Wirft einen süßen Scheideblick
Auf sein geliebtes Bild zurück,
Geht dann hinaus zur Promenade,
Umschwebt vom Dufte der Pomade,
Und ärgert sich als wie ein Stint,
Daß andre Leute eitel sind.

Will man den Poemen näher auf den Leib rücken, muss man sie als lyrische Familie betrachten. Der Titel greift hoch. Nach der »Kritik der reinen Vernunft«, der »Kritik der praktischen Vernunft« und der »Kritik der Urteilskraft« nun also die »Kritik des Herzens«. Was befähigt sie dazu, den Kritiken Kants an die Seite gestellt zu werden? Der Verlag hatte in seiner Ankündigung schon recht: Busch blickt in die Falten des menschlichen Herzens. Und was er dort sieht, provoziert sein Urteil; es wird gefällt mit dem Verstand – und mit dem Herzen. Im Sinne einer poetischen Untersuchung des menschlichen Innersten muss man diese »Kritik des Herzens« verstehen, auch im Sinne einer allgemeinverständlichen Erkenntniskritik. Wollte man den Verweis auf Kant noch weiter strapazieren, so könnte man sagen, das Papier, auf dem diese Gedichte stehen, trage das Wasserzeichen des kategorischen Imperativs. Denn Wilhelm Busch hat seinen Kant früh gelesen. Der Philosoph weckt in ihm »eine Neigung, in den Laubengängen des intimeren Gehirns zu lustwandeln« oder auch »in der Gehirnkammer Mäuse zu fangen«. Kommt die Rede auf Schopenhauer, erklärt er bündig: »Freilich Kant wird voraus gesetzt.« Aber nur ganz allgemein sind Kant und Schopenhauer Voraussetzungen für sein Denken: »Gewißheit giebt allein die Mathematik. Aber leider streift sie nur den Oberrock der Dinge. [...] Seit ich Kant in die Hände kriegte, scheint mir die Idealität von Zeit und Raum ein unwiderstehliches Axiom.« Sieht man genauer hin, sucht Busch die Erkenntnissicherheit wenigstens anzukränkeln in seinen Gedichten. Hinter ihrem Humor versteckt er die Kritik an der hohen Begrifflichkeit, wie sie seinen Lesern aus der zeitgenössischen Dichtung bekannt ist. Aber mindestens so interessant wie die »Kritik« ist das »Herz«. Die originellen, teilweise einzigartigen Herzbilder, die er in seiner späten Lyrik finden wird, fehlen zwar noch. Aber eines davon hat durchaus Bestand über den Tag hinaus.

Ich kam in diese Welt herein,
Mich baß zu amüsieren,
Ich wollte gern was Rechtes sein
Und mußte mich immer genieren.
Oft war ich hoffnungsvoll und froh,
Und später kam es doch nicht so.

Nun lauf ich manchen Donnerstag
Hienieden schon herummer,
Wie ich mich drehn und wenden mag,

’s ist immer der alte Kummer.
Bald klopft vor Schmerz und bald vor Lust
Das rote Ding in meiner Brust.

Busch verwendet in den letzten beiden Zeilen ganz konventionell die Endreime »Lust« auf »Brust«. Aber statt des eigentlich erforderlichen, trivialen Binnenreims auf »Schmerz« – setzt er »Ding«. Indem er das abgegriffene Wort »Herz« mit »rotes Ding in meiner Brust« vertauscht, macht er stutzig. So, als fiele dem lyrischen Ich das richtige Wort auf die Schnelle nicht ein, wird dieses durch eine Umschreibung ersetzt. Dadurch kann das bis zum Überdruss Vertraute wieder fremd werden. Es fängt an zu pulsieren: Vergrößert sich einerseits, weil aus einem Vierbuchstaber ein Fünfworter wird. Verkleinert sich andererseits, weil aus dem Zentralorgan ein bloßes Ding wird. Dieses Ding – Metapher für Leben, Seele, Liebe – bildet das Kontinuum, von dem die zweite Strophe spricht. In einer für Busch typischen Gegensatzpaarung von Rekapitulation und Resümee widmet sich die erste Strophe, geschrieben im Imperfekt, der Vergangenheitsschau, dem Lebenslauf in abstracto. Die zweite Strophe, geschrieben im Präsens, zieht die Summe daraus, fasst in abwiegelnder Manier das große Lebensthema zusammen. Statt eines poetischen »immerdar« fällt das bewusst prosaische »manchen Donnerstag«. Statt von Leidenschaft und Gefühl ist die Rede bloß vom Klopfen eines roten Dings.

Genau dieselbe Bewegung von Vergangenheit zu Gegenwart, von Lebensgeschichte zu ernüchterndem Ergebnis lässt sich in einem weiteren Gedicht beobachten:

Die Liebe war nicht geringe.
Sie wurden ordentlich blaß;
Sie sagten sich tausend Dinge
Und wußten noch immer was.

Sie mußten sich lange quälen,
Doch schließlich kam’s dazu,

Daß sie sich konnten vermählen.
Jetzt haben die Seelen Ruh.

Bei eines Strumpfes Bereitung
Sitzt sie im Morgenhabit;
Er liest in der Kölnischen Zeitung
Und teilt ihr das Nötige mit.

Wieder folgt einem Blick in die Geschichte einer auf die Gegenwart, deren Trivialität, so ahnt man, sich in Zukunft fortsetzen wird. Den Übergang von romantischer zu desillusionierter Stimmung, von Ideal zu Wirklichkeit, von Leidenschaft zu Butterbrot mag Busch bei Heine studiert haben. Wie in einem Zerrspiegel sind bei ihm die Zeilen der letzten auf diejenigen der ersten Strophe bezogen. Der einstigen Liebe entspricht das heutige Strümpfestricken, dem erotischen Gefühl der Morgenmantel, dem unausgesetzten Gespräch die einseitige Lektüre. Die Mittelstrophe bereitet unbarmherzig auf das Resümee vor: die Ehe als Sandmännchen, wenn nicht Totengräber der Liebe (»Jetzt haben die Seelen Ruh«). In diesem volksnahen Bereich ist denn auch der Stil des Gedichts anzusiedeln mit seinen Heine-Anklängen. Das alltagssprachliche Übertreiben (»tausend Dinge«) ist aus der Bildergeschichte bekannt, genauso wie der hochtrabende Genitiv im prosaischen Zusammenhang (»Bei eines Strumpfes Bereitung«), die umgangssprachlichen Verkürzungen (»was«, »kam's«), die knappe Pointe (»Und teilt ihr das Nötige mit«). Ähnlich wie in einer Fabel geht es nicht um Individuen und ihr spezielles Schicksal. Es ist einfach der Durchschnitt, namenlos, alterslos – zuerst ein Paar im bloßen Plural-Sie, sodann getrennt ein Er und eine Sie. Schließlich fehlt jeder lyrische Wohllaut. Wo ein Gefühlspoet ausgesuchte Metaphern und raffinierte Klanggebilde geschaffen hätte, reicht Busch ein primitiver Wortschatz aus Hilfszeitverben und nichtssagenden Wörtern wie »ordentlich«, »Ding«, »kommen«, »sitzen«. Sozusagen eine Verbürgerlichung der lyrischen Mittel. Das ungewöhnlichste Wort in dem ganzen Gedicht ist »Morgenhabit«, wieder so eine komisch wirkende sprachliche

Übertreibung für das Banale. Zwar werden die beiden Partner sogar über den Reim aneinander gebunden, aber welche Bindung ist das! Es reimt »geringe« auf »Dinge« und »blaß« auf »was«, ihre Strumpf-»Bereitung« sich auf seine »Zeitung«. Vor allem reimt sich »vermählen« auf »quälen«. Auf diese Weise entsteht nicht nur inhaltlich, sondern auch formal der größtmögliche Kontrast zwischen dem Versprechen der »Liebe« in der ersten Zeile und dessen Erfüllung, dem »Nötigen« in der letzten Zeile.

Wer möchte hier noch zur Heirat raten? Die »Kritik des Herzens« jedenfalls nicht. Ihr Bild von Liebe, Partnerschaft und Ehe ist nicht heiter. Ein knappes Drittel der 81 Gedichte befasst sich mit dem Thema. Das Erotische verwirrt den Mann, ist eine Wunschprojektion, wird verheimlicht, darf nicht ausgesprochen werden. Entweder man ist zu alt dafür oder zu zölibatär. Und mitunter hat es schreckliche Folgen, die deutlich benannt werden:

> Ich habe von einem Vater gelesen:
> Die Tochter ist beim Theater gewesen.
> Ein Schurke hat ihm das Mädchen verdorben,
> So daß es im Wochenbette gestorben.
> Das nahm der Vater sich tief zu Gemüte.
> Und als er den Schurken zu fassen kriegte,
> Verzieh er ihm nobel die ganze Geschichte.
> Ich weine ob solcher Güte.

Nicht viel anders ist die Bilanz, wenn es um die Liebe geht. Sie macht einen zum Narren, findet keinen Anklang beim anderen, gehört nur der Vergangenheit an, führt zu Leid, ja sogar zum Tod. Oder scheitert an der Menschlichkeit des Menschen:

> Ich wußte, sie ist in der Küchen,
> Ich bin ihr leise nachgeschlichen.
> Ich wollt' ihr ew'ge Treue schwören
> Und fragen, willst du mir gehören?
> Auf einmal aber stutzte ich.
> Sie kramte zwischen dem Gewürze;

Dann schneuzte sie und putzte sich
Die Nase mit der Schürze.

Mündet die Liebe in die Ehe, wird es auch nicht besser. In Buschs Gedichten ist sie bloße Illusion, nur für Reiche geeignet, ein Käfig für junge Frauen. Sie deckt mit bürgerlichem Mantel die Egoisten, Schlingel und Tugendschwätzer. Da bleibt nicht viel übrig von Herz und Gefühl. Im Grunde gibt es nur ein einziges Gedicht, in dem »Seelenruh«, »Innigkeit«, »Herzensgüte«, »Liebe« ohne Einschränkung herrschen. Wer hat diese schönen Eigenschaften? Wem gegenüber? Warum? Ein braves Mädchen. Dem Fleisch. »Wer einen guten Braten macht, / Hat auch ein gutes Herz.«

Was nach dieser Bestandsaufnahme übrigbleibt, sind nur noch der Hagestolz und die alte Jungfer. Im Laufe seiner weiteren lyrischen Produktion wird Wilhelm Busch etliche Gedichte über Junggesellen schreiben, die meisten mit der leicht spöttischen Beteuerung, wie schön es doch der Unvermählte habe, der so ganz ohne Rücksichten in den Tag hinein leben könne. Ob er das Singledasein für sich selbst als einzig denkbare Lebensform oder aber als notwendiges Übel ansieht? Einer Anekdote zufolge goutiert er einen Ausspruch von Johannes Brahms. Dieser soll auf die Frage, ob er denn verheiratet sei, geantwortet haben: »Gott sei Dank, leider nein!« Busch ist jedenfalls kein Frauenfeind und eifert in dieser Hinsicht Schopenhauer nicht nach: »Wenn der alte Brummbartel«, so nennt er ihn, »von den Weibern nichts Gutes erwartet und ihnen nichts Gutes gönnt, so ist das eine von seinen Schrullen.« Dennoch bleibt er Skeptiker und findet immer wieder Argumente zur Verteidigung des Junggesellenstands. In der »Kritik des Herzens« entkräftet er sogar den ewig gehörten Vorwurf, der Familienverweigerer trage nichts zum Fortbestand seiner Nation bei. Als genauer Kenner der Pflanzenwelt verweist Busch auf zwei Arten der Reproduktion: die geschlechtliche durch Samen und die ungeschlechtliche durch Ableger, Stecklinge, Wurzelausläufer, Brutzwiebeln oder Knollen. Beide sind übrigens gleich erfolgreich.

Selig sind die Auserwählten,
Die sich liebten und vermählten;
Denn sie tragen hübsche Früchte.
Und so wuchert die Geschichte
Sichtbarlich von Ort zu Ort.
Doch die braven Junggesellen,
Jungfern ohne Ehestellen,
Welche ohne Leibeserben
So als Blattgewächse sterben,
Pflanzen sich durch Knollen fort.

Zehntes Bild
Das Waisenhaus

Knollen sind sie also, die Nachkommen eines Junggesellen, der sich, so haben wir gelernt, ungeschlechtlich fortpflanzt. Soll sich doch die ganze Menschheit mit Samen und Eizelle vermehren, der Künstler braucht sie nicht dazu! Seine Kinder entstehen aus der Vereinigung von Papier und Bleistift. Ja, so überflüssig sind die Eltern, dass man ihrer getrost vergessen darf. Mit der Zeugung haben sie ihr Teil erledigt und in die Welt entlassen, was von Geburt an sündhaft und damit interessant ist: »Zwar man zeuget viele Kinder, / Doch man denket nichts dabei. / Und die Kinder werden Sünder, / Wenn's den Eltern einerlei.«

Wilhelm Buschs Werk gleicht denn auch einem Waisenhaus, über dessen Tor ein Zitat aus dem »heiligen Antonius« angebracht ist: »Und Keiner hatte je erfahren, / Wer Vater oder Mutter waren.« Wieso eigentlich können zwei Jungen eine Leiter stehlen und auf Rabennestraubzug gehen, ohne dass jemand einschreitet? Wer beweint am Ende die bösen Buben von Korinth, wenn sie platt gewalzt unter Diogenes' Fass liegen? Warum wird im Bilderdrama »Der Schnuller« der Säugling von der Großmutter beaufsichtigt und in der Bildergeschichte »Das Bad am Samstagabend« die Knaben von der alten Lene? Wo sind die Erziehungsberechtigten, die Max und Moritz vom Bösen abhalten? Wieso lebt Fritz, das Herrchen von Rabe Huckebein, bei Tante Lotte? Was hat es zu bedeuten, dass der vornehme Knabe Franz mutterseelenallein mit seinem Pusterohr unterwegs ist, um Herrn Bartelmann ans Ohr und ins Aug zu schießen? Warum schickt der Vormund die kleine Helene aufs Land zu Onkel und Tante? Wer hat dem Teenager Antonius erlaubt, die Schule zu schwänzen und stattdessen im Bett zu rauchen? Und wer bestraft den Knaben Jörg, der Balduin Bählamm durch ein Zaunloch hindurch mit einer verlängerten Nadel piesackt?

Wohin man sieht: elternlose Kinder. Selbst, wenn die Schlingel Vater und Mutter haben, spottet ihre Erziehung jeder anständigen Pädagogik. Sogar einige Kinderleichen sind zu beklagen, obwohl doch Erwachsene das Schlimmste hätten verhüten müssen. Auf der Strecke bleiben Max und Moritz, Fritz und Peter, die Buben von Korinth. Und welche Todesarten die Kleinen zu erleiden haben! Von der Schneiderschere zerstückelt, geschrotet, erfroren, plattgemacht. Wer aber ist Schuld an der Misere? Die »vernachläßigte Erziehung«. In der Schauerballade mit diesem Titel wird dem modernen Laisser-faire der Kampf angesagt. Statt der guten alten Frömmigkeit herrscht dort ein ganz unangebrachtes Bildungsbestreben:

Manche Eltern sieht man lesen
In der Zeitung früh bis spät;
Aber was will dies bedeuten,
Wenn man nicht zur Kirche geht?

Denn man braucht nur zu bemerken,
Wie ein solches Ehepaar
Oft sein eig'nes Kind erziehet,
Ach, das ist ja schauderbar!

Ja, zum In'stheatergehen,
Ja, zu so was hat man Zeit,
Abgeseh'n von and'ren Dingen,
Aber wo ist Frömmigkeit?

Zum Exempel, die Familie,
Die sich Johann Kolbe schrieb,
Hatt' es selbst sich zuzuschreiben,
Daß sie nicht lebendig blieb.

Einen Fritz von sieben Jahren
Hatten diese Leute blos,
Außerdem, obschon vermögend,
Waren sie ganz kinderlos.

Nun wird Mancher sich wohl denken:
Fritz wird gut erzogen sein,
Weil ein Privatier sein Vater;
Doch da tönt es leider: Nein!

Alles konnte Fritzchen kriegen,
Wenn er seine Eltern bat,
Äpfel-, Birnen-, Zwetschkenkuchen,
Aber niemals guten Rath.

Besser hätte man der rückwärtsgewandten, bloß an der kirchlichen Moral sich festhaltenden Pädagogik nicht den Spiegel vorhalten können, als ihr ewiges Predigen vom schlimmen Ende wirklich ins Bild und ins Wort zu setzen. Denn es wird ja nicht davon besser, dass man in die Kirche geht und Frömmigkeit an den Tag legt. Und auch, wenn man Klein Fritzchen den Kuchen verweigert hätte, wäre er nicht automatisch brav geworden. Selbst der »gute Rath« hätte wohl nicht verhindert, dass durch einen Lausbubenstreich der erste Dominostein der Grausamkeit auf den nächsten gefallen wäre.

Die Parodie einer Schauerballade, in der das Resultat von Elternabwesenheit drastisch und komisch vor Augen geführt wird, erinnert an andere Ausgaben der »Fliegenden Blätter«, in denen man so etwas finden konnte, erinnert an den »Struwwelpeter« und an ein Dokument aus Buschs Elternhaus. Vater Busch nämlich besaß eine Kladde, in die er neben Rezepten für allerlei Mittelchen auch Gedichte eintrug, die er irgendwo gehört haben mochte. Darunter ist auch eine – durchaus mit pädagogischem Anliegen verfasste – Ballade, in der die Freunde Franz und Fritz von Musterknaben zu Auslösern einer Todeskettenreaktion werden. Weil Fritzchens Vater »weit / Wer weiß wohin? verreisen« muss, sind die Knaben sich selbst überlassen. Sie bemächtigen sich der streng verbotenen väterlichen Flintensammlung, und das Ende vom Lied ist – das tödliche Ende von Fritz, Franz und Vater.

Auch bei Sohn Busch wird es ein Fritz sein, der ohne elterliche Leitung in einen tödlichen Strudel gerät. Bei ihm fehlt freilich der

1 »Dorfstraße in Wiedensahl«

2 Mann in Tracht mit Glas (Otto Busch)

3 Regenlandschaft mit einsamem Wanderer

4 Rotjacke unter Buche

5 Durchblick (Skizze einer Landschaft)

6 »Mein Stubenplatz in Wiedensahl«

7 Bilderhandschrift zur »Frommen Helene«, Blatt 33

8 Franz Lenbach: Porträt Wilhelm Busch

9 Streitendes Bauernpaar

10 Der Bettler

11 Selbstbildnis als Bettler

12 Herbstlandschaft mit Windmühle und rotem Haus

Beim dritten gibt es ein Getöse
als ob man die Kanonen löse.
Ein hohes Schloß steigt aus dem Moor,
ein schöner Prinz steht vor dem Tor.
Er spricht: „Lieb Käthchen, du allein,
sollst meine Herzprinzessin sein!"
Nun ist das Käthchen hochbeglückt,
kriegt Kleider schön mit Gold gestickt
und trinkt mit ihrem Prinzgemahl
aus einem goldenen Pokal.

13 »Die beiden Schwestern« aus den »Stippstörchen«, Erstdruck, Blatt 5

14 Rotjacke auf Waldwiese an einem Tümpel

15 Doppelbild: Kühe auf der Weide; zwei Bauern im Gespräch

16 Mondaufgang

pädagogische Anstrich völlig. Wie sehr sich das von der üblichen Auffassung unterscheidet, macht ein Blick in die zeitgenössische Bürgerstubenliteratur deutlich. Ein Waisenkind ist dort ein bemitleidenswertes Wesen, dem man Verständnis, Almosen und eine freundliche Hand zu reichen hat. In der Erzählung »Elternlos« von Oskar Höcker aus der Stuttgarter »Universalbibliothek für die Jugend« wird dem Waisenkind Ernst so lange übel mitgespielt vom Schicksal, bis eben dieses ihm einen neuen Vater beschert, der ihm einen Antrag macht: »›Und ich frage Sie nun, wollen Sie bei mir bleiben und mein Sohn, mein Freund werden?‹ […] An so viel Glück hatte der arme Ernst ja nie gedacht. Seine Augen wurden feucht, stürmisch sank er vor dem Greise auf die Kniee nieder und bedeckte dessen Hand mit heißen Küssen.« So geht es auch. Was Wilhelm Busch interessiert, ist aber nicht das glückliche Ende, sondern die grausame Versuchsanordnung. Wie immer bei ihm bleibt nur eine Gewissheit: Erziehung ist Glückssache, weil der Mensch kaum zu erziehen ist. Geboren als Inkarnation des naturhaften Lebensdrangs, können seine kindlich-egoistischen Bestrebungen nicht ausgetrieben, höchstens beklagt oder belächelt, deren Folgen höchstens abgemildert werden: »Haben Sie jemals den Ausdruck von Kindern bemerkt«, schreibt er an Maria Anderson, »wenn sie dem Schlachten eines Schweines zusehen? – Nein? – Nun, so rufen Sie sich das Medusenhaupt vor die Seele. *Tod, Grausamkeit, Wollust* – hier sind sie beisammen. – Muß ich Ihnen sagen, nachdem was ich so oft gesagt, wie das kommt? – Der gute und der böse Dämon empfangen uns bei der Geburt, um uns zu begleiten. Der böse Dämon ist meist der stärkere und *gesundere*; er ist der heftige Lebensdrang. […] Kurzum, der natürliche, unverdorbene [?] Mensch, also besonders das Kind, muß überwiegend böse sein, sonst ist seines Bleibens nicht in dieser Welt.« Das Kinderbild, das seine Zeitgenossen in ihren Traktaten und Märchenbüchern finden, ist falsch, so muss man Busch verstehen. Kinder sind keine süßen Engel, die vor ihren Schulheften sitzen und höchstens mal nette Stilblüten von sich geben. Sie tragen sogar ihr schlimmes Herz auf der Zunge:

Die Tante winkt, die Tante lacht:
He, Fritz, komm mal herein!
Sieh, welch ein hübsches Brüderlein
Der gute Storch in letzter Nacht
Ganz heimlich der Mama gebracht.
Ei ja, das wird dich freun!
Der Fritz, der sagte kurz und grob:
Ich hol 'n dicken Stein
Und schmeiß ihn an den Kopp!

Wie wird die Tante reagiert haben? In Buschs Welt wohl mit einer Kopfnuss. Immer wieder versuchen die Erwachsenen es mit demselben Prinzip, und immer wieder scheitern sie. Sie meinen, man könne den kindlichen Willen durch Strafe brechen, man könne Wohlverhalten einprügeln. Wie oft endet eine Bildergeschichte mit der Rute, und wie oft bleibt bei deren Lesern das Gefühl, dass in dieser Welt trotz Züchtigung weiter gesündigt wird! Die Konsequenz aus der resignierten Erkenntnis, dass die Eltern nicht viel ausrichten können gegen ihre Sprösslinge, ist ihre Eliminierung aus der Bildergeschichte. Wie langweilig wäre es gewesen, wenn jedem Streich von Max und Moritz eine elterliche Strafe gefolgt wäre und wenn Helene die meiste Zeit Stubenarrest gehabt hätte! Erst die Konstellation der elternlosen Herumtreiber, die man alleine auf das schwerfällige Dasein der Erwachsenen loslässt, führt zu Komik und Selbsterkenntnis. Wenn Busch Kinderstreiche in den Blick nimmt, braucht er keine Eltern. Selbst Julchen, deren Aufwachsen in der Familie zentrales Thema ist, wird in dem Moment besonders interessant, in dem kein Elternteil mehr anwesend ist. Was uns an ihr amüsiert, treibt sie ohne Vater und Mutter und entschieden gegen deren Wünsche und Erziehungsversuche. Zwar ist sie am Ende zur Zufriedenheit ihres Vaters an den Mann gebracht, doch hat sie sich diesen Mann viel zu unberaten und viel zu heimlich zugelegt. So überflüssig wird ihr Vater in dem Moment, dass die Parze kurzerhand seinen Lebensfaden abschneidet. Und wo bleibt Mutter Knopp? Sie ist vergessen. Vergessen wie so viele Mütter in Buschs

Werk, was nicht mit der Entbehrlichkeit der Mutterliebe in seiner Erinnerung zusammenhängt, sondern mit der Satireunverträglichkeit eines der wenigen, unvermischt positiven Gefühle in seinem Leben. Darin gleicht er einem Zeitgenossen, dessen Mutterliebe in der Realität geradezu sakrosankt war und dessen Werk ebenfalls bevölkert ist mit mutterlosen Gesellen. Weder David Lindsay noch Senitza noch Hadschi Halef Omar noch Winnetou und Nscho-tschi oder andere Figuren der Amerika-Bände haben von Karl May eine Mutter erfunden bekommen.

Wilhelm Busch ist sich wohl bewusst, welch grausam-fideles Waisenhaus er da entwirft. Auf eine briefliche Anfrage, die Familienkonstellation in seinem berühmtesten Buch betreffend, antwortet er:

Max und Moritz, diese Knaben,
Sollen, hör ich, Eltern haben,
Einen Der und eine Die,
Nämlich Scherz und Phantasie.

Das weist alle Freunde des Naturalismus in die Schranken. Max und Moritz haben keine Eltern, weil an ihnen exemplarisch gezeigt wird, wobei diese nur störten: Anarchie auf dem Land. Dasselbe bei Helene. Nur die lockere verwandtschaftliche Beziehung zu Onkel und Tante erlaubt das Maß ihrer Streiche und die frühe Verbindung mit dem Vetter.

Die Vorliebe für elternlose Kinder ist jedenfalls eine literarisch produktive. Was täte das Kinderbuch ohne all die unbeaufsichtigten Kleinen und das Jugendbuch ohne all die Waisenhäuser, Internate und ausgerissenen Teenager! Noch ein berühmter Nachfahre Wilhelm Buschs bedient sich der Konstellation von elternlosen Kindern und Onkel-Tanten-Verwandtschaft: Carl Barks aus dem Zeichenstudio von Walt Disney. Wer hätte je Vater und Mutter von Tick, Trick und Track gesehen? Nur die Zusammenstellung von Onkel Donald, Daisy Duck, Großonkel Dagobert, Oma Duck, Vetter Gustav und drei Neffen erlaubt die Fülle an Abenteuern, welche die Fans von Entenhausen bis heute erbaut. Kein Zufall auch, dass schon die ersten Comicstrips, die Amerika ab 1895 erobern, freche Kinder in den Mittelpunkt stellen: »The Yellow Kid«, »Buster Brown«, »The Katzenjammer Kids«, »Those Terrible Twins« oder »The Kinder Kids« von Lyonel Feininger. Betrachtet man die Katzenjammer Kids genauer, sieht man, dass sie Brüder von Max und Moritz sind, dass sie in Sachen grotesker Humor von Busch abstammen. Um dem Comic in der »New York World« rund um den deutschstämmigen »Yellow Kid« Konkurrenz zu machen, beauftragt der Verleger William Randolph Hearst 1896 den Zeichner Rudolph Dirks, »einen Strip wie ›Max und Moritz‹ nachzuahmen«. Ergebnis ist »Tootle and Bootle« und bald darauf »The Katzenjammer Kids« mit fortlaufenden gezeichneten Szenen und gereimten Texten über die zwei Jungs Fritz und Hans. Den etwa 800000 in New York lebenden deutschen Auswanderern lauschen die »Katzenjammer Kids« ihre ungelenke Sprache ab: »Won't you eat mit us a turkey?« oder »Mit dose kids, society iss nix!« Seit 1871 konnte man Buschs erfolgreichste Bildergeschichte auf Amerikanisch lesen, und die Kombination von Bubenstreich, Erwachsenenspott und Bestrafung ist ab da fester Bestandteil der Comics. Das blonde Katzenjammer-Kid hat sogar die Moritz-Tolle geerbt. Und wie endet so ein Streich? Der ärgerliche Erwachsene verprügelt die bösen Buben mit der Rute.

So wenig man versucht ist, bei Carl Barks' Familie nach den Vorbildern seiner Comic-Enten Ausschau zu halten, so wenig darf man die bösen Kinder in Buschs Geschichten als Porträts verstehen, ja nicht einmal als Ausdruck einer erzieherischen Überzeugung, etwa einer antiautoritären. Nicht umsonst tragen die gezeichneten Buben immer wieder die Allerweltsnamen Peter, Paul, Hans, Franz oder Fritz. Sie sind Repräsentanten einer pessimistischen Menschensicht, nicht kleine Erziehungsratgeber oder gar Kopien fleischlicher Vorbilder.

Im wahren Leben duldet Onkel Wilhelm bei seinen Neffen nicht den Anflug jener boshaften Streiche, die er so variantenreich ersinnt. Weder ungestrafte Frechheit noch ein Kinderdressurakt wie in »Plisch und Plum« können sein Ideal sein. In seinem Dasein herrscht die Zurückhaltung des protestantischen Pfarrhauses. Er selbst hat einen Großteil seiner Kindheit in solch einem

Pastorenhaushalt verbracht, und später begibt er sich freiwillig in dieses Umfeld. Das hätte er nicht getan, wenn Peter, Fritzchen oder Hänschen um ihn herumgetobt wären. Aber mit Schwester Fanny, mit Schwager Hermann und den Neffen Hermann, Adolf und Otto hält er es aus. Ja, nicht nur hält er es aus, er sucht ihre Nähe. Mag man aus seinen Bildergeschichten und Gedichten noch so viel Misanthropie herauslesen – der private Wilhelm Busch ist ein Familienmensch. Die meiste Zeit seines Lebens verbringt er nicht etwa als einsam vor sich hin brütender Miesepeter, sondern als geselliger Zeitgenosse. Selbst auf seinen Reisen bevorzugt er immer wieder das wohlig-quirlige Familienambiente, sei es bei den Kesslers in Frankfurt, bei Otto Bassermann in Heidelberg, bei Erich Bachmann in Ebergötzen oder Bruder Gustav in Wolfenbüttel.

Je berühmter und älter er wird und je länger er an einem Ort wohnt, desto mehr Legenden ranken sich um sein von der Öffentlichkeit abgeschirmtes Leben. Wichtige Leute und Festlichkeiten kümmern ihn so wenig wie der Eindruck, den er hinterlässt. Auch nährt er in seinen Briefen gern den Ruf des Einsiedlers, der »die Götter« preist, daß er »einsam sein kann, wann ihm's gefällt«. Sein Heimatdorf bezeichnet er als den »äußersten Winkel der Welt«, wo »das Getöse der großen Maschine nur noch gedämpft brummend zu hören« sei und wo er »nach dem Stadtwust seine kleine Wiedensahler Einsamkeit« genießen könne. Dem städtischen Treiben hat er seit Frankfurter und Münchner Tagen abgeschworen, und nun erwählt er »mit voller Überzeugung eine ›idyllische‹ Zurückgezogenheit«, in der er »sich in aller Stille ein wenig die Seele schneuzen« könne an dem »klimperkleinen Plätzchen vom großen Weltall abgesondert, gemüthlich erwärmt und heimlich beleuchtet«. Die Welt da draußen locke ihn nicht mehr: »Das Schloß an der Gartenthür, die in's Weite führt, wird immer rostiger.« Schaut er in den Spiegel, sieht er eine Art kahlköpfigen »›Oansigl‹ im Hinterwald«, einen »grüblerisch versimpelten Einsiedel auf plattem Lande«, es scheint, wie er an Friedrich August Kaulbach schreibt, »der Hang zur Einsamkeit, wie die Glatze, immer größer zu werden. Ich wünschte fast noch tiefer in der

Haide zu sitzen, da wo der Birke spärliche Locken im Winde wehn.«

Aber nicht nur aus dem Reich des heiligen Antonius bezieht Busch seine Vergleiche zur Selbstcharakterisierung. Einen kleinen Zoo bemüht er, um zu beschreiben, wie er lebt. Mal ist er »der alte Esel [...] in seinem bescheidenen Winkel«, mal »der stillste Dachs in seinem Loch«, der sich am liebsten »eindachselt«, mal ein »Schuhu im Gemäuer«, mal so »reisefeig, dass er sich fast vor den Schwalben schämt«, mal ein »Laubfrosch so heimlich für sich, versteckt im Laub, da quackt er sein Stücklein und erhascht sich sein Mücklein und dankt Gott, daß es ihm gut geht so leidlich [...] und daß er so brav hupfen kann [...] und dann klettert er mal höchstens auf den Gartenzaun und sieht die Vöglein fliegen [...] und, hupps, ist er schon wieder drunten«. Besonders lieb ist ihm das Bild vom alten Kauz in seinem Loch, dem er sogar ein Gedicht widmet:

Ein alter Kauz, im hohlen Baum,
Vertieft in seinen Tagestraum,
Doch aufgewacht durch lautes Pochen
Von Meister Specht und durch die Lieder
Der Vöglein, ist hervorgekrochen
Und spricht also:
»Ihr Waldesbrüder!
Die Welt, das läßt sich nicht bestreiten,
Hat ihre angenehmen Seiten;
Sie liefert Körner, Käfer, Mäuse
Zum Wohlgeschmack in jeder Weise
Und geht auch wohl so bald nicht unter.
Ich grüße euch; bleibt nur hübsch munter
Und macht euch möglichst viel Pläsier.
Doch ich, der alt und kalt geworden,
Ich passe nicht in euren Orden;
Mir ziemt die Ruhe. Gönnt sie mir.«
Und als der Kauz also gesprochen,
Ist er zurück ins Loch gekrochen.

Es ist kein Wunder, dass solche Zeilen zusammen mit der tatsächlichen Weltferne und den brieflichen Äußerungen geradezu ein Einsamkeitsmärchen hervorbringen. Im »Berliner Tageblatt« vom 9. März 1902 wird ein Bericht erscheinen mit der Überschrift »Beim Einsiedler von Mechtshausen – Ein Besuch bei Wilhelm Busch«, und eine erste Sammlung seiner Briefe trägt den Titel »Ist mir mein Leben geträumet? Briefe eines Einsiedlers«. Seitdem gehört es zur gern abgeschriebenen Aufsatzweisheit, Busch sei ein Eremit und Sonderling gewesen. Dazu tragen auch die Erinnerungen der Nöldeke-Neffen bei, die ja immerhin bei dieser »Einsamkeit« großteils anwesend waren.

Freilich darf man bei dem Begriff nicht unsere jetzigen Maßstäbe anlegen. Heute ist es dem Künstler ein Leichtes, ein Häuschen an einer abgeschiedenen Küste zu mieten, sich mit Lebensmitteln für ein halbes Jahr zu versorgen und dann tatsächlich sechs Monate lang keinen einzigen Menschen zu sehen. Dank Gefriertruhe, Mikrowelle, Handy, Internet und E-Mail wird er weder verhungern noch in Unwissenheit versinken noch vor Sehnsucht verrückt werden. Für Wilhelm Busch unmöglich. Er wäre nicht fähig gewesen, sich Essen zuzubereiten, ohne Briefe und Zeitungen hätte er nicht gewusst, was in der Welt vorgeht, und ohne dass ihm jemand seine Kleidung wusch, hätte er verdrecken müssen. Es gibt keinen einzigen Tag in Buschs Leben, an dem er nicht wenigstens ein paar Worte mit irgendeinem Menschen gewechselt hätte: der Köchin oder Kellnerin, die ihm das Essen hinstellte, der Magd, dem Frisör, jemandem aus der Familie. Zeit seines Lebens hält sich Busch in Wohngemeinschaften auf, zuerst mit Eltern und Geschwistern, dann beim Onkel und dessen Familie, in Hannover und Düsseldorf mit Kommilitonen, in Antwerpen bei Jan und Mie Timmermans, in München und in der Sommerfrische bei diversen Wirtinnen bzw. mit Malerkollegen, in Frankfurt bei Familie Kessler, schließlich bei den Angehörigen seiner Schwester. Oft nimmt er an gesellschaftlichen Pflichten und Küren teil wie Essenseinladungen, Hochzeiten, Konzerten, Kneipenabenden. Und schließlich: Was ist daran »Einsiedelei«, wenn der Künstler nach endlosen Zerstreuungen die Tür hinter sich zumacht, um in Ruhe zu arbeiten?

Es ist eine Binsenweisheit, dass sich der Mensch inmitten der dichtesten Menge einsam fühlen kann. Das darf aber nicht dazu führen, das Diktum vom einsamen Busch so auszulegen, als habe er in jeder Hinsicht den Eremiten gegeben. Nicht ganz unberechtigt wird man bei ihm von längeren Phasen depressiver Verstimmung ausgehen dürfen; er selbst hätte Melancholie dazu gesagt. Ob er sich im Inneren einsam fühlte, wissen wir nicht. Wir wissen nur, dass er nicht allein war. Noch als die Neffen längst erwachsen sind, wird das Haus nicht nur von ihm und Schwester Fanny bewohnt. Es gibt dort die Haushilfen Else und Dortchen, eine Nachbarin schaut vorbei, die Neffen kommen zu Besuch und auch die nächste Generation, deren Kinder. Seinen Lebensabend in Mechtshausen wird er mit seiner Schwester, dem Neffen Otto, der Schwiegernichte Else und deren Kindern Martin, Ruth und Anneliese verbringen. Damit es nicht zu still wird, gibt es einen Kanarienvogel, außerdem Katzen, Hühner, Gänse, Enten und Puten.

Kann man Wilhelm Buschs Rolle bis zu seinem 60. Lebensjahr als Onkel umschreiben – leiblich, freundschaftlich oder notgedrungen –, so ist es im Alter diejenige des Opas. Mit großem Interesse verfolgt er die Entwicklung der Kinder seiner Neffen. Schon als »klein winzige Menschenwürmchen« faszinieren sie ihn – wie sie gestillt und gesäubert werden, Gesichter schneiden, pötzlich schreien, wie sie herumkrabbeln oder schlafen. Man darf annehmen, dass Busch oft aus seinen Zimmern kommt, um in der Wohnstube etwas Familienluft zu schnappen. Besonders das kleinste Großnichtchen beobachtet er: »Anneliese ist fröhlicher Laune, ernährt sich redlich und sieht schon genauer zu, was in der Welt paßirt: Sie macht das Schneuzen in's Sacktuch nach, und wenn auf dem Tisch vor ihr das kleinste Krümchen liegt, gleich entdeckt sie's und tippt mit dem Fingerchen drauf.« Er sieht zu, wie die Kinder auf einer selbstangelegten Eisbahn herumrutschen. Er trägt Geschichten vor und besucht Ruth, die mit Rippenfellentzündung im Krankenhaus liegt. Täglich gibt es mit Klein Anneliese ein Ritual: »Jeden Abend, wenn sie mir auf meiner Stube Gutenacht sagt, muß ich sie schwenken, je höher je lieber.« Neben den Kindern des Neffen Otto verbringt er auch Zeit mit denjenigen des Neffen Hermann, Pastor in Hattorf. Nach der Geburt von Großnichte Irmgard berichtet er: »Alsbald wurde zur Besichtigung des ›Würmchens‹ geschritten. Da lag's in seinem Kißen auf dem Schoß der Verfaßerin; dämmernd in sich; röthlich; die Augen, dunkler, als das übliche Waßerblau, verquer und ausdauernd nach der Lampe gerichtet; die zierlichen Händchen geballt auf der Brust. Und wie ich's antupf mit dem Finger aufs Kinn, gleich geht's Mäulchen auf, und lutschen möchte's. Dann plötzlich Umschlag der Witterung und vollendete Mimik des äußersten Schmerzes. – Ich kann wohl sagen, daß mich so ein ›Päckchen‹, welches ja unversichert auf die Weltpost gegeben wird, recht merklich zu rühren vermag.«

Die Rührung ist ihm auch auf einer Fotografie anzusehen, die ihn im Kreis seiner Familie zeigt. Man ist etwas steif, damit bei der langen Belichtungszeit nichts verwackelt. Sechs Paar Augen blicken in sechs verschiedene Richtungen. Und doch ist Vertrautheit und Zärtlichkeit zu spüren. Mit beiden Händen sucht Wilhelm Busch Kontakt zum jüngsten Mädchen Anneliese, die ältere Ruth schmiegt sich an seine rechte Seite, Martin, der ebenfalls mit Anneliese verbunden ist, an seine linke. Der Gruppe aus Großonkel und Kindern gegenüber ist das Ehepaar Otto und Else Nöldeke

postiert. Beide sehen weder in die Kamera noch haben sie Berührung mit ihren Kindern. Ihre Haltung kommentiert geradezu das arrangierte Stilleben vor ihnen. Wie vor einer Krippe stehen sie andächtig, den Blick geheftet auf dieses Idyll, das sie selbst geschaffen haben, indem sie den Onkel zu sich holten und ihm ihre Nachkommen anvertrauten. Hier ist kein Kind verwaist. Und auch kein Mann.

Elftes Bild
Lebendige Dinge, tote Tiere

Nicht wie in seinem wirklichen Leben sieht es also aus in Wilhelm Buschs Bildergeschichten. Dort Familienidylle, hier Waisenhaus, dort brave Kinder, hier schlichte Schlingel. Die Feststellung gilt freilich auch für viele andere Komplexe, die der Künstler satirisch behandelt, zeichnend übertreibt, dichterisch verfremdet. Als natürlichem Vater des Comicstrips sind ihm zwei dieser Komplexe so wichtig, dass sie sich geradezu selbständig machen: die Dinge und die Tiere. Man wundert sich heute gar nicht mehr darüber, dass Wölfe grinsen, Enten räsonieren, Mäuse telefonieren, dass Stühle durch die Gegend wandern und Laternen sich herabbeugen. Busch ist zwar nicht der Erste, der die Dinge verlebendigt und die Tiere vermenschlicht, aber der Erste, der dies ausgiebig, konsequent und mit großer Meisterschaft tut. Gegenstände und Menschen rücken so auf eine Stufe: »Da steht z. B. eine Windmühle, oder ein braver Onkel, oder eine freundliche Tante, oder ein heißer Ofen, oder eine Tobackspfeife, oder ein Knabe, der Vieles vor hat; und ein wahrhaft tugendsamer Mensch wär's, der nicht jeden dieser an sich harmlosen *Stoffe* als eine *Quelle* der allerpeinlichsten Conflicte zu benutzen wüßte.«

Wie Busch den braven Onkel und die freundliche Tante und den vielvorhabenden Knaben aufgespießt hat, weiß man. Aber auch zu den Dingen sind ihm allerpeinlichste Konflikte eingefallen. Die Windmühle braucht bloß in der Gegend herumzustehen, und gleich wird sie Auslöser einer grausam komischen Geschichte. Ein dummer Bauer, der seinen Esel am Windmühlenflügel anbindet, und ein böser Müller – schon wird in der Bildergeschichte »Der Bauer und der Windmüller« die Mühle zum fliegenden Galgen des armen Esels, wofür sie denn auch mit dem Tod durch die Säge büßt. Und der heiße Ofen? Bereits im ersten Bild des »Eispeter« dominiert er die Stube, am Ende vollbringt er die Metamorphose von Kind in Pfütze. Er trocknet nicht nur

Schneider Böcks nasses Hinterteil und den nackten »hinterlistigen Heinrich«, er kokelt einen Frack an und den Hosenboden des Herrn Actuars (»Die Brille«). Und er fliegt in die Luft. Diese Unart teilt er mit einer Zimmergenossin, die am Schluss nicht mehr zu gebrauchen ist. In »Max und Moritz« erleidet sie als besonders edles Meerschaum-Exemplar ihr tragisches Schicksal. Zum Trost erhalten ihre sterblichen Überreste, nicht anders als die von Max und Moritz, ein eigenes Bild: »Nur die Pfeife hat ihr Theil.«

Sie ist mal kurz, mal überlang, mal zwergen- und mal riesenköpfig, mal dampft sie, mal schmurgelt sie, mal wird sie als Wasserrohr zweckentfremdet, mal morgens und mal abends benutzt: Die Pfeife ist ein häufiges männliches Accessoire. Opfer ist sie, wenn sie in der Pfütze landet oder bei einem Sturz zerbricht, Täter, wenn sie sich dem Raucher unversehens in den Schlund bohrt. Sie kann an prominenter Stelle stehen – als erstes Wort und letztes Bild in »Plisch und Plum« – oder so ganz nebenbei geraucht werden. Es besitzt sie der Student wie der gereifte Mann und mitunter auch der Affe. Sie wird »gestobsen«, von lieber Hand entzündet und von kindlich-unartiger gereinigt, durch Knabenhaar missbraucht und aus Verachtung über dem Wohnzimmerteppich ausgeklopft. Aus Solidarität mit ihrem Träger altert, schrumpft und stirbt sie mit ihm zusammen. Die Rolle ihres Lebens aber spielt sie, wenn sie alle Dinge zum Tanzen bringt.

Vordergründig warnt »Krischan mit der Piepe« den Jugendlichen unter sechzehn vor Tabakkonsum. Aber eigentlich geht es um eine surrealistische »Rauchphantasie«, wie der Untertitel lau-

tet. In Vaters Anwesenheit halten die Dinge still, wie man es von ihnen gewohnt ist: Ofen, Lehnstuhl, Tisch, Hocker, Sofa, Schlafrock, Regenschirm, Spazierstock. Aber kaum ist er fort und kaum hat Krischan sich die verbotene Pfeife angesteckt, beginnt der Drogenrausch. Jedes Ding bekommt plötzlich ein Gesicht, hat Füße, grinst und hüpft: »De Slaprock danzt mit den Stohl, juheh! / Un de Disch mit den olen Kanapeh.«

Die knappen, niederdeutschen Verse sind nur bäuerliche Verzierungen der artifiziellen Bilder, in denen Dinge die Oberhand gewinnen und schier die Rahmen sprengen. Auf dem Höhepunkt der Rauchphantasie steht die ganze Stube auf dem Kopf. (Busch ließ den Holzstich dazu einfach kopfüber abdrucken.)

Die gestalterische Vermenschlichung eines Gegenstands, seine Anthropomorphisierung also, ist ein hervorragender Trick, um Aufmerksamkeit zu erringen, um gewohnte Sehweisen zu hintertreiben. Zusätzlich erlaubt sie dem Zeichner, Proben seiner Kunst abzuliefern. Die Dinge sollen ja nicht einfach wie im Bilderbuch Ärmchen und Beinchen und Hütchen bekommen, sondern die Überlegenheitsphantasie vom Menschen als Maß aller Dinge ad absurdum führen. Wenn schon eine Rübe aussehen kann wie ein Mann, warum nicht ein Mann wie eine Rübe? Dass kaum zu entscheiden ist, ob die Medizin dem Patienten den Todesstoß versetzt oder aber der Mediziner selbst, verknappt Busch in der Darstellung einer wandelnden Arzneiflasche, die sich Arm in Arm mit einem Gerippe sehen lässt (Abb. S. 157). In den »Stippstörchen« gleicht der dicke Weizensack auf seinem Schemel einem wohlgenährten König auf seinem Thron. Angenagt von vielen Mausezähnen und allmählich seines Inneren beraubt, gleitet er mehr und mehr von seinem Sitz herab, bis aus ihm ein schlaffer Habenichts geworden ist. Eine politische Parabel im Sackgewand. Etwas Ähnliches wie ein Sack beschwört eine Eheunterhaltung herauf. Es ist der Hosenboden von Herrn Knopp, der durch die Hosenträgerknöpfe Augen, durch den aufklaffenden und das Fleisch freigebenden Bund seine Nase und durch die links und rechts herabhängenden Stofffalten Bäckchen und Mund erhält. Sein »wechselndes Mienenspiel« bietet Knopps Frau eine Art

Heimkino. Je nachdem, wie ihr Gatte sich bewegt, ändert das Hinterteil seinen Ausdruck:

> Bald schauts so drein mit Grimm und Verdruß,
> Bald voller Gram und Bekümmernuß.
> Bald zeigt dies edle Angesicht
> Nur Stoltz und kennt keinen Menschen nicht.
> Aber bald schwindet der Übermuth;
> Es zeigt sich von Herzen sanft und gut,
> Und endlich nach einer kurzen Zeit
> Strahlt es in voller Vergnüglichkeit.

Dinge können nicht nur so aussehen wie ihre Besitzer, manchmal benehmen sie sich auch so. Sie machen sich selbständig und den Menschen das Leben schwer. Sie brechen aus dem Stilleben aus, um zur Bewegungsstudie zu wechseln. Als hätten sie einen eigenen Willen, sind sie nicht länger Instrument des Menschen, sondern selbst Wesen, die jemanden ergreifen oder schubsen können. In der »Rutschpartie« heißt es vom Schlitten nicht, der Mensch würde erfasst von ihm, sondern: »Schwupp! hat der Schlitten ihn gefaßt«. Das Gleiche in »Diogenes und die bösen Buben von Korinth«. Dort geschieht das Unglück nicht durch das zufällige Herausstehen von Nägeln, sondern die Nägel fassen »die Buben bei den Röcken«, um sie ihrer Strafe zuzuführen. Kein Richter und kein Henker muss sich hier einmischen, die Dinge sind Vollstrecker der Gerechtigkeit. Und zuweilen werden den Gegenständen selbst Eigenschaften zugeschrieben, die eigentlich ihre Besitzer charakterisieren, sie werden zu Personen, die eine Gesinnung haben oder gar ewiges Leben: »falschgesinnte Zöpfe«, »seelges Nachtgewand«.

Als besonders tückisch erweisen sich Objekte, die der Mensch nicht mehr beherrscht. Wäre der Betrunkene in eine leere Wohnung heimgekehrt, er hätte kein »Abenteuer in der Neujahrsnacht« erlebt. Aber so verschwören sich die Sachen gegen ihn. Der Schlüssel will partout nicht passen, der Zylinder aus der Form geraten, die Pfeife sich sträuben, keins der Zündhölzer zünden, der Stiefelknecht sich mit der Kehrichtschaufel zur Männerfalle verbünden, das Bett zusammen mit dem Stuhl in einen wilden Kreisel geraten. Man müsste die Bilder nur noch animieren und hätte einen Zeichentrickfilm.

Eigentlich ist es kein Wunder, dass die Gegenstände zurückschlagen. Wenn der Mensch sie nicht gerade ignoriert, missbraucht er sie skrupellos. Ein Rasiermesser wird zum Pfeifenputzer, der Pfeifenstiel ein Nasenfolterinstrument, unschuldige Angelhaken durchbohren gebratene Hühner, ein Federbett, Karlchens Nase und Onkel Noltes großen Zeh. Auch die Zweckentfremdung ist natürlich ein Stilmittel der Komik. Denn alles, was vom üblichen Gebrauch abweicht, was Unzugehöriges zusammenbringt, hat das Zeug, eine komische Figur abzugeben. Ein Höhepunkt derartiger Zweckentfremdung ist die Verwandlung eines weiblichen Kleidungsutensils, das normalerweise allen Blicken, vor allem männlichen, sorgsam verborgen bleibt. »Adelens Spaziergang« hätte so harmonisch verlaufen können. Doch das Mädchen hat sich in den Kopf gesetzt, Blumen zu pflücken. Wo das Vergissmeinnicht wächst, da wächst auch der Frosch. Und der hüpft! Wie so oft bei Busch beginnt nun eine absurde Kettenreaktion von kleinen und immer größeren Zu- und Unfällen. Der Frosch hüpft. Adele sinkt halb ohnmächtig zu Boden. Dort beißen die Ameisen. Adele läuft weg. Das lässt einen Ziegenbock scheuen. Der rennt Adele um. Seine Hörner verfangen sich in ihrer Krinoline, jener Holzreifenkonstruktion, die aus einem Damenrock ein Zelt macht. Schließlich bleibt die Krinoline irgendwo liegen, Adele woanders: »Der Schäfer trägt Adelen fort; / Ein Storch kommt auch an diesen Ort. / Schnapp! faßt der Storch die Krinoline / Und fliegt davon mit froher Miene. / Hier sitzt das Ding im Baume fest / Als wunderschönes Storchennest.« Dinge, die in der Stadt höchst unnützen Zwecken dienen – wie Frauen zu wandelnden Käseglocken zu verunstalten –, können in der freien Natur höchst nützlich werden. Und was bei der einen das Fortpflanzungsgeschäft eher behindert, fördert es beim anderen.

Vielleicht ist es ganz heilsam, wenn man sich ab und zu auf die Ebene der Objekte begibt oder aber diese zu sich hinaufzieht – »Kein Ding sieht so aus, wie es ist. Am wenigsten der Mensch, dieser lederne Sack voller Kniffe und Pfiffe.« Das ist eine Sichtweise, wie sie dem Maler ansteht, der dieselbe Sorgfalt auf ein Stilleben wie auf ein Porträt verwendet, der den Falten eines Küchentuches ebenso viel Aufmerksamkeit widmet wie denen eines menschlichen Gesichts.

Der Pinsel ist ein demokratisches Instrument. Eine Schafgarbenblüte kann bildfüllend sein, ein Mensch so klein wie eine Fliege, und »Töpfe sind auch Kunstgeschöpfe«. Der Künstler muss geradezu ein Liebhaber der Dinge sein, weil er sie als Metaphern braucht. Eine rote Jacke ist keine rote Jacke nur. Ein Krug kann so viel Leben zeigen wie ein Trinker. Wilhelm Busch findet in einem Briefgedicht ein schönes Bild für unsere Existenz inmitten der sogenannten unbelebten Welt:

Wie andre, ohne viel zu fragen,
Ob man hier oben mich gebraucht,
So bin auch ich zu Lust und Plagen
Im Strom der Dinge aufgetaucht.
Geduld! Nach wenigen Minuten
Versink ich wieder in den Fluten.

Das Bild könnte kaum bescheidener gewählt sein. Nicht einer inneren Wandlung von der Hölle durch die Welt zum Himmel gleicht hier das menschliche Dasein, sondern einem schlichten organischen Vorgang. Sub specie aeternitatis sieht so ein Leben aus wie das kurze Hochschwappen und Wieder-Untergehen eines Stücks Treibgut im Strom der Dinge. Man wird auch hier wieder Buschs eigentümliche Weltanschauung als Erfinderin solch einer Analogie vermuten dürfen – gemischt aus der Nüchternheit des protestantischen Ethos, dem von Kant und Schopenhauer bestärkten Skeptizismus und schließlich der Faszination durch den naturwissenschaftlichen Erkenntnisfortschritt seiner Zeit. Letzterer lässt sich an einem bestimmten Namen festmachen: »Darwin's Theorie, oder vielmehr seine Anhäufung von Material, ist höchst intereßant. Die Entwicklung des Höheren aus dem Niederen bis vom Einfachsten herauf hat etwas Bedeutungsvolles. Ob das nun so ist, oder nicht – die Ähnlichkeit ist da, und der

Nachweis dieser durchgehenden Ähnlichkeit stimmt gut mit dem Gesichtspunkt überein, den mein Schädel nun mal unwiderruflich eingenommen hat.« Dies schreibt Busch am 25. Juni 1875, lange nachdem er zum ersten Mal auf Darwins Theorien gestoßen ist. Seit 1860 etwa beschäftigt er sich mit der »Entstehung der Arten«, die im Aufsatz »Unser Interesse an den Bienen« von 1867 ihren Niederschlag findet, und seit 1871 kann er in deutscher Übersetzung von der »Abstammung des Menschen« lesen.

Die Bücher machen Epoche in seinem Denken. Sie antizipieren und verstärken die Auffassungen, die er später bei Schopenhauer findet. Wo der eine vom Kampf ums Dasein spricht, spricht der andere vom Willen zum Leben, wo der eine naturwissenschaftliche Erkenntnisse in revolutionäre Thesen zur Evolution zusammenfasst, erschüttert der andere die philosophische Welt mit seiner Auffassung vom »allgegenwärtigen Drang zum Leben«, wie es in einem Brief an Maria Anderson heißt. Dass konsequenter Darwinismus die Frage nach der Schöpfung und damit nach Gott und Glaube neu stellt, ist Busch bewusst. Noch 1880 sieht er sich im Kräftefeld von Schopenhauer, Darwin und Augustinus, ohne doch der Anziehung durch einen allein nachgeben zu wollen. Die Entwicklungslinie Affe – Mensch übersetzt er sich in eine mathematische Anordnung, die er bis in ferne Zukunft weiterrechnet. Eine Auflösung gibt es nicht. Der lange Brief, der dieses Denkexperiment vorführt, stammt von Ende 1880 und ist an den Juden Hermann Levi gerichtet, der insofern an weltanschaulich-religiösen Fragen interessiert sein muss, als er gerade den Auftrag erhalten hat, die Uraufführung des »Parsifal« zu dirigieren, und sich von der Wagner-Gemeinde zur Konversion gedrängt fühlt. Da der Brief so etwas wie ein Glaubensbekenntnis Buschs darstellt, sei er ausführlich zitiert:

Lieber Levi!

Der kalte Winterwind bläst den Regen durch die sausenden Bäume. Noch immer geh ich rauchend, den Schopenhauer in der einen, den Darwin in der anderen Tasche, den Strom entlang auf dem muthmaßlichen Wege an's Meer, wo vielleicht das Schiff liegt, welches, wie man sagt, nach den seeligen Inseln segelt. ›Die Heiligen sind schon dort‹, sagt Schopenhauer. ›Da aber der Wille untheilbar ist, so hätten sie mich nothgedrungen mitnehmen müßen, und ich wäre schon ›dort, wo ich nicht bin‹. Darwin sagt: ›Es giebt eine Entwicklung‹. Nehmen wir an von minus X über Null zu plus X. Dann säße der Mensch auf N° 0, während der Affe etwa auf -1 herumkletterte. Der Fortschritt von -1 bis 0 ist ersichtlich: die Erkenntniß, daß diese Welt ein Irrthum, dämmert auf. Wir reden bereits von Tod und Erlösung recht hübsch und erbaulich; dann gehn wir in's Wirthshaus, in's Theater, zum Liebchen, oder bleiben als gute Hausväter daheim und kosen mit unseren Weibern. Unsern Fleischbedarf liefert der Metzger. Wir machen auch Gesetze, gründen Kirchen, Eisenbahnen, Kranken-, Waisenhäuser und mehr dergleichen. – Gut! – Inzwischen stirbt Alles dahin, was auf Null gewesen und wird von +1 absorbirt, wo es, im Lichte neuer Intellecte, als sein eigener Erbe, den alten gemischten Nachlaß sofort wieder antritt. Es gab einen Fortschritt bis Null. Als gute Optimisten hoffen wir natürlich, daß es so weiter geht. Die *Kraft der Tiefe:* der *Drang zum Variiren,* thun auch ihr Theil. – Kurz, +1 ist gescheidter und beßer als 0. – Vorwärts. – Hier ist bereits +10000000. Viel Kopf, wenig Leib. Keine Eckzähne, keine Knöpfe mehr in den Ohrmuscheln. Nahrung: Gemüse. Vermehrung: wie bisher. Der dicke Kopf kann den dünnen Leib noch immer nicht zur Raison bringen. – Weiter! – Plus zehn Milliarden. Nahrung: Luft. Vermehrung: durch phlegmatische Knospenbildung. Der Mensch von N° 0 ist längst verschollen. – Schluß! – + X. Fast nur Kopf. Kaum etwas Wille. Vermehrung: keine. Die Intellecte, blasig herum schwebend, durchschauen Alles gründlich. Das Bischen Wille verneint sich leicht, und Alles verklingt, wie wir Musiker zu sagen pflegen, in einem versöhnlichem Accorde. – Wehe, wehe! – Wer jemals das Auge der energischen Bestialität hat blitzen sehn, den beschleicht eine grauenvolle Ahnung, daß ein einziger sonderbarer Halunke auf dem Uranus die Erlösung aufhalten, daß ein einziger Teufel stärker sein könnte, als ein ganzer Himmel voll Heiliger. Haben die Christen recht? Kommen die Unverbeßerlichen am Schluß in die

Hölle? Kann der Einzelne eine Anleihe machen im Betrag seines Antheils an der gemeinsam contrahirten Schuld, das Geld auf den Tisch legen und sagen: Adieu, auf Nimmerwiedersehn?!

Drüben, am andern Ufer des Stroms, steht der heilige Augustinus. Er nickt mir ernsthaft zu: Hier liegt das Boot des Glaubens; Gnade ist Fährmann; wer dringend ruft, wird herüber geholt. – Aber ich kann nicht rufen; meine Seele ist heiser; ich habe eine philosophische Erkältung.

Über Jahre hinweg zeigt sich Busch von Darwins Entwicklungstheorie beeinflusst – der Erkenntnis, dass die Krone der Schöpfung in Wirklichkeit nur ein Zweig des dicken Stammbaums der Wirbeltiere ist:

Sie stritten sich beim Wein herum,
Was das nun wieder wäre;
Das mit dem Darwin wär gar zu dumm
Und wider die menschliche Ehre.

Sie tranken manchen Humpen aus,
Sie stolperten aus den Türen,
Sie grunzten vernehmlich und kamen zu Haus
Gekrochen auf allen vieren.

Gerade wenn Alkohol im Spiel ist, wird deutlich, dass der Abstand zwischen Mensch und Tier verschwindet. Die Trinkersatire »Die Haarbeutel« demonstriert das an Mensch und Affe und Punsch. Der Menschenähnlichkeit des Affen und der Affenähnlichkeit des Menschen widmet Busch kurz darauf eine eigene Bildergeschichte, deren fein kolorierte Handschrift in seinem Münchner Atelier und deren Reinzeichnung im Frühjahr 1879 in Wiedensahl entsteht. Mit München hat auch der Stoff zu tun. Denn außer der Abstammungslehre Darwins, die den Affen ins Zentrum der Diskussion rückt, gibt es auch ein leibhaftiges Exemplar, das Busch studieren kann: Sein Freund, der Maler Franz Lenbach, besitzt einen Affen. Zusammen mit den Studien an Javaneraffen im hannoverschen Zoo und der Lektüre von Brehms »Thierleben« erlaubt ihm dieses ungewöhnliche Haus-

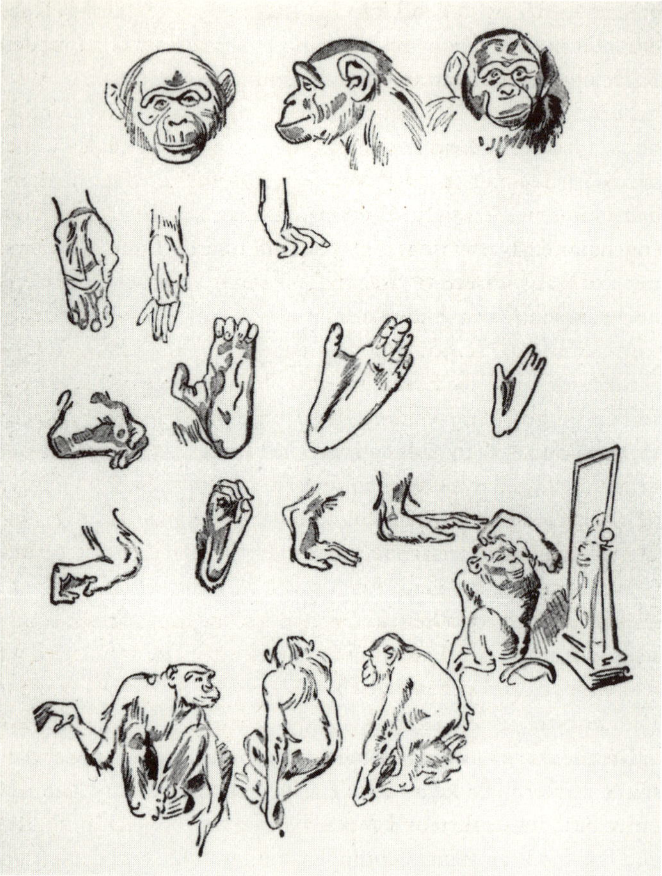

tier, seinen »Fipps« in allen möglichen Stellungen und Posen sozusagen als Essenz alles Affenartigen wiederzugeben.

Der aus Afrika nach Bremen zu Frisörmeister Krüll verschleppte Fipps erweist hier wie dort die Darwin'sche Lehre als zutreffend. In seinem Kampf ums Dasein wird er zum Übeltäter, weil seine Natur nun einmal so ist. Darin unterscheidet er sich keinesfalls von seiner menschlichen Umgebung, in der sich das so verachtete Tierische allenthalben als Wesenszug zeigt. Statt die Ähnlichkeit zwischen Mensch und Tier einfach zu behaupten, verlegt Busch sie in den Umriss seiner Figuren. Ein zu Fall gebrachter Bettler gleicht einem hilflos auf dem Rücken liegenden Käfer und ein Butterbrot verspeisendes Kleinkind einem Apfel futternden Affen. Das Schnupftuch von Meister Krüll steht so hervor, dass es wie ein Schwanz aussieht. Frisörkunde Dümmel wird ausgerechnet an jenem Körperteil verletzt, dessen Vorhandensein als ein Beweis für Darwins Abstammungslehre galt: dem sogenannten Darwinschen Höcker am oberen Ende des Ohrs, der noch auf unsere tierischen Vorfahren verweise. Übrigens neckt Busch Maria Anderson mit diesem Relikt: »Ich möchte wetten, oben am Rande sitzt der bekannte eingedrückte Zipfel.«

Sieht man sich die bösen Taten des Affen genauer an, so entstehen sie entweder aus dem Ernährungs- oder aber dem Nachahmungstrieb. Weil er alles machen möchte wie die Leute um ihn herum, richtet Fipps Chaos an. In seiner Esslust unterscheidet er sich kein bisschen von den Menschen, in deren Mahlzeiten er eingreift – wörtlich verstanden, denn Fipps hat schließlich fünf Greifwerkzeuge am Leib. Auch sein sonstiges Verhalten findet seine Parallele in der Welt, in die man ihn entführt hat: Im egoistischen Kampf ums Dasein überlebt nur der Gewiefteste. Und weil Fipps an das Leben zwischen Möbeln, auf Bäumen und auf Dächern viel besser angepasst ist als jeder Mensch, geraten seine Taten viel effektiver, führt seine natürliche Grausamkeit viel weiter. Sein Herrchen kennt nichts anderes, als einen Übeltäter in einen Sack zu stecken und durchzuprügeln. Dagegen ist die Rache, die Fipps an Hund Schnipp und Katze Gripp übt, ein orgiastischer Reigen phantasievoll inszenierter Torturen. Das ist die bittere Erkenntnis, wenn man Darwin zu Ende denkt: Tierischer Lebensdrang, gepaart mit dem Intellekt des zum Menschen gesteigerten Tiers, kann eine erfindungsreiche Bestialität hervorrufen, die völlig amoralisch ist.

Die einzige Tat, die Fipps des rein Animalischen enthebt, weil sie von Mitgefühl diktiert ist und dem kopflosen Verhalten der Familie Besonnenheit entgegenstellt, ist der Auftakt zu seinem Untergang. Als Retter des Kleinkinds Elise wird ihm so viel Verehrung zuteil, dass die Lust am Abenteuer schließlich diejenige am

Wohlleben überwiegt. Sein letzter Streich erweist doch noch die Überlegenheit des Menschen über das Tier – aber nur durch mechanische Kraft. Gegen eine Flinte ist selbst der gelenkige Fipps machtlos – »Anfangs ist er recht lebendig, / Und am Schlusse ist er todt«.

Schon einmal hatte Busch einem Tier kunstreiche Bilder und Worte gewidmet, um es am Ende sterben zu lassen. Aber anders als Fipps, der von seinen Häschern abgeknallt wird, hat sich Hans Huckebein, der Unglücksrabe, seinen Tod selbst zuzuschreiben – Selbstmord in Folge von Übermut. Aber was heißt: selbst zuzuschreiben? Im Grunde ist es der Mensch, der die »Bosheiten« der Tiere zu verantworten hat. Fipps wird in seiner natürlichen afrikanischen Gegend gekidnappt und nach Bremen entführt. Hans Huckebein muss nur deshalb sterben, weil »Fritz, wie alle Knaben, / Will einen Raben gerne haben«. In der völlig rabenungemäßen Umgebung bei Tante Lotte, in der niemand ihm einen Käfig gibt, verursachen seine natürlichen Instinkte, was der Mensch am wenigsten leiden kann: Unheil, Unsauberkeit, Unordnung. Als Vorläufer des wilden Fipps legt sich Huckebein insbesondere mit den Haustieren Hund und Katze an. Damit ergibt sich eine Stufenleiter des domestizierten Naturtriebs: Unten das unzähmbare wilde Tier, das nicht in die menschliche Gesellschaft gehört, in der Mitte die Haustiere, deren Triebe man gezähmt hat, schließlich der Mensch selbst, der wie alle Geschöpfe den Willen zum Leben hat, ihn aber verleugnet und unterdrückt, ohne verhindern zu können, dass dieser seine Wünsche und Handlungen immer wieder bestimmt.

Wo in den Bildern des »Huckebein« die Lust an der animalischen Anarchie zu spüren ist, artikulieren die Verse das (von Busch ironisierte) bürgerliche Unverständnis für sie. Der Rabe ist »der größte Lump«, »der Böse«, hat eine »schwarze Seele« voll »schlauer List«, »roher Lust und Tücke«, ja »Laster«. Die Anthropomorphisierung scheint nötig, damit am Ende der Rabentod nicht Mitleid, sondern Triumph weckt. Doch die Ursache dieses Todes ist ja nicht Lasterhaftigkeit, die ein Tier gar nicht haben kann. Es ist die Konfrontation mit der Zivilisation. Im Wald hätte

Huckebein uralt werden können. Weil er aber mit Alkohol in Kontakt kommt, muss er sterben. Die eigentliche Lasterhaftigkeit liegt nicht im Verhalten des Raben, sondern im Likör-Trinken der Tante Lotte, deren Resümee denn auch angezweifelt werden darf: »›Die Bosheit war sein Hauptpläsier, / Drum‹ – spricht die Tante – ›hängt er hier!!‹« Auf diese Weise widersprechen einander Text, Bild und Lesererwartung mehrfach und produktiv, so dass am Schluss nicht ausgemacht ist, wer Mitgefühl, wer Schadenfreude verdient. Es bleibt zu konstatieren, dass Huckebeins Selbstentleibung eigentlich Mord an der Kreatur ist, die man gegen ihren Willen ins Haus geholt und dann als Folge ihrer natürlichen Triebhaftigkeit und als Stellvertreter eigener Laster in den Tod getrieben hat.

In Wilhelm Buschs Geschichten gibt es immer wieder Tiere, die den Tod finden, wenn sie mit Menschen in Berührung kommen. Das beginnt harmlos bei den Insekten. Wobei die Bemühungen, eine Fliege oder Wespe oder einen Käfer loszuwerden, nicht mehr harmlos sind. Als wollte sich das Tier noch beim Sterben rächen, verursacht es ganze Stubenzerstörungen. Weil er immer mehr in Rage gerät, erschlägt der Mann erst die Wohnungseinrichtung, bevor er das Insekt erschlägt. Die getöteten Leiber entbehren dann auch nicht der Drastik, wenn sie wie Wespe und Fliege in »Der Schnuller« und »Fipps«, wie die Flöhe im »Filucius« zerquetscht werden, wenn sie wie die Maikäfer in »Max und Moritz« oder die Fliege in der gleichnamigen Bildergeschichte zertrampelt am Boden kleben.

Nicht nur im Haus, auch in der Landwirtschaft kommen Tiere dem Menschen in die Quere. Da kann es passieren, dass ein Frosch sich in der Vogelschlinge fängt, dass Federvieh auf der Strecke bleibt, mitunter äußerst qualvoll wie die Hühner der Witwe Bolte. Hat der Mensch befunden, dass ein Tier schädlich sei, kann es noch so harmlos aussehen, es wird als Feind betrachtet. In den »Stippstörchen« stirbt ein Häschen durch einen Knüppelschlag auf die Nase. Viermal widmet sich Wilhelm Busch dem Verenden eines Maulwurfs, zweimal als Bleistiftzeichnung des getöteten Tiers, einmal als gezeichnete Geschichte in »Dideldum!«, einmal als Gedicht in »Zu guter Letzt«. Immer ist der grausame Tod durch Gärtners Hand zugleich dessen Sieg über die aufgeworfenen Erdhügel:

> Da liegt der schwarze Bösewicht
> Und wühlte gern und kann doch nicht;
> Denn hinderlich, wie überall,
> Ist hier der eigne Todesfall.

Es kann jedes Tier erwischen, von der Mücke bis zum Esel. Das Zusammentreffen mit dem Menschen ist immer dann verhängnisvoll, wenn die Interessen auseinanderklaffen:

> Das Messer blitzt, die Schweine schrein,
> Man muß sie halt benutzen,
> Denn jeder denkt: Wozu das Schwein,
> Wenn wir es nicht verputzen?

Überflüssig zu betonen, dass Busch als Privatmann genauso wenig Tierhasser oder gar -quäler ist wie Kinderhasser oder Kinderquäler. Die Reue über die einzige größere Tierleiche, die er jemals hinterließ, einen von ihm geschossenen Hasen, verfolgt ihn ein Leben lang. Als er einmal früh morgens das Schlachten eines Schweines in allen akustischen Einzelheiten vernimmt, ist ihm diese »Metamorphose in Wurst« so schrecklich, dass er sich ganz »kannibalisch« fühlt. Abgesehen vom Ärger über Mücken, Raupen und Läuse kann es kaum einen größeren Tierfreund geben als Busch. Wobei die Gleichung gilt: Tiere lieben gleich Tiere beobachten und vice versa. Wer nichts versteht von der Natur, wird sie auch nicht schützen. Wer Stunden damit verbringt, einem Vogel beim Nestbau zuzusehen, wird ihn nicht töten können.

Da Busch die meiste Zeit seines Lebens auf dem Land wohnt, kann er den Tieren gar nicht ausweichen. Im Jahr 1897 zählt man in Wiedensahl 103 Pferde, 574 Rinder, 1026 Schweine, 52 Ziegen, 2280 Hühner, 17 Gänse, 32 Enten. Vertraut sind ihm auch Esel, Hasen, Hunde, Katzen, Kanarienvögel, Meisen, Grasmücken, Fliegenschnäpper. Er baut Starenkästen. Er stellt Brot, Fleisch, Knochen für die Raben hin, und als der Nachbarshund das alles wegfrisst, bemerkt er empört, das sei »unbillig« – »denn der Hund hat eine feste Anstellung, aber der Rabe nur ein unsicheres Einkommen«. Obwohl die Schädlinge ihn ärgern, widmet er Schnecken, Kohlweißlingsraupen, Mückenlarven, Blattläusen und Schlupfwespen eigene Gedichte. Lässt er die Maikäfer in »Max und Moritz« einen Ungeziefertod sterben, so reagiert er als Privatmann so: »Ein Maikäfer, einer von den vielen dies Jahr, flog durch's offene Fenster, surrte um's Licht, stieß sich, fiel auf den Rücken und strampelte hülflos mit den Beinen. Vermuthlich war er erst eben aus der Erde gekrochen, denn er hatte noch ein Klümpchen Dreck auf der Nase. Ich ließ i[h]n hinaus, wo's beßer für ihn. Kurz währt sein Dasein auf der Oberwelt. Viel Grünfutter, ein Bißel Liebe, dann ist's für diesmal vorbei mit ihm. Aber tausend Jahre, von hinten besehn, sind wohl auch nicht viel mehr.«

Auf eine entsprechende Äußerung von Maria Anderson hin erklärt er schlicht: »Sie mögen gern Thiere leiden; ich auch.« Einmal ist er untröstlich, weil er in der Gartenhecke einen Vogel mit gebrochenem Flügel gefunden und ihn, bevor das die Katze tut, aus Barmherzigkeit eigenhändig getötet hat. Tierwaisen müssen Wilhelm Busch besonders berührt haben. 1875 berichtet er in einem Brief von drei unglücklichen Welpen: »Neulich pußelt Nachbar Mumme mit dem Spaten in seinem Garten herum, dicht bei den Stachelbeerbüschen. Auf einmal springt ein fremder Hund heraus und knurrt und will nicht weg und zeigt die Zähne. ›Der Hund ist toll‹, so heißt es gleich. Man holt die Flinte – bum! – die Kugel geht dem Hunde durch den Kopf, er streckt sich aus und stirbt. – Wie man genauer zusieht, liegen drei ganz kleine neugeborne Hündchen im Gebüsch.« Viele Jahre später begegnet er auf einer seiner Reisen zum Jugendfreund Erich Bachmann verwaisten Kätzchen: »In Bachmanns Hause sah ich ein kleines Hündchen namens Molly, das war die Amme und Pflegemutter von fünf kleinen Katzen, drei grauen und zwei schwarzen. Ist das nicht brav?« Eine Woche später hat Busch die anrührende Geschichte noch nicht vergessen. Jetzt schreibt er auch an Nanda Kessler über Hündin Molly, ihre »guten Werke« und ihre »Zärtlichkeit« für die kleinen Adoptivkatzen. Selbst ein Jahr später ist das Thema immer noch präsent: »In der ebergötzener Mühle lebt ein kleiner Hund, genannt Molly. Vor einigen Jahren ist sie Amme gewesen bei fünf Kätzchen. Zwei davon, die übrig geblieben, haben bereits Enkel. Aber jedesmal, wenn Molly der Jungen beraubt wird, stellen sich die alten Katzen wieder als Säuglinge ein. Sie suchen sich dann bei der rührenden Pflegemutter unter anderm dadurch beliebt zu machen, daß sie sich umdrehen und ihr mit dem Schwanz sanft streichelnd übers Gesicht fahren.« Die beiden Waisengeschichten werden schließlich zu einer einzigen zusammengefasst und in den Lyrikband »Zu guter Letzt« von 1904 aufgenommen.

Hund und Katze

Miezel, eine schlaue Katze,
Molly, ein begabter Hund,
Wohnhaft an demselben Platze,
Haßten sich aus Herzensgrund.

Schon der Ausdruck ihrer Mienen,
Bei gesträubter Haarfrisur,
Zeigt es deutlich: Zwischen ihnen
Ist von Liebe keine Spur.

Doch wenn Miezel in dem Baume,
Wo sie meistens hin entwich,
Friedlich dasitzt wie im Traume,
Dann ist Molly außer sich.

Beide lebten in der Scheune,
Die gefüllt mit frischem Heu.
Alle beide hatten Kleine,
Molly zwei und Miezel drei.

Einst zur Jagd ging Miezel wieder
Auf das Feld. Da geht es bumm.

Der Herr Förster schoß sie nieder.
Ihre Lebenszeit ist um.

Oh, wie jämmerlich miauen
Die drei Kinderchen daheim.
Molly eilt, sie zu beschauen,
Und ihr Herz geht aus dem Leim.

Und sie trägt sie kurz entschlossen
Zu der eignen Lagerstatt,
Wo sie nunmehr fünf Genossen
An der Brust zu Gaste hat.

Mensch mit traurigem Gesichte,
Sprich nicht nur von Leid und Streit.
Selbst in Brehms Naturgeschichte
Findet sich Barmherzigkeit.

Mit dem Herz, das aus dem Leim geht, ist Busch ein starkes Bild gelungen. Es charakterisiert ihn selbst in seinem Verhältnis zur Natur. Als Künstler verdient er es, Tierquäler genannt zu werden. Das muss er auch sein, denn ohne die losen Streiche seiner Mäuse, Raben und Affen kommt kein Stein ins Rollen, ohne all die gezwickten und gezerrten Tierschwänze wären die Zeichnungen nur halb so einprägsam. Die Darstellung einer rührenden Tierliebe zwischen Hund und Katze gehört genauso wenig in eine Bildergeschichte wie Mitleid mit Waisenkindern. Der Bildergeschichten-Busch ist aber nur der eine Busch. Der andere zeichnet Dutzende von Kühen – kein anderes Tier erscheint in seinem Œuvre so oft –, malt unzählige Weide-Idyllen, mal ein Pferd, mal eine Sau, mal einen Esel, mal einen Hund. Und wieder der andere schreibt ein zartes, nur leise ironisch getöntes Gedicht über eine Kleinigkeit aus der Naturgeschichte, die er 25 Jahre lang nicht vergessen kann.

Promenade
Rückzug – München und Wiedensahl

Seitdem Busch Frankfurt verlassen und sich wieder ganz in Wiedensahl angesiedelt hatte, tendierte er dazu, sein Leben in sehr geregelte Bahnen zu lenken. Mit einem seiner Lieblingswörter beschrieb er Freund Bachmann, wie sein Alltag zur Zeit der Fertigstellung von »Kritik des Herzens« aussah: »Meine Zeit geht immer so gleichmäßig und gemüthlich dahin. Morgens wird gearbeitet, Nachmittags bummle ich, trinke in der Dämmrung meine Halbe Wein und lege mich frühzeitig auf's Ohr.« Das Gegenteil angestrengter, hochtönender Lyrik wollte er mit seinen »bummligen Versen« schaffen, in denen er versuchte, »möglichst schlicht und bummlig die Wahrheit zu sagen«; von seinen Bildergeschichten dachte er sowieso, sie hätten ein »bummlichtes Aussehen«. Dieses Schlendernde, Unangestrengte, eben Bummlige sollte seine Kunst verkörpern, und es sollte sein persönliches Tempo umschreiben. Am liebsten nicht nur mit dem Bummelzug und der Bummelpostkutsche und beim Bummel durch den Wald, sondern im Bummelschritt durchs ganze Leben.

Das hässlichste Abenteuer des kommenden Jahrzehnts zwischen 1874 und 1884 erwartete Busch in München, die weiteste Strecke führte ihn bis Venedig, seine ganze dichterische und zeichnerische Brillanz legte er in seine letzten beiden Bildergeschichten. In der privaten Korrespondenz machte sich eine bemerkenswerte Konzentration und Reduktion bemerkbar. Waren es zunächst überwiegend Johanna Kessler und Maria Anderson, denen Busch schrieb, so verlagerte sich nach Erkalten der Beziehung zu Maria Anderson und dem Zerwürfnis mit Johanna Kessler die Korrespondenz auf wenige gute Freunde: Erich Bachmann, Marie Hesse, Grete Fehlow, Franz Lenbach, Friedrich August Kaulbach, einige Familienmitglieder.

Und noch in anderer Hinsicht ist der Briefwechsel aufschlussreich: Er blendete die Welt da draußen so ziemlich aus. Immerhin stand ja die Geschichte nicht still zwischen 1874 und 1884. In diesem Jahrzehnt wurde der Gotthard-Tunnel vollendet, in Chicago der erste Wolkenkratzer gebaut und in Deutschland die Krankenversicherungspflicht eingeführt. Man beobachtete je nachdem voll Hoffnung oder voll Sorge den Aufstieg der Sozialdemokraten und das Sozialistengesetz, die versuchten Attentate auf Bismarck und den deutschen Kaiser, die Ermordung Zar Alexanders II., den russisch-türkischen Krieg um Befreiung der Balkanstaaten, die Proklamation der britischen Königin zur Kaiserin Indiens und die Ausweitung der europäischen Kolonialpolitik. Es erschienen die großen Romane von Zola, Tolstoi, Dostojewski, Twain und Nietzsches »Menschliches, Allzumenschliches«, Ibsen brachte »Nora« und »Die Gespenster« auf die Bühne. In Deutschland malten Leibl, Liebermann, Menzel, Böcklin und Spitzweg, in Frankreich präsentierte Rodin seinen »Denker«, und die Impressionisten veranstalteten ihre erste gemeinsame Ausstellung. Pasteur und Koch machten die Bazillen dingfest, man entdeckte die Vererbung durch Chromosomen und die Erreger von Cholera und Typhus. Der Krakatau explodierte. Buffalo Bill kam nach Europa. Das Bayreuther Festspielhaus eröffnete mit der ersten Gesamtaufführung des »Ring«, Bizets »Carmen« fiel durch. Das Telefon und die Glühlampe wurden erfunden, es begann die moderne Fahrradfabrikation und Ölförderung, es fuhren die erste elektrische Straßenbahn und der erste Orient-Express. Aus Amerika wurde der Kartoffelkäfer eingeschleppt. 1883 erschien zum ersten Mal Friedrich Kluges »Etymologisches Lexikon«. Außer gelegentlichen mündlichen Äußerungen über den »Polypen« England oder so manche moderne Erfindung, Literatur und Malerei wird nur das Lexikon von Wilhelm Busch langfristig gewürdigt werden; das letzte Buch, in dem er vor seinem Tod liest, ist sein gern genutzter Kluge.

Vielleicht konnte das innere Ringen um den richtigen Lebensentwurf nicht anders gelöst werden als durch das – zumindest angestrebte – Gleichmäßige und Gemütliche. Busch war nun deutlich über vierzig und musste sich selbst bekennen, was aus ihm geworden war und was nicht. Kein Ehemann, kein Vater. Maler nur im Stillen. Dichter ohne großen Erfolg. Gutbezahlt und hochverehrt für seine Komik. Er spürte, dass sich ein gewisser pessimistischer, sarkastischer, bisweilen geradezu nihilistischer Wesenszug durchgesetzt hatte. Und das hartnäckig: »Schon nach dem vierzigsten Jahr, heißt es, ändert Keiner mehr seine Philosophie.« Diese Philosophie hatte er in der »Kritik des Herzens« mit Worten auszudrücken versucht, sie hatte seine Bildergeschichten mit schwarzem Humor gefärbt. Selbst in seiner Malerei gab es zunehmend Missgeschicke, gleichgültige Ehepaare, Weiber mit zerbrochenen Krügen, Säufer, Spieler, Streitende, kranke Kinder, Weinende, Prügelszenen, Züchtigungen. (Farbtafel 9)

Wieder ging er bei den Niederländern nachsehen, wie die es gemacht hatten, zuerst 1873 und 1874 auf den Reisen nach Amsterdam und Antwerpen, 1875 dann in der Kasseler Gemäldegalerie. In jener Zeit schrieb er über die Themen, die er in seiner Wolfenbütteler Atelierhütte malend behandelte: »Mein genre ist genre. – Ein Pfau, drei Dutzend Hühner, zwei Kater, zwei Katzen, 10 Pferde, Lumpen, alte Weiber, Kinder – das steht alles zu meiner Verfügung. – Sobald das Nordlicht fertig, geht's dran!« Allmählich änderte sich sein Malstil, wurde flotter, deutete die Hintergründe nur noch an oder beließ die durchscheinende Maserung des Grundes, der oft bloß aus primitiven Fichtenholzbrettern bestand. Bewusst verwischte er nun die Grenzen zwischen schneller Ölskizze und durchgeführtem Gemälde. Grau, Braun, Ocker, Grün waren die bevorzugten Farben auf der Palette, die lasierend oder mit sichtbar borstigem Pinsel aufgetragen wurden; Rot äußerst sparsam. Wie in der niederländischen Malerei hob Busch die hellen Gesichter fast immer vor einem dunkelbraunen Grund hervor. Anders als diese verwendete er aber keine große Kunstfertigkeit auf das Detail der Kleider und der Dinge, sondern konzentrierte sich auf die Wirkung der Farben, der Lichtreflexe und die Dynamik des Pinselstrichs. Auf diese Weise geriet ein »Bettler« (Farbtafel 10) nicht mehr zum effektvollen Porträt eines malerisch zerlumpten Mannes, sondern vielmehr zum heftig hingeworfenen Ausdruck menschlichen Versagens und Elends – dieselbe Grundhaltung wie in den Bildergeschichten und den Gedichten.

Dass es nach dem Wegzug aus Frankfurt und also ohne die Anregung durch Johanna Kessler überhaupt zur kontinuierlichen Beschäftigung mit der Ölmalerei kam, hing stark mit den räumlichen Möglichkeiten zusammen. Das Wolfenbütteler Bretteratelier mit Nordlicht und die dortigen Modelle, die ihm in Gestalt der Konservenfabrikarbeiter von Bruder Gustav oder der zahlreichen Tiere auf dessen Hof vor den Pinsel liefen, gehörten zu diesen guten Bedingungen. Wenig später sollten solche Bedingungen auch in München herrschen. Dachten jedenfalls die neuen Freunde. Wilhelm Busch hatte schon 1873 in der neuen Künstlergesellschaft »Allotria« Bekanntschaft mit Franz Lenbach, Friedrich August Kaulbach und Lorenz Gedon geschlossen, 1877 kam diejenige mit Paul Lindau und Hermann Levi dazu. All diese Künstler, zwischen vier und achtzehn Jahre jünger als Busch, vereinte das gesellige Beisammensein in einem Verein, der – wie so oft – seinen Namen im Jetzt-erst-recht-Verfahren erhalten hatte. Für die Weltausstellung in Wien wollten die jüngeren Künstler um den Architekten und Innenausstatter Lorenz Gedon die Münchner Sektion besonders stilvoll ausgestalten. Auf eine entsprechende Eingabe an die Künstlergenossenschaft antwortete deren Präsident Konrad Hoff ablehnend: »Solche Allotria treiben wir nicht.« So gründete sich 1873 eine neue Künstlergesellschaft unter diesem Namen. Sie war für Busch die beste Gelegenheit, mit Lenbach, Kaulbach, Gedon und später auch seinem Verleger Bassermann, der sein Geschäft im Juni 1878 von Heidelberg nach München verlegte, zusammenzutreffen.

Durch Lenbach lernte Busch das pure Gegenteil der eigenen künstlerischen Tätigkeit kennen. Statt sich einzudachseln und sämtliche Arbeiten in der Stille eines Dorfes oder beim Nordlicht einer Bretterbude zu fertigen, hielt dieser Hof. Sein Wohnstil war genauso vornehm wie sein Atelier und seine Kundschaft, zu der neben Bismarck Kaiser Franz Joseph, Kaiser Wilhelm I., König Ludwig I. und Papst Leo XIII. zählten. Letzteres wird Busch zu der brieflichen Äußerung verleiten: »Daß Du den alten verschrumpelten Halbgott mit den milden pfiffigen Augen recht kräftig und wahrhaftig in Öl setzen wirst, ist mir unzweifelhaft.«

Lenbach hat das wohl genauso mit Humor genommen wie gelegentliche Andeutungen des Kollegen über seine routinierte, nach Fotos und mit schickem Niederländer-Touch arbeitende Porträtkunst. Einen Brief an Busch unterzeichnete er ironisch mit: »Ewig der Deine / F Lenbach / Mitarbeiter am Verfall der Kunst«.

Auch Friedrich August Kaulbach, Cousin zweiten Grades jenes Wilhelm von Kaulbach, bei dem Busch während seiner Münchner Akademiezeit studiert hatte, malte die Reichen und Berühmten, so Prinzregent Luitpold, Kaiser Wilhelm II., Isadora Duncan, das Zarenpaar oder Mitglieder der Rockefeller-Familie. Von ihm stammt übrigens auch jenes Bild der Pringsheim-Kinder im Pierrot-Kostüm, auf dem Thomas Mann bereits als Schuljunge seine spätere Frau Katia sah. In der Münchner Künstlerszene gehörte der in der Schwanthalerstraße residierende Prominentenmaler neben Franz Lenbach zu den meisthofierten Persönlichkeiten. Für Wilhelm Busch aber spielten sie die Rolle von Förderern, Zechkumpanen und nicht zuletzt wirklich guten Freunden. Mit Lenbach wie Kaulbach wechselte er Briefe, in denen er mehr von sich erzählte als gewöhnlich. Paul Lindau und Hermann Levi wurden ebenfalls zu Gesprächspartnern, erst in München, später schriftlich. Paul Lindau, Redakteur, Dramatiker, Theaterleiter in Berlin, publizierte 1878 die erste wissenschaftliche Arbeit über Busch in der von ihm gegründeten Zeitschrift »Nord und Süd«. Dort plauderte er auch aus dem Münchner Nähkästchen: »Wie reizende Stunden haben wir zu Dreien verbracht, Lenbach, Busch und meine Wenigkeit! Wie gemüthlich fühlten wir uns gleich von der ersten Stunde an zusammen, als wären wir langjährige Freunde! Wie mittheilsam, wie interessant war Busch, wie wenig entsprach er dem Bilde, das man mir von ihm gegeben hatte! In ganz ungezwungener Weise vertieft sich mit Busch die Unterhaltung auf der Stelle; man unterhält sich eben mit ihm und spricht nicht von den üblichen Banalitäten. Nicht einen Augenblick riß der Faden ab. Da wurde behauptet und gestritten, da ereiferten wir uns zu Dreien, und die Zeit flog dahin ›im Sauseschritt‹, bis der Kellner, der sich schon ein Dutzend Mal den Schlaf aus den Augen gerieben und durch allerhand Bewegungen, die von vorwurfsvollem Gestöhn begleitet waren, zu verstehen gegeben hatte, daß wir seit einigen Stunden die letzten Gäste im Local seien, uns schließlich mit nicht mißzuverstehenden Worten daran gemahnte, daß die fünfte Morgenstunde bereits geschlagen hatte.«

Hermann Levi schließlich, Generalmusikdirektor sowie Hofkapellmeister am Königlichen Hof- und Nationaltheater München, für Busch »Großmogul im Reich aller musikalischen Ergötzlichkeiten«, brachte diesem die Klaviermusik wieder näher, die er früher selbstspielend gepflegt und in der Bildergeschichte »Der Virtuos« so virtuos dargestellt hatte. Auch vermittelte Levi ein Zusammentreffen mit Richard und Cosima Wagner, die Busch »sonderbare Menschen« nannte, wohingegen Frau Wagner ihn später als »christlich überzeugten Protestant« bezeichnete.

Alle diese Freunde fanden, Busch müsse sein früheres Münchner Leben wieder aufnehmen, müsse dort malen und sich malen lassen. Am 21. Oktober 1876 schrieb er an Johanna Kessler: »Nach München muß ich dann *jedenfalls* auch wieder, wär's auch nur, um mein Versprechen zu halten. Im Künstlerverein veranstalteten sie nämlich mir zu Ehren einen scherzhaften Fackelzug, und Gedon hielt eine Rede, worin er Alle aufforderte, für mein Wiederkommen zu stimmen, was geschah; worauf denn Lenbach in meinem Namen zusagend erwiderte. Er wollte, daß ich gleich da bliebe, damit er mein Portrait malen könne; er bot mir eins von seinen Ateliers zu ganz freier Benutzung an. Kurz, ich wurde so zuvorkomm[en]d und freundlich behandelt, daß ich ordentlich verlegen wurde. So muß ich denn wohl am Ende Wort halten. Was meinen Sie, liebe Tante?« Wie immer wissen wir nicht, was die liebe Tante meinte. Aber wir wissen, dass der Onkel sich feiern ließ (»Die vielen Leute, das Fest, der Lärm, das Bier, der Rauch – mir ward ganz unklug davon. Und dann nie vor Nachts zwei Uhr in's Bett«), sich malen ließ und das Angebot der Atelierbenutzung annahm.

Im Januar 1877 zog er nach München ins Hotel »Europäischer Hof« und knüpfte tatsächlich an sein altes bayerisches Leben an: »So gegen Zehn ging ich in den Künstlerverein, wo ich Gedon und Kaulbach traf, trank 3 Glas Bier und erwachte mit gelindem

Schädelbrummen. Heute bei Lenbach. Ich werde bei ihm malen können. Er lud mich auch ein, täglich bei ihm zu eßen, was ich aber abgelehnt. Morgen werd ich bei Gedon zu Mittag sein.« Sechs Tage später war der Trubel immer noch nicht versiegt: »man fêtirt mich mehr, als ich's verdiene, und noch keinen Abend bin ich leider so früh nach Hause gekommen, daß nicht der Herr Portier bereits im tiefsten Schlummer gelegen hätte. – Heute Abend giebt *Seitz* Gesellschaft. Morgen Abend ist Ball, wo denn der neue Frack gar hübsch und gründlich eingewärmt werden soll. – Bei Lenbach im Atelier geht's immer ein und aus. [...] Wie's da nun mit der eigentlichen Arbeit aussieht, das ahnen sie wohl. Was ich da hinschmiere, findet allerdings bei Bekannten guten Absatz; zu dem, was ich möchte, werd ich aber wohl schwerlich kommen.« Keine drei Wochen später gestand er wiederum, dass bei den Münchnern noch besser als das »Hingeschmierte« seine Bildergeschichten angesehen seien und dass er sich mit Lenbachs neumodischen Farben nicht anfreunden könne: »Mit dem Malen ging es folgendermaßen. Als meine Bekannten davon hörten, hieß es: Thun Sie das doch nicht! Bleiben Sie bei dem, womit Sie uns Allen Pläsir machen! – Lenbach setzte mir von seinen modernen Farben auf die Palette. – Ich blieb aber hartnäckig bei meinem Oker und meiner Manier, stahl mir ein paar katzenjämmerliche Morgenstunden, wo ich allein sein konnte und malte ein paar ungenirte Skizzen hin. Nun kam erst der Gedon und sagte: Ja, das hab ich halt nicht gewußt! Dann Seitz und Lossow und sagten: Ja, das ist ja, was die Dietzschule *will!* und so fort Einer nach dem Andern bis zum Prinzen Ludwig nebst Gemahlin. Dies alles wäre natürlich sehr schön, wenn ich nicht das peinlich-kümmerliche Gefühl hätte, daß ohne ein stilles Plätzchen nichts ordentliches für mich zu machen ist. Ich male wohl Abends bei Lampenlicht nach der Natur; aber das hilft nicht viel. Hoffentlich findet sich ein Atelier, was ich behalten kann, wenn ich auch nur den vierten Theil des Jahres hier wäre.«

Das Atelier fand sich in der Tat. Nachdem Busch zuerst mehr schlecht als recht in Lenbachs Atelier gearbeitet hatte, bezog er im September 1877 sein eigenes in der Karlstraße 36. Weil Freund,

Architekt und Innenausstatter Lorenz Gedon es hergerichtet hatte, war es »wirklich sehr hübsch heimlich und gemüthlich geworden«, trotz der »erdrückenden Menge von Antiquitäten«, wie Busch später bekannte und hinzusetzte »Es gefiel mir aber nicht, und ich habe den Krempel mit viel Verlust wieder verkauft, das meiste hat, glaub' ich, Kaulbach bekommen.« Jedenfalls hatte das Atelier eine doppelte Tür, um sich »luftdicht abzuschließen«, »was sehr nöthig, denn alle Augenblick klopft's.« Man schleppte Busch zu »Caffé- und Abendgesellschaften«, »durchreisende Fremde« lenkten ihn ab, so dass er nach wie vor spät nach Hause kam und wenig voran mit der Arbeit. In gespielter Verzweiflung und auf Frankfurterisch klagte er Frau Kessler Ende September: »Es muß annersch werden! Aber wie? Aber wann?« Das wusste er offensichtlich nicht, denn in den Briefen war weiterhin die Rede vom Trinken, vom Kegeln, vom nächtelangen Diskutieren.

Außer der Beeinträchtigung der doch so erstrebten Arbeit an den Ölgemälden, außer häufigem Katzenjammer hatte das animierende München immerhin die Anregung für eine neue Bildergeschichte parat, in der Busch sich satirisch mit den Folgen des Trinkens auseinandersetzte: »Die Haarbeutel«. Wie immer erledigte er die Zeichenarbeit in Wiedensahl. Er konnte in der Großstadt einfach nicht zu seinem Rhythmus finden: »So recht eingewöhnt bin ich hier noch nicht und werd es auch wohl nie. Mit der ländlichen Einsamkeit zu lange vertraut, kommt es mir nun so vor, als wär ich auf einmal zwischen die Buden eines recht unruhigen Jahrmarkts gekommen. Die Bekannten hab ich so ziemlich alle besucht und ›durchgegessen‹ und bin nie vor Mitternacht zu Bett gekommen. Mein Trost ist mein trauliches Arbeitszimmer, was ich hinter mir zusperre.«

Was in diesem Arbeitszimmer entstand, unterschied sich nicht nur in der Verwendung des vertrauten Ockers, der Helldunkel-Manier und der ungenierten Skizzenhaftigkeit vom Stil der Münchner Freunde Lenbach und Kaulbach, die man für ihre Goldgerahmten bewunderte und hofierte. Der Gestus war alles andere als prätentiös oder repräsentativ. Selbst mythologische Themen wie »Am Acheron« oder »Blendung Simsons« glichen in der aggressiven Pinselführung bei begrenzter Farbpalette Motiven wie »Umtrunk im Schlachthaus«. Symptomatisch dafür ist ein Selbstbildnis jener Zeit. Auch Franz Lenbach hatte ja einige Porträts Buschs geschaffen, darunter ein sehr schönes, psychologisch aufgefasstes und wohl auch ähnliches (Farbtafel 8). Vergleicht man Buschs Selbstporträt damit, das kurze Zeit später entstand, muss man geradezu von einer Ohrfeige sprechen, einer Ohrfeige für die Malerkollegen und sich selbst. Wo Lenbach einen gutaussehenden und gutgekleideten, halb melancholisch, halb schälkisch blickenden Mann in den besten Jahren zeigt, sieht Busch sich selbst als – Bettler. (Farbtafel 11)

Gestik und Mimik sind unverschämt, ja unflätig und weit eindeutiger als in jenem Bettlerbild aus der Wolfenbütteler Zeit (Farbtafel 10). Den Vordergrund nimmt nun die fordernd oder vorwurfsvoll ausgestreckte Hand mit einer kleinen Münze ein, die Miene des verwildert-verwegenen Kopfs lässt sowohl an Trunksucht wie an Stänkerei denken. Der Kontrast könnte größer nicht sein: ein hübscher Busch, gemalt von Lenbach, dem Malerfürsten, der Hof hielt und die vornehmsten Auftraggeber hatte, und Busch, gemalt von sich selbst in der Rolle des Verwahrlosten. Auf den Rat der Münchner Bekannten, er solle doch brav bei seinen Bildergeschichten bleiben, war dies Bild vielleicht eine Antwort: Für das, was ihr von mir erwartet, bezahlt ihr mich gut. Als Maler nach meiner eigenen Manier kann ich betteln gehen.

Der Freundschaft mit Franz Lenbach schadete die verschiedene Kunstauffassung keineswegs. Der sonst so zurückhaltende Wilhelm Busch wagte geradezu mehrere Bekennerschreiben, in denen er den anderen als »liebster Freund, den ich so sehr liebe und verehre« apostrophierte, ihm »hartnäckigste Freundschaft« andiente, davon sprach, Lenbach gehöre zu denen, die er »einfürallemal lieb gewonnen«. Obwohl er ja selbst ein Heer von Bewunderern hatte, fühlte er etwas von Lenbachs Ruhm auf sich abstrahlen und bekannte sogar, er habe »gelegentlich mit deiner Freundschaft geprunkt, was ich sozusagen verzeihlich finde«.

Aus den »Allotria«-Tagen erhielt sich ein Foto aus dem Atelier von Ernst Hanfstaengl, auch er ein Freund.

Der berühmten klassizistischen Figurengruppe »Die drei Grazien« von Antonio Canova ist die Trias aus Franz Lenbach (links), Paul Lindau (Mitte) und Wilhelm Busch nachgestellt. Die Legende besagt, die Aufnahme sei spontan nach einer durchzechten Nacht im Jahr 1877 entstanden. Die drei Freunde hätten bis spät getrunken und diskutiert, seien dann vom letzten Kellner aus dem Wirtshaus hinauskomplimentiert worden, hätten sich mittels eines guten Trinkgelds zu dem einzigen Lokal Münchens kutschieren lassen, das noch offen war: dem Wartesaal dritter Klasse des Bahnhofs. Zwischen Bauern, die auf den Holzbänken schnarchten, hätten sie weitergeredet, bis die erste Frühdroschke um sechs Uhr alle heimgebracht hätte. Und ein paar Stunden später habe Meister Hanfstaengl sie fotografiert, zwischen Frühstückshappen von Weißwurst und Schweizer Käse. Ein Schnappschuss ist das Foto dennoch nicht. Erstens wurden die drei Herren ihrem statuarischen Vorbild nachgebildet bis in die Stellung von Stand- und Spielbein hinein. Zweitens hatte Paul Lindau Zeit, sein Taschentuch noch einmal in Position zu zupfen, so dass es auf modische Weise zwischen den Frackschößen hervorstand. Drittens bemerkt man bei genauerem Hinsehen Metallständer hinter den drei Grazien. Sie sollten die Männer am Schwanken hindern, auf dass die Aufnahme ja nicht verwackle.

Von Anfang 1876 bis zur Aufgabe seines Karlstraßen-Ateliers im April 1881 verbrachte Wilhelm Busch über fünfzehn Monate malend, debattierend und feiernd in München. Als Kontrast zum stillen Arbeiten und den lauten Kneipenabenden suchte er wie immer die familiäre Geborgenheit, so beim Freund Friedrich August Kaulbach. Bei einem der Besuche lernte er dessen achtzehnjährige Schwester Isidore kennen, die voller Scheu vor dem berühmten Mann kaum ein Wort mit ihm wechselte. Aber auch Busch blieb reserviert, »wortkarg und ernst«. Sein Äußeres scheint die junge Dame beeindruckt zu haben, sie spricht vom »edlen Schnitt« seiner »Züge« und dass jene nie den »Ausdruck tiefen Ernstes« verloren. Die zweite Begegnung zwischen der jungen Kaulbach und dem reifen Busch verlief weit angeregter; man sprach »über den Zustand der Seele nach dem Tode« und wurde dann sogar richtig lustig. Doch bevor die Heiterkeit weiter um sich greifen konnte, beging Isidore einen peinlichen Fehler, von dem sie noch nicht ahnen konnte, dass es einer war: »Ich weiß nicht mehr, wie es kam, dass ich in der allgemeinen Lustigkeit unseres kleinen Kreises plötzlich komische Verse aus ›Plisch und Plum‹ zitierte. [Hier erinnert sich Fräulein Kaulbach falsch; die Bildergeschichte erschien erst zwei Jahre später.] Meine Schwägerin deutete mir erschrocken durch ein stummes Zeichen an, daß ich nicht weiterreden sollte. Unwillkürlich streifte mein Blick Wilhelm Busch, und bestürzt bemerkte ich, daß die Fröhlichkeit aus seinem Gesicht gewichen war. In finsteres Sinnen versunken sah er vor sich hin. Dann hob er den Blick zu mir auf und unterbrach das peinliche Schweigen mit der Bemerkung: ›Lesen Sie meine Kritik des Herzens. Darin lernen Sie mich kennen, nicht in den anderen Sachen.‹ Später erklärte mir meine Schwägerin, Busch könne es nicht vertragen, wenn Fremde ihm gegenüber von seinen Sachen redeten, noch weniger, wenn man sie zitiere.«

Zwischen den München-Aufenthalten tauchte Wilhelm Busch immer wieder in Wiedensahl unter, zog sich »aus dem Geknuff der Welt in's ›Land der Fabel‹ zurück«. Trotz seiner nie endenden »Schwärmerei für die unvergleichlichen Niederländer des 17ten Jahrhunderts« und obwohl ihm »die Italiener [...] in ihrem Empfinden, ihrem Denken und Vermögen vollkommen fremd« blieben, begleitete er seinen Neffen Hermann Nöldeke im April 1878 nach Venedig. Dort fühlte er sich wie – »in einer großen Mistkuhle«. Der zweite der beiden kurzen, nüchternen Briefe, die sich von dieser Reise erhalten haben, ist ebenfalls ein Muster an ironischer Herabwürdigung. Eine der schönsten Städte der Welt mit weithin gerühmten Kunstschätzen entlockte Busch folgende Schilderung: »Venedig, Ostersonntag. Wir haben einen gründlichen Bauernregen und sahen unterwegs recht viele Maulbeerbäume. Die Gegend daher ist fast so schön, wie die Lüneburger Haide.« Er wird es acht Jahre später noch einmal mit Italien probieren, zwar bis Rom vorstoßen, aber nicht bis zu einer Schwärmerei für die italienische Landschaft oder Kunst.

Bis Mitte Mai blieb er noch in München, dann gab es wieder heimatliche Land- und Familienluft. Der Tatsache, dass sich sein jüngster Bruder Hermann im Oktober 1878 in Bremervörde verheiratete, verdanken sich zwei Berichte der 22-jährigen Erzieherin Marie Rasch, die bei dieser Hochzeit eingeladen war. Denn auch Wilhelm Busch nahm an der Feierlichkeit teil und erwählte sich in ihr eine Gesprächspartnerin, der er die ganze Zeit nicht von der Seite wich. Dieses Fräulein hatte also Gelegenheit, den berühmten Bruder des Bräutigams genauer zu betrachten. Als »unterrichtet, interessant und liebenswürdig« schilderte sie ihn, als entschieden ernsthaft, aber doch gewandt in »leichter und gehaltvoller Plauderei« wie im aushilfsweisen Tanzmusik-Klavierspiel – und als spendabel: Er schenkte Marie eine große Tüte Konfekt, eine halberblühte Heckenrose, ein Notizbüchlein mit signierter Zeichnung und ließ von München aus auch noch eine Autogrammkarte mit einem Hanfstaengl-Porträt sowie einigen Zeilen folgen. Noch fünfzig Jahre später erinnerte sich Marie Rasch lebhaft an das Aussehen ihres damals 46-jährigen Tischnachbarn: »Die kräftig männliche Gestalt mit dem schönen, von dunklem Haar und Vollbart umrahmten Kopf, in dem die sprechenden braunen Augen leuchteten, bewegte sich ruhig und ungezwungen; Hände und Füße schienen fast zu zierlich; ein leichtgeschlungener Seidenschlips gab ihm unauffällig ein künstlerisches Gepräge.« Der Vollbart war übrigens kein Spleen. Betrachtet man die Bilder der Verwandten und Freunde, so muss man von einer regelrechten Rauschebartmode ausgehen. Sämtliche Brüder Busch trugen einen, die Herren Warnecke, Braun, Schauenburg, Bassermann, Bachmann, Lenbach, Kaulbach, Levi, Gedon, Daelen ebenfalls. Buschs Figuren hingegen sind – bis auf den Eremiten Antonius – bartlos, zeigen höchstens einen Anflug von Schnauz- und Spitzbart. Das hat natürlich mit der Darstellbarkeit ihrer Physiognomien zu tun: Hinter einem Vollbart sieht man keine Mimik. Man könnte auch argumentieren, Buschs Geschichten spielten alle in seiner Jugendzeit, betonte er doch in der Autobiographie, erst das Jahr 1848 hätte den Bärten die Freiheit gegeben.

Das einschneidende Ereignis von 1878 war jedoch nicht die Hochzeit des Bruders, sondern Krankheit und Tod des Schwagers Hermann Nöldeke. Nicht nur Mitleid mit der nun verwitweten Schwester Fanny und ihren Söhnen bewegte Busch, auch die Konsequenzen der neuen Lage. Das Pfarrhaus musste für den Nachfolger geräumt werden, die Schwester erwog einen Umzug nach Bückeburg, wo die zwei jüngeren Söhne das Gymnasium absolvierten. Doch Busch hielt an der Wohngemeinschaft fest und finanzierte den Umbau des neuen Domizils, des Pfarrwitwenhauses von Wiedensahl. Hier war Platz für die ganze Familie, durch Renovierung, Tapezierung, Holztäfelung und Ofensetzung wurde das Ganze gemütlich.

Am 1. März 1879 war der Umzug vollzogen, und Busch konnte sich wieder seinen Arbeiten und Liebhabereien widmen. Zu Ersteren gehörte ein neues Manuskript, für das er schon im Vorjahr

Studien bei den Affen im Zoo von Hannover betrieben hatte, zu Letzterem eine neue Korrespondenz. Als er mit seinen Neffen Borkum besucht hatte, war er dort der Familie Hesse begegnet. Mit Marie Hesse – auch sie eine verheiratete Frau und Mutter – ergab sich ein herzlicher schriftlicher Austausch. Der erste Brief an sie trägt dasselbe Datum wie der letzte an Maria Anderson, und der letzte Brief vor seinem Tod ist an Marie Hesse gerichtet.

Bald schon war der neuen Freundin eine traurige Nachricht zu melden; sein Bruder Otto war am 15. Juni 1879 in Frankfurt an Krebs gestorben. So schnell war es gegangen, dass Busch, der zu der Zeit in Ebergötzen war, nicht rechtzeitig zur Beerdigung kam. Die Familie war noch einmal kleiner geworden. Die Verbliebenen mussten zusammenhalten. Schon im Juli wiederholte der Onkel seinen Borkum-Urlaub mit den drei Neffen; dort traf er auch seinen Bruder Hermann und die neu gewonnenen Freunde, die Hesses.

Busch hatte sich rasch in seinem neuen Wohnhaus eingelebt. Sein Atelier mit Nordlicht lag neben der Küche, wie dasjenige in München durch eine Doppeltür geschützt. Die Diele des Hauses zeigte noch den ursprünglichen Zuschnitt des niedersächsischen

Wilhelm Busch: Meine Kammer in Wiedensahl. Bleistiftzeichnung

Bauernhauses und war dementsprechend so geräumig, dass er hier im Winter spazieren gehen konnte. In der warmen Jahreszeit bot der Garten dazu Gelegenheit und natürlich die Wiesen, die hinter Wiedensahl in Weiden und Wälder übergingen. Den Blick auf die Windmühle, über die windgebeugten Weiden aufs freie Feld, hinaus in die braune oder graue Herbstlandschaft hielt Busch immer wieder auf einfachen Malgründen aus Pappe fest. (Farbtafel 12) Bauern, Handwerker, Hütejungen und Kühe aus der Gegend wurden nun seine Modelle. Die Häuslichkeit behagte ihm, unterbrochen nur von Aufenthalten in Ebergötzen, Göttingen, Celle und München.

Das niedersächsische Dörfchen geriet zunehmend zum Gegenpol der Großstadt, in der zwar ein Atelier, gute Freunde und viel Betriebsamkeit auf ihn warteten, die aber nicht Heimat war. Am 18. Januar 1880 gewährte er Marie Hesse Einblick in seinen Zustand: »Ich sitze so still weg in unserm Hüttchen; der grüne Kachelofen ist schön warm; die Zigarette dampft; Ihre hübsche Photographie steht vor mir auf dem Tisch. Nur vor Dämmrung schlürfe ich ein Stündchen über das Feld und durch den Wald; heute wie Gestern und Morgen wieder so. So lieb mir die Münchener Freunde sind – das Gewurl der Stadt, die Gesellschaften, Kneipereien, das nächtliche Hocken, werden mir zuletzt immer peinlich. Rück ich dann wieder in mein gutes, einsames Wiedensahl, so fühl ich: nur hier ist meine angestammte und angewöhnte Heimstätte – um die mich freilich Wenige beneiden werden. – Was schadt's? Reden nicht meine todten Freunde von den besten Dingen mit mir, wann ich will? Darf ich nicht im Federkleide der Gedanken durch den Schornstein fliegen zu den lebendigen?«

Die toten Freunde waren die Autoren der Bücher, in denen er schmökerte, vor allem englischsprachige Romane, u. a. von Hawthorne, Thackeray, Dickens, Trollope und Collins. Seine Lektüre umfasste aber auch Gedichte von Goethe, Byron und Heine, Komödien von Congreve, Dramen von Schiller und Shakespeare, die Bekenntnisse des Augustinus oder Märchensammlungen. Im Lauf des Jahres 1880 vollendete er selbst eine, die »Stippstörchen für Äuglein und Öhrchen«. Die dreifache Verkleinerung zeigt es bereits an: Ein richtiges Kinderbuch wollte er wieder schaffen, nicht für die Augen und Ohren amüsierter Erwachsener bestimmt. Die Zeichnungen in diesem Bilderbuch mit Fabeln und Märchen sind denn auch völlig verschieden von den gewohnten Bildergeschichten. (Farbtafel 13) Nicht karikaturenhaft überzeichnet, nicht zu Kürzeln, Wirbeln und Strichmännchen verbogen sind die Figuren, sondern liebevoll ausgeführt bis ins letzte Äuglein, Öhrchen und Härchen. Und noch dazu in Farbe! Mit Hilfe der Chromotypie konnte Buschs Auszierung in kräftigen, warmen Farben wiedergegeben werden. Ob das Häschen mitten im graugrünen Kohlfeld oder die kecke Adelheid in ihrem roten Kleid mit den geschlitzten Ärmeln: eine Pracht für jeden kindlichen Betrachter. Nicht so der Text. Was war das nur für ein Bilderbuch? Nicht weniger brutal als in den frühen »Bilderpossen« geht es zur Sache. Kaum hat das niedliche, wenn auch vorlaute Häslein dem Bauern verraten, dass der Wolf sein Lämmchen geholt habe – folgt dieser Vers: »Da nahm der Bauer Rüppel / den dicken harten Knüppel, / sprach: Danke, lieber Hase / und schlug ihn auf die Nase.«

Nicht viel besser die anderen Stippstörchen (»stipp« bedeutet im Niederdeutschen »klein«, »störchen« ist die Abkürzung von »Histörchen«). Die Schlossherrin wird »todtgemacht«, Adelheid vom Wassernöck auf den Grund des Sees verschleppt, die Spinne erstochen, der Rabe erschossen, der Hecht aufgeschlitzt, die Frösche verschluckt. Nun ist das nicht untypisch für Buschs künstlerischen Umgang mit Tieren und auch nicht untypisch für Volksmärchen, in denen zwar schmerzlos, aber reichlich gestorben wird. Auch die hinter jeder Geschichte stehende Moral passt hierher. Aber passt sie zu Busch? Man ist gewohnt, Parodie und Travestie zu wittern, wo es bei ihm pädagogisch wird. Sollte das Kind diesen Fabeln tatsächlich Wohlverhalten ablesen, sollte Furcht und Mitleid empfinden und schließlich getröstet in die Arme seines guten »Mütterleins« sinken? Am besten sind die »Stippstörchen« denn auch dort, wo sie die Natur lebensnah und komisch zugleich interpretieren. »Der Sack und die Mäuse« endet mit einer Verspottung des schlaffen Weizensacks durch eine Schar fröhlich gemästeter Mäuse.

Ein nächstes Projekt schloss sich unmittelbar an. Mit dem Anfang 1881 gezeichneten Doppelbilderbuch »Der Fuchs. Die Drachen« gab Busch seinem Verleger Bassermann bereits das vierzehnte Werk zum Druck. Hier waren die Zeichnungen wieder »buschiger«. Zwar nahmen sie Rücksicht auf das kindliche Sehverhalten, das die Eindeutigkeit schätzt, doch verrieten sie erneut die Freude am dargestellten Missgeschick, am Herunterpurzeln und Sachen-Zerstören, am Raufen, Geprügelt-Werden und Dumm-Dastehen. Während in »Der Fuchs« das schlaue Tier über die vermeintlich so schlauen Bauern triumphiert, verkörpert der artige Conrad in »Die Drachen« ganz unironisch jene Knabeneigenschaften, denen nachzueifern ist: »klug und brav«. Spannender sind freilich seine bösen Kumpane, die beim Äpfelklauen und unfreiwilligen Zerstören ihrer Papierdrachen schon comicähnliche Figuren abgeben. Weil Busch bei diesem Kinderbuch zum ersten Mal – bei den »Stippstörchen« hatte es nicht geklappt – eine selbstkalligraphierte Schrift entwickelt hatte, die jedes Bild zur Einheit aus Initiale, Versen und Illustration machte, musste das technische Procedere bei Bassermann in München persönlich besprochen werden. Ein schlimmes »Unwohlsein«, wie Busch die später als Nikotinvergiftung erkannte körperliche Krise nannte, verhinderte die Reise zunächst. Am 22. März fuhr er aber doch noch hin, um drei Wochen zu bleiben.

Das Ende dieses Aufenthalts war auch das Ende seiner Freundschaft zu München. Nach dem Ereignis, das ihn im April forttrieb, kehrte er nie wieder zurück, obwohl er es immer mal wieder vorhatte oder ankündigte. München war in seiner Erinnerung sozusagen verbranntes Gebiet. Und dabei hatte er den Brand selbst gelegt. Den Ablauf der Geschichte kennt man aus Otto Bassermanns Aufzeichnungen.

Warum Wilhelm Busch am Abend des 11. April 1881 zu einer Veranstaltung des dänischen Hypnotiseurs Karl Hansen ging, ist unklar. Immerhin waren dessen Vorführungen Stadtgespräch. Seit 1879 war er in Deutschland auf Tournee, sprach über Katalepsie, Halluzinationen und Magnetismus, bevor er verschiedene Experimente mit in Trance versetzten Personen vorführte, die vor den

Augen des Publikums tanzten, pfiffen oder sich hellseherisch betätigten. Besonders das spiritistische Drumherum wird Busch abgestoßen haben. Noch 1900 stellte er klar: »Wem's gruselt vor hypnotischen Dingen, der müßte sich, mein ich, genauer instruiren. Es geht alles natürlich zu.« Wahrscheinlich wollte er an diesem Montag vor Ostern einfach mit seinen Freunden im Kunstgewerbehaus zusammen sein und war neugierig genug, sie auf die kuriose Soiree zu begleiten. In Ludwig Ganghofers Memoiren »Lebenslauf eines Optimisten« wird eine solche Vorführung geschildert: »Der dänische Hypnotiseur *Hansen* war nach München gekommen und gab Vorstellungen im Kolosseum. Die Münchener, denen die Erscheinungen der Hypnose eine ziemlich neue Sache waren, regten sich schrecklich auf, und es bildeten sich zwei erbitterte Parteien: ob das Wissenschaft oder Schwindel wäre. Natürlich rannte auch ich ins Kolosseum und guckte neugierig zu, wie Hansen seine Medien traktierte, die sich zahlreich aus dem Publikum anboten. Schwindel war die Sache natürlich nicht. Bei vielen Medien mißrieten die Experimente, bei vielen gelangen sie. Es reizte mich, zu erfahren, ob Hansen auch bei mir was fertig brächte. Ich stieg mit vier oder fünf anderen, mir fremden Leuten auf das Podium, mußte mich auf einen Sessel setzen, bekam von Hansen eine blinkende Kristallkugel in die Hand, mit der Weisung, sie fest anzugucken und an nichts anderes zu denken als an den Glanz der Kugel. Das tat ich auch. Aber ich wurde nicht schläfrig. Hansen strich und fuchtelte mit seinen Händen, fixierte mich bocksteif durch seine scharfen, funkelnden Brillengläser – ich wurde nicht schläfrig. Er arbeitete an mir herum, daß ihm der Schweiß übers Gesicht herunterlief. Ich wurde nicht schläfrig. Und schließlich dacht' ich mir: ›Warte, wenn's *dir* nicht gelingt, vielleicht gelingt *mir* die Sache!‹ Langsam ließ ich die Augen zufallen und hörte, wie Hansen triumphierend vor sich hinmurmelte: ›Oh! also doch!‹ Er demonstrierte mich dem Publikum als stark widerstrebendes Medium, bei dem aber, da es nun durch Ausdauer doch bezwungen wäre, alle Experimente voraussichtlich ganz besonders gut gelingen würden. Er ließ mich gehen, stehen, hüpfen, mich drehen, ließ mich rohe Kartoffeln als reife Äpfel verspeisen, gab mir Wasser zu trinken mit der Suggestion, dass es Champagner wäre, und machte mich so ›total betrunken‹, daß mein Getorkel das Publikum zu wiehernden Lachsalven reizte. Er stach mir lange Nadeln durch die Hände und in die Schenkel und behauptete, daß ich nicht den geringsten Schmerz verspüre. In Wahrheit tat es aber ganz abscheulich weh. Dann machte er mich ›steif‹ und legte mich quer über zwei Stühle, so, daß auf dem einen Stuhl nur mein Hinterkopf, auf dem anderen nur meine Fersen lagen. Nun setzte sich der Triumphator auf meinen Bauch. Ein paar Sekunden hielt ich das aus. Dann sagte ich leis: ›Herr Hansen, jetzt müssen Sie herunter, sonst knickt mir der Bauch ein, und ich lasse Sie fallen!‹ Sehr flink sprang er auf – das Gesicht, das er machte, konnt' ich leider nicht sehen, da ich noch immer die Augen geschlossen hielt. Er stellte mich schnell auf die Füße, blies mir ein paar Mal ins Gesicht und rüttelte mich am Arm. Ich spielte den Erwachenden. Herr Hansen hatte sehr große Augen und schien nicht recht zu wissen, was er denken sollte. Während das ahnungslose Publikum in stürmischen Beifall für den Hypnotiseur Hansen ausbrach, sagte ich: ›Nicht wahr, Herr Professor, Sie nehmen mir den Spaß nicht übel? Ich wollte nur meine Muskeln und Nerven prüfen.‹ Er schien ein bißchen verlegen, nahm aber die Sache, wie sie gemeint war, schüttelte den Kopf, lachte, faßte meine Hand, führte mich vor die Rampe und sagte in seinem fremdländischen Akzent zum Publikum: ›Das ist ein sehr gesunter, lustiker junker Mahn!‹«

Zu solch einem Hypnose-Abend gingen also auch Franz Lenbach mit seiner Schwester, das Ehepaar Bassermann und Wilhelm Busch. Freilich kam dieser schon in betrunkenem Zustand dort an. Gegen seine Wesensart, die entweder still-beobachtend oder aber unterhaltsam-plaudernd war, verleitete ihn der Alkohol diesmal zu Lautstärke, Unverschämtheit und Provokation. Zuerst zog er der Schwester Franz Lenbachs in dem Moment, als sie sich gerade hinsetzen wollte, den Stuhl unter dem Hinterteil weg. Dann pöbelte er den auf der Bühne agierenden Hypnotiseur an. Laut rief er ihm zu: »Ihre Vorführungen kann ich ebenso gut machen. Das ist Schwindel!« Als die Freunde sich schließlich zum gemeinsamen Essen anschickten, riss er Otto Bassermann die eben servierte Speise vom Teller. Es war Käse. Busch warf ihn über die Köpfe der Umsitzenden hinweg an die Wand. Am nächsten Morgen verließ er München und sah es nie wieder.

In Wiedensahl angekommen, gab er sich für den Rest des Jahres dem Einigeln hin, unterbrochen nur von ein paar kurzen Reisen. Er fühlte sich weder körperlich gesund noch auf der Höhe der Schaffenskraft. Die Diagnose eines chronischen Magenleidens trug ebenso zu depressiven Zuständen bei wie der ausbleibende Zuspruch durch den Verleger und das Publikum. Bassermann gegenüber äußerte Busch sogar, er werde wohl noch Kinderbücher, aber nie wieder ein Buch für große Leute verfassen. 1881 war für den 49-Jährigen offenbar ein Krisenjahr. Er kam sich alt vor: »So ist es leider mit unserer Lebenszeit. Erst trägt sie uns und spielt mit uns und deutet in die Hoffnungsferne; dann geht sie Arm in Arm mit uns und flüstert gar hübsche Dinge; aber so zwischen vierzig und fünfzig, da plötzlich hängt sie sich als Trud auf unsere Schultern, und wir müßen *sie* tragen. – Auch mir fängt's an ungemüthlich zu werden in dieser Welt; Madam rosa Phantasie empfiehlt sich reisefertig durch die Vorderthür und herein durch die Hinterthür tritt Madam Schwarz. – Ich leide wieder, wie im Frühjahr, an Appetit- und Schlaflosigkeit. Wer die letztere kennt, weiß, was für ein böses, verdrießliches, endloses Chaos einen Menschenkopf beunruhigen kann. Meine alte Philosophie langt nicht mehr aus; ich sehe mich nach einer neuen um.«

Wollte man unter dieser neuen Philosophie eine Umkehr vom Skeptizismus zur Glaubensgewissheit verstehen, gäbe Busch mit seiner Bibel- und Augustinus-Lektüre durchaus Argumente dafür her. Aber nicht mit seinen neuen Werken. Die Erziehungsgeschichte »Plisch und Plum« erheiterte und schockierte wie weiland »Max und Moritz«. Und »Balduin Bählamm«, dessen Vorarbeiten im Herbst 1882 begannen, bestätigte die gute alte Einsicht in die Diskrepanz zwischen Wollen und Wirklichkeit, zwischen Muse und Müssen.

Busch gewann bis zu seinem fünfzigsten Geburtstag zwar wieder an Stabilität, aber sein Selbstbild entbehrte nun der jugendlich frischen Züge. »Ich für mein Theil komme in die Jahre der bequemen Hausschuhe«, schrieb er an Lenbach, und ein halbes Jahr später formulierte er einen ähnlichen Gedanken: »Was mich betrifft, so ziehn die Tage an mir vorüber gleich den Telegraphenstangen an der Eisenbahn, die bekanntlich eine ausgeprägte Familienähnlichkeit haben.« In der Welt folgten den freudigen die traurigen Ereignisse und diesen wieder die freudigen und immer so fort. Der herzlich geliebte Freund Lorenz Gedon starb mit vierzig Jahren an Krebs, der Neffe Otto wurde konfirmiert, Grete Fehlow heiratete, und die Jahreszeiten waren, wie die Jahreszeiten eben sind: »Der Sommer schiebt ab, die Bauern balbiren die Felder und bald wird der Herbstnebel wieder in den zierlichen Netzen der Spinnen glänzen.« Nicht einmal die so lange dienstfertigen Augen wollten wie früher. Anfang Februar 1884 kaufte sich Wilhelm Busch in Celle ein ungewohntes Utensil. Aus dem Spiegel sah ihn ein Fremder an: »Der Bart wird grisselicht; die Nase beugt sich unwillig unter das Joch der Brille.« Die Bügel des kleinen, ovalen Metallgestells, dünn wie Federstriche, musste er zwischen Ohrspitze und Kopf klemmen.

Es ist erstaunlich, dass sich Busch gerade in jenen Jahren zu zwei neuen großen Bildergeschichten aufschwang. Erstaunlich ist aber nur die neuerliche Kraft der komischen Bilder und witzigen Zeilen. Die Themen, die er behandelte, passen sehr gut in diese Zeit der »Einschachtelung« und Reflexion. Zuerst rechnete er – bäh! – mit dem Dasein als Dichter ab, dann – klecks! – mit dem als Maler.

Zwölftes Bild
Pfüht, Mäh, Klirrbatsch

In den letzten Bildergeschichten seines Lebens macht sich Wilhelm Busch lustig über – zwei seiner eigenen Lebensentwürfe, den als Dichter, den als Maler. Welche Tätigkeit bleibt da eigentlich übrig? Die des Zeichners. Er hatte seine Bildergeschichten immer als »Selbstpläsier« abgetan und dem reinen »Ernährungstrieb« geschuldet. Nun muss er konstatieren, dass ausgerechnet sie sein Leben bestimmt haben. Vielleicht ahnt er auch, dass gerade sie bleiben werden, wenn er längst nicht mehr ist. Mit einem Buch über die Berufung und das Scheitern als Maler geht er mit 52 Jahren in Bildergeschichten-Rente. Ein Jahr zuvor, 1883, entlässt er seinen Dichter Balduin Bählamm in die ach so prosaische Welt.

Schließlich weiß er, wovon er spricht. Hatte man nicht blamabel wenig mit seiner »Kritik des Herzens« anfangen können? Hatte man nicht immer und immer wieder gefordert, er solle wie früher etwas Lustiges zeichnen? Und waren ihm selbst nicht jene Poeten höchst suspekt, die ihre Künstlerschaft vor sich hertrugen wie ein Transparent? »Wen erfaßt nicht ein gelindes Entsetzen, wenn der Poet seine Locken zurück wirft und mit feuchtverklärtem Blick den bekannten Griff in die linke Busentasche thut«, so spukt »Bählamm« schon 1875 durch einen Brief. Im Prolog der Bildergeschichte heißt es dann: »Und schon erfolgt der Griff der rasche / Links in die warme Busentasche«. Was sich über dem Herzen befindet, entzückt vor allem den Dichter selbst. Weitschweifig, wie es nur der von sich völlig überzeugte Poet vermag, beginnt das Opus, zunächst noch ohne jede Illustration, mit einem für Busch naheliegenden und für den ernsthaften Künstler gleichzeitig doch so komisch fernliegenden Vergleich: Das Dichtungswesen sei wie eine Molkerei, in der aus dem dicken Rahm die gute Butter gemacht werde. Und siehe da, nichts hinkt hier. Die Metaphernreihe quitscht und quatscht, dass es eine Lust ist. Hier der »mütterliche Busen der ewig wohlgenährten Musen«, dort »die brave Bauernmutter«, die »zupft am Hinterleib der Kühe«. Hier der Dichter, welcher sich »aus weicher Kleie« eine neue Welt knetet, dort die Bäuerin, die ihre Butter knetet, drückt und rollt. Das Ergebnis? Dort »die wohlgerathne Butterwälze«, hier die Verse, die der Dichter »sich zurecht gedrückt«. Beides geht in die Welt hinaus, »um zu beglücken«. Wie die Butter sanft durchfettet, was mit ihr zusammenkommt, so auch das Gedicht: »Dann kreuz und queer und niederwärts, / Fließt's und durchweicht das ganze Wesen / Von Allen denen, die es lesen.«

Nur im allgemeinen Sinn bezieht sich dieser üppige Vorspruch auf das Folgende. Denn anders als jener »göttliche Mensch«, der allein schon beglückt ist, »wenn er Gedichte machen kann«, geht es in der Geschichte von Balduin Bählamm nicht um den Profi-, sondern den Freizeitpoeten. Das erste Kapitel entwirft eine Allegorie des Dichterberufs, doch mit dem zweiten Kapitel beginnt die Geschichte Bählamms, der eben nicht Dichter qua Berufung oder Beruf ist, sondern »ein guter Mensch«, der »Schreiber« ist. Fast hat man den Eindruck, allein dies Amt im Verein mit seinem Namen habe den braven Biedermann Balduin Bählamm dazu verleitet, in seinen Mußestunden Umgang mit den Musen zu pflegen. Irgendetwas zieht ihn, der Bürodienst, Frau und Kinder hat, zum Höheren: »Er fühlt, er muß, und also kann es.« Überhaupt scheint es erst einmal wichtiger, wie ein Poet auszusehen, als einer zu sein. Spitzbärtchen, Feder hinter dem Ohr und feierlich angetane Künstlerjoppe samt Samtbarett sind da schon die halbe Miete. So auch der in Dichterviten oft beschriebene Rückzug ins Arkadische. Die ländliche Idylle soll endlich den ersehnten ersten Vers bringen – und bringt was? Ein getretenes Hühnerauge, ein vom Kuhmuhen halbtaubes Ohr, ein Gesicht voll Mücken- und Flohstiche, Nadelstiche in Nacken, Hinterteil und durch die Hand, Brennnesselbrennen, Regen, Belästigungen durch Ohrwurm wie -feige, Ziegenhornstöße in Oberschenkel, Magen und Hinterteil, Zahnweh.

Als gebrochener Mann mit geschwollener Backe zieht Bählamm sich von »Bäumen, Kräutern, Mensch und Vieh« zurück, nicht ohne den letzten, schlimmsten Schimpf zu leiden. Als sei er ein gewöhnlicher Schneider, wird ihm der bekannte Spottruf »Meckmeck!« zuteil. Was musste er sich auch mit einer Ziege einlassen! Dieses Tier ist es dann, das den verhinderten Dichter in einem Tagtraum auf die einzig unumstößliche Wahrheit verweist:

> Hohnlächelnd meckert eine Ziege.
> Die himmlische Gestalt verschwindet,
> Und nur das Eine ist begründet,
> Frau Bählamm ruft, als er erwacht:
> »Heraus, mein Schatz! Es ist schon Acht!«

Wilhelm Busch teilt keins der äußeren Merkmale seines Bählamm, weder das Ziegenbärtchen noch die Dichtermähne noch die Künstlerjoppe noch das Richard-Wagner-Barett noch Amt noch Frau noch Nachkommen. Und doch kann er, der auch immer von der Stadt aufs Land zur Arbeit strebt, die Nöte seines Helden nachvollziehen. Wie so oft mischen sich in dieser Figur zahlreiche Anregungen und Beobachtungen, vor allem der Münchner Künstlerszene, mit selbstkritischen und selbstspöttischen, ja vielleicht selbstmitleidigen Zügen. Aber bevor man etwa auf die Idee kommt, Busch meine mit Bählamm seinesgleichen, wird man auf die Quintessenz der Geschichte gestoßen: Verhinderung. Balduin Bählamm ist ein zeugungsunfähiger Dichter. Zwar mit vier Kindern gesegnet, versagt er nicht nur bei der Bauerndirn Rieke Mistelfink, sondern auch jedesmal, wenn es zur Entladung aufs Papier kommen müsste. Bevor er in empfindsame Lyrik ausbrechen kann, unterbricht ihn die Prosa der ländlichen Verhältnisse. Und wenn er es auch mit drei verschiedenen Instrumenten probiert, mit Griffel, Feder und Bleistift, und wenn er Letzteren auch noch so sorgfältig spitzt, sie bleiben doch alle unbenutzt. Wie tragikomisch, dass ausgerechnet einer, dessen Brotberuf das Schreiben ist, ständig daran gehindert wird, endlich einmal etwas Bleibendes zu verfassen! Auf der Bildebene lässt sich das schön verfolgen an jener Kladde, in die Balduin Bählamm seine Verse einzutragen hofft. Immer erwartungsvoll aufgeschlagen, gelingt es ihr doch nie, sich mit dem über ihr ragenden

Schreibgerät zu vereinigen, bis sie sogar den größten Missbrauch erleidet: Statt von Worten wird sie erst von banalem Blumenwasser befeuchtet, landet dann auf der Erde und erhält schließlich statt eines lyrischen Ergusses einen dicken Klecks – Vogelkacke. Selbst bei der Zeile »Der Dichter aber schwärmt und dichtet« sehen wir Bählamm zwar schwärmen, will heißen den Vollmond anhimmeln, nicht aber dichten. Wieder reckt sich der Stift über dem jungfräulich weißen Papier – und bleibt tatenlos.

Auf diese Weise sorgt die Bildergeschichte dafür, dass Dichter Busch am Ende über Dichter Bählamm triumphiert. Von dessen fruchtlosen literarischen Bemühungen distanziert sich der Autor durch Parodie. Wurde Bählamm von den widrigen Umständen daran gehindert, auch nur ein Wort der Poesie zustande zu bringen, beweist sein Erfinder – indem er ihn erfindet –, dass er sehr wohl zu dichten versteht. Wo Balduin Bählamm den Interruptus verkörpert, erweist »Balduin Bählamm« die volle Dichterkraft.

Anders als etwa in »Plisch und Plum«, wo 100 Bilder von 370 Zeilen begleitet werden, ist das Verhältnis nun weit textlastiger. Im »Bählamm« stehen 108 Bildern 646 Zeilen gegenüber. Schon fast eine illustrierte Dichtung also. Das erste weitschweifige Einleitungskapitel enthält so bildgewaltige Worte, dass es gar keine Zeichnungen mehr braucht. Es bereitet mit seiner verschwenderischen Beredsamkeit den Boden für den dürren Balduinhalm, der gleich auf ihm sprießen wird. Ach, wenn der dilettierende Bählamm sie doch hätte, die Ausdrucksfülle, mit der allein schon seine Ohrfeige, sein Zahnweh ausgemalt werden! Überhaupt erweist sich der Erzähler geradezu als klassischer Rhapsode. Mit allen rhetorischen Wassern gewaschen, greift er mal zum hohen, mal zum niederen Stil, mal zur Sentenz, mal – ach, ja! – zur Interjektion, mal zum Zeugma à la »nachdem er Bein und Blick erhoben«. Besonders ein Stilmittel hat es ihm angetan, die Onomatopöie, die Lautmalerei. Die Kinder Bählamms machen ihrem Namen alle Ehre und »Bäh«, worauf sich – »Mähhäh« – Laut und Fressverhalten der Ziege reimen, deren Nachahmer sich mit »Meckmeck« vernehmen lassen. Die Kuh brüllt »Ramuh«, »Pitschkleck« erleichtert sich das Vöglein, mit »Klirrbatsch« zerschellt der Blumentopf, der Zahn verursacht ein »Wehweh« und die Lokomotive ein »Pfüht«.

In jeder seiner Bildergeschichten erfindet Busch neue Wörter, um das Klatschen und Poltern, Jaulen und Tuten, Schlagen und Kratzen zu imitieren. Manchmal genügt es, das Verb seiner Endung zu berauben: »klirr«, »brumm«, »klapp«. Oft wird aus der Buchstaben- fast eine Lautschrift: Die Mühle mahlt »Rickeracke«, Kiefer klappern mit den Zähnen »Schnatterratt«, der Leib gibt »ein dumpfes Kolleroll« von sich. Ein einziges Mal sind sogar zwei ganze Verszeilen nur mit Geräuschwörtern gefüllt: »Tihumtata humtata humtatata! / Zupptrudiridirallala rallalala!« Die Versuchung ist groß, es Wilhelm Busch nachzutun und aus einigen seiner übers ganze Werk verstreuten Tonmalereien eine Art Lautsonate zu komponieren:

Gripsgraps; Brumm brumm.
Pitsch plauz! Klabumm!
Autsch! Bauz! Ha! Hu!
Tak tak: Habuh.
Hopsa, huldje!
Höh, höh, Bäbä!
Schnatteratt Schrapp?
Schlapp-Schlupp? Schwipp-Schwapp?
Ritzeratze
Kritze kratze …
Husch! Meck, meck, meck
Quarks dreckeckek!
Klirr! Zing! Perdatsch!
Rumbums Radatsch
Rallalala.
Kraha – Kraha –
Haptschih! Habschüh!
Susu. Nu jüh.

Sie scheinen geradezu für die Bildergeschichte geboren, jene Worte, die Geräusche nachahmen, was auch ihre spätere Karriere in Comic und Zeichentrickfilm erweist. Viel rasanter als mit der matten Zeile »Die Statue fällt zu Boden« wird der Vorgang in der »Frommen Helene« so beschrieben: »Ach! – Die Venus ist perdü – / Klickeradoms! – von Medici!« Man sieht nicht nur im Bild, dass die Gipsfigur hohl ist, man hört es auch innerlich, denn statt mit einem massiven »Kracks« zerspringt sie mit einem hellen »Klickeradoms«. Die Zeile markiert einen Höhepunkt von Buschs komischer Verskunst. Beginnend mit dem Aufmerksamkeit heischenden Ausruf »Ach!«, spielt sie zunächst mit der Doppeldeutigkeit des Ausdrucks »Venus«. Eigentlich ist gemeint, dass die Venus-Statue hin sei, aber durch die Verkürzung auf den mythologischen Namen wird eine Versehrung der Göttin selbst angedeutet, deren Macht in Helenes Leben ja ebenfalls »perdü« geht. Mit der Eindeutschung des französischen »perdu« gelingt Busch ein weiteres prägnantes Stilmittel, das neben der sowieso schon ulkigen Schreibweise des Wortes auch dessen Benutzerin karikiert, die sich den französischen Lebensstil einzuverleiben sucht. Parallelen dazu sind Schöpfungen wie »tutmämschos«, »Malör«, »Volang« oder »pöapö«. Nicht zuletzt erheitert das Verspaar durch die Satzstellung. So wie mitten in ein Gespräch das Geräusch – pingelpingel! – einer Klingel platzen kann, unterbricht hier das lautmalerische »Klickeradoms« samt dem französisierenden Prädikat den sachlichen Ausdruck »Venus von Medici« und zwingt ihn zur Lächerlichkeit.

Die Onomatopöien sind nur das auffälligste Instrument, um die Sprache auf die Komikhöhe der Zeichnungen zu heben. Die ausufernde Schilderung des Selbstverständlichen gehört genauso hierher wie sprechende Namen, vornehmtuende Ausdrücke (»Kopfbehälter« statt »Mütze«), bewusst falsche Beiordnungen (»mit einer Axt und stillem Weh«) oder der Trick, grausame Ereignisse mit nüchtern-pragmatischen Sätzen zu kommentieren: »Hier sieht man ihre Trümmer rauchen. / Der Rest ist nicht mehr zu gebrauchen.« Überhaupt steckt Buschs Wortkunst voller Sentenzen, die mal wie ein längst vertrauter alter Hut in ungewohnter Beleuchtung daherkommen, mal wie ein mit Goldknöpfen aufgeputztes billiges Fähnchen, mal wie ein Bühnenkostüm. Als würde der Weisheit letzter Schluss von einem würdigen Kanzelredner verkündet, erfährt der Leser solche Trivialitäten wie: »Liebe – sagt man schön und richtig – / Ist ein Ding, was äußerst wichtig.«

Werden einmal die üblichen Knittelverse aufgegeben, so hinterlässt das den stärksten Eindruck. Mehrfach im Werk bedient sich Busch antikisierender Versmaße. In »Die Haarbeutel« ist der Hexameter dadurch motiviert, dass eine der Trinkergeschichten in mythischen Gefilden spielt, was natürlich einen reizenden Kontrast von heroischer Sprache, bildungsgeschwängertem Inventar und banalem Gehalt ergibt:

Horch, wer flötet denn da? Natürlich, Amor der Lausbub;
Aber der Esel erhebt äußerst bedenklich das Ohr.
Schlimmer als Flötengetön ist das lautlos wirkende Pustrohr;
Pustet man hinten, so fliegt vorne was Spitzes heraus.
[…]
Heimwärts reitet Silen und spielt auf der lieblichen Flöte,
Freilich verschiedenerlei, aber doch meistens düdellütt!

An anderen Stellen überrascht das klassische Versmaß noch viel mehr. Kaum kommt in »Schnurrdiburr« die Rede auf Vergil, geht der Text in ein formvollendetes Distichon über, das allerdings nicht ganz so formvollendet von einer »runzlichten Schaar bärtiger Krieger« handelt. Und in »Fipps, der Affe« darf Professor Klöhn seine Bildung in jenen Hexametern ausbreiten, die dem deutschen Ohr seit Johann Heinrich Voßens Homer-Übertragungen und Idyllen so vertraut sind. Merkwürdigerweise stimmen auch hier Melodie und Text nicht so ganz zueinander:

Wöhnlich im Wechselgespräch beim angenehm schmeckenden Portwein
Saßen Professor Klöhn und Fink der würdige Doktor.
Aber jener beschloß, wie folgt, die belehrende Rede:
»Oh, verehrtester Freund! Nichts gehet doch über die hohe
Weisheit der Mutter Natur. – Sie erschuf ja so mancherlei Kräuter,
Harte und weiche zugleich, doch letztere mehr zu Gemüse.

Schließlich sind es die Reime, die Busch zu einem der meistzitierten Autoren machen. Sie stehen zusammen nach dem Schema a-a-b-b-c-c-d-d, so dass sich Folgen ergeben wie »Adele – Seele – aß – saß – Bestes – Festes – große – Sauce«. Sie bedienen sich der Methode der Erwartungsenttäuschung, so wenn auf eine duftige »Haube, zartumflort« ein derbes »Stock durchbohrt« folgt, auf eine romantische »Heide« ein sachliches »Wohngebäude« oder auf ein hehres »Götter« ein gewöhnliches »Wetter«. Sie binden buchstäblich aneinander, was inhaltlich nicht zusammenpasst: »Besichtigung – Züchtigung«. Sie klumpen sich zu Binnenreim-Reim-Ballen: »Und das dicke runde fette / Nette Kindermädchen Jette«. Sie zerdehnen genussvoll Komposita, um Reime hervorzupressen: »Jeder weiß, was so ein Mai- / Käfer für ein Vogel sei« – »Wehe! Selbst im guten Öster- / reiche tadelt man die Klöster« oder »Madam Sauerbrod, die schein- / Todt gewesen, tritt herein«. Sie betonen am Zeilenende Silben, die sich gar nicht zur Betonung eignen: »Der Schwarze aber aß seit dieser / Begebenheit fast nur Gemüser.« Wie in diesem Beispiel sind Reimzwangsjacken zahlreich. »Paraplü« folgt auf »Physiognomie«,»Laster« auf »faßt er« und »lang« auf »Restaurant«, das »Rabennest« bekommt ein »gewest«, der »Onkel« ein »donkel« und »hält se« die »Butterwälze«.

Wilhelm Busch sah mit gemischten Gefühlen voraus, dass er einst zusammen mit Goethe und Schiller die deutsche Zitatenschatztruhe füllen werde: »Heute redet man immer von meinen Versen, als von der Hauptsache, während doch die Bilder das wesentliche sind. Freilich, die Verse lassen sich zitieren, die Bilder bleiben auf dem Papier.« Die beiden Elemente – Verse und Bilder – stehen sich bei niemandem so nah wie bei Busch. Nicht nur passen sie in den Bildergeschichten zusammen wie glückliche Eheleute, sie heben geradezu die Grenze zwischen sich auf. Die Illustrationen locken die Zeilen hervor, die Verse korrespondieren mit den dargestellten Figuren, die Worte wandern in die Bilder ein, ja imitieren sie durch ihre Bildhaftigkeit. Unübertroffen lakonisch formuliert Busch es selbst: »Jede Sprache ist Bildersprache.« Somit kann jeder, der eine Sprache spricht, sich auch in

Bildern ausdrücken. Und aus schwarzen Strichen auf weißem Papier entstehen ganze Welten im Kopf der Hörer oder Leser. Will man aber den Umweg über die Sprache und deren Vieldeutigkeit meiden, muss man die Bilder nicht sprechen, sondern malen. Vorausgesetzt, man kann.

Dreizehntes Bild
Der große Maler mit der kleinen Mappe

Anders als die Bildergeschichte über Balduin Bählamm, von dessen Dasein wir nur einen kleinen Zeitausschnitt überblicken, breitet Buschs nächstes Werk fast einen ganzen Lebenslauf vor uns aus, von der Geburt bis hin zum Dasein als Berufswirt und fünffacher Vater. Wie Antonius von Padua zeigt Kuno Klecksel schon früh, was in ihm steckt. Sowohl der spätere Heilige wie der spätere Maler sind auffällige Kinder. In Travestie einer Heldenlegende, die beispielsweise Herkules schon in der Wiege zwei mörderische Schlangen erledigen lässt, werden besondere Eigenschaften kolportiert, die bereits das Kind aus der Masse hervorheben. Wo Antonius, kaum kann er krabbeln, ein Ei stibitzt, um es auszutrinken, da erfreut sich der kleine Kuno am Lichteffekt einer Kerze und ist fähig, einen essenden Mann im Profil so darzustellen, dass der Weg der Nahrung durch den Mund ins Innere wie auf einem Röntgenschirm sichtbar wird. Ein Maler also! Das Folgende scheint gut in so einen Lebenslauf zu passen – mäßiger Erfolg in der Schule, Anstreicherlehre abgebrochen, um auf die Akademie zu gehen und ziemlich schnell freier Künstler mit eigenem Atelier zu werden. Traumhaft! Nicht wie Bählamm wird Klecksel ständig verhindert, etwas zu schaffen. Er kopiert im Antikensaal, er skizziert in der freien Natur und wirft mit dem Pinsel immerhin so etwas wie ein Porträt oder ein Historienthema auf die Leinwand.

In vielfacher Hinsicht kehrt Busch mit »Maler Klecksel«, der letzten Bildergeschichte seines Lebens, zu seinen Anfängen zurück. Den Streich mit dem pulvergefüllten Kirchenschlüssel, den Kuno ausheckt, beschreibt er auch in seinen autobiographischen Texten (Abb. S. 21). Das Karikieren von Lehrpersonal hatte er selbst ausführlich an der Polytechnischen Schule in Hannover geübt. Wie Busch im wirklichen Leben, so geht sein Geschöpf in die Zeichenklasse der Akademie, besucht den Antikensaal, wird

Virtuose im Bleistift-Spitzen, Gummi-Wischen und Schraffieren. Und wie Busch in München, so trinkt auch Kuno »mit Leichtigkeit […] so seine ein zwei drei Glas Bier« oder auch mal »so zwei drei vier Glas Bier« oder auch mal »so seine vier fünf sechs Glas Bier«. Ebenfalls nach München verweist das Aussehen des jungen Akademikers Klecksel mit seinem hohen Künstlerhut und der großen Zeichenmappe. Schon in seiner ersten Bildergeschichte hatte Busch einen Pinselkünstler ironisch porträtiert – dem als »Münchener Bilderbogen« 1859 erschienenen »Der kleine Maler mit der großen Mappe«. So groß ist dies letztere Utensil, dass der Maler es getrost als Schutzschild, Regendach, Floß, Schattenzelt, Schlitten und schließlich Gleitschirm benutzen kann.

Ja, es gibt noch mehr autobiographische Spuren. Anders als sonst, wo das Personal in erfundenen, geographisch vage gehaltenen Räumen auftritt, verweist der Name von Klecksels Lieblingskneipe nun auf eine Münchner Lokalität. Ganz in der Nähe von Buschs Wohnung in der Dachauer Str. 3 gab es das Gasthaus »Zum Schimmelwirt«, das den jungen akademischen Maler und seine Freunde wahrscheinlich öfter mit »so zwei drei vier Glas Bier« versorgte. Nicht von ungefähr war Wilhelm Busch in den Orden der »Nachtlichter« aufgenommen worden.

»Der kleine Maler mit der großen Mappe«und »Maler Klecksel«

Selbst bei den Urbildern der Klecksel-Geschichte sind die Spuren nicht so wie sonst verwischt. Gestickte Mütze, Bierbauch und Schnupftabaksdose, die Reichskleinodien des Schimmelwirts, hält Busch schon um 1858 in zwei satirischen Zeichnungen des Münchner Bierwirts Josef Scheid fest. Die im Zentrum des fünften Kapitels stehende Figur des Herrn von Gnatzel, den Klecksel immer wieder vergebens anzupumpen versucht, verdankt sich zwei Kollegen aus Münchner Tagen, Theodor Pixis und vornehmlich dem österreichischen Maler Heinrich von Angeli. Noch nach dreißig Jahren gibt Busch ihn ganz so wieder, wie er es schon damals im Karikaturenbuch der »Jung-Münchener« getan hatte: groß, geckenhaft-reich gekleidet, mit Topffrisur, Hut und Stock, ständig eine Zigarettenspitze zwischen den Fingern. Wie Busch dabei zugleich verschleiernd und entlarvend verfährt, lässt sich am Namen zeigen. Der Vorname wird durch das unverdächtige »Herr« ersetzt, das »von« bleibt bestehen, und die Buchstaben von A-n-g-e-l-i schüttelt er, bis sie G-n-a-e-l ergeben, was er noch zu einem charakteristischen Reimwort aufpeppt: Das erste Zusammentreffen findet am »Schillerplatzel« statt, und am Schluss stellt sich heraus, dass Herr von Gnatzel bereits Träger einer »Atzel«, das heißt Perücke, ist. Genau dieses Attribut hatte aber damals zur Verspottung des Malerfreunds Theodor Pixis geführt, den man »Atzel der Heunenkönig« oder »Graf zu Glatz und von der Lippe« genannt hatte.

Die Ballade »Der kühne Ritter und der gräuliche Lindwurm«, mit deren Hilfe Kuno seinen Bildauftrag ins Werk setzen will, stammt ebenfalls aus der Erinnerung an die Münchner Zeit, in der gerne Romanzen und Schauerballaden parodiert wurden. Und auch die Karnevalsfeier als Höhepunkt und Peripetie in Kleckseis akademischem Leben geht auf frühere Erlebnisse zurück. Für den Künstlerverein »Jung-München« boten die Faschingsfeste Gelegenheit, alle malerischen, dichterischen und musikalischen Fähigkeiten im Dienst der Lustbarkeit vorzuführen.

So ist die Biographie des Malers Kuno Klecksel also voller Anspielungen auf den Lebenslauf Wilhelm Buschs. Allerdings ist nicht ausgemacht, welcher von beiden am Ende den besseren Teil erwischt hat. Zwar ist Klecksel nicht im »Reich der goldnen Rahmen«, dem Kunstverein, angekommen, aber er hat dafür Bier, Weib und Besitz errungen. Wie er im Schlusstableau mit seiner Schimmelwirtsmütze am Stammtisch steht, wo sich seine einstigen Feinde vor den Bierkrügen versammeln, wie er großmütig aus seiner Dose dem einst so übel zugerichteten Lehrer Bötel eine Prise anbietet, wirkt er äußerst zufrieden. Er hat es nicht zum Künstler gebracht, aber doch zum Bürger. Mit allem, was dazugehört: Beruf, Immobilie, Gemahlin, Nachwuchs, sogar einer gewissen Reputation. Denn führt er nicht die großartige Tradition des Schimmelwirts mit seinen illustren Gästen fort, und ist die inhalts- wie bierschwere Sentenz seines früheren Lehrers nicht an ihn gerichtet? »Wär nicht die rechte Bildung da, / Wo wären wir? Jajajaja!!«

Sein Erfinder dagegen zeigt wenig von dieser satten Zufriedenheit. Maler ist er nur weit weg von jeder Öffentlichkeit, zu Frau und Kind ist er nie gekommen, und die Reputation, die er genießt, ist ihm unlieb.

Und doch triumphiert Busch über Klecksel. Hat er sich schon seinem Bählamm gegenüber als überlegen erwiesen, indem er als Dichter reüssierte, wo Bählamm scheiterte, so steigert er diesen Vorgang im »Klecksel« noch: Hier ist er dreifach überlegen. Er malt besser als Klecksel. Er hat es, was Geld und Ruhm betrifft, zu mehr gebracht als bloß zu einem Gastwirt. Und er kann all diese Vorgänge in einer publikumswirksamen Bildergeschichte behandeln, in der er als Dichter *und* bildender Künstler brilliert. Mit »Maler Klecksel« spaltet er einen glücklich gescheiterten Künstler von sich ab, um so seine eigene Position zu behaupten: die keinen Anforderungen des Kunstmarkts gehorchende private Malerexistenz, die sich nicht (wie Klecksel) öffentlich exhibitioniert und sich erst recht nicht einem Kritikus wie Dr. Hinterstich aussetzt. Nicht zuletzt wird Busch nach Abschluss seines Bildergeschichtenwerks – mit ausgerechnet dem Klecksel-Thema – ein innovatives malerisches Spätwerk beginnen.

In einer Zeitspanne, die bezeichnenderweise nicht in der Bildergeschichte behandelt wird, erkennt Kuno Klecksel seine fehlende

Begabung. Wir sehen den jungen Maler das Desaster im Atelier erleben, und im nächsten Kapitel ist er bereits verheiratet, fünffacher Vater und erfolgreicher Wirt. Was sich an Selbsterkenntnis in der Zwischenzeit zugetragen hat, erfahren wir nicht. Auch in Bezug auf seinen Schöpfer nicht, in dessen Innerem sich irgendwann ebenfalls ein Erkenntnisprozess abgespielt haben muss. Welche seelischen Kämpfe Wilhelm Busch aussteht, bevor er es bejahend hinnimmt, Maler *außer* der Welt statt *in* der Welt zu sein, teilt er niemandem mit. Eines scheint jedoch ablesbar an der Summe seiner Gemälde: Sie emanzipieren sich immer mehr vom Einfluss durch Auftraggeber, Mentoren oder die zeitgenössische Kunst. Nur der tiefe Respekt vor den Niederländern bleibt bis zum Schluss. Hatte Busch zu Beginn seiner Karriere noch versucht, im Heer der akademisch ausgebildeten Maler mitzumarschieren, hatte er in Frankfurt noch versucht, es Johanna Kessler recht zu machen, wird er in der Periode des Umgangs mit den Münchner Malern dann entschieden eigensinnig: »Lenbach setzte mir von seinen modernen Farben auf die Palette. – Ich blieb aber hartnäckig bei meinem Oker und meiner Manier«. Diese Manier ist kein Manierismus. Eher eine Besessenheit von den Dingen und ihrer Beleuchtung. Eine Freude am Borstenpinsel und seinem Ausdruckstanz in der nassen Farbe. Vor allem eine fast Zen-hafte Versenkung in die ewig selben Themen. Wo der buddhistische Mönch Jahr um Jahr damit verbringt, ein einziges Schriftzeichen stets aufs Neue mit dem Pinsel zu erfassen, da beschäftigt sich Busch immer wieder mit den gleichen Landschaftsausschnitten, mit der gleichen Kombination aus Kuh, Hirte, Büschen oder aus Wiesen, Stämmen, Himmel. »Schaut der Wald nicht täglich anders aus?«, so räsoniert er, und fährt fort: »Aber freilich, einer sieht an einem Baume mehr als der andere am ganzen Wald, und der dritte sieht nichts. […] Das Wesentliche vom Unwesentlichen unterscheiden zu können, ist die Kunst.« Variationen betreffen bei Busch kaum die Szenerie, doch aber Farbe und vor allem Duktus. Nicht nur die verschiedenartige Wetterstimmung interessiert ihn, auch die verschiedenartige Seelenstimmung, welche die Natur auszulösen vermag. Manche späte Gemälde wirken wie zugestrichen mit Farbpaste, die nur einen kleinen Ausblick ins Weite freilässt, so als könne man die oberste Schicht abkratzen und fände darunter das eigentliche Bild. Andere Ölskizzen bleiben in einem vagen Status, der nur Farben verteilt und Umrisse andeutet. Eins der Bilder wurde jahrzehntelang als »Sonnenaufgang« betrachtet, bis man bemerkte, dass man es um 90 Grad drehen musste, um zu erkennen, was es eigentlich darstellt: eine Bäuerin mit Laterne im Stall. Neben dem oft gestalteten Durchblick auf einen hellen Horizontausschnitt verstärkt sich in der späten Periode ein weiteres Motiv: einsame Rückenfigur in Landschaft. So unbedeutend klein taucht der Wanderer manchmal in der Ferne auf, dass er beinah als Teil der Umgebung verschwindet. Doch geht er nicht verloren, weil er eine rote Jacke trägt.

All diese Charakterisierungen des Spätwerks können aber nur vorläufig sein. Kaum je hat Busch ein Bild datiert, und auch der Stil- und Motivvergleich kann sich täuschen. In einem ist sich die Forschung aber sicher: Es entstehen bis zum Umzug nach Mechtshausen im Jahr 1898 noch Hunderte Gemälde, von denen viele eine neue Richtung einschlagen. Busch bemüht sich nicht länger, das Wirken des Pinsels unsichtbar zu machen. Wie er ihn mit kraftvoller, eiliger Gebärde auf dem Untergrund herumführt, strukturiert die Fläche, die im Übrigen oft kaum noch eine gegenständliche Funktion hat. Vorsichtig könnte man bei den Gemälden ab den 1890er-Jahren sogar von einer Tendenz zur Abstraktion sprechen, vielleicht von einem Expressionismus der Farbe. (Farbtafel 14)

Den Maler, der solch einen Pinsel lenkt, denkt man sich zwangsläufig auf der Leinwand agierend mit dem Schwung der ganzen Hand, ja des Arms. Doch die Formate werden kleiner, gehen kaum einmal über das hinaus, was wir heute als DIN-A4 kennen. Ein besonders großes Werk misst 35 mal 22 Zentimeter. Die Bilder laden nicht dazu ein, sie mit Abstand zu betrachten, sondern dazu, dicht vor ihnen zu stehen, wo sie dann aber nicht mit filigranem Detail aufwarten, sondern mit grober Struktur. Genauso bescheiden wie die Dimensionen sind die Malgründe, die meist aus Papier, Pappe, Karton oder Brettern bestehen und oft sogar auf der Vorder- und Rückseite bemalt sind; manchmal sind mehrere Ölstudien mit unterschiedlichen Sujets auf einer größeren Pappe nebeneinandergesetzt. (Farbtafel 15) Es gibt keine Vorzeichnung, Figuren lassen den Hintergrund durchscheinen, überhaupt wird oft das Skizzenhafte der Komposition bewusst belassen. Deren Inhalte sind so weit weg von historisierender Wucht wie von impressionistischer Duftigkeit wie von symbolistischer Ekstase: Bauersleute, Trinker, Kühe, Krüge, Wald, Findlinge, Tümpel.

Es drängt sich der Eindruck auf, dass Buschs Interesse weniger der gültigen Lösung als vielmehr dem künstlerischen Problem an sich gilt. Eine Bildergeschichte ist für ihn erledigt, sobald er sie fertiggezeichnet hat. Er habe sie abgestreift wie die Schlange ihre Haut, sagt er. Das gedruckte Produkt mag er nicht begutachten, mag es nicht verschenken. Von den eigenen Werken besitzt er kaum ein Exemplar. Wenn er in der Stadt eines Schaufensters voll seiner Bücher ansichtig wird, wechselt er die Straßenseite und vertieft sich lieber in eine Auslage mit Kohlköpfen. Bei der Malerei scheint das genauso. Wie die anderen Arbeiten entsteht sie fern aller fremden Beobachtung oder gar Beeinflussung, nur für sich. Ins Reich der goldnen Rahmen strebt der große Maler mit der kleinen Mappe nie. Zunehmend verzichtet er sogar auf die Anschauung der Natur, malt die längst bekannten Motive in immer neuen Varianten, in Serien, probiert Farb- und Formeffekte aus.

So unwichtig scheint ihm das Resultat seiner Anstrengungen, dass er es ohne Bedauern verdirbt, wenn nicht vernichtet. Hat er mit einem Thema innerlich abgeschlossen, stellt er das Holz oder die Pappe beiseite und nimmt das nächste Bild in Angriff – mit Folgen. Der Neffe Adolf Nöldeke erzählt: »So häuften sich zeitweilig sehr die Blätter, die, weil sie in der Ecke des Zimmers frisch gemalt an einander gestellt wurden, oft dutzendweis unlöslich zusammenklebten. Auf dem Boden in der Ecke, auf dem Gesims ringsum, überall stand alles voll. Da mußte denn einmal aufgeräumt werden. Im Garten wurde ein großes Feuer gemacht, und viel wanderte in die Flammen«. Ein Major a. D. Mauve, der 1894 mit Busch zusammentrifft, berichtet: »Er wohnt hier bei seiner Schwester im Pfarrwitwenhause ganz zurückgezogen und malt Landschaften, die er aber wieder vernichtet.« Gleichzeitig jedoch gibt sich Busch offiziell als Maler. Das geht aus einer Eintragung im Kirchenbuch der Gemeinde Hattorf hervor. Am 10. September 1892 wird dort die kleine Irmgard getauft, Tochter des Neffen Hermann Nöldeke und dessen Frau Sophie. Neben weiteren dreien vermerkt man auch Buschs Patenschaft im Kirchenbuch, und zwar so: »1) Maler Wilhelm Busch zu Wiedensahl«. Nicht Dichter, nicht Autor, nicht Zeichner – Maler steht dort als Berufsangabe! Mag sein, dass er die Bezeichnung wählt, damit doch etwas im Dorf halbwegs Bekanntes in der Akte steht. Mag sein, dass er sich selbst immer so gesehen hat.

Bei Busch gibt es offenbar beides: das selbstbewusste Malen und das wegwerfende. Er müht sich ab, lernt dazu, entwickelt seinen Stil und eine typische Farbenpalette aus Naturtönen von Hellgelb und Himmelblau über Ocker, Zinnober und Terra Siena bis Flaschengrün und Dunkelbraun. Er pilgert immer wieder zu seinen holländischen Vorbildern, um ihnen nachzueifern. Er schätzt etliche der eigenen Sachen und verschenkt sie sogar an Angehörige. Und doch betreibt er zunehmend das Malen ganz für sich, wobei ihn nur der Entstehungsprozess, nicht dessen Ergebnis interessiert. Von dem redet er dann als »G'schmier«, und er könne »das Zeugs nicht empfehlen«.

Das sieht Paul Klee anders. Im Mai 1908, wenige Monate nach Buschs Tod, notiert er anlässlich der Wilhelm-Busch-Verkaufsausstellung in der Münchner Galerie Heinemann: »Kein Kitscher, sondern ein wohlorientierter Europäer. Einige Kerle mit roten Jacken gehören in eine Gemäldegalerie, sind durchaus gut.«

Promenade
Spaziergänge eines Privatiers

Es war nicht unbedingt geplant, dass »Maler Klecksel« Wilhelm Buschs letzte veröffentlichte Bildergeschichte bleiben würde. Kann sein, dass er noch einige konzipierte und wieder verwarf. Erhalten hat sich außer einer skizzierten kurzen Folge »Die Spinne« nur noch der Entwurf zu »Der Privatier«, auch er nicht bis zur Druckreife gediehen. Warum Busch die um 1895 entstandene Bildergeschichte nicht beendete, lag vielleicht an ihren Szenen. Denn ohne Weiteres könnten diese aus früheren Arbeiten wie den »Abenteuern eines Junggesellen« stammen oder sogar aus den »Fliegenden Blättern« der frühen 1860er-Jahre. Er verfiel mit der Geschichte des Privatiers Tütje ins alte Strickmuster von Missgeschicken und häuslichen Abenteuern. Tütje, sein Hund Pizzi sowie Katzen, Hühner, Schweine, Bienen, Stechmücken und prüde Institutsfräulein spielen ihre vorhersehbaren Rollen. Wie vorhersehbar sie sind, verdeutlicht ein beliebiges Beispiel aus Buschs Aufzeichnungen, die aus schnell hingeworfenen Bilderskizzen mit kurzen Textnotaten bestehen: »Abkühlung« (Der dilettierende Imker Tütje, der von seinen Bienen in den Hintern gestochen wurde, sucht Abkühlung des Körperteils in der Regentonne) – »Eingeschwollen« (Tütje kommt wegen Anschwellens der zahlreichen Stiche nicht mehr aus der Tonne) – »Böttcher« (Ein Böttcher muss ihn daraus befreien) – »Hose geplatzt« (Durch die Aktion ist die schöne Sommerhose aufgeplatzt). Vielleicht war Busch sich selbst langweilig geworden, vielleicht hatte er keine Seitenstücke zum »Privatier«, um die Veröffentlichung eines ganzen Buches zu rechtfertigen. Man fand die Entwürfe jedenfalls erst in einem Notizbuch des Nachlasses.

Untätig war er also nicht. Er entwarf und zeichnete und textete weiter in den Jahren nach 1884, ließ sich aber viel Zeit dabei. Nachdem er sich 1886 mit »Was mich betrifft« autobiographisch geäußert hatte, steuerte er zu einer Jubiläumsausgabe der »Frommen Helene« das Langgedicht »Der Nöckergreis« bei und schrieb in den Jahren 1890 und 1894 an den Erzählungen »Eduards Traum« und »Der Schmetterling«. Auch Bleistift und Zeichenfeder ruhten nicht. Dutzende von winzigen Zetteln – Busch nannte sie »Schnitzeln« – entstanden, auf denen er merkwürdige Stellungen von Menschen oder kuriose Situationen in so minimalisierter wie dynamischer Art festhielt. Es gab aber auch größere Blätter, eine bunte Mischung von Zeichnungen mit kurzen Gedichten, mal komisch, mal zart. Es sind zum Teil Varianten von Gaben, die per illustriertem Brief an die Kesslers nach Frankfurt gingen. Etliche dieser Kleinigkeiten könnten einem Poesiealbum entstammen, manche jedoch huldigen wieder elegant der guten alten Komik-Erzeugerin Diskrepanz: »Selbst mancher Weise / Besieht ein leeres Denkgehäuse / Mit Ernst und Bangen. – / Der Rabe ist ganz unbefangen.« Die Verse begleiten eine in mehreren Versuchen sorgfältig konzipierte Zeichnung:

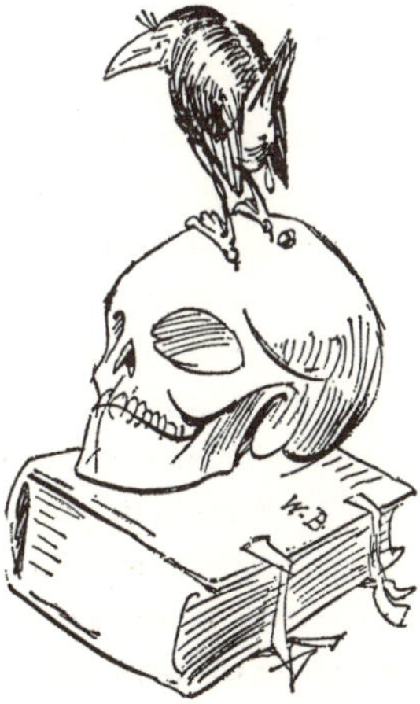

Busch bewahrte die in den Jahren 1892 bis 1894 entstandenen heterogenen Blätter bei sich auf, ohne sie zu veröffentlichen. Die Skizzen, Minibildergeschichten, gezeichneten Scherze, Neujahrsgrüße und epigrammatischen Bildergedichte sollten unter dem Titel »Hernach« erst postum herauskommen und seiner

Schwester Fanny Honorare einbringen. Schon neun Monate nach Buschs Tod lag »Hernach« in den Buchhandlungen und verkaufte sich bis Jahresende 35000 Mal. Schließlich war es ein Vermächtnis des beliebten Humoristen, von dem man schon so lange nichts Typisches mehr gesehen hatte. Die meisten der Käufer hatten aus demselben Grund wahrscheinlich zuvor den »Humoristischen Hausschatz« erworben, eine der bis heute meistverbreiteten Sammlungen, damals aber ein Goldkauf aus Mangel an kurrenter Währung.

Seit sich Wilhelm Buschs Verhältnis zu seinem Verleger Otto Bassermann verschlechtert hatte, machte Letzterer kein Hehl daraus, dass ihm die »Unthätigkeit« seines Autors missfalle. Am 2. Dezember 1885 schrieb er an jenen Eduard Daelen, dessen tendenziöse »Streitschrift« Buschs autobiographische Richtigstellungen provozierte (siehe »Was mich betrifft – Von mir über mich« im Anhang): »Daß er mich aber nun die 4te Auflage der ›Kritik des Herzens‹ unverändert drucken läßt, thut mir leid für ihn und mich. [...] Ist das Selbstzufriedenheit, Bequemlichkeit oder Ekel vorm eigenen Gemächte? Überhaupt ist auffallend, daß B nichts, seinen jetzigen Anschauungen Entsprechendes herausgibt, und wäre es selbst eine philosophische Abhandlung. Er lügt ja quasi alle seine Verehrer an, denn wie Sie selbst erfahren, ist er im Grund ein ganz Anderer, als er in seinen einseitigen Publikationen erscheint. [...] Sollte Busch die Eindrücke seines Lesens, die Resultate seines Denkens und Beobachtens nur so onanistisch in sich hineinfressen?« Bassermanns Urteil war natürlich weniger freundschaftlichen als vielmehr wirtschaftlichen Ursprungs. Wer mit Bildergeschichten reich geworden ist, will auch weiterhin verdienen. Weil Busch lange genug geliefert hatte, was man von ihm erwartete, wog sein eigensinniges Beharren auf der eigenen Manier und dem eigenen Tempo umso schwerer. Er war auf der einen Seite sicher zu misstrauisch gegenüber Bassermann, der im Großen und Ganzen ein kluger und kulanter Verleger war. Andererseits handelte er weise, weiser als viele seiner Kollegen: Man kann sich nicht ad ultimo selbst wiederholen. Man muss aufhören, wenn einem nichts Neues mehr einfällt. Dass er die Ideen kommen ließ, wie sie eben kamen, dass er sein Talent ernst nahm, wenn es ihn mal zur Ölmalerei, mal zur Lyrik, mal zum Zeichnen, mal zur Prosa zog, spricht für seine Selbsterkenntnis. Außerdem gab es nicht den geringsten äußeren Zwang mehr. Busch hatte genug verdient und würde immer weiter verdienen durch die vorteilhafte Gewinnbeteiligung an seinen Werken.

Otto Bassermann erwartete demnach nicht mehr viel von seinem Zugpferd. Bevor es ganz in Vergessenheit geriet, ließ er noch einmal dessen goldene Äpfel unters Volk streuen. Das »Wilhelm Busch Album« mit dem Obertitel »Humoristischer Hausschatz«, das laut Bassermann »auf bessere Ausnutzung« von Buschs »humoristischen Schriften abzielte«, enthielt eine Sammlung von zwölf Bildergeschichten ab der »Frommen Helene« und wurde unter anderem in Lieferungen durch Kolportagebuchhandel vertrieben. Wie erfolgreich die Idee war, geht daraus hervor, dass dieses Album 1905 bereits 100 000 Mal verkauft war, in immer neuen Auflagen und mit Erweiterungen bis Ende 1958 beim Originalverlag lieferbar war.

So wurde Wilhelm Buschs Bildergeschichtenwerk denn durch den »Humoristischen Hausschatz« ab 1885 in ganz Deutschland verbreitet. Auch deshalb war diese Seite seines Schaffens für ihn nun abgetan und der »Privatier« wohl die letzte Bildergeschichte, mit der er sich noch beschäftigte. Privatier: eine völlig berechtigte Umschreibung von Buschs Existenz. Ohne Auftrag, ohne Zuschauer, ohne öffentliche Wirkung malte er bei Wiedensahler Nordlicht, füllte seine Skizzenbücher mit Kuh-Studien, »zeichnete nach der Natur«, wie er selbst es nannte. Entstanden die Ölgemälde meist im Atelier, so wanderte Busch mit seinem dreibeinigen Klappstuhl ins Freie, um Weiden, Waldränder, Wegbiegungen, Wiesenstücke mit dem Bleistift festzuhalten. Oft sind die Formate der gezeichneten Arbeiten in seinen Skizzenbüchern sogar größer als seine Gemälde. Trotzdem interessierte ihn nicht die Ausdehnung der Landschaft ins Weite, sondern die unmittelbare Umgebung des Sitzplatzes, die Staffelung niederer und hoher Pflanzen, Lichtflecken auf dem Boden und Spiegelungen im Wasser. In kurzen, manchmal heftigen Strichen fing er die flir-

rende Atmosphäre einer Waldlichtung ein, deren dunkle Stämme das flatterhafte Laub kaum besser festzuhalten scheinen als einen Schwarm Vögel. Oder er kontrastierte einen mächtigen Eichenstamm mit rissiger Borke gegen das Dunkle des Waldinneren und das Lichte des besonnten Waldbodens.

Außer Bleistift verwendete Busch manchmal Feder und Sepiatusche, aquarellierte hin und wieder. Auf diese Weise entstanden im Laufe seines Lebens weit mehr als 2000 Zeichnungen. Diese fielen nicht wie die Vorstufen zu Karikaturen und Bildergeschichten dem Feuer zum Opfer, sondern blieben erhalten als Ergebnisse beständiger Übung und Annäherung. Anders als in den Ölbildern, die oft von Bauern oder Hütejungen belebt wurden, beließ er die gezeichnete Landschaft fast immer in großer Einsamkeit, wie sie sich ihm auf seinen Spaziergängen bot. Wieder einmal bemühte er das Tierreich, um sich selbst zu beschreiben: »Mein bescheidener Beobachtungsbezirk reicht nicht viel weiter als der eines leidlich mobilen Ohrwurms«.

Weitere Reisen, nach Berlin oder München etwa, die ihm immer wieder vorgeschlagen wurden, suchte er zu vermeiden. Nur einer hatte mit seinen Überredungsversuchen Glück. Im April 1886 fuhr Busch nach Italien, um Franz Lenbach zu besuchen, der seit längerem ein Atelier in Rom unterhielt. Wäre die Freundschaft nicht so herzlich gewesen, er hätte sein »geliebtes Vaterland« nicht verlassen. Aber er nahm es sowieso mit sich. Als er genügend von Rom »behext« war, genügend über Lenbachs fürstliches Domizil im Palazzo Borghese den Kopf geschüttelt hatte, schied er von »jenem alten Wundernest« Rom nicht ungern wieder: »Herrlich, aber zu viel! Bin sehr befriedigt, aber reisemüde zurück gekehrt. So werd ich den Sommer hübsch zu Hause verbleiben.«

In den folgenden Jahren dienten seine Reisen meist dem Austausch mit der Familie, »verwandtschaftliche Kreuz- und Querzüge« nannte er das. Der Neffe Hermann Nöldeke, der 1887 in Hattorf am Harz seine Stelle als Pastor antrat, wurde besucht, und auch in Wolfenbüttel, Celle, Lüthorst und Loccum warteten Angehörige. Innerhalb der weitverzweigten Familie Kleine/Busch/Nöldeke gab es regen Austausch und manchmal sogar noch etwas mehr. Zwischen Ende 1885 und Mai 1888 lebte im Wiedensahler Pfarrwitwenhaus bei Fanny Nöldeke und Wilhelm Busch eine Enkelin des Onkels Georg Kleine. Diese »Haustochter« Else Meyer heiratete 1894 Buschs Neffen Otto Nöldeke, der zuerst Bewohner, dann oft Gast im Haus von Mutter und Onkel war. Bei Otto und Else Nöldeke verbrachte Busch seinen Lebensabend.

So ein Haustochterdasein war eine der Möglichkeiten, um einen Partner zu finden. Wohnte man auf dem Land und verkehrte selten in bürgerlichen Kreisen, so war es nicht leicht, jemanden kennenzulernen. In der höheren Schule blieben die Geschlechter getrennt, auf den Universitäten gab es kaum Frauen, und auch der Beruf als Partnerbörse spielte noch eine geringe Rolle. So war man als Mann froh, wenn man Cousinen, Hausdamen, Klavierlehrerinnen, Töchter von Pensionswirtinnen oder Schwesterfreundinnen zu Gesicht und irgendwann in die Hand bekam.

So wenig Busch an öffentlichen Auftritten gelegen war und so wenig er an seine früheren Publikumstriumphe anknüpfen wollte, so sehr pflegte er seine Familienkontakte, Freundschaften und die Korrespondenz. Nachdem Franz Lenbach 1891 die fast vierzehnjährige Funkstille zwischen den Damen Kessler und Busch zu beenden half und nachdem die Anfechtung durch Nanda Kesslers Herzphantasie ausgestanden war, konnte man wieder in vertrauten Gewässern segeln. Busch schrieb fleißig Briefe und nahm wieder ab und an die Eisenbahn nach Frankfurt. Die Frauenfrage stellte sich ihm offenbar nicht mehr. Und als eine Fremde sie ihm stellte, nämlich welche Eigenschaft er an der Frau schätze, da antwortete er Louise Fastenrath aus Köln in ihrem Fragebogen vom 22. Mai 1892 so ausweichend wie hypothetisch: »Eine hübsche und gescheite Frau, die ihre Dienstboten gut behandelt, müßte entzückend sein.« Im gleichen Fragebogen definierte er die Frau als »Hauptlockvogel für diese Welt, günstigenfalls auch für die andere« und antwortete schlau auf Nr. 13 (»Welchen Rat würden Sie der Frau geben, die Sie lieben?«): »Mich auch«. Mehr aber ließ er nicht heraus. Die Frage »Was wünschen Sie am sehnlichsten?« beschied er mit: »Nein, nein! Das sagt er halt nicht.«

Junggesellen pflanzen sich bekanntlich durch Knollen fort. Als Vater dieses Spruchs hielt sich Wilhelm Busch also viel in Erdnähe auf. Das Säen, Setzen, Okulieren, Jäten, Ernten, vor allem das Beobachten war und blieb für ihn ein Hauptvergnügen bis zuletzt: »Ich bin ja still und einsam geworden. Theater, Konzerte, Eisenbahnen, Reichstagswahlen, der wunderliche Krieg auf fernen Inseln, kurz alles, was die sogenannte große Welt bewegt, brummt nur ganz leis verwirrt zu mir herüber. […] Außerdem sind's die Vegetabilien, die Rosen, das Gemüse, das Unkraut auch natürlich, zwischen denen ich beschaulich thätig, bald hindernd, bald befördernd, hin und her spatziere. Ich weiß nicht – grad das, was in der Erde wurzelt, zieht mich mehr an im Alter als wie ehedem; und diese Neigung, denk ich, kommt wohl nicht von ungefähr.«

Hauptgegenstand seiner Betrachtung war ihm das Werden und Vergehen in der Natur, die ersten Maiglöckchenspitzen, welche die Erdkruste durchdrangen, die ersten schmackhaften Spinatblättchen, das Ergilben der Erbsenranken, das Nestbauen der Schwarzdrosseln, das Treiben der Erdflöhe. Es wurde registriert, woher der Wind wehte, wie tief es gefroren hatte, dass die Hasen am Rosenkohl knabberten. Das Gedeihen der neuen amerikanischen Brombeeren und japanischen Klettergurken war genauso der Aufmerksamkeit wert wie dasjenige von Stangenbohnen,

Kartoffeln, Erbsen, Spargel, Kohlrabi, Spinat und Stiefmütterchen. Vor allem die Folge der Jahreszeiten, die er vor seinem Fenster, im Garten und auf den Spaziergängen beobachtete, faszinierte ihn: »Was mich alten Jungen anbelangt, so seh ich noch immer gern zu, wie's draußen im Wechsel der Jahreszeiten so wächst und wird und vergeht. Anitzo drängt alles in Laub und Blüthen, daß die Welt schier eng davon wird. Weit hinaus seh ich die Felder gekleidet in's schönste Roggengrün, dahinter, dito, den aufgelebten Buchenwald.« Das schrieb er am 3. Mai 1890 an Marie Hesse. Auch die anderen Briefpartner unterrichtete er von seinem häuslichen Leben, das drei Viertel des Jahres ein gärtliches Leben war. Er musste gießen, umpflanzen, hacken – bis »der alte Buckel ordentlich a bißel steif« war – und den Bau des Kaninchenstalles beaufsichtigen. Wurde es ihm draußen zu kalt oder zu heiß, zog er sich in den tennengroßen Hausflur zurück, »rauchend, schreibend, zeichnend, lesend; nicht ohne ein lebhaftes Gefühl der für mich tauglichen Behaglichkeit«. Gewohnt selbstironisch versah Busch dieses eingesponnene Leben mit dem Etikett »gar innig versimpelt«. Was er damit meinte, zeigen lyrische Huldigungen des Junggesellendaseins. »Wer einsam ist, der hat es gut« beginnt ein Gedicht, in dem die Behaglichkeit ausgemalt wird:

Ihn stört in seinem Lustrevier
Kein Tier, kein Mensch und kein Klavier,
Und niemand gibt ihm weise Lehren,
Die gut gemeint und bös zu hören.

Der Welt entronnen, geht er still
In Filzpantoffeln, wann er will.

Sogar im Schlafrock wandelt er
Bequem den ganzen Tag umher.

Er kennt kein weibliches Verbot,
Drum raucht und dampft er wie ein Schlot.
[…]

Und laut und kräftig darf er prusten,
Und ohne Rücksicht darf er husten

Eine Variante dazu bildet ein Gedicht mit dem Refrain »Schön ist's, Junggeselle sein!« Auch hier wird nacheinander vorgeführt, was daran so schön ist: »Keine Frau befiehlt ihm was« – »Mancherlei gibt's Zeitvertreib / Auf den Gassen, in der Kneip'« – »Sitzt er abends lang beim Bier, / Schilt ihn nicht die Frau dafür« – »Ei wie gut schläft's sich allein« und immer so weiter, bis dann die beiden letzten Strophen resümieren:

Harmlos lebt er so dahin
Und versimpelt oft im Sinn;
Manchmal ist er auch ein Schwein –
Schön ist's, Junggeselle sein!

Heut stolziert er auf und ab,
Morgen scheißt der Hund aufs Grab,
Dies ist dann sein Leichenstein –
Schön ist's, Junggeselle sein!

Wenn man es nicht ändern kann, dann kokettiert man eben damit: mit der Unbeweibtheit, mit dem Alter. Ab der zweiten Hälfte der 1880er Jahre nahmen die brieflichen Äußerungen in dieser Hinsicht zu. Er hatte mit 52 das Bildergeschichten-Fabrizieren aufgegeben und sich eine Brille zugelegt, er war mit 54 zum letzten Mal über die Alpen gereist und hatte öffentlich etwas über sich ausgeplaudert. Mit 57 sagte er sich »täglich, dass« er »alt geworden«, und mit 59, dass er »inzwischen so ungefähr tausend Jahre alt« sei. Er wollte seine Ruhe. Zunehmend störte ihn »sinnloses Geräusch« wie »Klappern mit Messer und Gabel oder mit dem Geschirr, Trommeln mit den Fingern auf der Tischplatte oder an den Fensterscheiben, Türenschlagen«. Wurde er in die kleinen häuslichen Dramen eingeweiht, fand er sich auch schon mal zu einem Kalauer gestimmt. Als Geschirr kaputtgegangen war und sich keiner zu der Tat bekennen wollte, bemerkte Busch nach dem Zeugnis seiner Neffen: »Ja, es ist ganz eigentümlich, daß es auch unter den Töpfen Selbstmörder giebt.«

Die Küche wird er selten betreten haben, aber an den Mahlzeiten im Familienverband nahm er teil. Wenn er nicht so vertieft in seine Arbeit war, dass er das Atelier nicht verließ, hielt er sich an die bürgerlichen Tischgepflogenheiten: Frühstück, Mittagessen, Vier-Uhr-Kaffee, Abendessen. Neben einem guten Braten gehörte zu seinen Lieblingsspeisen Pfannkuchen mit Kartoffelsalat. Er mochte das »bekannte Leibgericht« so sehr, dass er nicht nur dessen Rezept in einer Zierhandschrift für Johanna Kessler niederlegte, ihm und seiner Bereiterin in »Herr und Frau Knopp« sowie in »Plisch und Plum« ein Denkmal setzte, sondern ihm sogar eins seiner liebevollsten Gedichte widmete:

Von Fruchtomletts da mag berichten
Ein Dichter aus den höhern Schichten.

Wir aber, ohne Neid nach oben,
Mit bürgerlicher Zunge loben
Uns Pfannekuchen und Salat.

Wie unsere Liese delikat
So etwas backt und zubereitet,
Sei hier in Worten angedeutet.

Drei Eier, frisch und ohne Fehl,
Und Milch und einen Löffel Mehl,
Die quirlt sie fleißig durcheinand
Zu einem innigen Verband.

Sodann, wenn Tränen auch ein Übel,
Zerstückelt sie und mengt die Zwiebel
Mit Öl und Salz zu einer Brühe,
Daß der Salat sie an sich ziehe.

Um diesen ferner herzustellen,
Hat sie Kartoffeln abzupellen.
Da heißt es, fix die Finger brauchen,

Den Mund zu spitzen und zu hauchen,
Denn heiß geschnitten nur allein
Kann der Salat geschmeidig sein.

Hierauf so geht es wieder heiter
Mit unserm Pfannenkuchen weiter.

Nachdem das Feuer leicht geschürt,
Die Pfanne sorgsam auspoliert,
Der Würfelspeck hineingeschüttelt,
So daß es lustig brät und brittelt,
Pisch, kommt darüber mit Gezisch
Das ersterwähnte Kunstgemisch.

Nun zeigt besonders und apart
Sich Lieschens Geistesgegenwart,
Denn nur zu bald, wie allbekannt,
Ist solch ein Kuchen angebrannt.

Sie prickelt ihn, sie stockert ihn,
Sie rüttelt, schüttelt, lockert ihn
Und lüftet ihn, bis augenscheinlich
Die Unterseite eben bräunlich,
Die umgekehrt geschickt und prompt
Jetzt ihrerseits nach oben kommt.

Geduld, es währt nur noch ein bissel,
Dann liegt der Kuchen auf der Schüssel.

Doch späterhin die Einverleibung,
Wie die zu Mund und Herzen spricht,
Das spottet jeglicher Beschreibung,
Und darum endet das Gedicht.

Nach dem Essen, das er wohl immer recht rasch erledigte, blieb Busch zum Rauchen und Klönen sitzen. »Oft war er dann sehr redselig; er sprach über alte Zeiten angeregt und gern, redete über seine augenblickliche Lektüre kritisch und eingehend, erging sich in Frage und Ratschlag über unsere, der Neffen Aussichten und Pläne, regelte auch hier gewöhnlich die nötigen geschäftlichen Angelegenheiten und konnte bei allem auch wieder seinem Humor die Zügel schießen lassen. Oft aber war er auch recht einsilbig, grübelte und sagte wenig, sagte oft lange Zeit nichts, konnte aber nicht vertragen, wenn man fortgehen und dadurch der Sitzung ein Ende machen wollte.« Da es in der Familie Nöldeke Pfarrer gab, berührten die Gespräche auch religiöse Themen. Das Theologische an ihnen fesselte ihn, nicht das Praktische. Weder von der pastoralen Verwandtschaft noch von althergebrachter Sitte ließ sich Busch zu Kirchgang und Abendmahl verleiten. Dilettantischer Gemeindegesang, schlechtes Orgelspiel, »wunderliche Gewohnheiten des Predigers«, Ekel vor der Kelchkommunion und der eigene Hang zu ständiger Menschenbeobachtung waren genug Gründe, um fernzubleiben. Am Tischgebet allerdings soll er festgehalten haben.

Zwischen Nachmittagskaffee und Abendbrot gab es einen mindestens halbstündigen Spaziergang, bei dem im Sommer und Herbst auch Wiesenchampignons oder Waldpilze gesammelt wurden. Dabei scheint Busch auf eine gepflegte Erscheinung Wert gelegt zu haben. Er trug stets Anzüge (oft grau-kariert), begleitet von weißseidenem Bindeschlips (aus Florenz) und schwarzem Schlapphut. Die einzige Extravaganz bekam praktisch niemand zu sehen: silberne Schnallen auf den schwarzen Plüschpantoffeln. Merkwürdig berührt die Tatsache, dass Busch so sehr am Schlichten und Althergebrachten festhielt, dass er nie in warmem Wasser badete. Er pflegte sich täglich von Kopf bis Fuß mit Hilfe von Waschschüssel, Schwamm, Seife und kaltem Wasser zu säubern, doch Wasserleitung und Badewanne lehnte er als zu modern ab. Tapeten waren ihm zu aufwendig und Wandteppiche Staubfänger, zur Beleuchtung taugte eine Öllampe und zum Schreiben eine Gänsefeder. Jegliches war geregelt, daheim und unterwegs. Alle paar Monate fuhr Busch nach Hannover (auch noch später von Mechtshausen aus), wo er Angehörige oder Freunde zum Mittagessen traf, wo sein Schneider saß, er Einkäufe und seine Bankgeschäfte erledigte.

Die regelmäßigen Überweisungen durch die Bassermann'sche Verlagsbuchhandlung behielt er nur zum Teil für sich. Immer wieder ist in den Briefen an Neffe Adolf, Hermann oder Otto Nöldeke ein ähnlicher Satz zu lesen: »Ich habe die Hannoversche Bank beauftragt, dir 400 Mk. zu schicken, deren Empfang du mir dann wohl bestätigst.« Etwa zur gleichen Zeit antwortete er einem unbekannten Bittsteller: »Leider muß ich auf Ihr Schreiben von gestern eine verneinende Antwort geben, da meine pecuniären Kräfte bereits in der Nähe voll auf in Anspruch genommen sind. Nach den zahlreichen Ansprüchen, die aus der Ferne, zuletzt aus Amerika, an mich gemacht wurden, scheint man mich für sehr wohlhabend zu halten. Das ist ein Irrthum.« Den Brief hätte auch Karl May schreiben können, der noch viel häufiger um Geld gebeten wurde, allerdings nicht so sorgsam damit umging wie Busch. Dieser hielt sein Erspartes zusammen, schenkte zwar manchem Bettler etwas und den Neffen viel, verlieh aber außer an Freund Erich Bachmann nie etwas. Von ihm ließ er sich übrigens gute Zinsen zahlen, hegte aber dabei den Verdacht, der Freund wolle wohl gar »bauernschlau« deren Entrichtung vergessen. Wie wenig gewieft Busch in finanziellen Dingen war, sieht man daran, dass er bestellte Waren stets im Voraus bezahlte, unpassende deshalb auch nie zurückschickte; aus demselben Unbehagen heraus untersagte er seinem Verleger eine kommissionsweise Lieferung seiner Bücher an die Händler.

Da sich seine Steuererklärungen erhalten haben, erwäge man selbst, ob es ein »Irrthum« war, Busch für wohlhabend zu halten. 1895 beliefen sich seine Einkünfte auf 19996 Mark; zu Anfang jenes Jahres bestand sein Vermögen aus 229410 Mark. Zum Vergleich kann man einige Briefe Buschs heranziehen, in denen Preise erwähnt sind: 10 Stück amerikanische Brombeersträucher kosteten 3 Mark, 50 Pfund Kochäpfel gab es für 4 Mark, das Mieten einer Kutsche schlug mit 5 Mark zu Buche, die drei Bücher »Tristram Shandy« von Laurence Sterne, »Roderic Random« von Tobias Smollett und die »Junius-Briefe« waren 9 Mark wert, ein vier

Wochen altes Ferkel erhielt man für 25 Mark und 100 Liter Niersteiner Wein für 80 Mark. Auf den Kopf eines ausgebrochenen Räubers waren 50 Mark ausgesetzt. Das Gedicht »An Helene« ließ sich Busch von seinem Verleger mit 300 Mark vergüten.

Seit 1895 musste Busch eine Einkommensteuererklärung abgeben, die auf der Selbsteinschätzung seiner Einkünfte beruhte. Dass ihm das lästig war, ist verständlich. Statt diese Arbeit einem Neffen zu übertragen, klagte er: »Ich habe die Nächte durchgesessen und Zinsestabellen gerechnet, bis mir der Schweiß an den Ohren herunterlief, und ich hab's doch nicht fertiggebracht. Ich will mit diesen Dingen nichts zu tun haben. Meine Welt ist die Welt der Phantasie, und darin will ich nicht gestört sein.« Konsequenz aus dieser Unlust war ein Abfindungsvertrag mit seinem Verleger. Statt wie bisher am Umsatz beteiligt zu sein (und jedes Jahr Verkäufe oder Nichtverkäufe der Bücher registrieren zu müssen), ließ er sich mit Vertrag vom 6. November 1896 von Otto Bassermann das Recht an seinen Werken abkaufen. Selbst die Originalzeichnungen zu den Bildergeschichten verblieben beim Verlag. Buschs Werke gingen nun »mit allen Vorräten, Holzstöcken und Clichés in den Alleinbesitz der Fr. Bassermann'schen Verlagsbuchhandlung zu unbeschränktem Verlagsbetrieb über«. Die Abfindungssumme, zahlbar zwischen Anfang 1897 und Mitte 1899 in drei Raten, betrug 50000 Mark.

Vierzehntes Bild
Der denkende Punkt

Was tut man, wenn man nicht muss? Wenn man so viel angespart hat, dass der »drängende Ernährungstrieb« keine Ansprüche mehr stellt? 1893, seine letzte Bildergeschichte liegt neun Jahre zurück, sieht Wilhelm Busch sich so: »Nie Bienenzüchter; / Stets Raupenvernichter; / Mitunter Feder- und Bleistift-Dichter.« Und er dichtet eine ganze Menge mit Feder und Bleistift, worunter man auch seine Zeichnungen und illustrierten Briefe, seine »Schnitzeln« und Skizzen verstehen darf. In seinen Notizbüchern sammeln sich ab den 1890er Jahren allmählich neue Gedichte, etwa 180 werden es 1903 sein. Genau hundert von ihnen schreibt er ab und bietet sie noch einmal Otto Bassermann an, der die Auswahl unter dem Titel »Zu guter Letzt« im Frühjahr 1904 auf den Markt bringen wird, dreißig Jahre nach Buschs letzter Lyriksammlung »Kritik des Herzens«.

Viel ist darin von Rückschau die Rede, vom Altern, von den Zuständen in der Welt und in den vier Wänden. Bildergeschichten-Themen wie ein bienenzerstochener Schneider Böckel, ein vom Gärtner erschlagener Maulwurf werden nun lyrisch gefasst. Ganz bummelig geht es um einen Gänsebraten am Fenster, dem die sonst so niedlichen Meisen zu Leibe rücken, um den Kohl und seine Weißlinge, um Mückenlarven in der Regentonne, um Pfannekuchen mit Salat, um das Fotografieren. Etliche Tierfabeln kleiden Witz und Wahrheit ein, Märchen und Spruchweisheiten werden in Strophen gefasst, Stöcke, Ruten, Gerten verrichten ihr schmerzendes Werk. Auch das rote Ding in der Brust wird wieder berührt, doch nicht länger im Sinne einer Kritik des Herzens, sondern – wie im Gedicht »Schreckhaft« – als erfahrungsgesättigte kleine Geschichte mit einzigartig formulierter Pointe:

Nachdem er am Sonntagmorgen
Vor seinem Spiegel gestanden,

Verschwanden die letzten Sorgen
Und Zweifel, die noch vorhanden.

Er wurde so verwegen,
Daß er nicht länger schwankte.
Er schrieb ihr. Sie dagegen
Erwidert: Nein, sie dankte.

Der Schreck, den er da hatte,
Hätt ihn fast umgeschmissen,
Als hätt ihn eine Ratte
Plötzlich ins Herz gebissen.

Die zwei letzten Zeilen schreibt sich Busch irgendwann auf einen Zettel, streicht sie dann durch, als sie Verwendung im Gedicht finden. »Spricker«, also kleine dürre Zweige zum Feuerschüren, nennt er solche Einfälle. Der Rattenbiss ist einer der zündendsten.

Einige der Gedichte aus »Zu guter Letzt« behandeln Themen, die Busch offenbar über längere Zeit beschäftigen. Sie haben Parallelen in der Prosa. Er stellt sich das Ich als Gebäude vor, der Verstand im Oberstübchen, die Leidenschaft unten, im ersten Stock der Magen. Es spukt und tobt in diesem Häuschen. Man zieht um, doch vergebens:

Der Kobold ist mit umgezogen
Und macht Spektakel und Rumor
Viel ärger noch als wie zuvor.
Ha, rief der Mann, wer bist du, sprich.
Der Kobold lacht: Ich bin dein Ich.

Auch flattert immer wieder ein Schmetterling durch die Verse. Als Allegorie der Flüchtigkeit von Ruhm dient er, als Symbol des Sommers wie der Vergänglichkeit. In einem mit »Der Traum« überschriebenen Gedicht gibt es sogar ein ganzes Reich der Schmetterlinge. Rot und golden gefärbt, haben die Falter nichts weiter zu tun, als lustig die Blumen zu umschwärmen. Aber so harmlos ist das nicht. Was reimt sich wohl auf »Reich der Schmetterlinge«? Ein Engel bedeutet es dem Traum-Ich: »Hier, sprach er, ändern sich die Dinge.« Plötzlich gibt es grausame Wassergeister, Hexen und treffsichere Jäger, die Gegend wird »traurig, öd und leer. / Von Schmetterlingen nichts zu sehn, / Die Blumen, eben noch so schön, / Sämtlich verdorrt, zerknickt, verkrumpelt«. Mit einem »Todesschreck« erwacht das Ich.

Das Aufwachen ist ihm auch in Buschs erster eigenständiger Erzählung vergönnt. Wie es die Romantik vormacht, kleidet Busch seine weltanschauliche Parabel in die Form eines Traums. Vielleicht auch kein Zufall, dass der Protagonist genauso heißt wie derjenige in den »Wahlverwandtschaften« von Goethe. »Eduards Traum« ist voller Symbole, manche leicht zu entschlüsseln, andere rätselhaft. Die fein erfundene Ausgangssituation ist der zu einem »denkenden Punkt« geschrumpfte Träumer Eduard, wobei wirklich ein mathematischer Begriff gemeint ist, wie ein Brief Buschs von 1880 erweist, der die Erzählung vorwegnimmt: »Ich denke mir z. B. Garnichts, aber hübsch rund, nenne es Punkt, lege mich daneben und ruhe nun im stillen, mäßig beleuchteten Grunde meiner Seele, dem einsamen Aufenthaltsorte jenes nulldimensionalen Wesens, vorläufig ein wenig aus. Indem ich hierauf meinen Punkt der Länge nach, ohne zu wackeln, ganz ehrbar spatzieren führe, beschreib ich eine grade Linie und bilde so die gefahrlose Straße der ersten Dimension. Sie ist etwas schmal und öde. Ich schiebe sie zur Seite; eine reizende Ebene dehnt sich in zwei Dimensionen vor den erstaunten Blicken aus. Was könnte man hier nicht der Läng und Breite nach für ein behagliches Leben führen! Aber Veränderung muß sein. Ich lupfe die Ebene in die Höh und – ei sieh da! – ein mathematischer Körper ist auferbaut. Drin kann ich nun nach drei Dimensionen, ganz unbehindert vom Gesetz der Schwere, die kreuzundqueer und auf und nieder flattern. Ich darf auch umkehren und über die Ebne auf dem Pfade der geraden Linie oder im Zickzack in die beschränkte Häuslichkeit meiner nullten Dimension zurück bummeln; und so immer hin und her. [...] Ich eile an die Grenze (d. h. dahin, wo Was aufhört und noch Nichts wieder anfängt), bleibe da über Nacht, schleiche frühmorgens in den anliegenden Wald, schneide einen handlichen Knittel, wandre über die Haide an's Meer, lege mich in die Dünen – und wie ich so dem Spiel der Wellen, dem Gleiten der Schiffe, dem sanfterhabenen Zuge der Wolken zuschau, schweb ich mit geöffnetem Munde durch die vierte, fünfte und sechste Dimension dem bekannten siebenten Himmel zu, wo es denn auch ganz ebenso schön ist, wie in der Heimath des Punktes.«

Das mathematische Spiel erlaubt dem Autor, eine Fülle grotesker Abenteuer und Phantasielandschaften in satirischer Absicht zu ersinnen, ein wenig wie in Swifts »Gullivers Reisen«. Es ist eine Reise des bis zum Nahenichts verkleinerten Eduardpunkts weithin über die Meere und Länder bürgerlicher Bildung, ganz ähnlich, wie Busch sie selbst durchfahren hat. Die Urgründe der Mathematik mit ihren intriganten Nullen, armen gebrochenen Zahlen, den Herren a, b und x werden gestreift, der Punkt tummelt sich in der geometrischen Ebene, lässt sich das »Kongruenzamt« zeigen und die dritte Dimension. Er gerät in eine Gesellschaft, in der streng getrennt Köpfe, Hände, Füße die einzelnen Bevölkerungsschichten ausmachen, durchwandert das Land der Volksüberlieferungen und Schwänke. (Busch benutzt dafür auch seine Sammlung »Ut ōler Welt«.) Die Tonkunst ist mit Seitenhieben gegen das moderne Musikspektakel nach Wagner'schem Geschmack vertreten, das naturalistische Theater kommt vor und natürlich bildende Kunst und Literatur. Wer sich ein wenig auskennt im Kanon, findet wörtliche Nennungen von Herders »Ursprung der Sprache«, Lessings »Erziehung des Menschengeschlechts«, E.T.A. Hoffmanns »Der goldene Topf«, Anspielungen auf Platons Höhlengleichnis, auf das Automatenmotiv bei E.T.A. Hoffmann und Jean Paul sowie auf des Letzteren »Luftschiffer Giannozzo« und »Der Komet«. Wörtlich zitiert Busch einen seiner niedersächsischen Kinderverse, sinngemäß Sagen der Heimat, und sicher spuken Andersens Märchen herum. Nur für Eingeweihte zu verstehen ist ein Eigenzitat Buschs. Wie in einem Brief an Johanna Kessler, in dem er einen Körperteil umschrieben hatte als »Instrument, was wir benützen, / Um drauf zu blasen und zu sitzen«, heißt es im »Eduard« über das Hinterteil: »Die Seite, welche wir benützen, / Um drauf zu liegen und zu sitzen«. Ebenfalls nur ex post ist die Tatsache zu würdigen, dass im »Eduard« ein »angesehener aber toter Bankier« in einer »bedeutenden Stadt« mit »hochragenden Türmen und hochrauchenden Schornsteinen« nicht ohne Schadenfreude zu Grabe getragen wird. Geschrieben ist die Stelle nur wenige Monate, bevor Johann Daniel Heinrich Kessler tatsächlich in Frankfurt stirbt und Busch die Verbindung zu Johanna Kessler wieder aufnimmt.

Weniger subtil wirkt eine längere allegorische Passage am Schluss der Erzählung, in der biblische Gleichnisse, kirchliche Lehren und vor allem John Bunyans »The Pilgrim's Progress« mit seinen sprechenden Namen und Figurenallegorien umgesetzt werden: Ein breiter Weg führt Pilger durch eine Art Jahrmarkt der Eitelkeiten – Bunyans »Vanity Fair« – ins Teufelswirtshaus der sieben Todsünden und damit zur Verdammnis, ein schmaler, steiniger Pfad aber ins Himmelreich. Der berühmte Passus aus dem 1. Korinther-Brief über den Menschen, der ohne Liebe nur ein »tönend Erz« oder eine »klingende Schelle« sei, komprimiert sich bei Busch zur »tönenden Schelle«; schließlich gleicht die Tempelstadt auf dem hohen Berg dem himmlischen Jerusalem aus der Offenbarung des Johannes. Vor allem das Schloss mit seinem heimlichen Tunnel als Bild der Wiedergeburt hätte Karl May gut gefallen, der sich im Spätwerk ebenfalls zu ungeheuren Allegorien aufschwingen und den utopischen Stern Sitara mit den Ländern Ardistan und Dschinnistan ersinnen wird. Was ihm nicht gefallen hätte, ist die desillusionierende Komponente des ganzen Texts. Nicht nur wird der Held in seinem Traumhöhenflug neunmal durch ein schnödes »Eduard schnarche nicht so!« gebremst, der endlich von seinem Punkt-Dasein erwachende »stattliche Mann« hat das ganze Jenseitsgarn des Traumes abgeschüttelt und befindet sich froh im Diesseits, mit Herz bei Frau und Kind und Kaffee – »Das Weitere findet sich«. Ob Eduard, anders als seinem denkenden, aber herzlosen Punkt-Ego, einst die enge Pforte des Himmelreichs offenstehen wird, findet sich – – doch, gottlob, nicht in Buschs Erzählung!

Der denkende Punkt besichtigt freilich nicht nur phantastische Dinge. Die Metropole, zwischen deren Häusern und Fabriken er herumschwebt, die Menschen, denen er über die Schultern schaut: Alles führt ihn zu kuriosen Beobachtungen und sarkastischen Reflexionen. Da er als Punkt gegen null geht und also fast unsichtbar ist, vermag er durch alle Mauern zu schlüpfen und hinter alle Schliche zu kommen. Wie ist diese Welt beschaffen? Überall Betrug und Bosheit, Zank und Unglück, Eitelkeit und Falschheit, Dummheit und Dreistigkeit. Und Tod. Und Selbstmord. Weder Erfindungsgeist noch Kapitalismus noch Sozialismus führen zu Gerechtigkeit. Dass Bismarck am 20. März 1890 als preußischer Ministerpräsident und Reichskanzler entlassen wird, findet mit dem Ausdruck vom »größten Mann seines Volkes«, der »vom Bocke gestiegen« ist, sogleich Eingang in den »Eduard«, an dem Wilhelm Busch bis Ende 1890 arbeitet. Er bringt aber nicht nur die Gegenwart unter, auch eine utopische Zukunft. In der Traum-Welt, die aus dem All gesehen einem »nicht unbedeutenden Knödel, durchspickt mit Semmelbrocken« gleicht, gibt es bereits künstlichen Süßstoff und Solarenergie. Gefühle wie Neid, Missgunst und Eifersucht sind durch die obligatorische Entfernung der »Konkurrenzdrüse« hinter dem Ohr ausgemerzt. Eduard bemerkt aber sogleich, dass damit ein befreiendes Lachen über das Missgeschick der anderen – also jenes Lachen, das einen etwa beim Konsum einer Bildergeschichte überkommt – in dieser Zukunft abgeschafft ist.

Weil Wilhelm Busch in gut satirischer Manier der Welt und ihren Bewohnern den Spiegel vorhält, indem er übertreibt, zuspitzt, phantasiert, macht er sich in »Eduards Traum« angreifbar. Die Ausfälle gegen zeitgenössische Zustände sind es zwar nicht, die Anstoß erregen, wohl aber Formulierungen, die man – vor allem später – als grob antisemitisch einstuft. In der »bedeutenden Stadt« angekommen, charakterisiert Eduard auch deren Wirtschaftsleben: »Eine leichte heidnische Dunstwolke mit einem aromatischen Anhauch von Pomade und Knoblauch, die über der christlichen Stadt schwebte, umfing mich. […] Das Geschäft steht in Blüte; der Israelit gleichfalls. Warum wollte er auch nicht?

Seine Sandalenfüße, seine getreulich überlieferte Nase, die merklich abgewetzt wurde vom wehenden Wüstensande, dem die Väter einst vierzig Jahre lang entgegenmarschierten, geben ihm das Zeugnis einer schönen Beständigkeit. Mit Vorsicht wählt er die Kalle [Braut], und nimmt er sie mal, so pflegt er sie auch zu behalten, es sei wie's sei, und nicht, wie die andern, so häufig zu wechseln. Nüchtern geht er zu Bett, wenn die andern noch saufen; alert steht er auf, wenn die andern noch dösig sind. Schlau ist er, wie nur was, und wo's was zu verdienen gibt, da läßt er nicht aus, bis ›die Seel' im Kasten springt‹. Daß man sich durch dergleichen bürgerliche Tugenden nicht viel beliebter macht als Ratten und Mäuse, ist allerdings selbstverständlich. Übrigens befand ich mich in diesem Augenblicke grade über dem Hause eines antisemitischen Bauunternehmers, und so witscht ich mal eben durchs Dach hinein.«

Unter diesem Christendach frisiert man die Buchführung, wirft man Sauerkraut an die Wand, lässt einen Säugling fast verhungern und erwartet den Verlobten mit Salpetersäure. Wenig später aber fallen wieder die Ausdrücke »schlau«, »krummnasig« und die Behauptung, der jüdische Händler manipuliere die Waage zu seinen Gunsten. Neben ein paar positiven Eigenschaften wie Treue und Abstinenz werden also überwiegend primitive Vorurteile reproduziert: Pomade, krumme Nase, Knoblauch, Geschäftstüchtigkeit, Betriebsamkeit, Geldgier.

Das Problem soll nun nicht verharmlost, nur seine Verankerung in den Blick gerückt werden. Der wichtigste Einwand gegen eine Verdammung Buschs als Antisemit ist ein literarischer: Wir haben es hier nicht mit einem persönlichen Kommentar des Autors zu tun. Bei den lediglich drei Stellen im Gesamtwerk, in denen mehr als eine Zeile lang von Juden gehandelt wird, ob in »Eduards Traum« oder der »Frommen Helene« oder »Plisch und Plum«, handelt es sich um Figurenrede. Es wäre völlig verfehlt, den folgenden Passus als Buschs Meinung zu interpretieren:

Und der Jud mit krummer Ferse,
Krummer Nas und krummer Hos'

Schlängelt sich zur hohen Börse,
Tiefverderbt und seelenlos.

Wer hier spricht, entblößt sich mit diesen Zeilen. Es ist jener heuchlerische Spießbürger, der zu Beginn der »Frommen Helene« auch über »die Lasterfreuden in den großen Städten« lamentiert, über »die sittenlose Presse«, das Treiben der »zierlichen Mosjös«, die »Liberalen« und alle Vergnügungen wie Konzerte, Theater und Lokale.

Es sollte selbstverständlich sein, zwischen dem Autor und seinen Figuren zu unterscheiden. Kein Mensch würde die Worte der Lady Macbeth als moralische Überzeugungen Shakespeares verstehen. Genauso entspringt die Juden-Beschreibung nur dem Gehirn Eduards als jenem denkenden Punkt, dem das Herz fehlt und der von seinem Autor als eitel und geschwätzig dargestellt wird. Er ist ein völlig gefühlloser und damit umso schärferer Beobachter. Dazu kommt, dass er nicht nur bei den Juden seiner Spottlust freien Lauf lässt. Im Gegenteil gibt es kaum jemandem auf seinem Weg, den er nicht offen oder verdeckt verhöhnte, ob die dicke, keifende Metzgersfrau, den seine Ferkel mehr als seine Gattin schätzenden Bauern oder den mit der Nasenflöte trillernden Naturphilosophen.

Eine lange Reihe Busch'scher Figuren könnte eine ebenso lange Reihe von Interessenvertretern auf den Plan rufen. Wie höhnisch sind doch bei ihm die Heuchelkatholiken, die Prügellehrer, die Einfaltsbauern behandelt! Und übrigens auch ein Antisemit, der im »Eduard« vom Himmel fällt und vom Blitzableiter der Synagoge aufgespießt wird. Überhaupt: Wo wäre bei Busch eine rein positive Gestalt zu sehen, eine, die nicht bewiese, wie mangelhaft der Mensch ist, ob »Heid, Jüd, Törk, Atheist und Christ«, wie er in einem Brief schreibt?

Das zweite Argument ist ein historisches. An der Geschichte der europäischen Juden kann man sehen, wie der Teufelskreis aus Verbot, Vorurteil und Vertreibung funktioniert. Wer wegen seiner Religion ausgegrenzt wird, muss sie im Verborgenen pflegen. Wer etwas im Verborgenen pflegt, wird schnell diffamiert, er habe etwas zu verbergen. Wer diffamiert wird, verliert Zugang zu bürgerlichen Rechten wie der freien Berufsausübung. Wem nur bestimmte Berufe wie Handel und Geldverleih offenstehen, der muss in diesen wenigen Bereichen arbeiten, und zwar erfolgreich. Wo Erfolg sich mit einer bestimmten Bevölkerungsgruppe assoziiert, kommt Neid und Vorurteil auf. Wo Neid und Vorurteile allmächtig werden, folgen Diffamierung und Vertreibung. Und immer so weiter. Dass in Buschs »Eduard« die Assoziationskette Handel – Geld – Jude – Vorteilsnahme lautet, ist ein Beispiel für den Antisemitismus des 19. Jahrhunderts.

Jenes landläufige Denken, das es sich einfach macht, besteht in harmloser Variante bis heute. So genügt weltweit ein Jodler über einer Lederhose, und der »Bayer« ist fertig. Diesem Prinzip der äußersten Stilisierung folgt Busch auch in »Plisch und Plum«, wo der Trödler Schmulchen Schievelbeiner aufs Haar jenem aus den Witzblättern sattsam bekannten Typus des schwarzhaarigen, krummnasigen, langröckigen, schlitzohrigen Juden gleicht. Ein Satireblattzeichner, der solche Judenkarikaturen besonders gut beherrschte, war Thomas Theodor Heine. Gebürtiger Jude.

Auch das dritte Argument ist ein historisches. Der heutige Leser kann sich schlechterdings nicht mehr gedanklich in eine Zeit vor der nationalsozialistischen Diktatur versetzen. Wilhelm Buschs Zeitgenosse Theodor Fontane schrieb ganz selbstverständlich von der »europäischen Presse« als einer »großen Judenmacht, die es versucht hat, der gesammten Welt ihre Meinung aufzuzwingen«. Mit heute unvorstellbarer Unbedarftheit verspottete man im 19. Jahrhundert, zum Beispiel in den »Fliegenden Blättern«, im »Kladderadatsch« oder »Simplicissismus«, Angehörige anderer Völker, Religionen oder Ideologien. Aus Buschs Briefen geht hervor, dass er ein Wort wie »Pfaffe« als Synonym für den katholischen »Herzjesuschwindel« genauso gebraucht wie ihm »Jude« Sammelbegriff für Handelsreisende, Geldvermehrung und Börsenspekulation ist. Er wäre gar nicht auf die Idee gekommen, dass er damit seinen zwei jüdischen Freunden, der eine Schriftsteller, der andere Musiker, zu nahe treten könnte. Diese beiden, Paul Lindau und Hermann Levi, erzählten selbst so manchen Judenwitz. Levi gehörte zu den frühen Bewunderern von »Eduards Traum«.

Busch erwähnt das Jüdische meistens dann, wenn es um die Stadt Frankfurt mit ihrer starken wirtschaftlichen Ausprägung geht. Ein charakteristischer Vers über die Metropole lautet bei ihm: »Wo Juden und Christen / Sich überlisten.« Er dreht die Hand nicht um zwischen ihnen. Es sind Formeln. So wie Frauen bei Wilhelm Busch entsprechend der allgemeinen Wahrnehmung entweder Hausmädchen, Kellnerinnen, Wirtinnen, Eheanwärterinnen, Gattinnen, Mütter, Witwen, Tanten oder alte Jungfern sind, so sind Juden bei ihm Handelsleute oder Börsenmakler oder haben sonstwie mit Geld zu tun. Gerecht ist das nicht. Aber welche Komik ist schon gerecht? Buschs Satire trifft sie alle, die Juden wie die Judenhasser, die Christen wie die Heiden, die Frauen wie die Männer. Golo Mann möge hier das letzte Wort haben: »Der Antisemit ist eine von Buschens Spottfiguren, wie der katholisch Überfromme [...] Er ist nicht Busch selber.«

Nach Erscheinen des »Eduard« im April 1891 gibt sich dessen Autor keinen Illusionen darüber hin, wie und vor allem bei wie vielen er ankommen wird. »Besten Dank«, schreibt er an Franz Lenbach, »ferner für die freundlichen Worte über meinen kleinen Schnickschnack auf Druckpapier. Viel werden's ihrer nicht sein, denen wie dir in angestammter Hellhörigkeit schon ein leichtes Säuseln der Probleme genügend ist, um sich selbstdenkend zu belustigen. Ein emsiger Schritt des Wortes schien mir heilsam. Durch stilistische Behaglichkeit nach Landesbrauch wär mir meine Sach leicht unpaßend dick geworden.« Mit der »stilistischen Behaglichkeit nach Landesbrauch« grenzt er sich von der zeitgenössischen Romanproduktion ab. Es ist auch schwer vorstellbar, dass sein Hang zur erzählerischen Einrahmung, zur aphoristischen Lakonie, zur szenischen Reihung erfolgreich in einen Roman hätte münden können. Wegen dieser stilistischen Besonderheiten ist der »Eduard« auch so schwer in der Literaturlandschaft des ausgehenden 19. Jahrhunderts zu orten: Er hält sich nicht an die ausgeschilderten Wege »Neoromantik«, »Realismus« oder »Naturalismus«. Im selben Zeitraum erscheinen

Gerhart Hauptmanns »Bahnwärter Thiel« und »Die Weber«, Theodor Fontanes »Frau Jenny Treibel«, Wilhelm Raabes »Stopfkuchen«, Prosa von Conrad Ferdinand Meyer, von Arno Holz und Johannes Schlaf, erste Gedichte von Stefan George und Ricarda Huch, erste Dramen Hugo von Hofmannsthals. Frank Wedekinds »Frühlingserwachen« trägt dasselbe Erscheinungsdatum wie Wilhelm Buschs »Eduards Traum«.

Wie immer ist Busch eigensinnig, bleibt bei seiner Manier »zur Unterhaltung für Wenige, die an so Was Vergnügen finden. Die Probleme sind eingewickelt und wollen nicht losgemacht sein. Sonst müsste man dem Vogel die Federn ausrupfen, und dann fliegt er nicht mehr.« Im zweiten Teil seiner autobiographischen Skizze findet er ein weiteres Bild, das zur Kennzeichnung seines schriftstellerischen Werks taugt: einen kleinen philosophisch angehauchten Drachen, aus altem Papier geklebt, steigen lassen. Dort beschreibt er auch, was ihn eben *nicht* interessiert. Er ist nicht in ein Ballett vertieft, feiert nicht seinen Namenstag mit Champagner, spielt weder Skat noch Tarock, liest nicht zufällig seine eigenen Gedichte. Er macht es nicht wie alle. Er bleibt sich und seinem eigentümlichen Talent treu. Er greift nicht nach den Sternen. Höchstens nach Schmetterlingen. Doch im Reich der Schmetterlinge ändern sich die Dinge.

Vier Jahre nach dem »Eduard« ist Buschs zweite Erzählung fertig. Am 15. Dezember 1894 schreibt er an seinen Verleger: »Lieber Baßermann! Es ist mir lieb, daß ich Dir hier mal wieder ein Manuscript vorlegen kann; ein Seitenstück zu ›Eduards Traum‹, betitelt ›Der Schmetterling‹; die Illustrationen so gedacht, daß sie eng mit dem Text zusammen gehen würden, ähnlich, wie bei alten Drucken; die Querbildchen von der Länge einer Zeile des ›Eduard‹.« Hatte sich Busch immer geweigert, reine Buchillustrationen zu liefern – bis auf Kortums »Jobsiade«, die ihm dann prompt zum eigenen Werk geriet –, so stellt er beim »Schmetterling« die Bildchen ganz in den Dienst der Worte. So hübsch die 21 Zeichnungen sind, so funktionslos sind sie. Denn streckenweise liest sich der Text wie die Hörbuchversion einer Bildergeschichte: »Und damit zog er den Hirschfänger und fuchtelte grausam in der Luft herum. Der alte Schlumann rührte sich nicht; aber die Hex, flink wie der Blitz hatte sie zwischen den Knöcheln ihres Mittel- und Zeigefingers dem Nazi [Kurzform von Ignatius] seine Nasenspitze eingeklemmt und drehte eine schmerzensreiche Spirale daraus. Der Hirschfänger entfiel seiner Hand. Plärrend, wie ein Kalb, ließ er sich willenlos wegführen. Ich riß ihm noch ein tüchtiges Stück aus seiner neuen Hose.«

Scheinbar ist Busch mit seiner neuen Erzählung im Simplen angekommen. Nicht länger rechtfertigt ein Traum wie im »Eduard« groteske Situationen und phantastische Abenteuer, die Ausgangssituation ist vielmehr wie das wirkliche Leben: Ein junger Mann wird erwachsen. Aber das ist auch schon alles, was die Figur Peter mit unserer Welt verknüpft. Sehr schnell wird deutlich, dass »Der Schmetterling« von einer dichten literarischen Stilisierung lebt. Es ist das uralte Schema Aufbruch – Irrfahrt – Heimkehr, wie es sich in der »Odyssee«, im neutestamentarischen Gleichnis vom verlorenen Sohn, in »Sindbad der Seefahrer«, in der mittelalterlichen Epik, im Barockroman, im Volks- und Kunstmärchen bis hin zu Eichendorffs »Aus dem Leben eines Taugenichts« ausprägt. Und ein Taugenichts ist auch dieser Peter. Wie der Eichendorff'sche Müllerssohn nur ein paar Groschen, so hat der Busch'sche Bauernsohn beim Aufbruch nur ein paar Pflaumen bei sich, dafür aber ein Sehnsuchtsinstrument – dort eine Geige, hier ein Schmetterlingsnetz. Es soll ihm den schönsten Falter fangen. Auf dessen Spur stolpert er durch die Welt. Immer weiter führt ihn die Suche, bis er vor lauter Missgeschick und Ablenkung die Heimat ganz vergisst. Auch der Schmetterling gerät ihm aus dem Sinn, denn eine junge schöne Hexe bezaubert ihn mit ihren Reizen. Aber weder sie noch den Schmetterling noch Reichtum erringt der Held auf seiner langen Irrfahrt. Im Gegenteil: War er als gesunder, strammer Bursche ausgewandert, so kehrt er am Ende als gealterter, verkrüppelter Bettler heim. Ein Zahn wurde ihm ausgeschlagen, der Fuß amputiert, die Nase verbrannt, er hat inzwischen eine Glatze und Blessuren von den vielen Prügeln, die er bezogen hat. Unerkannt verbringt er seinen Lebensabend bei jenem braven Knecht Gottlieb und jener hübschen Base Katharine, die er einst zurückließ und die nun das Leben führen, das ihm verwehrt bleibt: Eheglück mit Kindern, Haus und Hof.

Wie bei Hans Christian Andersens Werken, so vermischen sich auch in dieser Geschichte realistische mit märchenhaften Motiven. Eine Szene mit bettnässenden Kindern steht neben einer mit goldäpfelndem Esel. Dass Peters Phantasie mit ihm durchgeht und er Geister sieht, wo vielleicht gar keine sind, wird dadurch motiviert, dass er gern »in einem dicken Legendenbuche« liest, was ja schon Don Quijote den Kopf schwül machte. Kein Wunder, dass gleich eine hübsche Hexe mit Goldmünzen im Haar durchs Fenster schaut. Sie wird ihn um den Verstand und die körperliche Unversehrtheit bringen. Wie eine Circe handelt die »hübsche Zauberin« an ihm, lockt und straft ihn, verwandelt Birnen in beißende Mäuse, sich selbst in eine Schlange mit Krönchen, in eine nackte Nixe, ein steinaltes Mütterchen – und Peter in einen Pudel. Dieser Peterpudel kann nicht anders, als in »hundsmäßiger Unterwürfigkeit« seiner »schönen Tyrannin« zu dienen, die nur Verachtung und Fußtritte für seine »untertänigst ergebene Sklavenseele« übrighat, ja ihm schließlich den Schwanz abschneidet. Das bringt des Pudels Kern zum Vorschein – den alten Peter. Es fällt schwer, bei Betrachtung der Hexenfigur nicht ins Psychologisieren zu geraten. Fast möchte man sie als Verkörperung von Abenteuern der Sexualität verstehen, für die sich der Autor schämte und deshalb seinem Helden so übel mitspielte. Denn nicht nur ist Lucinde schön und bezaubernd, ihr Wesen ist identisch mit dem Symbol verderblicher Verführung, der Schlange. Ihre körperlichen Reize sind stets mit materiellen Gütern verknüpft, sie wittert Gold, sammelt Dukaten in einer Truhe, zieht »spielend die Seel aus dem Leib und das Geld aus der Tasche«. Wer kein Geld hat, den beißt sie. Weil der Pudel jene Goldmünzen, die Peter als Mensch in seiner Fracktasche hatte, im Inneren seines Schwanzes trägt, wird dieser kupiert. Mit einem »Hexenschuss« versehen, der ihn ein Leben lang verunstaltet, kommt der zurückverwandelte Peter davon. Der Umgang mit der Zauberin hat ihn mit Verfall gezeichnet. In einer verblüffenden Parallele taucht das in einem Brief Buschs an Franz Lenbach auf: »Die Zeit ist leider eine alte Hex. Die

Meisten, so wie sie einigermaßen angejährt sind, kriegen den Hexenschuß, eine Steifigkeit im Genick, können den Hals nicht mehr zur Seite drehen nach den neuen Anlagen; gehn der knöchernen Nase nach in der Richtung, wie sie jugendlich angetreten.«

Die gleiche symbolische Aufladung lässt sich beim titelgebenden Tier feststellen. Der Schmetterling ist ein uraltes Symbol für Wiedergeburt und Unsterblichkeit. Busch verwendet es schon früh, wenn er dem Einmachtopf, der die Überreste des geschmolzenen »Eispeter« enthält, in der Handschrift nicht nur drei christliche Kreuze aufmalt, sondern auch einen Schmetterling. Besonders aber der Mythos ist für die Interpretation des Symbols hilfreich. Im Griechischen heißt sowohl die Seele wie auch der Schmetterling »psyche«. Das Wort gab jenem wunderschönen Mädchen den Namen, das auf Befehl der Göttin Aphrodite einen Unbekannten ehelichen muss, ohne ihn jemals sehen zu dürfen. Es ist Eros, der schmetterlingsflüglige Gott der Liebe, der, von Psyche erkannt, sie wieder verlassen muss und seitdem verzweifelt nach ihr schmachtet. Die Assoziation des Schmetterlings mit der Flüchtigkeit idealer Liebe mag Busch von hier übernommen haben. In einem neckischen Brief an Nanda Kessler nennt er sie einen »goldigen Schmetterling, der am End wohl nicht ganz so schlimm ist, wie er manchmal zu scheinen beliebt«, und phantasiert, man könne dem Schmetterling vielleicht »doch noch ein ideales Fädchen an's zierliche Beinchen binden, woran man ihn ein ganz klein wenig halten könnte, wenn er gar zu unstet sehnsüchtig herumflattert in Wind und Regen, die die Farbe beschädigen«.

Schon die Romantik kennt den Falter als Bild für die unstete, unerfüllbare Sehnsucht der Seele nach Liebe. »Ach lieber Arnim«, so Clemens Brentano an den Freund, »schreiben muß ich, daß ich dich umarmen mögte, hier auf das Blatt, muß ich ihn aufspannen, spießen mit der Feder den Schmetterling des bunten, blühenden, schimmernden Worts, die Psyche muß sterben, als wohntest du im Himmel oder der Hölle, und nur der Geist könne dich erlangen.« Auch zwei Märchen Hans Christian Andersens, »Psyche« und »Der Schmetterling«, geben den goldenen Fond her, auf dem

Busch seine düsteren Gestalten malt. Das erste handelt von der Verzauberung durch eine Psyche-Gestalt mit Schmetterlingsflügeln, einem Klosterbruder Ignatius (»Eigentlich sollt ich ein Klosterbruder werden«, heißt es dann von Buschs Nazi!) und der Kunst, die wie eine Hexe, wie eine Schlange ist. Die tiefen religiösen Zweifel des Künstlerhelden scheinen travestiert bei Buschs Peter wiederzukehren, dessen heidnische Abenteuerreise ausgerechnet während der Sonntagsmesse beginnt. In Andersens Märchen vom Schmetterling zögert der Titelheld so lange, sich mit einer der Blumen zu verheiraten, bis es zu spät ist. Die Krauseminze, für die er sich endlich entschieden hat, weist ihn aus Altersgründen zurück. Schließlich endet der Hagestolz, auf eine Nadel gespießt, im Raritätenkasten.

Mit aller Vorsicht ließe sich nun Buschs letzte Erzählung in die Stationen und Seelenzustände seines eigenen Lebens übersetzen. Peter bricht mehrere Ausbildungen ab und lungert dann untätig im Elternhaus herum, bis ihn ein schöner Schmetterling in die Welt hinauslockt. Ihm hinterherjagend, wird er nach vielen Abenteuern und Demütigungen in ein Tier verwandelt, aus dem erst nach weiteren schmerzlichen Erfahrungen wieder ein Mensch wird, der am Ende dort auf dem Land anlangt, wo er herkam. Von früher geblieben ist ihm nur das goldene Medaillon der Kindheit. Zwar allein und versehrt, richtet er sich doch unerkannt von seiner Umgebung eine bescheidene Existenz als Schneider ein.

Übersetzt in Buschs Leben hieße das: Wilhelm bricht mehrere Ausbildungen ab und lungert dann untätig im Elternhaus herum, bis ihn die Sehnsucht nach dem Schönen in die Welt hinauslockt. Ihr hinterherjagend, wird er nach vielen Abenteuern und Demütigungen in ein Tier der Triebhaftigkeit verwandelt, aus dem erst nach weiteren schmerzlichen Erfahrungen wieder ein Mensch wird, der dort in Wiedensahl anlangt, wo er herkam. Von früher geblieben ist ihm nur die goldene Heimatliebe der Kindheit (»Mein Medaillon war wieder da ... Sofort fiel mir die Heimat ein«, heißt es im »Schmetterling«). Zwar allein und versehrt, richtet er sich doch unerkannt von seiner Umgebung eine bescheidene Existenz als Künstler ein.

Unwillkürlich muss man bei dem wilden Umherziehen Peters an Buschs wilde Zeit in München denken. Selbst solche Details wie die Glatze des gealterten Peters, seine verunstaltete Nase, die ihm ein Trinkeransehen verleiht, der schiefe Hals, der ihn wie einen Heuchler aussehen lässt, das Humpeln auf einem Bein, das den geraden Gang verhindert, mag der überkritischen Selbstwahrnehmung Buschs entsprungen sein. In einem seiner Selbstporträts gibt er sich immerhin als Bettler wieder (Farbtafel 11); in einem Gedicht beschwört er das Bild des Künstlers als betagter Artist, der durch das Publikum noch einmal zu einem Drahtseilakt der »alten Possen« verführt wird und abstürzt – »Der alte Narr! Jetzt bleibt er krumm!« Denselben Gedanken führt er in einem Brief aus, in dem er vom Künstler als dem alten Narren spricht, der immer wieder aufs Seil müsse und natürlich herunterpurzle. Vielleicht ist der »Schmetterling« als psychischer Reinigungsprozess anzusehen, in dem Wilhelm Busch ein unsympathisches Alter Ego durch ein Purgatorium von Torheit und Leid schickt, um es zu bestrafen, zu belehren und letztlich in Bescheidenheit zu retten.

Insbesondere die Tätigkeit, die sich Peter nach seiner Rückkunft erwählt, ist transparent auf Busch hin. Das Gedicht »Erneuerung« verrät den Zusammenhang:

Die Mutter plagte ein Gedanke.
Sie kramt im alten Kleiderschranke,
Wo Kurz und Lang, obschon gedrängt,
Doch friedlich, beieinander hängt.

Auf einmal ruft sie: Ei sieh da,
Der Schwalbenschwanz, da ist er ja!

Den blauen, längst nicht mehr benützten,
Den hinten zwiefach zugespitzten,
Mit blanken Knöpfen schön geschmückt,
Der einst so manches Herz berückt,

Ihn trägt sie klug und überlegt
Dahin, wo sie zu schneidern pflegt,
Und trennt und wendet, näht und mißt,
Bis daß das Werk vollendet ist.

Auf die Art aus des Vaters Fracke
Kriegt Fritzchen eine neue Jacke.

Grad so behilft sich der Poet.
Du liebe Zeit, was soll er machen?
Gebraucht sind die Gedankensachen
Schon alle, seit die Welt besteht.

Den Dichter Balduin Bählamm verhöhnt man also nicht ohne Hintersinn ausgerechnet mit dem Schneiderspott! Denn auch im zitierten Gedicht wird ohne Umschweife das Dichten mit dem Schneidern gleichgesetzt, das aus alten Sachen neue macht, aus dem altmodischen Schwalbenschwanz (Vogelteil, Bekleidungsstück und Schmetterling in einem) eine moderne Jacke. Im »Schmetterling« heißt es vom frisch aus dem Pudel zurückverwandelten Peter »der Frack war zur Jacke geworden«. Die Schneiderei ist es, die Peter nach seinem Lebensweg des Sehnens, Irrens und Leidens entschädigt, ihm sogar einen gewissen Ruhm verschafft: »Durch reichhaltige Übung steigerte sich meine Geschicklichkeit nicht bloß in der Wiederherstellung des Alten und Verfallenen, sondern ich schuf auch Neues nach eigener Maßnahme aus dem Vollen und Ganzen heraus. Der Ruf meiner Kunst drang bis nach Geckelbeck, und Frau Knippipp, meine ehemalige Meisterin, die schon seit einiger Zeit Wittib geworden, ließ mir sogar einen ehrsamen Antrag machen, sie zu ehelichen. – Kalt abgeschlagen! [...] Und so leb ich denn allhier als ein stilles, geduldiges, nutzbares Haustier. – Schmetterlinge beacht ich nicht mehr. – Oben im alten Giebelstübchen hab ich mir eine gemütliche Werkstatt eingerichtet. Noch immer reiten die Hexen da vorbei. Neulich, in der Walpurgisnacht, als ich saß und schrieb an dieser Geschichte, spähte Lucinde durchs Fenster herein. Sie lachte wie närrisch; sie war noch grade so hübsch wie ehedem. Gelassen sah ich sie an, flötete, nahm eine Prise und machte Haptschih!!«

Auch hier kann man den Versuch einer Übersetzung ins Wilhelminische wagen: »Durch reichhaltige Übung im Zeichnen, Dichten und Malen steigerte sich meine Geschicklichkeit nicht bloß in der Wiederherstellung des Alten und Verfallenen, also durch Malen in Niederländer-Manier, sondern ich schuf auch Neues, nämlich Gemälde, Bildergeschichten und Gedichte, nach eigener Maßnahme aus dem Vollen und Ganzen heraus. Der Ruf meiner Kunst drang bis nach Frankfurt und Holland, und sowohl Frau Kessler, meine ehemalige Meisterin, wie Frau Anderson, die beide schon seit einiger Zeit Wittib geworden, ließen mir sogar einen ehrsamen Antrag machen, sie zu ehelichen. – Kalt abgeschlagen! [...] Und so leb ich denn allhier als ein stiller, geduldiger, nutzbarer Hausgenosse. – Liebessehnsüchte beacht ich nicht mehr. – Oben im alten Giebelstübchen hab ich mir eine gemütliche Werkstatt eingerichtet. Noch immer reiten die verführerischen Frauenerinnerungen da vorbei. Neulich, in der Walpurgisnacht, als ich saß und schrieb an dieser Geschichte, spähte Nanda Kessler durchs Fenster herein. Sie lachte wie närrisch; sie war noch grade so hübsch wie ehedem. Gelassen sah ich sie an, flötete, nahm eine Prise und machte Haptschih!!«

Diese Stelle zeigt, dass man die Übertragung nicht mechanisch vornehmen darf. Zwar versieht Busch Nanda Kessler mit dem Pseudonym des Schmetterlings, doch es gibt auch Formulierungen, die sie mit dem Objekt körperlicher Begierde aus dem »Schmetterling« vereinen. Heißt es dort am Schluss von der Hexenerscheinung, »sie war noch grade so hübsch wie ehedem«, so ist Busch nach der Wiederbegegnung mit den Kesslers erfreut über die noch immer »hübsche Frau Nanderl«. Enger wird der Bezug bei »lachte die Hex« aus der Erzählung, denn in einem Brief an Nanda steht: »Warum lacht die Hex? – Weil sie weiß, daß sie hexen kann!« Busch stilisiert Nanda zur lachenden Hexe, zur »edlen Herrin«, sich aber zum »störrigen Knecht, der weniger auf hohen Lohn, als auf gute Behandlung sieht [...] wenn ihn die

Herrschaft nur richtig zu nehmen weiß.« Der Verführungsversuch wird nach echt Busch'scher Manier in der Dichtung wie im Leben mit einem profanen Niesen quittiert.

Sieht man sich daraufhin noch einmal Buschs Erzählung an, so fällt auf, dass auch dort Schmetterling und Hexe in näherer Verbindung stehen als gedacht. Sie tauchen nie gemeinsam auf, und ist der Schmetterling unauffindbar, ist doch die Zauberin da. Als »ersehnt«, »reizend«, ja als »Luder« wird dieser Falter bezeichnet, neckisch flattert er und breitet verlockend die Flügel. So wird man ihn, den Verführenden, Flatterhaften, nicht nur als Symbol der Sehnsucht nach Liebe und Schönheit ansehen dürfen, sondern auch als Zaubermittel der Hexe, mit dem sie ihn aus der Heimat in die weite, böse Welt und ins Unglück lockt, ohne ihn je wirklich zu belohnen. Peter zieht hinaus mit Liebesverlangen im Herzen, das ihn zum Sklaven von Lust und Leid macht, er erleidet körperlichen Schaden und entsagt schließlich der schmetterlingshaften zugleich mit der hexenhaften Liebe.

Solche Motive im »Schmetterling« stützen die These, dass Busch damit eine verschlüsselte Selbstbeschreibung liefert, nachdem er die Entblößung seines Ichs in den eigentlichen Autobiographien verweigert hatte. Er streut in die Erzählung zahlreiche Hinweise auf Motive und Titel eigener Werke ein, so auf den im hohlen Baum sitzenden und von Insekten geplagten Jüngling, auf Prügeleien und Unfälle der Bildergeschichten, auf die »Haarbeutel«, den »Knopp«, »Bählamm« und die »Jobsiade«, auf Märchen und Sagen, wie er sie in seiner Heimat gesammelt hatte. Er gibt uns einen Schlüssel zu seiner Schlüsselerzählung an die Hand, wenn er dort den Fürsten der Welt als jovialen Herrn schildert mit »zwei niedlichen vergoldeten Bockshörnchen« auf der Stirn, begleitet von hohlen, aufgeblasenen Lakaien – den guten Grundsätzen –, und wenn er die Welt selbst mit einem Acker vergleicht. Unaufhörlich wachsen hier Kohlköpfe, auf ihnen sitzen Raupen, aus denen werden Schmetterlinge, die werden gejagt von Vögeln. Das Leben aber stellt sich so dar: »der Kohl wuchs zusehends vor meinen Augen, und im Umsehn wurden allerlei Menschen daraus, und jeder Kappismensch hatte ein Netz in der Hand, und die

Schmetterlinge flogen über die Mauer und die Vögel und die Menschen hinterher.« Die Schmetterlinge heißen »angenehme Erwartungen«, die schwarzen Vögel »unangenehme Möglichkeiten«. Auf einen Schmetterling kommen drei Vögel. Wie nah am persönlichen Denken die Symbole liegen, zeigt ein Brief, geschrieben elf Jahre nach der Erzählung. Auch hier figurieren »angenehme Erwartungen«, hinter ihnen »schleichen die unangenehmen Möglichkeiten in überwiegender Menge, um grad, wenn man recht vergnüglich sein möchte, sich störend darein zu mischen«. Und auch die »unübersteigliche Mauer« gibt es, »die das Gedachte von dem Undenkbaren scheidet. Ja, und die unangenehmen Möglichkeiten sind ein seltsames Völkchen. Wenn auch nur ein paar zur Wirklichkeit werden, gleich erscheinen soundsoviel andre wenigstens als Spukedinger und schrecken hohnlachend die Phantasie.«

Unter dem Schleier der »Schmetterling«-Dichtung kann Busch sagen, welche Verfehlungen er sich anlastet und wie er sich – überkritisch – im Spiegel sieht: »Was hatt ich gefunden heraußen in dieser verlockenden Welt, als Schmerz und Enttäuschung; wie tief, durch meine unsteten Begierden, war ich gesunken! Ein Streuner war ich geworden, ein Faulenzer, ein Gauner beinah, und schließlich ein Pudel, ein kriechender Hund mit dem Pelz voller Flöhe, der verächtliche Sklav einer geldgierigen, ruchlosen Hexe. [...] Der, den ich darin [im Spiegel] erblickte, gefiel mir nicht. Kopf kahl, Nase rot, Hals krumm, Bart struppig; ein halber Frack, ein halbes Bein; summasummarum ein gräßlicher Mensch. Und das war ich.«

Der grässliche Mensch kehrt arm, humpelnd und in den Gewändern eines Toten an den heimischen Herd zurück, wo dem vermeintlich Fremden Barmherzigkeit zuteil wird. Er fühlt sich geläutert: »Ich wollte arbeiten; ich wollte geduldig ausessen, was ich mir eingebrockt hatte.« Das Flicken von Kleidung gibt seinem »Tätigkeitsdrang die nötige Richtung«. Mit dem abschließenden Bild der Schneiderei findet Busch einen Vergleich für künstlerische Arbeit und erklärt gleichzeitig die Machart seiner gerade erzählten Geschichte. Er stellt darin einerseits das Alte, Verfallene (die Märchen, Sagen, romantischen Erzählungen) wieder her, er schafft daraus aber auch »Neues nach eigener Maßnahme aus dem Vollen und Ganzen heraus«. Und welches Motiv gestaltet Busch in der gezeichneten Schlussvignette für seinen »Schmetterling«? Eng vereint auf einer Ebene liegen sie, die Insignien des Schneiders, Nadelkissen, Fingerhut und Zwirn, und die des Dichters: Feder, Tinte, Papier.

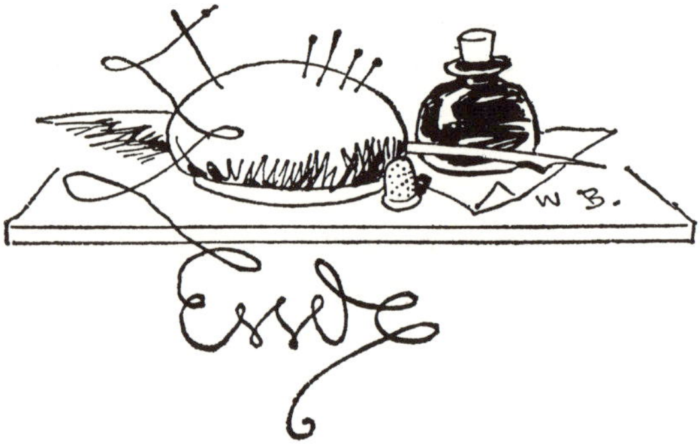

Promenade
Nach Mechtshausen

Auf eine Rezension seiner Erzählungen durch den fortschrittlichen Literaturwissenschaftler Artur Kutscher hin dankte Busch für »Ihre Teilnahme« (fast wie bei einem Trauerfall) und erläuterte: »Daß meine prosaischen Sachen kein größeres Publikum finden würden, war ja vorauszusehen. Bild und Vers prägen sich leichter ein. Und überhaupt, wer vom zuerst eingeschlagenen Wege zur Seite biegt, der darf sich in der Regel nicht wundern, wenn nur wenige ihm folgen mögen.« So wenige waren es zwar auch wieder nicht, aber unvergleichbar dem Massenpublikum der Bildergeschichten. Busch ließ es denn auch bei drei Prosaversuchen bewenden. Mit 52 hatte er die letzte Bildergeschichte veröffentlicht, mit 63 lagen die beiden großen Erzählungen vor (1905 schrieb Busch noch die plattdeutsch gefärbte Heimatskizze »Meiers Hinnerk«). Mit 64 trat er Bassermann die Rechte an seinen Werken ab. Spätestens mit 66 gab er auch das Malen auf. Die letzten Ölbilder von seiner Hand – konzentriert, expressiv und innig zugleich – behandelten Landschaften mit Rotjacken, das vielleicht allerletzte einen Mondaufgang (Farbtafel 16).

Man kann über die Gründe des Abbruchs nur spekulieren. Wurden die Augen immer schlechter? Zitterten die Hände? War Busch nachhaltig resigniert, depressiv gar? Vielleicht ist die Lösung viel einfacher. Vielleicht reichte es ihm einfach. Vielleicht hatte er jede Farbe und jedes Motiv ausprobiert, das ihn interessierte. Eine finanzielle Notwendigkeit gab es beim Bildergeschichten-Verfassen schon lange nicht mehr, beim erzählerischen und malerischen Werk hatte es sie nie gegeben. Nun versiegte wohl auch die künstlerische Notwendigkeit. Er hatte alles gezeichnet, alles geschrieben, alles gemalt. Bloß nicht den alten Narren abgeben: »Bekanntlich hat das Schreiber und Künstlervölkchen und überhaupt Alles, was dem lieben Publikum etwas vormacht, viel zu viel Eitelkeit, um zur rechten Zeit, im rechten Lebensalter mit Maul, Hand oder

Fuß sich fein still zu verhalten. Da werden sie denn noch obendrein ermuntert, als dürften sie nicht nachlaßen in ihren alten Tagen, steigen immer wieder auf 's Seil, glauben drauf tanzen zu können, wie ehedem, und purzeln natürlich herunter.«

Nur die freieste der Formen, die Lyrik, reizte ihn noch. Die Gedichte, die 1904 in dem Band »Zu guter Letzt« und nach seinem Tod als »Schein und Sein« erschienen, zeigen keine Ermüdung. Noch einmal versuchte er sich im Volksliedton, noch einmal fand er Pointen, noch einmal hielt er Mitmenschen den Spiegel vor. Doch zunehmend pflegte er auch so etwas wie eine schmunzelnde Altersweisheit, sah sich das junge Gemüse um sich herum an und versöhnte sich halbwegs mit dem Dasein. Zwar überließ er nach wie vor Glaubensgewissheit und Gottvertrauen den anderen, doch die Vorstellung einer Seelenwanderung, einer Wiedergeburt half Schrecken zu bannen:

Wer nicht will, wird nie zunichte,
Kehrt beständig wieder heim.
Frisch herauf zum alten Lichte
Dringt der neue Lebenskeim.

Keiner fürchte zu versinken,
Der ins tiefe Dunkel fährt.
Tausend Möglichkeiten winken
Ihm, der gerne wiederkehrt.

Dennoch seh ich dich erbeben,
Eh du in die Urne langst.
Weil dir bange vor dem Leben,
Hast du vor dem Tode Angst.

Außer den Gedichten notierte sich Busch in winziger Bleistiftschrift beidseitig auf Papier- oder Kartonreste »Spricker«, aphoristische Einfälle wie diese: »Kunstwerke: Saft, der nicht stark genug eingekocht ist, verdirbt« oder »Wer rudert, sieht den Grund nicht« oder »Laster: Man liebt den Käse, aber deckt ihn zu.« Der letztzitierte Gedanke erlaubt einen Blick in Buschs Dichterwerkstatt. Was er weiterverwenden wollte, wurde auf den Notizzetteln mit einem Tintenkreuzchen versehen, hatte es Eingang in die Lyrik gefunden, durchgestrichen. So auch beim zugedeckten Käse. Aus ihm wurde das Gedicht »Pst!«.

> Es gibt ja leider Sachen und Geschichten,
> Die reizend und pikant,
> Nur werden sie von Tanten und von Nichten
> Niemals genannt.
>
> Verehrter Freund, so sei denn nicht vermessen,
> Sei zart und schweig auch du.
> Bedenk: Man liebt den Käse wohl, indessen
> Man deckt ihn zu.

Allein 1899 entstanden 89 neue Gedichte. Da lebte Busch bereits seit einem Jahr nicht mehr in Wiedensahl. Es hatte Ärger mit Hausdamen gegeben, Schwester Fanny und er waren nach dem Auszug der jungen Nöldekes immer öfter allein gewesen, Besuche waren selten geworden (nach wie vor traf sich Busch mit Freunden lieber auf »neutralem Gebiet«). Die Ausflüge waren zunehmend als beschwerlich empfunden worden, so dass er feststellte: »Reisen taugen mir nicht mehr. Von Schwalben, die ohne weiters in einem Zug nach Egypten fliegen, stamm ich also nicht ab, so scheint's.« Und so wurde der Vorschlag eines der Neffen ohne Widerstand angenommen. Pastor Otto Nöldeke war von Hunteburg nach Mechtshausen versetzt worden. Er und seine Frau Else luden Mutter Fanny und Onkel Wilhelm dringend zur Wohngemeinschaft ins Pfarrhaus von Mechtshausen ein. »Der kleine Ort liegt hübsch in der Nähe des Harzes, nicht sehr weit von Hattorf entfernt. Meine Schwester, die natürlich gern bei ihren Kindern und Großkindern sein will, zieht auch da hin, und – wo meine Schwester bleibt, da bleib ich auch. So denken wir denn etwa anfangs November unser altes Wiedensahl mit Mechtshausen zu vertauschen.«

Wie konnte er nur seine angestammte Heimat verlassen, jenes Wiedensahl, das so eng mit seinem Leben und seiner Kunst verknüpft war? Um die heimatliche Landschaft war es ihm wohl leid, doch dem Dorf und seinen Bewohnern weinte er nicht nach – »Unter den wegen ihrer bürgerlichen Gerechtigkeit oft belobten Wiedensahlern giebt es demnach doch auch recht abgefeimte Hallunken.« Hermann Nöldeke gegenüber präzisierte er später mündlich, was er mit dem Abgefeimten gemeint hatte: »Die Leute wurden mir auch immer mehr zuwider, diese Pharisäer in ihrer Scheinheiligkeit. Und wenn man Bescheid wußte, da war's doch sehr böse. Diese heimliche Sauferei und Tückerei. Der Nachbar Denker konnte doch keine Bäume hoch kriegen. Immer wurden sie ihm abgeschnitten, mir die Rosen ja auch mal und dem Tierarzt die Leitseile.« Bevor Wilhelm Busch die Umzugskisten packte, ging er ans Bilanzieren und Aussortieren. Was heutzutage bei Altpapier und Sperrmüll landet, wurde damals im Garten verbrannt. Das Dorf seiner Kindheit sah er nie wieder.

Am 1. November 1898 war der Umzug nach Mechtshausen abgeschlossen. »Das Pfarrhaus ist neu und geräumig; an der Südseite stehen alte Bäume; dann kommt der sehr große Obst- und Gemüsegarten, von wo man hinaus in den Harz sieht. Zur Bahnstation Gr. Rhüden kann man bequem in $^3/_4$ Stunden gehn. Die nächsten Städtchen und die nächste Stadt sind Seesen, Bockenem und Hildesheim. Kreiensen, an der Bahn Hannover–Frankfurt, liegt nicht weit. Nun denn! Der Anfang Allhier gefällt mir gut; bleibt's noch weiter so, dann kann ich zufrieden sein. Viele Jahre braucht's ja so wieso nicht mehr zu dauern.« Busch fühlte sich sofort zu Hause in dem schlichten Gebäude aus rotem Fachwerk und gelben Klinkern, in dem er zwei ebenso schlichte Räume bewohnte.

Ein schmales Bett, eine Kommode, eine Waschgelegenheit, ein paar Stühle, ein Bücherbord, ein Sofa, ein Tisch, ein hochlehniger Sessel neben dem Ofen – mehr brauchte und wollte er nicht. Den einzigen Schmuck bildeten vier Reproduktionen alter Meister über dem Sofa: von Raffael die »Madonna Tempi«, von Rubens das Bildnis seiner Söhne Albert und Nikolaus, von Frans Hals ein Ehepaarporträt, von Meindert Hobbema eine Landschaft mit Wassermühle. Vielleicht hatte ihm jemand einmal von Goethes privaten

Wilhelm Busch vor dem Pfarrhaus in Mechtshausen

Räumen erzählt, die in krassem Gegensatz standen zum repräsentativen Rest des Hauses am Frauenplan. Hierin zumindest glichen sich die beiden. Wurde Goethes Haus vom emsigen Hin und Her der Dienstboten und Gäste mit Lärm erfüllt, so waren es bei Busch die »hübschen, nicht unmanierlichen Kinder«, welche die »Wirthschaft« belebten, »hinundwieder natürlich mit jenen bekannten Geräuschen, die der fertige Mensch, weil er auch mal so war, dem beginnenden Menschen nachsichtig verzeihen soll«.

Das jüngste der drei Kinder, Anneliese, begleitete er von Geburt an. Er beobachtete dessen Fortschritte im Essen, Spielen, Krabbeln, Sprechen und wuchs so sehr in die Rolle des Großvaters hinein, dass man vergaß, was er eigentlich war: Großonkel. (Abb. S. 217)

Wie schon in Wiedensahl nahm er sich auch in Mechtshausen besonders des Gartens an. War er sonst äußerst sparsam im persönlichen Verbrauch, so investierte er in seinen kleinen Park, pflegte die Rosen und sah täglich nach dem Rechten. Ausgerechnet eine große Anpflanzung von »Buschobst« schenkte er dem Pastorenehepaar. Sie würde noch nach seinem Tod Früchte tragen. Die Spaziergänge im Garten genügten seinem Bedarf an Bewegung, frischer Luft und Naturbeobachtung. Das Leben wurde bestimmt von den Tätigkeiten und Sorgen der Pastorenfamilie, vom Wetter und seinen Auswirkungen auf den Garten, von kleinen freudigen Abwechslungen: »Zu Mittag heute gabs gebratene Fleischklöße und Kartoffelbrei und hinterher weißen Pudding mit rother Tunke. Und alles wirklich sehr lobenswerth.«

Busch schrieb an seinen Gedichten, korrespondierte mit Freunden wie Verwandten, beantwortete Anfragen von Illustrierten und las viel, darunter die »Züricher Novellen« von Gottfried Keller, Kluges »Etymologisches Wörterbuch« (das er im Lauf der Zeit mit etwa 650 plattdeutschen Stichwörtern und Bemerkungen ergänzte), »Die Seherin von Prevorst« und die drei dicken Bände von James Boswells Samuel-Johnson-Biographie auf Englisch. Nach dem Abendessen pflegte er sich auch in den sozialdemokratischen »Vorwärts« zu vertiefen, der, nach dem Verbot durch die Sozialistengesetze, am 1. Januar 1891 unter der Redaktion von Wilhelm Liebknecht wiedergegründet worden war. »Versimpelt« war er also nicht; sein skeptisches Interesse an den Weltläuften, die er sich freilich bloß vom Lehnstuhl aus ansah, dauerte an – »Nur schwach aus der Ferne hör ich das Knarren und Sausen des Räderwerks.«

Länger als zwei Wochen blieb er nun nicht mehr weg. Den Winter über verkroch er sich neben seinem Ofen, im Mai schaute er kurz in Ebergötzen und beim Neffen in Hattorf vorbei, der Juni war gut für Frankfurt, im Sommer oder Herbst kam ein Besuch in Münster dazu. Auf einer seiner Reisen Richtung Main hatte er Gelegenheit, das ganz andere Leben zu studieren, das Leben einer modernen Metropole, die schon fast derjenigen in »Eduards Traum« glich: »In Frankfurt intereßirte mich diesmal besonders die Entwicklung der neuzeitigen Fuhrwerke: Elektrische Wagen, blärrende Automobile, Velocipeds von jeder Sorte, das saust dermaßen aneinander her, daß es für Droschken und Equipagen immer schwieriger wird, sich glücklich hindurch zu schlängeln. Deshalb schaffen, wie ich höre, die reichen Leute schon häufig ihre Kutschen und Pferde ab. Man muß sich ja wundern, aber die ländliche Stille ist mir doch lieber.«

Als Wilhelm Busch dies schrieb, hatte er seinen 70. Geburtstag glücklich hinter sich gebracht, eine ihn besonders genierende Angelegenheit. Um ja keinen Trubel heraufzubeschwören, hatte er bislang seinen Umzug nach Mechtshausen verschwiegen. Er hoffte wohl, dass alle schriftliche oder gar menschliche Post in Wiedensahl stranden würde. Schon eine Woche vor seinem Geburtstag am 15. April 1902 fuhr er vorsichtshalber nach Ebergötzen und verbrachte den schreckenden Tag dann in Hattorf. Für ihn gab es einfach nichts zu feiern: »Bei mir aber, dessen leichte Betriebsamkeit man schon mehr als genügend gewürdigt hat, möchte doch eine solche Leichenfeier bei Lebzeiten ganz und gar nicht berechtigt sein. Überhaupt, ist denn das Altsein für die Leute, die damit behaftet sind, so was extra Lustiges, daß man ihnen mit hoppheh! dazu gratulieren kann? Ich finde nicht.« Doch er konnte nicht verhindern, dass seiner von allen Seiten her gedacht wurde. Unzählige Zeitschriften brachten Würdigungen, Fotografen sagten sich an, Verleger Bassermann spendierte für jedes vollbrachte Jahr eine Flasche Pfälzer Wein – den konnte man wenigstens gebrauchen! –, andere Gratulanten schickten Schinken, Käse, Pumpernickel, Baumkuchen, Schnaps oder einen Lorbeerkranz (Busch trug ihn vermutlich in die Küche). Das Furchtbarste aber waren an die tausend Briefe, Karten, Telegramme, darunter eines von Kaiser Wilhelm II. Busch wurde daraufhin zwangsläufig zum »vielgeschäftigen Bedankemichschreiber«, entledigte sich der Pflicht durch Publikation eines öffentlichen Dankschreibens in mehreren Zeitungen und durch ausgewählte persönliche Briefe. Dem Kaiser musste er ja wohl schnell antworten. Der Einschreibbrief, den er am 17. April 1902 in Hattorf losschickte, war das Äußerste an Politesse, was er sich abrang, gerade lang und unterwürfig genug, um nicht undankbar zu wirken:

Ew. Majestät

spreche ich für den mir hierher nachgesandten gütigen Glückwunsch meinen herzlichen Dank aus.

In aufrichtiger Ehrerbietung

Wilh. Busch.

Reichlicher als die kaiserliche Gnade und völlig unerwartet floss ein goldener Strom von Süden nach Norden. Buschs altes Verlagshaus Braun & Schneider, das so gut an seines berühmtesten Autors Bildergeschichten verdiente, ließ zum Geburtstag 20 000 Goldmark avisieren. Nach etlichen Bedenken – schließlich waren die Verstimmungen damals gravierend gewesen – versicherte Busch, er habe den alten Groll längst vergessen, nahm die Ehrengabe an und … gab sie umgehend weiter an das Henriettenstift und das Clementinenstift, zwei Krankenhäuser in Hannover.

Die peinlichste Veranstaltung rund um den runden Geburtstag war sicher die Münchner »Allotria«-Feier mit Streichquartett, Rezitationen und Ansprachen. So huldvoll und also langweilig war sie, dass später eine Kneipzeitung mit Karikaturen erschien, in der an Humor erst nachgeholt wurde, was auf der Feier gefehlt hatte. Diese ging immerhin als Prominentenereignis durch: »Per Equipagen, Droschken, Trambahn, Pedes / hat sich zum Künstlerhaus begeben jedes / am 15. April des Abends gegen Acht, / mit dem Gedanken, heute wird gelacht.« Eigentlich fehlte an dem Tag niemand von Rang und Namen. Bis auf einen: Wilhelm Busch.

Fünf Jahre später durfte er das alles noch einmal durchmachen. Bassermann füllte den Vorrat an Pfälzer Wein auf. Erneut kam ein Fotograf. Die Firma Nomos in Glashütte schenkte eine goldene Uhr. Wieder wich Busch allen Gratulationen durch Verreisen aus. Das leidige »Bedankemich« wurde nun rationalisiert. Otto und Else Nöldeke ließen Postkarten herstellen, deren Vorderseite den Onkel vor einem Rosenstrauch im Pfarrgarten zeigte. Den Text und die Adresszeilen erledigten die beiden, der Jubilar musste jeweils nur zwei Worte ergänzen: »Wilhelm Busch«. Immerhin hat das Ereignis eines seiner schönsten Altersgedichte hervorgelockt. Als »Dank und Gruß« an die vielen Gratulanten ließ er folgende Strophen drucken:

Ich weiß nicht mehr genau, wie es gekommen.
Kurzum! Nach längerem Verborgensein

Hab ich dereinst auf Erden Platz genommen,
Um auch einmal am Licht mich zu erfreun.
Und alsogleich faßt mich die Zeit beim Kragen
Und hat mich neckisch, ohne viel zu fragen,
Bald gradeaus, bald wiederum im Bogen,
Durch diese bunte Welt hindurchgezogen.

Inzwischen pflückt ich an des Weges Rand
Mir dies und das, was ich ergötzlich fand.
Auch leert ich manchmal manchen vollen Krug
Mit guten Freunden, bis es hieß: Genug!
Nur eins erschien mir oftmals recht verdrießlich:
Besah ich was genau, so fand ich schließlich,
Daß hinter jedem Dinge höchst verschmitzt
Im *Dunkel* erst das wahre Leben sitzt.

Allein, wozu das peinliche Gegrübel?
Was sichtbar bleibt, ist immerhin nicht übel.
Nun kommt die Nacht. Ich bin bereits am Ziele.
Ganz nahe hör ich schon die Lethe fließen.
Und sieh! Am Ufer stehen ihrer viele,
Mich, der ich scheide, freundlich zu begrüßen.
Nicht allen kann ich sagen: Das tut gut!
Der Fährmann ruft. Ich schwenke nur den Hut.

Mit dem Geräusch der Lethe im Ohr relativierten sich die Dinge. Busch wusste, dass nicht mehr viel passieren würde in seinem Leben, bevor das Letzte passieren würde. Gelassen registrierte er das, leidlich zufrieden und altersmild: »Dies Stückchen Welt und die lieben Leute, mit denen ich lebe, find ich immer mehr angenehm und paßend für mich.« Anders als früher fand er sich bereit, so mancher Zeitschrift und Veranstaltung zuliebe ein Gedicht beizusteuern. Selbst die sonst so verhassten Zudringlichkeiten durch Fremde tolerierte er ab und zu. Am 19. Juli 1906 und noch einmal im Oktober 1906 durfte der Schriftsteller Hans Müller-Brauel nach Mechtshausen kommen. Er sollte für den niedersächsischen Künstlerkalender »Der Heidjer« eines der »Bildnisse heimatlicher Dichter« schaffen.

Die erste große Verwunderung überkam ihn schon beim herzlichen Empfang, denn Anekdoten hatten Schreckliches berichtet (»sehr unzugänglich und von einer rücksichtslosen Grobheit gegen Fremde, überhaupt gegen Besucher«). Die zweite Verwunderung galt dem Essen, mit dem man ihn bereits erwartete. Er hatte sich nicht getraut, um die Mittagszeit zu kommen, drückte sich hungrig in Mechtshausen herum, wollte den Hausherrn nicht aus dem Schlummer wecken. Aber Busch beschied ihn gleich, »mittags schliefe er nicht«. Nach dem Essen musste Müller-Brauel schon wieder eines der Vorurteile über den angeblich mürrischen Künstler revidieren, denn dieser zeigte sich aufgeschlossen, »gleich nach Tisch von vergangenen Zeiten zu plaudern und aus seinem Leben allerlei zu erzählen«. Dabei ergriff Busch auch die Gelegenheit, öffentlich »eine lange Reihe weiterer Gerüchte« über sich selbst zu dementieren, »von denen das lustigste das war, er selber wäre längst – verstorben; ein Bruder von ihm, der sich in seine Art, Verse zu machen, eingelebt hätte und seine Strichführung ganz gut nachahmte, setze ›das Geschäft fort‹ und verfertige all die Schnurren, die seit Jahren erschienen wären«. Müller-Brauel machte im Garten noch mehrere Aufnahmen des wie stets behüteten Busch. Den Borsalino hatte dieser vor nicht allzu langer Zeit bei Gebrüder Goldschmidt in Hannover erworben. Schließlich erhielt der Besucher das Privileg einer Fotografie ohne Hut (ja ja, er hat'se!), die dann nebst Buschs »Meiers Hinnerk« in den Kalender aufgenommen wurde. Natürlich betrachtete er bei dieser Gelegenheit den berühmten Unbekannten eingehend, um seinen Eindruck der Nachwelt zu hinterlassen. »Äußerlich war Busch eine ungemein vornehm wirkende Erscheinung, tadellos, fast zu korrekt gekleidet; eine milde, abgeklärte Ruhe lag über ihm und seinen Bewegungen. Zu der feinen Gesichtsfarbe, durch die man unzählige kleine Äderchen schimmern sah, stimmte gut der weiße weiche Bindeschlips, den er mit wirklich vollendeter Grazie trug. Aber das Wundervollste waren doch seine Augen, besonders wenn ein schalkhaftes Lächeln darum lag. Ein Vergnügen war es, seine feinen schmalen Hände immer wieder beim Drehen neuer Zigaretten zu beobachten. Denn die ließ Busch nie ausgehen, ohne sich sofort eine neue selber anzufertigen.« Bevor Müller-Brauel Mechtshausen wieder verließ, lud man ihn noch zum Abendbrot: »Prachtvoll mundete ein Teller Dickmilch mit Schwarzbrot und Zucker bestreut. Busch rühmte mir die Speise aus langjähriger Erfahrung heraus als ungemein bekömmlich.«

Schon lang war Busch bereit, einigermaßen auf seine Gesundheit zu achten. Das exzessive Biertrinken hatte er sich abgewöhnt. Beim Essen war er hastig, doch mäßig, an seinen täglichen Spaziergängen hielt er eisern fest. Trotzdem rechnete er damit, plötzlich von einem Übel überrascht zu werden. Seit er alt geworden war, trug er stets einen Zettel bei sich. »Mein Name ist Wilhelm Busch« stand darauf und dass man im Notfall Pastor Nöldeke in Mechtshausen benachrichtigen möge. Wenn er einmal in frühere Bräuche verfiel, registrierte er das erstaunt: »Anfangs Juni [1906] weilt ich 14 Tage, wie üblich, in Frankfurt, wo mir's, wie üblich, gefiel. Fritz Kaulbach mit seiner angenehmen und talentvollen Frau war extra herübergekommen. Ein Mal saß ich mit ihnen im Rathskeller bis halb drei in der Nacht. Ein einzelner Rückfall in längst abgelegte Gewohnheiten aus der Münchener Zeit.« Nur eine Gewohnheit legte er bis zum Schluss nicht ab. Sie war zu sehr Element seines Lebens geworden.

Fünfzehntes Bild
Jetzt raucht er wieder, Gott sei Dank!

Das Durchschnittsalter, in dem Jugendliche in Deutschland mit dem Rauchen beginnen, liegt bei zwölf. Vor 160 Jahren war das bestimmt ganz anders!

So sehr viel anders aber auch wieder nicht. In der erinnerungsgeschwängerten Geschichte von »Meiers Hinnerk« beschreibt Busch, wie der Dorfjunge das Rauchen mit trockenem Haselnusslaub übt, und in den ebenfalls recht lebensnahen »Liedern eines Lumpen« heißt es: »Als ich ein kleiner Bube war, / Da war ich schon ein Lump; / Zigarren raucht' ich heimlich schon, / Trank auch schon Bier auf Pump.« Wilhelm Busch fängt mit dem Rauchen und Biertrinken im Alter von sechzehn an. Seit seinem Studium in Hannover sind ihm diese »Märzerrungenschaften« vertraut. Während er aber das Rauchen, so sagt er rückblickend, »mutig bewahrt« habe, sei das Biertrinken »durch die Reaktion des Alters jetzt merklich verkümmert«.

Sein Bierkonsum während der Münchner Zeit ist legendär. In der bayerischen Hauptstadt, wo Bier kein Genuss-, sondern ein Grundnahrungsmittel ist, gehört es damals selbstverständlich zu einem Wirtshausabend dazu wie Pfeife, Zigarre, Zigarette oder Schnupftabak. Wer ins Wirtshaus geht, der trinkt Wein (selten), Schnaps (öfter) oder Bier (meistens). Und wer praktisch jeden Abend im Wirtshaus verbringt, trinkt auch jeden Abend. Zu Buschs großem Kummer bleibt der Bierkonsum nicht ohne Folgen. Dass man davon lustig oder müde wird, geht ja noch an. Aber das nahrhafte Getränk pflegt auch die Körperkonturen zu wölben: »In München habe ich auch zeitweise viel getrunken, ich wog mal 180 Pfund. Ich möchte und könnte jetzt [1904] so viel nicht trinken, höchstens eine halbe Flasche guten Wein, aber mehr nicht. […] Früher in Wiedensahl, wenn ich einen tüchtigen Spaziergang gemacht hatte, holte ich mir gern 'ne Flasche herauf und trank sie. Das tue ich schon lange nicht mehr.«

Während seiner Frankfurter Zeit zieht Busch die Notbremse und schwenkt von Bier auf Wein um. Das Quantum Bier, meint er, das ihm von Rechts wegen zukomme, habe er bereits aufgebraucht. Dafür gibt es ja im Hause Kessler einen anständig gefüllten Keller! Als er wieder in Wiedensahl ist, schreibt er der »Tante Johanna« zerknirscht, der Frankfurter Weinverbrauch werde wohl drastisch zurückgegangen sein, denn: »Der Hauptweinmarder ist fern.« Der Marder dezimiert nun seine eigenen Vorräte. Im August 1874 sieht sein Tagespensum eine »Halbe Wein« vor. In den »Abenteuern eines Junggesellen« heißt es zwar »Rothwein ist für alte Knaben / Eine von den besten Gaben«, doch er selbst bevorzugt Weißwein von der Mosel, vom Rhein oder aus der Pfalz. Champagner gibt es selten einmal, dafür jeden Silvesterabend eine Bowle.

Trotz der beteuerten Mäßigkeit muss man – wie bei so vielen seiner Zeitgenossen – von täglichem Alkoholkonsum bis ins hohe Alter ausgehen. Der Neffe berichtet, dass Busch »nur vormittags etwas« Wein getrunken habe und »nach dem Essen regelmäßig ein kleines Glas« Bier, andernorts ist von einer Flasche Bier zum Mittagessen die Rede. Auch dass Alkohol zu den Stimulantien des Künstlers gehört, kennt Busch aus eigener Erfahrung: »Ehedem machten wohl gute Tropfen eine ›begeisternde‹ Wirkung auf mich; das hat lange schon nachgelaßen.« Ja, er hat sogar schon einmal von Drogen gehört: »Ein guter Champagner, wenn's sich grad paßt, und wär's ein Gläschen zu viel; sogar ein scharfer Schnaps oder zwei auf der Bauernkirmes – alabonheur! – aber nur kein Morphium nicht!« Es passt zu Buschs protestantischer Herkunft und zu seinem Selbstskeptizismus, dass er sich nach den wiederholten Münchner Bierexzessen wenigstens einer gewissen Disziplinierung unterwirft. Gewohnheiten sind die Krücken des Labilen. So wie er sich zurückzuziehen pflegt, wie er seine täglichen Spaziergänge pflegt, wie er seine immer gleichen Reiserouten pflegt, so pflegt er auch den abgemessenen Trinkgenuss.

Die alkoholbedingten Entgleisungen sind selten. Aber es gibt sie. Der Eklat in München 1881 gehört dazu und wohl auch mancher andere Ausfall. Otto Bassermann erinnert sich: »Busch hat viel getrunken, aber auch viel vertragen. Im Rausch, den ich nur selten miterlebte, konnte er sehr unangenehm, streitsüchtig, sogar brutal werden.« Danach kommt der Katzenjammer. Wenn man ihn mit der Ursache bekämpfen will, ist man schnell abgerutscht. Busch hat dafür Beispiele in seiner Umgebung: »Vorige Woche starb schnell Harmschlüters Heinrich (Hillmann) 32 Jahr alt am Suff (2 Liter täglich).« Und dann ist da noch »ein alter Knecht, der als Säufer zugrunde ging; der sah die Ferkel Seiltanzen und meinte, wenn es noch die alten Schweine wären; aber daß die Ferkel das schon könnten, das sei doch ganz wunderlich. Und was für Nasen gibt's durch den Suff. Daran kann man's auch merken.«

Hier spricht der Menschenbeobachter, welcher der Trinkernase zweimal ein Lied widmet: »Das Lied von der roten Nase« und »Kinder, lasset uns besingen [...] Onkel Kaspers rote Nase«. Beide Male vergleicht er das rote Ding liebevoll mit einer schönen Rose ohne Dornen, die immer blühe und die man mit Stolz zu tragen habe. Der Frommen Helene Nase verrät selbst in der Schwarz-Weiß-Version, wer der beste Freund der Witwe ist. Diese Nasen mit den daran hängenden Säufern stecken überall in Buschs Werk, und manchmal sind es sogar Schnauzen oder Schnäbel. Eine lange Reihe von Trinkergestalten wankt uns entgegen, die prominentesten sind Helene und Huckebein; bei beiden wirkt der Hang zum Likör tödlich. Traditionell, so auch bei Busch, bringt man den Likör in Verbindung mit der ältlichen Frau, die so gar nicht dem Bild des verwahrlosten Alkoholikers gleicht, aber im Ergebnis dasselbe Schicksal erleidet. Der Schnaps dagegen gehört zum männlichen Trinkerritual. Selten allein genossen – wie in der »Jobsiade« –, assoziieren sich ihm die Kneipe, das Einen-Ausgeben, das kollektive Besäufnis, wie in »Der Geburtstag oder Die Partikularisten«, dessen Anfangsvignette schon durch einen Bierkrug, zwei Schnapsflaschen und Gläser die Richtung vorgibt. »Die Männer und die Mümmelgreise«, die sich hier am Stammtisch zusammenrotten, ereifern sich vor allem deshalb, damit sie zur Bekräftigung einen heben können. Und auch die von Apotheker Pille sorgsam mit »Busenfreund« beschriftete Flasche erweist sich im weiteren Verlauf als Mogelpackung, weil in ihr nur bei weitherziger Interpretation ein menschenfreundlicher Heiltrank enthalten ist, bei näherer Bekanntschaft aber ein hochprozentiger Kräuterschnaps. Wie die zwanzig Flaschen »Busenfreund« schließlich nach und nach einen dörflichen Rausch auslösen, bis sich die Gänse um den Hals fallen und die Schweine Cancan tanzen, gehört zu Buschs großartigsten Erfindungen. (Abb. S. 117)

Weniger gravierend sollten sich eigentlich die Folgen von Bier- und Weingenuss auswirken. Getanzt wird nicht, im Gegenteil hocken Hieronymus Jobs, Tobias Knopp, Kuno Klecksel und die Pilger in der »Helene« bierbreit hinter ihren Humpen wie festgeklebt. Genauso lächerlich ist aber auch der Weintrinker mit selig-dümmlichem Lächeln, als der sich Busch in »Dideldum!« selbst karikiert. (Abb. S. 166) Für den Zeichner interessant ist ohnehin weniger der sitzende als vielmehr der wankende Zecher. Einen ganzen Reigen von ihnen gestaltet Busch von Dezember 1877 bis März 1878 in der Bildergeschichtenfolge »Die Haarbeutel«. Was da so verzopft klingt, ist es auch. Der Ausdruck geht auf einen Major im Siebenjährigen Krieg zurück, der statt des anständigen Zopfes regelmäßig nur den längst abgeschafften Haarbeutel, eine Art seidenes Haarnetz, das um die gepuderten Nackenhaare gebunden wurde, trug, wenn er betrunken beim Dienst erschien. Seitdem heißt »einen Haarbeutel haben« sich einen Rausch antrinken. Die heute vergessene Redensart ist zu Buschs Zeit noch ganz geläufig, in der einem Besoffenen ein plattdeutsches »Haarbüdel!« hinterhergerufen wird.

Schon der vordergründig seriöse Weise, dem die Einleitung zu den »Haarbeuteln« in den Mund gelegt ist, vermag sich am Ende seiner Rede und zweier Flaschen Wein nicht mehr in der Vertikalen zu halten. Nachdem er ein wenig über den Weltenlauf geklagt hat – »Die Nase schwillt, es wächst der Bauch« –, bricht er in die geflügelten Worte aus: »Enthaltsamkeit ist das Vergnügen / An Sachen, welche wir nicht kriegen.« Das Gegenteil davon versprechen die folgenden acht Episoden. Ob sie in mythischen Vorzeiten spielen oder vor der Haustür, immer führen sie in grotesken Wendungen vor Augen, was passiert, wenn Bürger, Bauer oder

gar Affe zu viel Alkohol erwischen: schwanken, zittern, fallen, Missgeschick erleiden und Unheil stiften, Gleichgewicht und Orientierung verlieren. Das verbindende Element ist, wie so oft bei Busch, ein sarkastisch untertreibender, doch kunstvoll formulierter Kommentar der virtuos übertreibenden Zeichnungen. Zwei Bildern, die den betrunkenen Satyr Silen auf seinem Esel zeigen, mal links, mal rechts herunterrutschend, sind die Hexameter beigegeben: »Also reitet er fort und erhebt auf Kunst keinen Anspruch; / Bald mal sitzet er so, bald auch wieder mal so.« Die acht Räusche, die Busch ins Bild setzt, geben achtmal Gelegenheit, aus der zeichnerischen Norm zu brechen. Denn die täuschende, halluzinatorische Wahrnehmung des Betrunkenen überträgt sich auf die Illustrationen. Wo der Berauschte nur das *Gefühl* hat, als drehe sich alles, kippt bei Busch der Horizont tatsächlich, verwirbeln sich Straße und Alleebäume sichtbar zu einer Spirale, verdoppeln und vervierfachen sich die Schlafzimmermöbel wirklich.

Manche der Trunksuchtfolgen sind so harmlos wie ein Kater. Zwar weiß man am Ende einer durchzechten Punschnacht nicht mehr, ob Affe oder Mensch mehr einem Tier gleicht, aber beide schlafen friedlich ihrem Brummschädel entgegen. Zwar hat sich Bauer Bunke nachts in den gefüllten Backtrog statt ins Bett gelegt, aber die Klagen sind nur hausfraulicher Natur: »Weinen kann ihr Angesicht, / Aber backen kann sie nicht.« Es geht auch an-

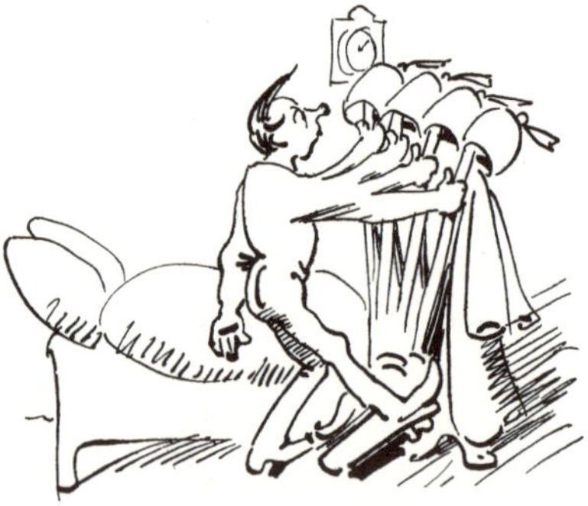

ders. Wenn ein Kaufmannslehrling zu tief in die Kümmelflasche schaut, können schon mal eine brave Jungfer an der versehentlich verabreichten Schwefelsäure und der unmäßige Lehrling in einem Fass grüner Schmierseife verenden. Eine weitere Leiche markiert das Ende der »kalten Geschichte«. In die Betrachtung des tiefgefrorenen Meisters Zwiel versunken, der im Rausch das Schlüsselloch nicht hatte finden können, reagiert seine Frau pragmatisch und äußert der Milchfrau gegenüber: »Mein guter Zwiel hat ausgetrunken! / Von nun an, liebe Madam Pieter, / Bitt ich nur um ein Viertel Liter!«

Nicht weniger als 22 Trunkenheitsepisoden listet die historisch-kritische Ausgabe der Bildergeschichten auf, angefangen von den »Fliegenden Blättern« über »Schnurrdiburr« und »Dideldum!« bis hin zum »Knopp«. Sie alle sind Vorspiele zu den »Haarbeuteln«, mit denen Höhe- und Endpunkt des Themas erreicht ist. Busch, der noch einmal in München die Bierseligkeit und ihre unseligen Folgen gründlich studiert hat, läutert sich zum Weintrinker und Haarbeutel-Satiriker. Dabei muss man in jeder der Szenen neben der Häme eine kleine Selbstverfluchung mitdenken. Busch ist noch einmal davongekommen. Erneut spaltet er diejenigen seiner Eigenschaften künstlerisch ab, die ihn anziehen, amüsieren und abstoßen zugleich. Die Folgen des Trinkens breitet er vor uns aus wie einen Fächer, dessen Segmente vom heiteren Flötenspiel bis zur Überrumpelung durch den Tod gezeichnet sind.

»Erst bist du froh, dann fällst du um.« Der auf den Affen in »Vierhändig«, einer der Haarbeutel-Geschichten, gemünzte Spruch zeigt die notwendige Abfolge von Vergnügen und Reue, die jedem Exzess innewohnt. Beim Tier aber ist es nicht nur der Alkohol, sondern auch der Tabak, der zum Zusammenbruch führt. Solche Konsequenzen beim Menschen darzustellen, hütet sich Busch wohlweislich. Gequalmt wird gern und viel in seinen Werken, und auch wenn einem Betrunkenen mal das Zigarre-Anzünden schmerzhaft danebengeht, auch wenn die Pfeife mal als Zündkapsel oder Züchtigungsinstrument oder Wasserspritze missbraucht wird, so bleibt doch das Rauchen an sich folgenlos. Ist man wie Jung Krischan noch nicht so weit, kann der Tabak einen bösen Drogenrausch verursachen, aber dem erwachsenen Mann stehen Pfeifen und Zigarren wohl an. Sie dienen in den Zeichnungen geradezu als männliches Geschlechtsmerkmal, so souverän und selbstverständlich getragen wie Hut oder Gehrock. In der »Jobsiade« wird es offenkundig: Vier Dinge braucht der Mann, »Feder, Dinte, Toback und Papier«. So mancher Busch'sche Held ist wie sein Erfinder »von dem Toback ein Verehrer«, der in die Nase geschnupft, in die Pfeife gestopft, in zartes Papier gewickelt oder mit Deckblatt geraucht wird. Zum Arbeiten, zum Nachdenken und zum Entspannen dient der gemütliche Qualm. Das ist eine der wenigen persönlichen Spuren, die der Autor in seinem gezeichneten Werk hinterlässt. Ob er ab und zu Schnupftabak verwendet, ist zweifelhaft, aber die anderen drei Tabakgenüsse kennt jemand gut, der über sich spottet: »Ein Schlot, der ewig zieht und raucht / Und meterweis' schwedisches Holz verbraucht.«

Busch hat wohl als Junge mit Ersatzzigarren begonnen, es folgt die Pfeife, die Zigarette, die Zigarre. Zwar sieht man ihn meistens mit Zigarette, doch es gibt auch Gelegenheiten für die anderen beiden. Eine Pfeife behält er sein Leben lang, obwohl ihm meist das Säubern zu umständlich ist (»Schmiererei und das widerwärtige Reinigen«). Noch im Mai 1907 schreibt er von seinem Pfeifchen, das er sich draußen vor der Tür schmecken lasse. Als ihn ein Verehrer dafür tadelt, dass er in »Schnurrdiburr« die Pfeife einen »Stinkehaken« nennt – völlig verkennend, dass hier ja die Bienenkönigin den Imker anklagt –, antwortet Busch: »Geehrtester Herr! Auf Ihre Frage will ich nicht unterlaßen, umgehend folgendes zu erwidern: Ich rauche allerdings Pfeife, ich rauche gern Pfeife, ich rauche viel Pfeife. Wenn ich nun eine Pfeife ›Stinkehaken‹ genannt habe, so wird mir das meine Freundin, welche seit Jahren meine Treue erprobt und in jenem Punkte ein reines Gewißen hat, hoffentlich nicht übel nehmen.«

Selbst in seiner Frankfurter Zeit, in der er edelste Importware hätte rauchen können, lässt Busch sich den Tabak für seine Zigaretten aus dem väterlichen Laden in Wiedensahl schicken. Bei seinem starken Verbrauch von 40 bis 50 Stück täglich erweist es sich als ökonomisch, diese selbst zu drehen. Auf manchen Fotos sieht man das seinen Fingern auch an. Immer geschickter wird er zwangsläufig in der Technik: »Er hat eine große Gewandtheit darin, den dunklen, auffallend grob geschnittenen Tabak aus einer alten silbernen Dose mit zwei Fingern herauszunehmen, mit einem knetenden leichten Strich auf dem Papier in die rechte Lage zu bringen und das Röllchen mit einer zierlichen Bewegung zum Munde zu führen.« Konservativ wie Busch in seinen Gewohnheiten ist, versucht er, bei allen drei Komponenten keine Neuerungen einzuführen. Den Tabak lässt er sich stets in kleinen viereckigen Packungen schicken, die er dann in Tabaksdosen umfüllt, eine antike zinnerne für daheim, eine silberne für die Reise. Zwei späte Briefe verraten, dass es zu jener Zeit »Scaferlati supérieur« ist, was nichts anderes meint als dunkel geröstete französische Schnittware, hergestellt in Metz. Busch bestellt seinen Scaferlati jetzt in Frankfurt oder über die Schwester seiner Nichte, Grete Meyer, verheiratete Thomsen, in Münster. Einmal wird ihm versehentlich statt Zigaretten- der viel gröber geschnittene Pfeifentabak geschickt. Statt ihn zurückzusenden – wie immer hat er die 20 Mark im Voraus bezahlt –, plagt er sich damit ab, »den widerspenstigen Tabak zu Zigaretten zu verarbeiten, so'n gewisser ärgerlicher Spaß. Hat was vom Flöhehüten; die Blätter und Stengel springen immer wieder heraus.« Die silberne Tabaksdose ist ein besonders in Ehren gehaltenes Stück, das ihm der Freund Lorenz Gedon nicht lang vor seinem Tod nach eigenem Entwurf anfertigen lässt. An die Witwe schreibt Busch am 7. Januar 1884: »Die schöne Dose hab' ich mit Wehmuth in die Hand genommen. Also auch das hat seine Freundschaft nicht vergeßen!« Selbst beim Zigarettenpapier ist er eigen und lässt es sich von Grete besorgen: »Ja, so kleinlich wird man im Alter. Ich war fast ein bißel ärgerlich, daß ich das gewohnte Papier Job nicht mehr kriegen konnte, um wie bisher meine Zigarretten zu drehn. Als nun Else dich um Auskunft und Hülfe ersuchen wollte, schien mir das gar nicht ersprießlich zu sein. Und siehda! es gelang überraschend. Also her mit den 120 Büchlein à 5 δ per Stück und womöglich auch noch mit den 3/4 Kasten voll.«

Der enorme Zigarettenkonsum wird nur manchmal unterbrochen: »Zwischendurch rauchte er früher Pfeife, später Zigarren, aber eine ganz leichte, billige Sorte, die ihm gleichgültig war, wenn sie nur dampfte. Er tat das zur Unterbrechung des Zigarettenrauchens.« Busch selbst nennt sie die »Feld-, Wald- und Wiesenzigarre«, die ihn auf seinen Spaziergängen begleitet. Aber im Haus sind es immer die Selbstgedrehten. »Er war ein so leidenschaftlicher Raucher, daß er z. B. im Familienkreise nach dem Essen, das er sehr rasch zu sich nahm, schon wieder rauchte, bevor die Tischgenossen mit Essen fertig waren.« Busch raucht morgens zum Kaffee, beim Arbeiten, neben dem Lesen, im Garten, nach Tisch, in geselliger Runde und abends vor dem Zubettgehen. Fährt er mit dem Zug und wird am Rauchen gehindert, findet er das unmöglich: »als Raucher wird man als Schweinigel angesehen, der keine Rücksicht verdient«. Aber wenn man ihn im Zugabteil rauchen lässt, nutzt er das in einer Weise aus, dass er bald allein dasitzt: »Ich in meiner Ecke dampfte wie ein Kartoffelfeuer. Die Folge davon war, daß sich die Herrschaften samt ihren Handtaschen und Blumensträußen durch den engen Klosetraum in den nächsten Abtheil begaben.« So sehr ist Wilhelm Busch »der treuen Cigarrette hellblauem Gewölke« ergeben, dass er es sogar für Frauen passend empfindet. »Ein ›mitunteriges‹ Zigarettchen«, so schreibt er an Grete, als sie noch Meyer heißt, »darfst du dir hoffentlich erlauben«; eine Begegnung mit ihr, als sie schon Thomsen heißt, stellt er sich so vor: »Und wie gut wär's, wenn du, wie du vorhast, bald im November mal kämst und säßest mir gegenüber und rauchtest traulich ein Zigarretchen und erzähltest mir was.«

Ab Dezember 1881 schränkt Busch das Rauchen ein. Nicht etwa, dass er sich weniger Zigaretten dreht. Aber er raucht sie nur halb auf. Der Arzt hatte als Ursache der Ende Februar und wieder Ende Oktober aufgetretenen Appetit- sowie Schlaflosigkeit, teilweise mit Fieber und Schüttelfrost einhergehend, ein chronisches Magenleiden festgestellt und eine Kur in einem Heilbad verordnet. Außerdem: Rauchverbot! Das trifft Busch härter als das Wassertrinken und Baden. Zusammen mit dem üblen

Abgang von München ist die gesundheitliche Beeinträchtigung Hauptursache für Buschs Krisenstimmung in jenem Jahr. Erst Anfang März 1882 kehrt die Gesundheit wieder und damit der – leicht reduzierte – Zigarettenverbrauch. Das Rauchen ist bei ihm schon immer Synonym für Vitalität: »Glauben Sie nur ja nicht, ich wäre todt, so lange ich noch rauche; und das thue ich!« Schon früh, in der Bildergeschichte »Der Frosch und die beiden Enten« von 1861, hat er die Hymne für jeden Raucher verfasst, der ebenso denkt: »Drei Wochen war der Frosch so krank, / Jetzt raucht er wieder, Gott sei Dank!« Und noch 1890 ist ihm der Rauch Zeichen für Genesung: »Mich erwischte die Influenza, oder wie mans nennen soll, in Celle plötzlich auf der Straße mit Schüttelfrost. Jetzt rauche ich wieder.«

Was der Arzt damals auf den Magen geschoben hatte, war wahrscheinlich nur Symptom, nicht Ursache. Heute geht man davon aus, dass Busch eine chronische Nikotinvergiftung hatte, die sich nicht nur 1881, sondern eventuell schon 1860, auf jeden Fall 1874 bemerkbar machte. Durch die permanent hohe Dosis kommt es dabei zu Herzbeschwerden, unzureichender Muskeldurchblutung und Magen-Darm-Störungen. Busch nennt es »heftiges Unwohlsein« und »allerlei Gebrechen«. Zusätzlich leidet er wohl unter einem typischen Raucherproblem, jedenfalls schreibt er, sein »alter abscheulicher Husten« plage ihn »mal wieder«. Da Nikotin die Gefäße verengt, steigt die Gefahr von Bluthochdruck, Thrombosen und letztlich Herzinfarkt. Einem Besucher fällt im März 1906 »jene leicht bläulich-blasse Haut« an ihm auf, »die von Arterienverkalkung [...] herrühren wird«. Ohne Zigaretten wäre Busch vermutlich älter geworden als 75 Jahre.

Sechs Wochen vor seinem Tod dankt er Grete Thomsen erneut »für die redliche Besorgung des Scaferlati«. Zwölf Tage vor seinem Tod dankt er Letty Kessler, die ihm ein Weihnachtsgeschenk geschickt hat, mit den Worten: »Da ich, wie König Eduard, ein kleines Pfeifchen besitze, so kann ich den zierlichen Tabacksbeutel sehr gut benützen.«

Sechzehntes Bild
Todesarten

Beginnen wir mit den Verletzungen. Kaum ein Körper in Buschs Bildergeschichten bleibt von ihnen verschont, ob Mensch, ob Tier. Nicht aus sadistischen, sondern aus künstlerischen Gründen. Eine unablässig sprudelnde Quelle von Heiterkeit ist das Unglück des anderen. Und welches Unglück forderte die Zeichenkunst mehr heraus, als wenn eine Nase spiralförmig gedreht oder ein Katzenschwanz angesengt wird?

Es trifft Hand und Fuß, Hals und Hintern. Zehen werden mit Nagelschuhen betreten, Daumen gequetscht, Hälse geschnürt, Hinterteile von Gabeln, Rechen oder Ziegenhörnern angebohrt. Besonders oft trifft es den Kopf. Wenn dabei Instrumente zur Anwendung kommen, gibt es noch mehr Weh und Spaß. Affe Fipps traktiert das Ohr eines Friseurkunden nacheinander mit der Schere und der heißen Kräuselzange, bis es raucht und der Schmerz nur noch als Strahlenkranz darstellbar ist. Trotzdem wird dem Betrachter solcher Grausamkeit nicht übel vor Schreck und Mitleid. Man bleibt auf dem Papiertheater. Man bewundert die Folterraffinesse in Wort und Strich. Der Bauer, der da von Fipps malträtiert wird, muss nicht für etwas büßen, sondern er muss für etwas herhalten: Muster für das Zusammentreffen von intelligent-ungebändigtem Tier und menschlichem Kopf.

Das Gleiche gilt für jene Fälle, in denen schon der Titel eine Qualgeschichte verheißt. »Das Pusterohr« will nicht mehr und nicht weniger aufzählen als die Erfolge, die Knabe Franz mit der selbstgebastelten Waffe an Bartelmanns Tasse, Brezel, Ohr, Auge und Nase erzielt – nebst der Konsequenz aus diesen Streichen, verabreicht vom Opfer, das zum Täter wird: »Und – klapp! schlägt er mit seinem Topf / Das Pusterohr tief in den Kopf.« Ein sinniges Stillleben beendet die Bildergeschichte. Am Schauplatz zurückgeblieben ist das Pusterohr, auf der linken Seite hängt noch der Kaffeetopf, der Bartelmann als Hammer diente; auf der rechten Seite: Blut und sieben ausgeschlagene Zähne.

Um die Kraft von Bosheit und Ungeschick vor Augen zu führen, eignen sich Kopfverletzungen besonders gut, werden doch bei ihnen immer empfindliche, reich durchblutete und mit Sinnesorganen gekoppelte Stellen getroffen. Für den Zeichner am ergiebigsten ist hier das vorstechendste Teil. Wo Busch bei den Tieren gern den Schwanz einklemmen, abpellen, ansengen oder zerquetschen lässt, da hat es ihm beim Menschen die Nase angetan. Sie scheint überhaupt nur deshalb so vorwitzig vorzustehn, damit man sie mit der Feder misshandeln kann. Das gilt wörtlich und übertragen. Weil eine Gänsefeder so schön sticht und deren Tinte so schön ätzt, bekommt Kuno Klecksel sie vom beleidigten Dr. Hinterstich in die Nase gespießt, was sich wiederum wunderbar mit der Zeichenfeder festhalten lässt. Bei keiner anderen Foltermethode ist Busch so erfindungsreich wie bei den Nasentorturen. Sein Bildergeschichten-Werk ist schon voller kaputter Nasen, im »Schmetterling« werden sie dann auch noch sprachlich gemartert. Der beim Fensterln erwischte und eingeklemmte Peter muss es erdulden, dass seine Nase zuerst in der Kerzenflamme geröstet wird. »Aber das Schlimmste kam erst noch, denn jetzt kriegte er seine große Horndose aus der Tasche und rieb mir zwei tüchtige Portionen Schnupftabak in die Naslöcher, so daß ich fürchterlich niesen mußte, und dabei stieß ich mit meiner armen Nase fortwährend auf den harten Fensterrahmen, bis ich schließlich nicht mehr wußte, ob's Sonntag oder Montag war.«

Die aus Gemeinheit verübten Nasenschikanen sind das eine. Das andere sind jene Nasenwunden, die man sich selbst zuzieht, weil man ungeschickt oder betrunken ist, weil man sich umdreht oder herunterfällt, weil man in der Dunkelheit oder ohne Brille unterwegs ist, weil man sich in die Hände »gewandter, kunstreicher Barbiere« begibt. Hier treffen Buschs gezeichnete Nasen gern auf scharfe, spitze oder stumpfe Hindernisse, die dann bluttropfend zurückbleiben. Blättert man die Bildergeschichten durch, so ergibt sich nach und nach ein Katalog von Dingen, mit denen die Nasen entweder traktiert werden oder folgenreich zusammen-

stoßen: eine Säge, ein Rasiermesser, eine brennende Kerze (viermal), ein Rabenschnabel, ein Pfeil, ein Säbel, ein Angelhaken, ein Knabenzeh, eine Türe, eine Zigarre (zweimal), heißes Siegelwachs, eine Schirmspitze, der Arm eines Kleiderständers, die Ecke einer Küchenschranktür, eine Mauer, ein Nasenring in Affengewalt, eine Drachenschnurspindel, eine Schreibfeder. Macht 25 geschundene Nasen einschließlich der zwei im »Schmetterling« gepeinigten und der in »Schmied und Teufel« in den Schraubstock gezwickten Teufelsnase. Sie alle sind selbstverständlich nicht, wie die psychoanalytische Deutung es gern hätte, Ausdruck einer verschlüsselten Kastrationsangst. Sie markieren vielmehr den Körperteil, der sich am besten eignet für schadenfroh zu betrachtende Schäden. Nichts steht so keck hervor und erweckt solch ungute Erinnerungen an eigene Blessuren! Wilhelm Busch selbst holt sich einmal nachts eine blutige Nase, weil er zu eigensinnig ist, die angebotene Laterne mitzunehmen: »Nämlich ich kam spät aus einer Gesellschaft. Nun war da eine schwere, ›gygantische‹ Cchaußéewalze verquer über der Straße stehen geblieben und hielt die Deichsel in die Höhe, was ich aber bei der kohlrabenschwarzen Finsterniß nicht bemerken konnte. Also – Kracks! – ich dagegen; grade mit der Nase; daß mir der Kopf klapperte, wie eine alte Gießkanne, und im ersten Augenblick gar keine rechte Besinnung mehr vorhanden war. Darnach war aber mein erster Griff an die Nase, ob sich darinnen die Knochen nicht bewegten. Sie blutete aber nur. Am andern Morgen war sie sehr angeschwollen, dann wurde sie blau, dann grün und dann gelb. Noch heute, wenn ich daran rüttle, thut's etwas weh.«

An einer zerschlagenen Nase stirbt keiner. In Buschs Werken stirbt aber auch niemand an den vielen anderen Verletzungen. Was in der Wirklichkeit tödlich ist, bleibt Episode in einer Bildergeschichte, die hier direkter Vorläufer des Comics und Zeichentrickfilms ist, an deren Figuren ja selbst ein Sturz aus 50 Metern Höhe spurlos vorübergeht. Man schüttelt sich, man rüttelt sich, man steht auf und rächt sich.

Umso drastischer geht es zu, wenn tatsächlich jemand vom Leben zum Tod gebracht werden muss. Auch hier liebt Busch die

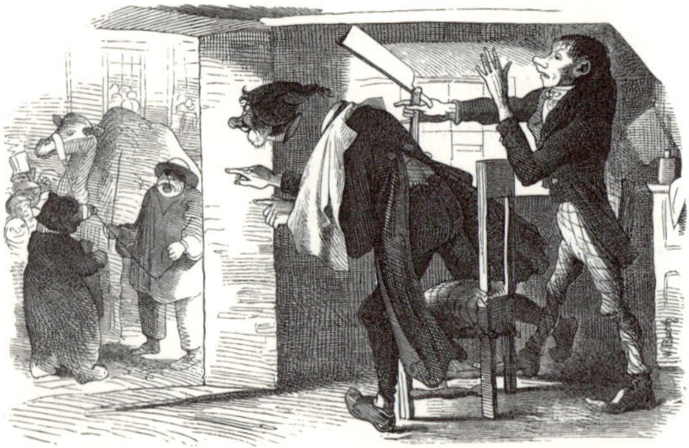

Abwechslung. Man wird durchbohrt von Messern, Scheren, Bleistiften, Regenschirmen, ja einer überlangen Nase. Man wird zerquetscht, verbrannt, gekocht, geköpft, vergiftet, erhängt, erdrückt, erstochen, erschossen, erschlagen, auf den Wellbaum eines Mühlrads gerollt. Dreimal friert jemand zu einer Eisstatue: in »Der Wurstdieb«, in »Der Eispeter«, in »Eine kalte Geschichte«. Und man entleibt sich – absichtlich oder versehentlich – selbst durch Schere, Sprengstoff, Schmierseife, Feuer oder Gräte.

Fast möchte man denken, Busch habe sich von Märtyrerlegenden inspirieren lassen, so kreativ sind seine Todesarten. Nicht jedem wird eine solch sanft-fromme zuteil wie dem heiligen Antonius. Von Scheren oder Bleistiften durchstochen zu werden oder zu erfrieren ist da noch harmlos. Mehrmals werden Figuren erdrückt, durch einen Truhendeckel, einen Mahlstein oder gar einen gewichtigen Mann. Das macht erneut die komische Seite des tragischen Themas deutlich. Hier geht es nicht um Verbrechen, sondern um schwarze Striche auf weißem Papier, die sich zu kuriosen Situationen verschlingen. Damit hat die gezeichnete Geschichte ihre Parallele im Märchen, in dem ebenfalls schmerz- und lautlos gestorben wird. Es ist nicht schildernswert, ob ein Verstümmelter schreit oder ob eine Wunde heilt. Märchenfiguren haben Märchenkörper, die nicht den Gesetzen der Realität gehorchen. Nur ein Gesetz gilt in ihrer Welt: Das Es-ist-so-Prinzip. Der Kopf wird eben abgehauen, die böse Stiefmutter in ein Fass mit Nägeln gesteckt. Genauso wenig, wie man dem Märchen Gewaltverherrlichung oder Aufforderung zum Mord vorwerfen kann, kann man es der Bildergeschichte. Hier wird lustig gestorben, auch wenn sich manchmal das Lachen fast entschließen möchte steckenzubleiben.

Buschs Todesarten-Reigen bezeugt, dass ihn nicht nur das Instrumentarium interessiert, sondern auch das Ergebnis. Welch eine künstlerische Herausforderung, wenn die erdachten Körper durch den Tod formlos werden! Sie zerfließen zu Brei, sind zu Pfannkuchen plattgewalzt, zu Eisstückchen zersplittert oder zu Körnern geschrotet. Ihre Leichen gleichen einer Rolle Tabak oder einem Riesenkristall. Sie sinken in sich zusammen wie eine Marionette ohne Fäden. Es ist anatomische Neugier, die den Zeichner antreibt, seine Figuren hundert verschiedenen Verrenkungen und Verletzungen zu unterziehen, bevor er sie auf absurde Art verabschiedet. Den Sinn für das Absurde und also Komische der Todesarten entwickelt Busch früh, da er als Zeichner für die »Fliegenden Blätter« ja gerade dieses Element kultivieren muss. Bei seinem Brannenburg-Aufenthalt im September 1860 führt er mit den Künstlerfreunden ein Puppenspiel auf, natürlich die Parodie eines Schauerdramas mit Ritter, Tod und Räuber. Was es im Keller an Vorräten gibt, wird mit Stofffetzen kostümiert und agiert auf der Bühne. Prinzessin Berta, dargestellt von einer roten Rübe, wird schließlich von ihrem Geliebten Jaromir getötet. Das setzt man so ins Werk, dass man der Prinzessinrübe unter reichlicher Hervorbringung von Lebenssaft Scheibe für Scheibe den Kopf absäbelt, wobei sie jedes Mal seufzt: »O wie süß ist es, von der Hand des Geliebten zu sterben.«

Kein Mensch hat ein indifferentes Verhältnis zum Tod. Dem Künstler bleibt immerhin der Ausweg, ihn durch seine Hervorbringungen ins Lächerliche zu ziehen, zu beschwören oder zu bannen – »Ich lasse töten, um zu leben«, heißt es in einem Busch-Gedicht. Ganz nach kreativem Belieben bringt er dem Tod schöne oder hässliche, junge oder alte Körper zum Opfer, nur um sie in der nächsten Geschichte wieder aufstehen zu lassen. Diesen Kreislauf denkt Busch sogar über den papierenen hinaus. »Haben wir nicht, gott sei's geklagt, noch siebenmillionendreimalhundertachtundneunzigtausendsechshundertundzweiundzwanzigdreiviertel Jahre ganz unverbraucht vor unsrer Nase liegen? Wird man aus einem Leben herausgeklopft, huscht man in's andre wieder 'nein.«

Es ist wohl eine Mischung schopenhauerischer und damit auch buddhistischer wie hinduistischer Auffassungen mit Ergebnissen religiöser Krisen, die Busch zur Lehre von der Wiedergeburt greifen lässt. Unter gewissem Vorbehalt – auch hier bleibt er skeptisch – kann man das seinen Briefen und Gedichten ablesen. Vornehmlich ist es Maria Anderson, die Busch mit ihren Fragen und Reflexionen zu einer Aussage wie »Jede Geburt ist *Wieder*geburt«

provoziert: »Der Gedanke an den Tod scheint mir deshalb meistens so verdrießlich, weil der Einem die Laterne auspustet und Einen in eine *neue Haut* steckt, von der man nicht weiß, ob sie beßer ist als die, welche man ausgezogen. – Der Glaube an Seelenwandrung kommt mir wirklich recht verständig vor und höchst erbaulich dazu.« Eine Woche nach diesem Brief vom 11. Juni 1875 fügt er hinzu, dass er sich ausdrücklich gegen die christliche Lehre von der Auferstehung »mit Haut und Haar« verwahre; er stelle sich vielmehr vor, der menschliche Geist müsse von der Lethe trinken. Daraus folgt eine gänzliche Kaltblütigkeit den menschlichen Überresten gegenüber. Als die Rede auf einen Fall von Resteverwertung – Soldatenskelette zu Knochenmehl – kommt, ist Busch weit entfernt, empört zu sein. Warum nicht? »Mir ist's auch egal«, fährt er fort, »was draus wird. Warum nicht gemahlen werden. Da nützt's doch noch was. Oder ich glaube, man kann auch Farben aus Leichen ziehen. Das ist ein ganz lustiger Gedanke, so hübsch blau oder grün oder rot von irgend einem Bauern an die Scheunentür gestrichen zu werden und ordentlich zu leuchten.«

Busch hält trotz der protestantischen Vorbilder in seiner Umgebung und trotz Bibel und Augustinus über viele Jahre an einer Auffassung fest, welche die Furcht vor dem Sterben zur Furcht vor dem neuen Leben erklärt: »Die Ungewißheit über das Wo und Wie unserer Wiedergeburt ist ein Hauptbestandtheil unseres Widerwillens gegen den Tod. Wir werden einen neuen Stall finden und eine neue Laterne. Woher kommt der Drang zum Nachruhm, woher die Lust, sich zu ›verewigen‹, oft bis zur Lächerlichkeit? Warum intereßiren wir uns für die Gesammtcultur? Darum!: Wie der gebildete Mensch das Gute erbt aus früheren Lebensläufen, so möchte er auch mit der Wahrscheinlichkeit sterben, daß er was Gutes vorfindet, wenn er wieder auflebt; und so fort durch alle Ewigkeit, d. h. bis zu jenem Moment, wo das Wort ›Zeit‹ keine Bedeutung mehr hat.« Seine Schopenhauer- und Darwin-Lektüre gibt noch 1900 das Vokabular her, mit dem er versucht, das Phänomen zu fassen: »Der werthe Leib, also auch das Gehirn nebst Inhalt, zerstäubt in alle vier Winde. Was bleibt, ist der Wesenskern, der ›Wille zum Leben‹, der Wunsch, der Trieb, sich so und so zu gestalten. Jedes Gelingen ist Freude, jede Behinderung wird Schmerz genannt. Denn ganz glatt gehts nun mal nicht ab. Der alte Gestaltungsdrang muß mit den neuen Umständen sich balgen, die mitunter recht hartnäckig sind. Wie schad, da sich doch manches, wie man zu sagen pflegt, ›vererbt‹, daß die Erinnerung an das, was man früher gelernt hat, nicht ebenfalls mitgeht. Anderseits freilich ists nicht übel für die Leut, die partuh hier bleiben wollen, wenn sie an frühere Dummheiten nicht mehr peinlich zu denken brauchen. – Und nun genug davon. Ich schäme mich allnachgrade meines kindlichen Bemühns, deutlich und nüchtern zu reden über eine neblige Sach, die man eigentlich nur stimmungsvoll säuselnd umklimpern sollte. – Daß es noch eine andre Wiedergeburt giebt, nämlich die im ›Reich der Gnade‹, wag ich bloß zart zu erwähnen.«

Das Zarte erfährt bei ihm stets nur »Erwähnung«. Immerhin kann man diesem Bekenntnis entnehmen, dass Busch den Gedanken an eine Auferstehung im spirituellen Sinne nicht völlig ablehnt. Näher wird man an sein Inneres nicht herankommen. Wiedergeburt, Seelenwanderung, Reich der Gnade – mit diesen Formeln muss man sich begnügen. Aber ganz so abstrakt ist die Vorstellung nicht. Busch versteht unter Wiedergeburt etwas Organisches. Jedes Frühjahr beobachtet er, wie aus den scheinbar abgestorbenen Wurzeln, Ästen, Knollen frisches Grün emporwächst, wie jede Pflanze zum Licht strebt, um im Herbst einzugehen und im nächsten Frühling aufzuerstehen. So auch die abgestorbenen Geister: »Die Welt ist proppendevoll von nichts als lauter Seelen und Seelchen d. h. von Dingern, die dringend wünschen obenauf zu kommen, zu erscheinen, sich zu gestalten auf Kosten von andern, die sich das aber nicht ruhig gefallen laßen. Da braucht man Wurzeln, Blätter, Hand und Fuß und sonstige Werkzeuge, um rücksichtslos die werthe Person zu erhalten. Natürlich giebt's immerfort Hinderniße, genannt Schmerzen. Man ermüdet schließlich, man stirbt, taucht unter, macht, wenn man's nicht laßen kann, einen neuen Versuch, sich emporzudrängeln, vielleicht unter viel ungünstigeren Verhältnißen als zuvor, und so geht's weiter, hunderttausendmillionenmal, so lange man *wünscht*, bis daß man zuletzt stutzig wird.« Das Stutzigwerden aber ist die letzte Stufe, jener Zustand, in dem die Seele angekommen ist, nicht mehr wiedergeboren werden will. Vielleicht das, was Busch mit »Reich der Gnade« meint, ein Reich der höheren Vernunft, in dem die ewige Suche nach immer neuen Lebensformen ein Ende hat.

Wo sich Ewigkeiten dehnen,
Hören die Gedanken auf,
Nur der Herzen frommes Sehnen
Ahnt, was ohne Zeitenlauf.

Wo wir waren, wo wir bleiben,
Sagt kein kluges Menschenwort;
Doch die Grübelgeister schreiben:
Bist du weg, so bleibe fort.

Laß dich nicht aufs neu gelüsten.
Was geschah, es wird geschehn.
Ewig an des Lebens Küsten
Wirst du scheiternd untergehn.

Das Gedicht mit dem Titel »Woher, Wohin?« stammt aus dem Nachlass. Dort finden sich weitere poetische Auseinandersetzungen mit dem Thema »Wiederkehr«, »Wiedergeburt« und »selige Ruh«. Ein Jahr vor seinem Tod beschäftigt sich Busch mit der indischen »Bhagavad Gita«, in der es um die Wanderung der Seele von Körper zu Körper geht, um ihre Unzerstörbarkeit, um Kontemplation und Weisheit. Dass die Seelenwanderung auch nur ein Durchgangsstadium ist, weil man ja doch immer das Alte mitschleppt, ist ihm annähernd Gewissheit.

Allein was thuts, wenn mit der Zeit
Das alte Ich verblich?
Die Fähigkeit zu Lust und Leid
Lebt fort im neuen Ich.

1875 hatte er noch gewitzelt: »Was mich betrifft, so werd ich jedenfalls, nachdem ich ein- oder zwei- oder drei- oder hundertmal gestorben, ein Spatz. Mein Weibchen wird ein Nest zusammen zotteln unter dem Dach; es wird Eier legen; und wenn dann die wackelköpfigen Jungen ausgekrochen, so kommt ein flachshaariger Bub daher, holt eine lange Stange, spaltet sie an der Spitze und – heraus mit dem Nest! – Da wird der alte Spatz ein schönes Geschrei erheben!« Der alte Spatz neigt dreißig Jahre später dazu, auch diese bescheidene Utopie in Zweifel zu ziehen und vom Jenseitigen lieber anzunehmen, es sei eine »neblige Sach, die man eigentlich nur stimmungsvoll säuselnd umklimpern sollte«. Der letzte Widerspruch zwischen dem Drang zu leben und dem Zwang zu sterben lässt sich eben doch nicht lösen. Fatalismus ist die Folge. Man könnte auch positiv sagen: Versöhnung mit dem Unvermeidlichen.

Wilhelm Busch will sich nicht überraschen lassen von der Parze mit der Schere. Lieber begibt er sich schon mal in ihren Wolkenschatten. Über den Sinn des Daseins hat er keine Illusionen: »So sind wir nun; kriechen heraus, handtiren hier oben eine zeitlang scheinbar selbstständig hin und her und legen uns dann ganz still wieder unter die Kruste.« So viele sind ihm schon unter die Kruste vorausgeschlüpft. Und wenn er auch wie Goethe möglichst wenig damit zu tun haben möchte, wenn es darangeht, »seine Vordermänner bei passender Gelegenheit in schwarze Kisten zu verpacken und in's Suterräng zu bringen«, so muss er doch konstatieren, dass es im Parterre einsam wird. Nachdem er die Schwester Anna schon 1858 und die Eltern 1867 und 1870 verloren hat, der Schwager 1878 und Bruder Otto 1879 gestorben sind, trifft es 1888 auch den Bruder Gustav, »plötzlich, binnen 5 Minuten, am Herzschlag oder dergl.« Seine Ersatzeltern, Fanny und Georg Kleine, sterben 1885 und 1897, Nandas Sohn Hugo ertrinkt Mitte September 1905 im Main. Und dann sind da noch die Freunde, deren Ableben besonders vorführt, dass man selbst bereits »auf der Grenze von Hier und Dort« steht, – »und fast kommt es mir vor, als ob beides daßelbe wäre.« Es ist einer der letzten Briefe, in dem er das bekennt.

Jenseits der Grenze ist Lorenz Gedon seit 1883, Hermann Levi seit 1900. Franz Lenbach ist dort am 6. März 1904 eingetroffen. Nun wandert auch noch Buschs ältester und bester Freund aus, geboren im selben Jahr wie er. Anfang Mai 1907 war Erich Bachmann von Ebergötzen nach Mechtshausen gefahren, um ihn einmal wieder zu sehen. Im August macht Bachmann dann eine Kur in Ems. Busch schreibt ihm am 12. dorthin von »abwechselnd Regen und Sonnenschein«, der Roggenernte, den Bohnen, Gurken und Äpfeln im Garten. Mit herzlichen Grüßen verabschiedet er sich »Dein getr. Freund Wilhelm«. Der Brief kommt zwar in Ems an, wird aber gleich nach Ebergötzen weitergeschickt an den neuen Müller, der auch Erich Bachmann heißt. Vermerk: »Erich Bachmann sen. ist am 13. August 1907 in Ems gestorben.« Wieder greift Busch zur Feder, um »Lieber Erich!« zu schreiben. Nur ist es diesmal der Junior: »Der plötzliche Tod deines Vaters hat mich tief schmerzlich ergriffen. Damit ist eine treue Freundschaft zu Ende gegangen, die seit dem Herbst 1842 [richtig: 1841] ununterbrochen bestanden hat. Und wie viele in Ebergötzen glücklich verlebte Stunden fallen mir wieder ein! Es freut mich, daß dein Vater im Frühling noch bei uns gewesen, und munter, wie er war, hätt ich geglaubt, er würde noch manches Jahr leben, viel länger als ich. Ich selbst bin leider zu schwach auf den Füßen, um bei seiner Beerdigung zugegen sein zu können. In seinem Briefe aus Ems sprach er mit großer Befriedigung von dem Zusammensein mit Kindern und Enkeln. So hat er nach langem Leben doch ein beneidenswerthes Ende gehabt.«

Und er selbst? Wie lange wird er es noch aushalten diesseits der Grenze? Erich Bachmanns Ende, so kann man vermuten, erschreckt ihn zu Tode. Einen »sehr ernstlichen Wink« nennt er das, und fügt hinzu, dass er selbst Schnupfen und Husten habe. Aber »dafür, daß man lebt, muß man sich zwicken laßen, ja das Leben wird schließlich sogar mit dem Tode bestraft«. Im August und September 1907 ärgern ihn wieder unzumutbare Mitarbeitsangebote, eins von der »Lustigen Woche«, eins von der deutschen Kolonialgesellschaft, die er »entschieden ablehnen« muss. Zwei kurze Reisen führen zu den Neffen nach Verden und Hattorf, auch gibt es zu Hause Gäste. Der Feldsalat im Garten gedeiht. Der dramatische amerikanische Kurssturz im Oktober 1907 und die folgende Wirtschaftskrise ängstigen die Frankfurter Kessler-Damen; Busch »in seiner stillen Ecke, weit links von der Welt« registriert es und meint nur so viel: »Es kommt alles in Ordnung.« Das schöne Herbstwetter lässt die Natur bedenklich austrocknen. Erich Bachmann junior zahlt pünktlich die 96 Mark Zinsen für das Darlehen, das einst sein Vater von Busch bekam. Mitte Dezember backen die Nöldeke-Kinder Honigkuchen für das Fest. Eine Lungenentzündung führt zum Tod der nur wenige Monate alten Hilde, der Tochter von Grete Thomsen. Im Beileidsbrief fallen die Worte über die Grenze von Hier und Dort. Den Heiligabend 1907 verbringt Busch ruhig im Familienkreis, die Christmette in der ungeheizten Kirche spart er sich. Letty und Nanda Kesslers Weihnachtsgeschenke: gebratene Schnepfen, eine Börse, Tee, ein Tabaksbeutel. Grete Thomsen und ihr Mann treffen ein. Der Wind weht aus Osten. Es schneit. Busch trägt Pelzkappe. An Neujahr 1908 setzt er sich hin, um Marie Hesse ein Brieflein zu schicken:

Mechtshausen 1. Jan. 1908.
Haben Sie Dank, liebe Frau Heße, für Ihre freundliche Karte. Mein Neffe Otto und ich wünschen Ihnen ein gutes fröhliches Jahr.
Mit den herzlichsten Grüßen
Ihr alter
Wilhelm Busch.

Es sind die letzten Zeilen aus seiner Feder. Den 7. Januar will er nach Hannover hinüber – Bankgeschäfte erledigen, das Übliche. Grete soll mit. Am Vorabend spürt er nach dem Nachtessen einen Stich in der linken Seite. Die Hannover-Fahrt wird abgesagt. Der Arzt kommt. Eine Magenverstimmung, eine Erkältung? Bald ist er sicher: Herzschwäche. Busch geht früh schlafen, tagsüber schont er sich, isst nur Leichtes. Er sitzt im Lehnsessel neben dem Ofen und liest. Ein Wörterbuch, den geliebten Kluge mit seinen etymologischen Überraschungen. Die Besucher reisen nach Münster ab in Begleitung der Nöldeke-Kinder, denen Busch wie immer noch etwas Reisegeld zusteckt. Am Mittwoch, 8. Januar, kommt der Doktor noch einmal. Er empfiehlt Ruhe. Busch zieht seine Uhr auf, legt sich zu Bett. Erst Kampferpulver und Morphiumtropfen lassen ihn um Mitternacht einschlafen. Doch wacht er immer wieder auf. Eigentlich gehe es ihm ganz gut, findet er, er spüre bloß »das im Halse«, es sei »nur etwas unangenehm«. Am Donnerstagmorgen ruft Otto Nöldeke erneut den Arzt. Als er Buschs Schlafzimmer nach dem Telefonat wieder betritt, hat der Onkel das Gesicht abgewendet. Die Schwester Fanny ist da und Else Nöldeke, die berichtet, sie habe »ihm das Kissen zurechtgerückt und seine kalte Hand in ihre genommen und gefragt: ›Liegst Du auch gut?‹ ›Ja, danke, ganz gut!‹ hatte er geantwortet, ihr die Hand gedrückt, ihr freundlich zugenickt und sich zur Seite gewandt.«

Der Todeszeitpunkt wird mit Donnerstag, 9. Januar 1908, kurz nach 8 Uhr morgens angegeben.

Auf seinem Grabstein steht nur »Wilhelm Busch«. Beinahe wäre kurz vor seinem Tod noch ein »von« zwischen den »Wilhelm« und den »Busch« gekommen, denn der bayerische Maximiliansorden hatte ihn einstimmig für Orden und Adel vorgeschlagen. Von höchster Stelle aus bescheidet man den Antrag so: »Unwürdig dieser Auszeichnung«. Wäre Busch das zu Ohren gekommen, er hätte jenes »Unwürdig« als Auszeichnung verstanden. Und so bleibt sein Name schlicht. Eine Grabschrift aber schenkt er sich selbst zu Lebzeiten, als Gedenkgedicht zu seinem 75. Geburtstag, der sein letzter ist:

Mein Lebenslauf ist bald erzählt.
In stiller Ewigkeit verloren
Schlief ich, und nichts hat mir gefehlt,
Bis daß ich sichtbar ward geboren.
Was aber nun? – Auf schwachen Krücken,
Ein leichtes Bündel auf dem Rücken,
Bin ich getrost dahingeholpert,
Mitunter grad, mitunter krumm,

Und schließlich mußt ich mich verschnaufen.
Bedenklich rieb ich meine Glatze
Und sah mich in der Gegend um.
O weh! Ich war im Kreis gelaufen,
Stand wiederum am alten Platze,
Und vor mir dehnt sich lang und breit,
Wie ehedem, die Ewigkeit.

Ein Foto vom Mechtshausener Pfarrhaus, das kurz nach dem Tod entsteht, zeigt: Wilhelm Busch starb bei verschneiter Landschaft. Zeitgenossen berichten von strenger Kälte in jenem Januar 1908. Vielleicht glitt in den letzten Tagen sein Blick noch einmal nach draußen, über die Schneedecke hin – »Derweil wir wandeln, geht all das Gute, was wir nicht gethan und all das Liebe, was wir nicht gedurft, ganz heimlich leise mit uns mit, bis daß die Zeit *für dieses Mal* vorbei. Es weht der Wind; das Schneegestöber hüllt mir Wald und Feld und Garten ein. Ich wollt ich wär ein Eskimo …«

Anhang

Wilhelm Busch

Was mich betrifft – Von mir über mich

Als Antwort auf die kurze Biographie »Über Wilhelm Busch und seine Bedeutung. Eine lustige Streitschrift« von Eduard Daelen, die im Juli 1886 herausgekommen war, schrieb Busch für die »Frankfurter Zeitung« den autobiographischen Artikel »Was mich betrifft«. Er erschien in zwei Teilen am 10. Oktober und am 2. Dezember 1886. Die Fehler und überhaupt die ganze Tendenz von Daelens Buch sollten korrigiert werden.

Später überarbeitete Busch diesen kurzen Lebensabriss unter dem Titel »Von mir über mich«, zuerst 1893 für die Ausgabe der »Frommen Helene« und noch einmal 1894; die Fassung diente dann 1899 als Beigabe zur Volksausgabe von »Pater Filucius«. Dabei wurde mehr und mehr gekürzt, jedoch auch umgestellt und hinzugefügt.

Buschs Lebensbilder sind weitgehend chronologisch; sie enthalten teilweise gleiche, teilweise unterschiedliche Erinnerungen. So erschien es reizvoll, eine Kompilation zu versuchen. Der folgende Text ist also eine Zusammenstellung aus »Was mich betrifft« und den beiden Varianten des »Von mir über mich«. Aus den unterschiedlichen Autobiographien wird eine neue, chronologische Fassung erstellt, wobei »Was mich betrifft« ganz abgedruckt wird, bei »Von mir über mich« nur die davon abweichenden oder ergänzten Stellen.

Die Textpassagen sind jeweils mit **A** für »Was mich betrifft« (1886), **B** für »Von mir über mich« (1893) sowie **C** »Von mir über mich« (1894) gekennzeichnet und in verschiedener Schrifttype wiedergegeben.

I

A Es scheint wunderlich; aber weil andre über mich geschrieben, muß ich's auch einmal tun. Daß es ungern geschähe, kann ich dem Leser, einem tiefen Kenner auch des eigenen Herzens, nicht weismachen; daß es kurz geschieht, wird ihm eine angenehme Enttäuschung sein.

B Kein Ding sieht so aus, wie es ist. Am wenigsten der Mensch, dieser lederne Sack voller Kniffe und Pfiffe. Und auch abgesehen von den Kapriolen und Masken der Eitelkeit. Immer, wenn man was wissen will, muß man sich auf die zweifelhafte Dienerschaft des Kopfes und der Köpfe verlassen und erfährt nie recht, was passiert ist. Wer ist heutigentages noch so harmlos, daß er Weltgeschichten und Biographien für richtig hält? Sie gleichen den Sagen und Anekdoten, die Namen, Zeit und Ort benennen, um sich glaubhaft zu machen. Sind sie unterhaltlich erzählt, sind sie ermunternd und lehrreich, oder rührend und erbaulich, nun gut! so wollen wir's gelten lassen. Ist man aber nicht grad ein Professor der Beredsamkeit und sonst noch allerlei, was der heilige Augustinus gewesen, und will doch partout über sich selbst was schreiben, dann wird man wohl am besten tun, man faßt sich kurz. Und so auch ich.

A Ich bin geboren am 15. April 1832 zu Wiedensahl als der erste von sieben.

Mein Vater war Krämer; klein, kraus, rührig, mäßig und gewissenhaft;

C heiter und arbeitsfroh,

A stets besorgt, nie zärtlich; zum Spaß geneigt, aber ernst gegen Dummheiten. Er rauchte beständig Pfeifen, aber, als Feind aller Neuerungen, niemals Zigarren, nahm daher auch niemals Reibhölzer, sondern blieb bei Zunder, Stahl und Stein, oder Fidibus. Jeden Abend spazierte er allein durchs Dorf; zur Nachtigallenzeit in den Wald. Meine Mutter, still, fleißig, fromm,

C schaffte fleißig in Haus und Garten

A pflegte nach dem Abendessen zu lesen. Beide lebten einträchtig und so häuslich, daß einst über zwanzig Jahre vergingen, ohne daß sie zusammen ausfuhren.

C Liebe und Strenge sowohl, die mir von ihnen zuteil geworden, hat der »Schlafittig« der Zeit aus meiner dankbaren Erinnerung nicht zu verwischen vermocht.

A Was weiß ich denn noch aus meinem dritten Jahr? Knecht Heinrich macht schöne Flöten für mich und spielt selber auf der

Maultrommel, und im Garten ist das Gras so hoch und die Erbsen sind noch höher; und hinter dem strohgedeckten Hause, neben dem Brunnen, stand ein Kübel voll Wasser, und ich sah mein Schwesterchen drin liegen, wie ein Bild unter Glas und Rahmen, und als die Mutter kam, war sie kaum noch ins Leben zu bringen. Heut (1886) wohne ich bei ihr.

Gesangbuchverse, biblische Geschichten und eine Auswahl der Märchen von Andersen waren meine frühste Lektüre.

B Mein gutes Großmütterlein war zuerst wach in der Früh. Sie schlug Funken am P-förmigen Stahl, bis einer zündend ins »Usel« sprang, in die halbverkohlte Leinwand im Deckelkästchen des Feuerzeugs, und bald flackerte es lustig in der Küche auf dem offenen Herde unter dem Dreifuß und dem kupfernen Kessel, und nicht lange, so hatte auch das Kanonenöfchen in der Stube ein rotglühendes Bäuchlein, worin's bullerte. Als ich sieben, acht Jahre alt war, durft ich zuweilen mit aufstehn; und im Winter besonders kam es mir wonnig geheimnisvoll vor, so früh am Tag schon selbstbewußt in dieser Welt zu sein, wenn ringsumher noch alles still und tot und dunkel war. Dann saßen wir zwei, bis das Wasser kochte, im engen Lichtbezirk der pompejanisch geformten zinnernen Lampe. Sie spann. Ich las ein paar schöne Morgenlieder aus dem Gesangbuch vor.

Später beim Kaffee nahmen Herrschaft, Knecht und Mägde, wie es guten Freunden geziemt, am nämlichen Tische Platz.

C Um diese Zeit meines Lebens passierte eine kleine Geschichte, die recht schmerzhaft und schimpflich für mich ablief. Beim Küster diente ein Kuhjunge, fünf, sechs Jahre älter als ich. Er hatte in einen rostigen Kirchenschlüssel, so groß wie dem Petrus seiner, ein Zündloch gefeilt, und gehacktes Fensterblei hatte er auch schon genug; bloß das Pulver fehlte ihm noch zu Blitz und Donner. Infolge seiner Beredsamkeit machte ich einen stillen Besuch bei einer gewissen steinernen Kruke, die auf dem Speicher stand. Nachmittags zogen wir mit den Kühen auf die einsame Waldwiese. Großartig war der Widerhall des Geschützes. Und so beiläufig ging auch ein altes Bäuerlein vorbei, in der Richtung des Dorfes. – Abends kehrt ich fröhlich heim und freute mich so recht auf das Nachtessen. Mein Vater empfing mich an der Tür und lud mich ein, ihm auf den Speicher zu folgen. Hier ergriff er mich am linken Flügel und trieb mich vermittels eines Rohrstockes im Kreise umher, immer um die Kruke herum, wo das Pulver drin war. Wie peinlich mir das war, ließ ich weithin verlautbaren. Und sonderbar! Ich bin weder Jäger noch Soldat geworden.

A Als ich neun Jahr alt geworden, beschloß man, mich dem Bruder meiner Mutter in Ebergötzen zu übergeben. Ich freute mich drauf; nicht ohne Wehmut. Am Abend vor der Abreise plätscherte ich mit der Hand in der Regentonne, über die ein Strauch von weißen Rosen hing, und sang Christine! Christine! versimpelt für mich hin. Früh vor Tag wurde das dicke Pommerchen in die Scherdeichsel des Leiterwagens gedrängt. Das Gepäck ist aufgeladen; als ein Hauptstück der wohlverwahrte Leib eines alten Zinkedings von Klavier, dessen lästig gespreiztes Beingestell in der Heimat blieb; ein ahnungsvolles Symbol meiner musikalischen Zukunft. Die Reisenden steigen auf; Großmutter, Mutter, vier Kinder und ein Kindermädchen; Knecht Heinrich zuletzt.

C Die ganze Familie, ausgenommen der Vater, stieg auf, um dem guten Jungen das Geleite zu geben.

A Fort rumpelts durch den Schaumburger Wald. Ein Rudel Hirsche springt über den Weg; oben ziehen die Sterne; im Klavierkasten tunkt es. Nach zweimaligem Übernachten bei Verwandten wurde das Ebergötzener Pfarrhaus erreicht.

C In Wirtshäusern einkehren taten wir nicht; ein wenig seitwärts von der Straße wurde stillgehalten, der Deckel der Ernährungskiepe wurde aufgetan und unter anderm ein ganzer geräucherter Schinken entblößt, der sich bald merklich verminderte. Nach mehrmaligem Übernachten bei Verwandten erreichten wir glücklich das Ebergötzener Pfarrhaus.

A Der Onkel (jetzt über 80 und frisch) war ein stattlicher Mann, ein ruhiger Naturbeobachter und äußerst milde; nur ein einziges Mal, wennschon öfters verdient, gab's Hiebe; mit einem trockenen Georginenstengel; weil ich den Dorftrottel geneckt.

B Es war diesem eine Pfeife voll Kuhhaare gestopft und dienstbeflissen angezündet. Er rauchte sie aus, bis aufs letzte Härchen, mit dem Ausdruck der seligsten Zufriedenheit. Also der Erfolg war unerwünscht für mich in zwiefacher Hinsicht. Es macht nichts. Ein Trottel bleibt immer eine schmeichelhafte Erinnerung.

A Gleich am Tage der Ankunft

B Gleich am Tage nach der Ankunft

A schloß ich Freundschaft mit dem Sohne des Müllers. Sie ist von Dauer gewesen.

B Wir gingen vors Dorf hinaus, um zu baden. Wir machten eine Mudde aus Erde und Wasser, die wir »Peter und Paul« benannten, überkleisterten uns damit von oben bis unten, legten uns in die Sonne, bis wir inkrustiert waren wie Pasteten, und spülten's im Bach wieder ab. –

C Mein Freund aus der Mühle, der meine gelehrten Unterrichtsstunden teilte, teilte auch meine Studien in freier Natur. Dohnen und Sprenkeln wurden eifrig verfertigt, und der Schlupfwinkel keiner Forelle, den ganzen Bach entlang, unter Steinen und Baumwurzeln, blieb unbemerkt von uns.

A Alljährlich besuch ich ihn und schlafe noch immer sehr gut beim Rumpumpeln des Mühlwerks und dem Rauschen des Wassers.

Einen älteren Freund gewann ich in dem Wirt und Krämer des Orts

B , weil er ein Piano besaß. ... Er war rauh wie Esau.

A Haarig bis an die Augen und hinein in die Halsbinde und wieder heraus unter den Rockärmeln bis an die Fingernägel;

B Beim Rasieren mußte er weinen, denn das Jahr 48, welches

C selbst den widerspenstigsten

B Bärten die Freiheit gab, war noch nicht erschienen.

A angetan mit gelblichgrüner Juppe, die das

B hintere

A Mienenspiel einer blauen

B blaßblauen

A Hose nur selten zu bemänteln suchte; stets in ledernen Klappantoffeln;

B Seine Sprache war wie Häckerling

A unklar, heftig, nie einen Satz zu Ende sprechend; starker Schnupfer; geschmackvoller Blumenzüchter; dreimal vermählt;

B Seine Philosophie war der »Optimismus mit rückwirkender Kraft«; er sei zu gut für diese Welt, pflegte er gern und oft zu behaupten. Als er einst einem Jagdhunde mutwillig auf die Zehen trat und ich meinte, das stimmte nicht recht mit seiner Behauptung, kriegt ich sofort eine Ohrfeige. Unsere Freundschaft auch. Doch die Erschütterung währte nicht lange. Er ist mir immer ein lieber und drolliger Mensch geblieben

A ist er mir bis zu seinem Tode ein lieber und ergötzlicher Mensch gewesen.

Bei ihm fand ich einen dicken Liederband, welcher durchgeklimpert, und viele der freireligiösen Schriften jener Zeit, die begierig verschlungen wurden.

Der Lehrer der Dorfjugend, weil nicht der meinige, hatte keine Gewalt über mich – solange er lebte. Aber er hing sich auf, fiel herunter, schnitt sich den Hals ab und wurde auf dem Kirchhof dicht unter meinem Kammerfenster begraben. Und von nun an zwang er mich allnächtlich, auch in der heißesten Sommerzeit, ganz unter der Decke zu liegen. Bei Tage ein Freigeist, bei Nacht ein Geisterseher.

Meine Studien teilten sich naturgemäß in beliebte und unbeliebte. Zu den erstern rechne ich Märchenlesen, Zeichnen, Forellenfischen und Vogelstellen. Zwischen all dem herum aber schwebte beständig das anmutige Bildnis eines blonden

B blondlockigen

A Kindes, dessen Neigung zu fesseln, oder um die eigene glänzen zu lassen, ein fabelhafter Reichtum, eine übernatürliche Gewandtheit und selbst die bekannte Rettung aus Feuersgefahr mit nachfolgendem Tode zu den Füßen der Geliebten sehr dringend zu wünschen schien.

B Meist jedoch war ich nicht so rücksichtslos gegen mich selbst, sondern begnügte mich mit dem Wunsch, daß ich zauberhaft fliegen und hupfen könnte, hoch in der Luft, von einem Baum zum andern, und daß sie es mit ansähe und wäre starr vor Bewunderung.

A Etwa ums Jahr 45 bezogen wir die Pfarre zu Lüthorst. – Vor meinem Fenster murmelt der Bach;

B Gegenüber am Ufer

A dicht drüben steht ein Haus; eine Schaubühne des ehelichen Zwistes;

B Das Stück fing an hinter der Szene, spielte weiter auf dem Flur und schloß im Freien. Sie stand oben vor der Tür und schwang triumphierend den Reiserbesen; er stand unten im Bach und streckte die Zunge heraus; und so hatte er auch seinen Triumph

A der sogenannte Hausherr spielt die Rolle des besiegten Tyrannen. Ein hübsches natürliches Stück; zwar das Laster unterliegt, aber die Tugend triumphiert nicht. –

In den Stundenplan schlich sich nun auch die Metrik ein. Die großen heimatlichen Dichter wurden gelesen; ferner Shakespeare. Zugleich fiel mir »die Kritik der reinen Vernunft« in die Hände, die, wenn auch

B damals nur spärlich durchschaut

A noch nicht ganz verstanden, doch eine Neigung erweckte, in den Laubengängen des intimeren Gehirns zu lustwandeln, wo's bekanntlich schön schattig ist

C in der Gehirnkammer Mäuse zu fangen, wo es nur gar zu viel Schlupflöcher gibt.

A Sechzehn Jahr alt, ausgerüstet mit einem Sonett nebst zweifelhafter

C ungefähren

A Kenntnis der vier Grundrechnungsarten, erhielt ich Einlaß zur Polytechnischen Schule in Hannover, allwo ich mich in der reinen Mathematik bis zu Nr. 1 mit Auszeichnung emporschwang

C aber in der angewandten bewegt ich mich mit immer matterem Flügelschlage.

Hier ging mit meinem Äußern eine stolze Veränderung vor. Ich kriegte die erste Uhr – alt, nach dem Kartoffelsystem – und den ersten Paletot – neu, so schön ihn der Dorfschneider zu bauen vermochte. Mit diesem Paletot, um ihn recht sehen zu lassen, stellt ich mich gleich den ersten Morgen sehr dicht vor den Schulofen. Eine brenzlichte Wolke und die freudige Teilnahme der Mitschüler ließen mich ahnen, was hinten vor sich ging. Der umfangreiche Schaden wurde kuriert nach der Schnirrmethode, beschämend zu sehn; und nur noch bei äußerster Witterungsnot ließ sich das einst so prächtige Kleidungsstück auf offener Straße blicken.

A Im Jahr 48 trug auch ich mein gewichtiges Kuhbein, welches nie scharf geladen werden durfte, und erkämpfte mir in der Wachtstube die bislang noch nicht geschätzten Rechte des Rauchens und des Biertrinkens; zwei Märzerrungenschaften, deren erste mutig bewahrt, deren zweite durch die Reaktion des Alters jetzt merklich verkümmert ist. –

Nachdem ich drei bis vier Jahre in Hannover gehaust, verfügt ich mich, von einem Maler ermuntert, in den Düsseldorfer Antikensaal.

C Ich kam, soviel ich weiß, grad an zu einem jener Frühlingsfeste, für diesmal die Erstürmung einer Burg, die weithin berühmt waren. Ich war sehr begeistert davon und von dem Maiwein auch.

A Unter Anwendung von Gummi, Semmel und Kreide übte und erlernt ich daselbst die beliebte Methode des Tupfens, mit der man das reizende lithographische »Korn« erzeugt. –

C Nachdem ich mich schlecht und recht durch den Antikensaal hindurchgetüpfelt hatte, begab ich mich nach Antwerpen in die Malschule, wo man, so hieß es, die alte Muttersprache der Kunst noch immer erlernen könne.

A Von Düsseldorf geriet ich nach Antwerpen in die Malschule. – Ich wohnte am Eck der Käsbrücke bei einem Bartscherer. Er hieß Jan und sie hieß Mie. Zu gelinder Abendstunde saß ich mit ihnen vor der Haustüre, im grünen Schlafrock, die Tonpfeife im Munde; und die Nachbarn kamen auch herzu; der Korbflechter, der Uhrmacher, der Blechschläger; die Töchter in schwarzlackierten Holzschuhen. Jan und Mie waren ein zärtliches Pärchen, sie dick, er dünn; sie balbierten mich abwechselnd, verpflegten mich in einer Krankheit und schenkten mir beim Abschied in kühler Jahreszeit eine warme rote Jacke nebst drei Orangen. – Wie war mir's traurig zu Mut, als ich voll Neigung und Dankbarkeit nach Jahren dies Eck wieder aufsuchte, und alles war neu, und Jan und Mie gestorben, und nur der Blechschläger pickte noch in seinem alten eingeklemmten Häuschen und sah mich trüb und verständnislos über die Brille an.

Den deutschen Künstlerverein, bestehend aus einigen Malern, aus politischen Flüchtlingen und Auswanderungsagenten, besucht ich selten, fühlte mich aber geehrt durch Aufnahme einiger Scherze in die Kneipzeitung. In

B dieser kunstberühmten Stadt

A Antwerpen sah ich zum erstenmal im Leben die Werke alter Meister: Rubens, Brouwer, Teniers; später Frans Hals. Ihre göttliche Leichtigkeit der Darstellung

B malerischer Einfälle,

A die nicht patzt und kratzt und schabt, diese Unbefangenheit eines guten Gewissens, welches nichts zu vertuschen braucht, dabei der stoffliche Reiz eines schimmernden Juwels,

B diese Farbenmusik, worin man alle Stimmen klar durchhört, vom Grundbaß herauf,

A haben für immer meine Liebe und Bewunderung gewonnen; und gern verzeih ich's ihnen, daß sie mich zu sehr geduckt haben, als daß ich's je recht gewagt hätte, mein Brot mit Malen zu verdienen, wie manch anderer auch. Die Versuche, freilich, sind nicht ausgeblieben; denn geschafft muß werden, und selbst der Taschendieb geht täglich auf Arbeit aus; ja, ein wohlmeinender Mitmensch darf getrost voraussetzen, daß diese Versuche, deren Resultate zumeist für mich abhanden gekommen, sich immerfort durch die Verhältnisse hindurchziehen, welche mir schließlich meinen bescheidenen Platz anwiesen.

Nach Antwerpen hielt ich mich in Wiedensahl

B in der Heimat

A auf. Was sich die Leute »ut oler welt« erzählten, klang mir sonderbar ins Ohr

B sucht ich mir fleißig zu merken, doch wußte ich leider zu wenig, um zu wissen, was darunter wissenschaftlich bemerkenswert ist. Das Vorspuken eines demnächstigen Feuers hieß: wabern. Den Wirbelwind, der auf der Landstraße den Staub auftrichtert, nannte man warwind; es sitzt eine Hexe drin. Übrigens hörte ich, seit der »Alte Fritz« das Hexen verboten hätte, müßten sich die Hexen überhaupt sehr in Acht nehmen mit ihrer Kunst.

A Ich horchte genauer. Am meisten

C von Märchen

A wußte ein alter, stiller, für gewöhnlich wortkarger Mann. Einsam saß er abends im Dunkeln. Klopft ich ans Fenster, so steckte er freudig den Trankrüsel an. In der Ofenecke steht sein Sorgensitz. Rechts von der Wand langt er sich die sinnreich senkrecht im Kattunbeutel hängende kurze Pfeife, links vom Ofen den Topf voll heimischen Tabaks, und nachdem er gestopft, gesogen und Dampf gemacht, fängt er seine vom Mütterlein ererbten Geschichten an. Er erzählt gemächlich; wird's aber dramatisch, so steht er auf und wechselt den Platz, je nach den redenden Personen; wobei denn auch die Zipfelmütze, die sonst nur leis nach vorne nickte, in mannigfachen Schwung gerät.

C Für Spukgeschichten dagegen, von bösen Toten, die wiederkommen zum Verdrusse der Lebendigen, war der Schäfer Autorität. Wenn er abends erzählte, lag er quer über dem Bett, und wenn's ihm trocken und öd wurde im Mund, sprang er auf und ging vor den Tischkasten und biß ein neues Endchen Kautabak ab zur Erfrischung. Sein Frauchen saß daneben und spann.

B In den Spinnstuben sangen die Mädchen, was ihre Mütter und Großmütter gesungen. Während der Pause, abends um neun, wurde getanzt; auf der weiten Haustenne; unter der Stallaterne; nach dem Liede:

maren will wi hawern meihn:
wer schall den wol binnen?
dat schall (meiers dortchen) don,
de will eck wol finnen.

A Von Wiedensahl aus besucht ich

B auf längere Zeit

A den Onkel in Lüthorst. Ein Liebhabertheater im benachbarten Städtchen zog mich in den angenehmen Kreis seiner Tätigkeit; aber ernsthafter fesselte mich das wundersame Leben des Bienenvolkes und der damals wogende Kampf um die Parthenogenesis, den mein Onkel als gewandter Schriftsteller und Beobachter entscheidend mit durchfocht.

C Es hatte sich grad um einen Grundsatz der Wissenschaft, nämlich, daß nur aus einem befruchteten Ei ein lebendes Wesen entstehen könne, ein Streit erhoben. Ein schlichter katholischer Pfarrer wies nach, daß die Bienen eine Ausnahme machten. Mein Onkel, als gewandter Schriftsteller und guter Beobachter, ergriff seine Partei und beteiligte sich lebhaft an dem Kampf. Auch mich zog es unwiderstehlich abseits in das Reich der Naturwissenschaften.

A Der Wunsch und Plan, nach Brasilien auszuwandern, dem Eldorado der Imker, blieb unerfüllt

B hat sich nicht verwirklichen sollen.

A Daß ich überhaupt praktischer Bienenzüchter geworden, ist freundlicher Irrtum.

Bei Gelegenheit dieser naturwissenschaftlichen Liebhaberei wurde unter andern auch der Darwin gelesen, der unvergessen blieb, als ich mich nach Jahren mit Leidenschaft und Ausdauer in den Schopenhauer vertiefte. Die Begeisterung für dieselben hat etwas nachgelassen. Ihr Schlüssel scheint mir wohl zu mancherlei Türen zu passen, in dem verwunschenen Schloß dieser Welt, nur nicht zur Ausgangstür.

C aber kein »hiesiger« Schlüssel, so scheint's, und wär's der Asketenschlüssel, paßt je zur Ausgangstür.

A Von Lüthorst trieb mich der Wind nach München, wo bei der grad herrschenden akademischen Strömung das kleine nicht eben geschickt gesteuerte Antwerpener Schifflein gar bald auf dem Trockenen saß. – Um so verlockender winkte der

B angenehmer war es im

A Künstlerverein,

B wo man sang und trank und sich nebenbei karikierend zu necken pflegte. Auch ich war solchen persönlichen Späßen nicht abgeneigt. Man ist ein Mensch und erfrischt und erbaut sich gern an den kleinen Verdrießlichkeiten und Dummheiten anderer Leute. Selbst über sich selber kann man lachen mitunter, und das ist ein Extrapläsier, denn dann kommt man sich sogar noch klüger und gedockener vor als man selbst.

Lachen ist ein Ausdruck relativer Behaglichkeit. Der Franzel hinterm Ofen freut sich der Wärme um so mehr, wenn er sieht, wie sich draußen der Hansel in die rötlichen Hände pustet. Zum Gebrauch in der Öffentlichkeit habe ich jedoch nur Phantasiehanseln in Anwendung gebracht. Man kann sie auch besser herrichten ganz nach Bedarf und sie eher tun und sagen lassen, was man will. Gut schien mir oft der Trochäus für biederes Reden; stets praktisch der Holzschnittstrich für stilvoll heitere Gestalten. So ein Konturwesen macht sich leicht frei von dem Gesetze der Schwere und kann, besonders wenn es nicht schön ist, viel aushalten, eh' es uns weh tut. Man sieht die Sach an und schwebt derweil in behaglichem Selbstgefühl über den Leiden der Welt, ja über dem Künstler, der gar so naiv ist.

A Die Veröffentlichung der dort verübten Späße, besonders der persönlichen Verhohnhacklungen, ist mir unerwünscht. Was hilft's? Dummheiten, wenn auch vertraulich in die Welt gesetzt, werden früher oder später doch leicht ihren Vater erwischen, mag er's wollen oder nicht.

C Auch das Gebirg, das noch nie in der Nähe gesehene, wurde für längere Zeit aufgesucht. An einem Spätnachmittag kam ich zu Fuß vor dem Dörfchen an, wo ich zu bleiben gedachte. Gleich das erste Häuschen mit dem Plätscherbrunnen und dem Zaun von Kürbis durchflochten sah verlockend idyllisch aus. Feldstuhl und Skizzenbuch wurden aufgeklappt. Auf der Schwelle saß ein steinaltes Mütterlein und schlief, das Kätzchen daneben. Plötzlich, aus dem Hintergrunde des Hauses, kam eine jüngere Frau, faßte die Alte bei den Haaren und schleifte sie auf den Kehrichthaufen. Dabei quäkte die Alte, wie ein Huhn, das geschlachtet werden soll. Feldstuhl und Skizzenbuch wurden zugeklappt. Mit diesem Rippenstoße führte mich das neckische Schicksal zu den trefflichen Bauersleuten und in die herrliche Gegend, von denen ich nur ungern wieder Abschied nahm.

A Es kann 59 gewesen sein, als die »Fliegenden« meinen ersten Beitrag erhielten:

B eine Zeichnung mit Text

A zwei Männer auf dem Eise, von denen einer den Kopf verliert. – Ich hatte auf Holz zu erzählen. Der alte praktische Strich stand mir wie andern zur Verfügung; die Lust am Wechselspiel der Wünsche, am Wachsen und Werden war auch bei mir vorhanden.

B Vielfach, wie's die Not gebot, illustrierte ich dann neben eigenen auch fremde Texte. Bald aber meint ich, ich müßt alles halt selber machen. Die Situationen gerieten in Fluß und gruppierten sich zu kleinen Bildergeschichten, denen größere gefolgt sind.

A So nahmen denn bald die kontinuierlichen Bildergeschichten ihren Anfang, welche, mit der Zeit sich unwillkürlich erweiternd, mehr Beifall gefunden, als der Verfasser erwarten durfte. Wer sie freundlich in die Hand nimmt, etwa wie Spieluhren, wird vielleicht finden, daß sie, trotz bummlichten Aussehens, doch teilweis im Leben geglüht, mit Fleiß gehämmert und nicht unzweckmäßig zusammengesetzt sind. Fast sämtlich sind sie in Wiedensahl gemacht, ohne wen zu fragen und, ausgenommen ein allegorisches Tendenzstück und einige Produkte des drängenden Ernährungstriebes, zum Selbstpläsier.

B Dann hab ich sie laufen lassen auf den Markt, und da sind sie herumgesprungen, wie Buben tun, ohne viel Rücksicht zu nehmen auf gar zu empfindsame Hühneraugen;

C wohingegen man aber auch wohl annehmen darf, daß sie nicht gar zu empfindlich sind, wenn sie mal Schelte kriegen.

B und sogar ein altes, schwäbisches Bäuerlein, das seine Ferkel zu Markte trieb, hat sich recht drüber ärgern müssen.

A Hätte jedoch die sorglos in Holzschuhen tanzende Muse den einen oder andern der würdigen Zuschauer auf die Zehe getreten, so wird das bei ländlichen Festen nicht weiter entschuldigt. Ein auffällig tugendsames Frauenzimmer ist's freilich nicht. Aber indem sie einerseits den Myrthenzweig aus der Hand des übertriebenen Wohlwollens errötend von sich ablehnt, hält sie anderseits gemütlich den verschleierten Blick eines alten Ästhetikers aus, dem bei der Bestellung des eigenen Ackers ein Stäubchen Guano ins Auge geflogen. – Man hat den Autor, den diese Muse begeistert, für einen Bücherwurm und Absonderling gehalten. Das erste ohne Grund,

B mit Unrecht

A das zweite ein wenig mit Recht.

B Zwar liest er unter anderm die Bibel, die großen Dramatiker, die Bekenntnisse des Augustin, den Pickwick und Don Quichotte und hält die Odyssee für das schönste der Märchenbücher, aber ein Bücherwurm ist doch ein Tierchen mit ganz anderen Manierchen.

Ein Sonderling dürfte er schon eher sein. Für die Gesellschaft, außer der unter vier bis sechs Augen, schwärmt er nicht sehr.

A Seine Nachlässigkeit

B Vergeßlichkeit

C oder Schüchternheit

A im schriftlichen Verkehr mit Fremden ist schon mehrfach gerüchtweise mit dem Tode bestraft.

C Der gewandte Stilist, der seine Korrespondenten mit einem zierlichen Strohgeflechte beschenkt, macht sich umgehend beliebt, während der Unbeholfene, der seine Halme aneinanderknotet, wie der Bauer, wenn er Seile bindet, mit Recht befürchten muß, daß er Anstoß erregt. Er zögert und vergißt.

B Verheiratet ist er auch nicht. Er denkt gelegentlich eine Steuer zu beantragen auf alle Ehemänner, die nicht nachweisen können, daß sie sich lediglich im Hinblick auf das Wohl des Vaterlandes vermählt haben. Wer eine hübsche und gescheite Frau hat, die ihre Dienstboten gut behandelt, zahlt das Doppelte. Den Ertrag kriegen die alten Junggesellen, damit sie doch auch eine Freud haben.

A Für die Gesellschaft ist er nicht genugsam dressiert, um ihre Freuden geziemend zu würdigen und behaglich genießen zu können. Zu einer Abendunterhaltung jedoch, unter vier bis höchstens sechs Augen, in einer neutralen Rauchecke, bringt er noch immer eine Standhaftigkeit mit, die kaum dem anrückenden Morgen weicht. –

So viel wollt ich von mir selber sagen. – Das Geklage über alte Bekannte hab ich schon längst den Basen anheimgestellt, und selbst über manche zu schweigen, die ich liebe und verehre, kam mir hier passend vor.

B Ich komme zum Schluß. Das Porträt, um rund zu erscheinen, hätte mehr Reflexe gebraucht. Doch manche treffliche

C vorzügliche

B Menschen, die ich liebe und verehre, für Selbstbeleuchtungszwecke zu verwenden, wollte mir nicht passend erscheinen, und in bezug auf andre, die mir weniger sympathisch gewesen, halte ich ohnedies schon längst ein mildes, gemütliches Schweigen für gut.

So stehe ich denn tief unten an der Schattenseite des Berges. Aber ich bin nicht grämlich geworden; sondern wohlgemut, halb schmunzelnd, halb gerührt, höre ich das fröhliche Lachen von anderseits her, wo die

Jugend im Sonnenschein nachrückt und hoffnungsfreudig nach oben strebt.

II

A Wer grad in ein Ballett vertieft ist, wer eben seinen Namenstag mit Champagner feiert, wer zufällig seine eigenen Gedichte liest, wer Skat spielt oder Tarock, dem ist freilich geholfen.

Leider stehen diese mit Recht beliebten Mittel temporärer Erlösung nicht immer jedem zur Verfügung. Oft muß man schon froh sein, wenn nur einer, der Wind machen kann, mal einen kleinen philosophisch angehauchten Drachen steigen läßt, aus altem Papier geklebt. Man wirft sein Bündel ab, den Wanderstab daneben, zieht den heißen Überrock des Daseins aus, setzt sich auf den Maulwurfshügel allerschärfster Betrachtung und schaut dem langgeschwänzten Dinge nach, wie's mehr und mehr nach oben strebt, sodann ein Weilchen in hoher Luft sein stolzes Wesen treibt, bis die Schnur sich verkürzt, bis es tiefer und tiefer sinkt, um schließlich matt und flach auf's dürre Stoppelfeld sich hinzulegen, von dem es aufgeflogen. Wenigstens was mich betrifft, so mag nur einer kommen und mir beweisen, daß die Zeit und dies und das bloß ideal ist, ein angeerbtes Kopfübel, hartnäckig, inkurabel, bis der letzte Schädel ausgebrummt; er soll mich nur aufs Eis führen, seine blanken Schlittschuhe anschnallen, auf der gefrorenen Ebene seine sinnreichen Zahlen und Schnörkel beschreiben; ich will ihn gespannt begleiten, ich will ihm dankbar sein; nur darf es nicht gar so kühl werden, daß mir die Nase friert, sonst drücke ich mich lieber hinter irgendeinen greifbaren Ofen, wär es auch nur ein ganz bescheidener von schlichten Kacheln, bei dem man sich ein bissel wärmen kann.

Ja, die Zeit spinnt luftige Fäden; besonders die in Vorrat, welche wir oft weit hinausziehen in die sogenannte Zukunft, um unsere Sorgen und Wünsche aufzuhängen, wie die Tante ihre Wäsche, die der Wind zerstreut. – Als ob's mit dem Gedrängel des gegenwärtigen Augenblicks nicht grad genug wäre.

Und dann dies liebe, trauliche, teilweis grauliche, aber durchaus putzwunderliche Polterkämmerchen der Erinnerung, voll scheinbar welken, abgelebten Zeugs; das dennoch weiter wirkt, drückt, zwickt, erfreut; oft ganz, wie's ihm beliebt, nicht uns; das sitzen bleibt, obwohl nicht eingeladen; das sich empfiehlt, wenn wir es halten möchten. Ein Kämmerchen, in Fächer eingeteilt, mit weißen, roten Türen, ja selbst mit schwarzen, wo die alten Dummheiten hinter sitzen.

Vielleicht ist's grade Winter. Leise wimmeln die Flocken vor deinem Fenster nieder. Ein weißes Türchen tut sich auf. Sieh nur, wie deutlich alles dasteht; wie in einem hellerleuchteten Puppenstübchen. – Der Lichterbaum, die Rosinengirlanden, die schaumvergoldeten Äpfel und Nüsse, die braungebackenen Lendenkerle; glückliche Eltern, selige Kinder. – Freundlich betrachtest du das Bübchen dort, denn das warst du, und wehmütig zugleich, daß nichts Besseres und Gescheiteres aus ihm geworden, als was du bist.

Mach wieder zu. – Öffne dies rote Türchen. – Ein blühendes Frauenbild. Ernst, innig schaut's dich an; als ob's noch wäre, und ist doch nichts wie ein Phantom von dem, was längst gewesen.

Laß sein. – Paß auf das schwarze Türchen. – Da rumort's hinter. – Halt zu! – Ja, schon recht; solange wie's geht. – Du kriegst, wer weiß woher, einen Stoß auf Herz, Leber, Magen oder Geldbeutel. Du läßt den Drücker los. Es kommt die stille, einsame, dunkle Nacht. Da geht's um in der Gehirnkapsel und spukt durch alle Gebeine, und du wirfst dich von dem heißen Zipfel deines Kopfkissens auf den kalten und her und hin, bis dir der Lärm des aufdämmernden Morgens wie ein musikalischer Genuß erscheint.

Nicht du, mein süßer Backfisch! Du liegst da in deinem weißen Häubchen und weißen Hemdchen, du faltest deine schlanken Finger, schließest die blauen harmlos-träumerischen Augen und schlummerst seelenfriedlich deiner Morgenmilch mit Brötchen entgegen und selbst deiner Klavierstunde, denn du hast fleißig geübt.

Aber ich, Madam! und Sie Madam; und der Herr Gemahl, der abends noch Hummer ißt, man mag sagen, was man will. – Doch nur nicht ängstlich. Die bösen Menschen brauchen nicht gleich alles zu wissen. Zum Beispiel ich, ich werde mich wohl hüten; ich lasse hier nur ein paar kümmerliche Gestalten heraus, die sich so gelegentlich in meinem Gehirn eingenistet haben, als ob sie mit dazu gehörten.

Es ist Nacht in der kunst- und bierberühmten Residenz. Ich komme natürlich aus dem Wirtshause, bin aber bereits in der Vorstadt und strebe meinem einsamen Lager zu. Links die Planke, rechts der Graben. Hinter mir eine Stadt voll leerer Maßkrüge, vor mir die schwankende Nebelsilhouette eines betagten Knickebeins. Bald drückt er zärtlich die Planke, bald zieht ihn der Graben an; bis endlich die Planke, des falschen Spieles müde, ihm einen solch verächtlichen Schubs gibt, daß er dem Graben, mit Hinterlassung des linken Filzschuhes, sofort in die geschmeidigen Arme sinkt. Ich ziehe ihn heraus bei den Beinen, wie einen Schubkarren. Er wischt sich die Ohren und wimmert kläglich: »Wissen's, i ßiech halt nimma recht!« – Gewiß häufig eine zutreffende Ausrede für ältere Herrn in verwickelten Umständen.

Ein andermal derselbe Weg. – Vor mir ein zärtliches Pärchen. Ihr schleift, am Bändel hängend, die Schürze nach. Ich wirble sie auf mit dem Stock und sage in gefälligem Ton: »Fräulein, Sie verlieren etwas.« Sie hört es nicht. Es ist der Augenblick vor einem Liebeskrach. Er schlägt sie zu Boden, tritt ihr dreimal hörbar auf die Brust, und fort ist er. – Schnell ging's. – Und was für einen sonderbaren Ton das gibt, so ein Fußtritt auf ein weibliches Herz. Hohl, nicht hell. Nicht Trommel, nicht Pauke. Mehr lederner Handkoffer; voll Lieb und Treu vielleicht. – Ich gebe ihr meinen Arm, daß sie sich aufrichten und erholen kann; denn man ist oft gerührt und galant, ohne betrunken zu sein.

Ein andermal ein anderer Weg. – Ein berühmter Maler hat mich zu Mittag geladen. Stolz auf ihn und meine silbervergoldete Dose, geh ich durch eine einsame Straße und drehe mir vorher noch eben eine Zigarette. Hinter mir kommt wer angeschlürft; er schlürft an mir vorbei. »Ja, Bedelleit, die hat koana gern; die mag neamed.« Er spricht es leise und bescheiden. Er schaut nicht seitwärts, er schaut nicht um; er schlürft so weiter. Hände im schwärzlichgrauen Paletot; schwärzlichgrauer Hut im Nacken, Hose schwärzlichgrau, unten mit Fransen dran; da, wo Hut und

Paletotkragen ihre Winkel bilden, je ein Stückchen blasses Ohr zu sehn. Ein armer, farbloser Kerl. Schon zehn Mark vermutlich würden ihm recht sein. Freilich – der Schneider – die Fahrt ins Tirol – am End versäuft er's nur. – Macht nichts. Gib's ihm halt! – Inzwischen ist er weg ums Eck, für immer unerwischbar.

Schnell eine andere Tür. – Schau, schau! – Zwischen zwei Hügeln, mitten hindurch der Bach, das Dörflein meiner Kindheit. Vieles im scharfen Sonnenlicht früher Eindrücke; manches überschattet von mehr als vierzig vergangenen Jahren; einiges nur sichtbar durch den Lattenzaun des Selbsterlebten und des Hörensagens. Alles so heiter, als hätt es damals nie geregnet.

Aber auch hier gibt's arme Leutchen. – Es ist noch die gute alte Zeit, wo man den kranken Handwerksburschen über die Dorfgrenze schiebt und sanft in den Chausseegraben legt, damit er ungeniert sterben kann; obschon der unbemittelte Tote immerhin noch einen positiven Wert hat; unter anderm für den Fuhrmann, der ihn zur Anatomie bringt.

Im Dörflein seitab, hier hinter den trüben Fensterscheiben, da sitzt vielleicht das »Puckelriekchen«. Sie spinnt und spinnt. Auf die Lebensfreuden hat sie verzichtet. Aber drei Tage nach ihrem Tode, da wenigstens möchte sie sich mal so ein recht gemütliches Fest bereiten, nämlich ein ehrliches Begräbnis mit heilen Gliedmaßen, im schwarzlackierten Sarge, auf dem heimatlichen Kirchhofe. Nach dem Professer, der die toten Leute kaputtschneidet, will sie nicht hin; und dann müßte sie sich ja auch so schämen vor den Herren Studenten, weil sie gar so klein und mager und bucklicht ist. Darum bettelt sie und sinnt und spinnt von früh bis spät. – O weh! Zu früh schneidet die Parze den Flachs- und Lebensfaden ab. Es hat nicht gelangt. Nun heißt es doch: »Hinein in die ungehobelte Kiste« und »Krischan, spann an«. Und dort fährt er hin mit ihr in der frühen Dämmerung, und wer grad verreisen muß, der kann mit aufsitzen. (Das wäre was gewesen für Tante Malchen, die immer so gern per Gelegenheit fuhr!)

Der dort langsam und verdrießlich Holz sägt, das scheint der »Pariser« zu sein. »Eine kalte Winternacht« – so pflegt er auf Plattdeutsch zu sagen – »ein Grenzstein im freien Feld und eine

Pulle voll Schluck, das müßte einen bequemen Tod abgeben.« Oder: »Hätt ich nur erst eine Viertelstunde gehängt, mich dünkt, so wollt ich gleich mit einem um die Wette hängen, der schon ein ganzes Jahr gehängt hat.« Gegen die erste Manier schützt er Geldmangel vor, gegen die zweite den bedenklichen Anfang. Er zögert und zögert und muß sich zuletzt mit einem gewöhnlichen Tod begnügen, wie er grad vorkommt.

Hier im Hof, auf dem Steintritt vor der Tür, steht eine hübsche Frau. Sagen wir, Kreuzbänder an den Schuhen, Locken an den Schläfen, Schildpattkamm im Flechtennest. Ein fremder Betteljunge kommt durch die Pforte. Haare wie trockner Strohlehm; Hemd und Haut aus einem Topf gemalt; Hose geräumig, vermutlich das Geschenk eines mildtätigen Großvaters; Bettelsack mit scheinbar knolligem Inhalt; Stock einfach zweckentsprechend. »Heut kriegst du nichts; wir haben selbst Arme genug.« – »So bra'r jöck de Düwel wat ower, dat je'r anne sticket!« Nach Abgabe dieses Segenswunsches entfernt er sich, um sein Sammelwerk anderweitig fortzusetzen. Nicht mit Erfolg. Hinter der Mauer hervor, bewehrt mit kurzem Spieß, tritt ihm unerwartet ein kleiner Mann entgegen, entledigt ihn, listig lächelnd, doch rücksichtslos, seiner Vorräte und zeigt ihm sodann unter Zuhilfenahme der umgekehrten Waffe, durch stoßweise Andeutungen auf der Kehrseite, den richtigen Weg zum Dorfe hinaus.

Dieser Wachsame und Gewaltige ist der »alte Danne«. – Da er körperlich und geistig zu schwach geworden, um Tagelöhner zu sein, so hat man ihm ein Amt verliehn, mit dem Titel »Bettelvogt«, und als Zeichen seiner Würde den Speer,

B den kurzen Spieß

A »dat Baddelspeit«. Kraft dessen ist er Herzog und Schirmherr aller einheimischen Bettler. – Er ißt »reihrund«. Er schläft nachts im Pferdestall, nachmittags, bei günstiger Witterung, im Baumgarten hinter dem Hause . –

B Zu warmer Sommerzeit hielt er sein Mittagschläfchen im Grase.

A Und hier kann man am besten eine Eigentümlichkeit an ihm beobachten, welche hauptsächlich bei alten unbemittelten Leuten vorzukommen scheint, die versäumt haben, sich ein neues

Gebiß zu kaufen. – Atmet er ein – ein lautes Schnarchen; atmet er aus – ein leises Flöten.

B Zog er die Luft ein, so machte er den Mund weit auf, und es ging: Krah! Stieß er sie aus, so machte er den Mund ganz spitz, und es ging: Püh! wie ein sanfter Flötenton.

A Erst dieser alte faltige grauborstige Mümmelmund hübsch weit abgerundet nach innen gezogen, dann plötzlich bei hohlen Backen hübsch zugespitzt nach außen getrieben und nur ein ganz feins Löchlein drin. – Für den Naturforscher, selbst bei häufiger Wiederholung, ein interessantes Phänomen. – Leider geht der alte Danne nur noch kurze Zeit seinen Erholungen und Amtsgeschäften nach. Es kommt so ein gewisser schöner, ausdermaßen warmer Nachmittag. Zwei flachsköpfige Buben, sehr bewandert in Obstangelegenheiten, besuchen grad zufällig in einem schattigen Garten einen berühmten Sommerbirnenbaum, um eben mal nachzusehen, wie die Sachen da liegen. – Der alte Danne liegt drunter. – Speer im Arm; still, bleich, gradausgestreckt; die Augen starr nach oben in die vollen Birnen gerichtet; Mund offen; zwei Fliegen kriechen aus und ein. Der alte Danne ist tot. –

B Einst fanden wir ihn tot unter dem berühmtesten Birnbaume des Dorfes; Speer im Arm; Mund offen; so daß man sah: Krah! war sein letzter Laut gewesen. Um ihn her lagen die goldigsten Sommerbirnen; aber für diesmal mochten wir keine.

A Und schlau hat er's abgepaßt, denn der neue Kirchhof wird nächstens eingeweiht. Er kommt noch auf den alten und kann ruhig weiter liegen, ohne von später kommenden Schlafgästen gestört zu werden. – Eine geschmackvolle Garnitur von Brennnesseln steht um sein Grab herum. –

Ja, mein guter, wohlsituierter und lebendiger Leser! So muß man überall bemerken, daß es Verdrießlichkeiten gibt in dieser Welt und daß überall gestorben wird. Du aber sei froh. Du stehst noch da, wie selbstverständlich, auf deiner angestammten Erde. Und wenn du dann dahinwandelst, umbraust von den ahnungsvollen Stürmen des Frühlings, und deine Seele schwillt mutig auf, als solltest du ewig leben; wenn dich der wonnige Sommer umblüht und die liebevollen Vöglein in allen Zweigen singen; wenn deine Hand im goldenen Herbst die wallenden Ähren streift; wenn zur hellglänzenden Winterzeit dein Fuß über blitzende Diamanten knistert – hoch über dir die segensreiche Sonne oder der unendliche Nachthimmel voll winkender Sterne – und doch, durch all die Herrlichkeit hindurch, allgegenwärtig, ein feiner, peinlicher Duft, ein leiser, zitternder Ton – und wenn du dann nicht so was wie ein heiliger Franziskus bist – sondern wenn du wohlgemut nach Hause gehst zum gutgekochten Abendschmaus und zwinkerst deiner reizenden Nachbarin zu und kannst schäkern und lustig sein, als ob sonst nichts los wäre, dann darf man dich wohl einen recht natürlichen und unbefangenen Humoristen nennen.

Fast wir alle sind welche. – Auch du, mein kleines, drolliges Hänschen, mit deinem Mumps, deiner geschwollenen Backe, wie du mich anlächelst durch Tränen aus deinem dicken, blanken, schiefen Gesicht heraus, auch du bist einer; und wirst du vielleicht später mal gar ein Spaßvogel von Metier, der sich berufen fühlt, unsere ohnehin schon große Heiterkeit noch künstlich zu vermehren, so komme nur zu uns, guter Hans, wir werden dir gern unsere alten Anekdoten erzählen, denn du bist es wert.

»Ahem! – Wie war denn das Diner bei dem berühmten Maler?« so unterbrichst du mich, mein Wertester mit dem Doppelkinn. Nun! Kurz aber gut; Wein süperb; Schnepfen exquisit. – Doch ich sehe, du hast dich gelangweilt. Das beleidigt mich. Aber ich bin dir unverwüstlich gut. Ich werde sonstwie für dich sorgen; ich verweise dich auf den vielsagenden Ausspruch eines glaubwürdigen Blattes. »Il faut louer Busch pour ce qu'il a fait, et pour ce qu'il n'a pas fait.« Wohlan, mein Freund! Wende deinen Blick von links nach rechts, und vor dir ausgebreitet liegt das gelobte Land aller guten Dinge, die ich nicht gemacht habe.

Liebst du herz- und sonnenwarme Prosa, lies Werther. – Suchst du unverwelklichen Scherz, der wohl dauern wird, solange noch eine sinnende Stirn über einem lachenden Munde sitzt, begleite den Ritter von der Mancha auf seinen ruhmreichen Fahrten. – Willst du in einem ganzen Spiegel sehn, nicht in einer Scherbe, wie Menschen jeder Sorte sich lieben, necken, raufen, bis jeder sein ordnungsmäßiges Teil gekriegt, schlag Shakespeare auf. – Trägst du Verlangen nach entzückend mutiger Farbenlust, stelle dich vor das Flügelbild Peterpauls in der Scheldestadt und laß dich anglänzen von der jungfräulichen Mutter mit dem Kinde. – Oder sehnst du dich mehr nach den feierlichen Tönen einer durchleuchteten Dämmerung, besuch den heiligen Vater in seinem beneidenswerten Gefängnis und schau den Sebastian an. – Und ist dir auch das noch nicht hinreichend, so zieh meinetwegen an den Arno, wo eine gedeckte Brücke zwei wundersame Welten der Kunst verbindet.

Damit, denk ich, wirst du für acht Tage genug haben und wärst du so genußfähig, wie ein Londoner Schneidermeister auf Reisen.

Chronik

1832	*15. April:* Geburt von Heinrich Christian Wilhelm Busch in Wiedensahl.
1834	Geburt der Schwester Fanny.
1836	Geburt des Bruders Gustav.
1838	Einschulung in Wiedensahl; Geburt des Bruders Adolf.
1841	Geburt des Bruders Otto; im September Übersiedlung nach Ebergötzen zum Onkel, Pastor Georg Kleine; Beginn der Freundschaft mit Erich Bachmann.
1843	Geburt der Schwester Anna.
1845	Geburt des Bruders Hermann.
1846	Umzug mit Familie Kleine nach Lüthorst.
1847	29. September: Beginn des Studiums an der Polytechnischen Schule in Hannover; Tod der Großmutter Amalie Kleine.
1851	Im Juni Wechsel zur Kunstakademie Düsseldorf.
1852	Im Mai Wechsel zur Königlichen Akademie der schönen Künste Antwerpen.
1853	Im Frühjahr Typhus-Erkrankung und Heimkehr nach Wiedensahl.
1854	Ab November Studium an der Königlichen Akademie der Künste München; Mitglied im Künstlerverein »Jung-München«.
1855–1868	Verschiedene Wohnungen in München; dazwischen Aufenthalte in Brannenburg am Inn, Lüthorst, Wiedensahl, Hameln, Hannover, Wolfenbüttel.
1859–1871	Beiträge zu den »Fliegenden Blättern« und »Münchener Bilderbogen«.
1864	»Bilderpossen«: »Der Eispeter«, »Katze und Maus«, »Krischan mit der Piepe«, »Hänsel und Gretel«.
1865	»Max und Moritz«.
1867	Erster Besuch in Frankfurt beim Bruder Otto Busch; Beginn der Freundschaft mit Johanna, Nanda und Letty Kessler; »Hans Huckebein, der Unglücksrabe«.

1868	Übersiedlung nach Frankfurt; 30. August: Tod des Vaters.
1869	»Schnurrdiburr oder Die Bienen«.
1870	16. Januar: Tod der Mutter; Prozess wegen Erregung öffentlichen Ärgernisses aufgrund der Veröffentlichung von »Der heilige Antonius von Padua«.
1871	Ab Oktober alle Veröffentlichungen bei der Bassermannschen Verlagsbuchhandlung.
1872	Reise nach Dresden; Umzug nach Wiedensahl ins Pfarrhaus zu Schwester Fanny und Schwager Hermann Nöldeke; »Die Fromme Helene«; »Bilder zur Jobsiade«; »Pater Filucius«.
1873	In der Künstlergesellschaft »Allotria« Bekanntschaft mit Franz Lenbach, Friedrich August Kaulbach, Lorenz Gedon; »Der Geburtstag oder Die Partikularisten«.
1874	Reise nach Brüssel, Brügge, Antwerpen; im August Nikotinvergiftung; »Dideldum!«; »Kritik des Herzens«.
1875	Beginn des Briefwechsels mit Maria Anderson; mehrere Aufenthalte in Wolfenbüttel.
1875–1877	Knopp-Trilogie: »Abenteuer eines Junggesellen« 1875, »Herr und Frau Knopp« 1876, »Julchen« 1877.
1877	Bekanntschaft mit Paul Lindau und Hermann Levi; Atelier in München; Zerwürfnis mit Johanna Kessler; »Die Haarbeutel«.
1878	Italienreise; Tod des Schwagers Hermann Nöldeke.
1879	1. März: Umzug mit Schwester Fanny in das Pfarrwitwenhaus in Wiedensahl; im Juni Tod des Bruders Otto; »Fipps, der Affe«.
1880	Aufenthalte in Ebergötzen, Göttingen, Celle, München; »Stippstörchen für Äuglein und Öhrchen«.
1881	Im Frühjahr letzter Aufenthalt in München; im Dezember Diagnose eines chronischen Magenleidens; »Der Fuchs. Die Drachen«.
1882	»Plisch und Plum«.
1883	»Balduin Bählamm, der verhinderte Dichter«.
1884	Reise durch Holstein; »Maler Klecksel«.
1886	Im April Italienreise; »Was mich betrifft«.
1888	8. Mai: Tod des Bruders Gustav; Aufenthalte in Ebergötzen, Lüthorst, Wolfenbüttel, Münster, Amsterdam.
1891	Versöhnung mit Johanna Kessler; »Eduards Traum«.

1893	»Der Nöckergreis«; »Von mir über mich«.
1895	Aufenthalte in Ebergötzen, Celle, Wolfenbüttel, Hattorf, Lüthorst, Hunteburg, Frankfurt; »Der Schmetterling«.
1898	Im Herbst Umzug mit Schwester Fanny nach Mechtshausen zum Neffen, Pastor Otto Nöldeke.
1904	»Zu guter Letzt«.
1906	Aufenthalt in Frankfurt.
1907	Im August Tod von Erich Bachmann; »Meiers Hinnerk«.
1908	*9. Januar:* Tod in Mechtshausen; *13. Januar:* Begräbnis auf dem Dorffriedhof von Mechtshausen; »Hernach«.
1909	»Schein und Sein«.

Nachweis der Zitate

Verwendete Abkürzungen

Bg Die Bildergeschichten. Historisch-kritische Ausgabe. 3 Bde. Bearbeitet von Hans Ries unter Mitarbeit von Ingrid Haberland, im Auftrag der Wilhelm-Busch-Gesellschaft herausgegeben von Herwig Guratzsch und Hans Joachim Neyer. Hannover ²2007 (zitiert mit römischer Band- und arabischer Seitenzahl nach dem Muster Bg I, 1329).

Br Wilhelm Busch: Sämtliche Briefe. Kommentierte Ausgabe. 2 Bde. Hg. von Friedrich Bohne. Hannover 1968/1969 (zitiert mit römischer Band- und arabischer Seitenzahl nach dem Muster Br II, 105).

JbWBG Jahrbuch der Wilhelm-Busch-Gesellschaft (1949–1963/64)

Lindau Paul Lindau: Wilhelm Busch. In: Nord und Süd. Eine deutsche Monatsschrift. Hg. von Paul Lindau. IV. Bd. Februar 1878. 11. Heft. Berlin, S. 257–272.

Müller-Brauel Hans Müller-Brauel: Vom Schreibtisch und aus dem Atelier. Wilhelm Busch. Persönliche Erinnerungen und Anderes. In: Velhagen & Klasings Monatshefte. Hg. von Hanns von Zobeltitz und Paul Oskar Höcker. XXII. Jahrgang 1907/08. 2. Bd. Heft 7. März 1908, S. 17–24.

Nöldeke 1909 Hermann, Adolf und Otto Nöldeke: Wilhelm Busch. München 1909.

NWBA Neues Wilhelm Busch Album. Berlin 1928.

SW Wilhelm Busch: Sämtliche Werke. Hg. von Otto Nöldeke. 8 Bde. München 1943 (zitiert mit römischer Band- und arabischer Seitenzahl nach dem Muster SW VI, 39).

W Wilhelm Busch: Werke. Historisch-kritische Gesamtausgabe. Hg. von Friedrich Bohne. 4 Bde. Wiesbaden o. J. [1960] (zitiert mit römischer Band- und arabischer Seitenzahl nach dem Muster W IV, 87).

WBJb Wilhelm-Busch-Jahrbuch (seit 1964/65).

Promenade
Wilhelm Buschs Lebensweg

7 *zwar recht Hübsches* – Ernst von Wolzogen: Wilhelm Busch †. In: Die Woche. Berlin. 10. Jg. Nr. 3, 18. 1. 1908, S. 93.

8 *Er ist schon mehrfach* – Lindau, S. 257.
Mann im Bart – Brief an Friedrich August Kaulbach, 1. 11. 1885, Br I, 264.
Ungenauigkeiten – Brief an Eduard Daelen, 29. 7. 1886, Br I, 269.
Flüchtigkeiten … Veröffentlichung – Brief an Friedrich August Kaulbach, 28. 10. 1886, Br I, 275.

9 *gewöhnlichen biographischen* – Brief an Friedrich August Kaulbach, 1. 11. 1885, Br I, 264.
unverdient liebenswürdige Vivisection – Brief an Paul Lindau, Februar 1878, Br I, 183.

10 *Liebe Tante!* – Brief an Johanna Kessler, 12. 2. 1875, Br I, 131.
Maulwurfshügel allerschärfster Betrachtung – W IV, 152.
Und wär's nur ein Maulwurfshaufen – W IV, 544.

Erstes Bild
Der Untergang des letzten Sterns

11 *Er war der … Ja wohl! … Auf Dich blickt … am Stickfluß* – Goethes Aufstieg ins Elysium: Nachrufe auf einen deutschen Klassiker. Hg. von Ralf Georg Bogner. Heidelberg 1998.
der Goetheschen … jungen Wald – Heinrich Heine: Über Deutschland. Die romantische Schule. Sämtliche Schriften. Hg. von Klaus Briegleb. Frankfurt/M. u. a. 1981. Bd. 5, S. 390.

12 *mit dem Schwerdt* – Wiedensahl früher und heute. Stolzenau 1975, S. 89.

12 f. *Assessores … des abscheulichen … in sein Haus … Kohlenholen … weil sie … schwarzen Mann* – Ebd., S. 89–111.

14 *Misswuchs, Hagelschaden* – Ebd., S. 27.

Promenade
Kindheit in Wiedensahl

17 *vom Käufer … Nahrung jeglicher Art … alle benötigten Kleidungsstücke* – SW VIII, 214.

18 *Allein man nimmt sich nicht in acht* – W III, 209.
Schlupp! rinnt das Bier durch seine Kehle – Bg I, 218.
Schlupp! sitzt er in der Butterbemme – Bg II, 255.
Schlupp! Ist er im Sack versteckt – Bg III, 174.
19 *Mein Vater war Krämer* – W IV, 147.
Ich bin geboren – W IV, 205.
20 *unpaßenden* – Brief an Otto Bassermann, 16. 1. 1894, Br II, 23.
ich werde mich wohl hüten – W IV, 154.
Er ist einer von den ›Reichsunmittelbaren‹ – Brief an Grete Meyer, 12. 1. 1904, Br II, 217.
Mein gutes Großmütterlein – W IV, 205 f.
22 *ich, der in den Kinderjahren* – Br II, 157.

Zweites Bild
Es saust der Stock, es schwirrt die Rute

23 *Durch die Kinderjahre hindurchgeprügelt* – W IV, 545.
24 *Ein Mensch, der etwas auf sich hält* – W IV, 317.
25 *gebornen Flegeln … Rücksicht kräftig* – W IV, 286.
Es saust der Stock – Ebd.
ganz verflixten Stock … Hier vorne schlägt – W IV, 173.
26 *Von Birken eine Rute* – W IV, 301.
Das Leiden – Brief an Maria Anderson, 6. 11. 1875, Br I, 157.
Als Junge – Brief an Maria Anderson, 23. 4. 1875, Br I, 140.
Küster Bokelmann – W IV, 332.
27 *Unser Herrgott* – Brief an Johanna Kessler, 18. 8. 1891, Br I, 336.
Ist Leidenschaft das Wesen – W IV, 544.
in sich selbst herüber – Bg II, 620.
Oberflächlich ist der Hieb – Bg II, 626.
28 *Druff hat … vor der That* – Bg II, 627.
Flugs hervor aus seinem Kleide – Bg III, 408 f.
29 *Ganz wie Bokelmann verfuhr* – Bg III, 411.
streng gewöhnt an das Pariren – Bg III, 416.
30 *wir nicht viel taugen* – W II, 557.
Ich mache keine Ausnahme – Brief an Friedrich August Kaulbach, 4. 11. 1884, Br I, 258 f.
Ich glaube […], daß wir haftbar sind – Brief an Maria Anderson, 23. 5. 1875, Br I, 143.
31 *ist er nicht genugsam dressiert* – W IV, 151.

Promenade
Als Schüler und Student

32 *hauptsächlich auf den* – Wiedensahl früher und heute, S. 127.
33 *Gesangbuchverse* – W IV, 148.
beschloß man – W IV, 147.
34 *Als ich neun* – W IV, 147 f.
35 *hinter dem strohgedeckten Hause* – W IV, 148.
Christine, Christane – Richard Andree: Braunschweiger Volkskunde. Braunschweig [2]1901, S. 455.
Christinchen in dem Garten – Wilhelm Busch: Ut ōler Welt. München 1910, S. 163.
36 *solch eigentümliche Halsschmerzen* – SW VII, 429.
Von meinem Onkel – W IV, 207 f.
37 *Gleich am Tage der Ankunft* – W IV, 148 f.
38 *In meinem elften Jahr* – Br I, 144.
Wir gingen vors Dorf hinaus – W IV, 206.
Mein Freund aus der Mühle – W IV, 207.
39 *da hieß es: Federmeßer raus!* – Br I, 116.
Ich möchte Euch auch gern – Br I, 1.
41 *Als ich dann wieder mal* – SW VII, 429.
So siehe denn – SW VIII, 220.
In den Stundenplan schlich – W IV, 149.
42 *eine Neigung, in der Gehirnkammer* – W IV, 208.
Sechzehn Jahr alt – W IV, 208.
Im Jahr 48 – W IV, 149.
43 *Das Jahr 48 machte* – W IV, 537 f.
44 *höchst gescheiten* – JbWBG 1956, S. 26.
Allmählich kamen – W IV, 538.
45 *§ 1 Besagtem W. B.* – Friedrich Bohne: Wilhelm Busch. Leben, Werk, Schicksal. Zürich/Stuttgart 1958, S. 32.
46 *Nachdem ich mich* – W IV, 209.

Drittes Bild
Landschaft mit Rotjacke

47 *gefährlichen nervösen … ich hoffe* – Gottfried Keller an seine Mutter, 26. 10. 1840. In: Gesammelte Briefe. Hg. von Carl Helbling. 4 Bde. Bern 1950. Bd. 1, S. 31 f.

47 *Santa Maria* – Tagebucheintragung »In der Kirche. A. 21. Juin 52«. In: Otto Nöldeke (Hg.): Wilhelm Busch. Ernstes und Heiteres. Berlin 1938, S. 31.
Ich befinde mich – Brief an die Eltern, 1. 9. 1852, Br I, 4.
49 *Ihre göttliche Leichtigkeit* – W IV, 149 f.
zauberhafte – Brief an Nanda Kessler, 8. 10. 1906, Br II, 255.
50 *Sahst du das wunderbare* – W II, 515.
51 *Aus meiner* – Brief an Paul Lindau, Februar 1878, Br I, 184.
Die Farbe hat mich – Paul Klee: Tagebücher. Hg. von Felix Klee. Köln 1979, S. 307 f.
Anvers – SW VIII, 232 und Faksimile in: Friedrich Bohne: Wilhelm Busch. Leben, Werk, Schicksal. Zürich/Stuttgart 1958, S. 34.
52 *Ich wohnte am Eck* – W IV, 149 f.
54 *In letzterer Zeit … denkt jetzt … In Kurzem* – Brief an die Eltern, 1. 12. 1852, Br I, 6.

Promenade
Umgang mit Wappen und Bienen

57 *Im Schilde* – Brief an Friedrich Warnecke, 1. 11. 1855, Br I, 7.
58 *Es hatte sich grad* – W IV, 210.
Vor mehr – Brief an Paul Lindau, Februar 1878, Br I, 184.
59 *Fliegt sie aus* – W IV, 494.
61 *Und nur die alten Brummeldrohnen* – Bg I, 563.
Staatsfilou, Schelm, Schwerenöther – Bg I, 572.
62 *Der nackte Text … Mir wurde die Geschichte* – Brief an Christoph Fr. H. Walther, 4. 2. 1902, Br II, 188.
Um eine – Brief an Maria Anderson, 2. 4. 1875, Br I, 137.

Viertes Bild
Ut ōler Welt

65 *Sie werden schon* – Brief vom 19. 2. 1857, Br I, 14.
Sie tun es – SW VIII, 24.
ihrem Groſsvater sein Hut – SW VIII, 31.
Da ist das Männchen – SW VIII, 27.
Muschetier aber wurde – SW VIII, 45.
66 *Un wenn se noch estörben* – SW VIII, 30.
Wenn in alten Zeiten – SW VIII, 131.

66 *Als nun die Aussage* – SW VIII, 141.
67 *Suse muse Kättken* – SW VIII, 205.
So war es einmal – W IV, 529.

Promenade
In München

68 *Klemme und ich* – SW VIII, 35.
69 *Mit ungeheurem Aufwand* – Thomas Theodor Heine in »Kunst und Künstler«, April 1932. Zitiert nach JbWBG 1961/62, S. 34.
Als ich an Land hüpfte – Anna Mary Howitt: Herrliche Kunststadt München. Briefe einer englischen Kunststudentin 1850 bis 1852. Hg. von Cornelia Oelwein. Dachau 2002, S. 158.
71 *Wandrer, stehe still* – Otto Nöldeke (Hg.): Wilhelm Busch. Ernstes und Heiteres. Berlin 1938, S. 140; auch SW VII, 431.
Viele Sachen – Howitt, Herrliche Kunststadt München, S. 63.
72 *Allerlei* – Brief an Otto Bassermann, 16. 4. 1862, Br I, 24.
Was er eigentlich trieb – Zit. nach Hans Georg Gmelin: Wilhelm Busch als Maler. Berlin [2]1981, S. 35.
73 *Wenn wir da* – Zit. nach ebd., S. 35 f.
75 *Nachtlichter sind wir* – W IV, 447.

Fünftes Bild
Der Virtuos

79 *Die Zwiebel ist* – Bg I, 47.
Zu Upholm wird – W IV, 508.
Des Lebens Freuden – Bg III, 444.
82 *weil ich dachte* – Müller-Brauel, S. 19.
83 *Als anno 12 … bald schießt hervor … scharf als wie ein Schlachtermesser … Und jeder fragt* – Bg I, 258–265.
85 *Ort der Handlung* – Bg I, 280 f.
Sie haben mich – Zit. im Brief vom 6. 10. 1863 an Otto Bassermann, Br I, 26.
86 *Ich betrachte meine Sachen* – Ebd., Br I, 26.
Die lange – Brief an Otto Bassermann, 30. 11. 1863, Br I, 27 f.

Sechstes Bild
Der Stecher

87 *Ich hatte auf Holz zu erzählen* – W IV, 151.
88 *O, Muse! reiche mir den Stift* – Bg I, 559.
Indessen zieht der Kuno – Bg III, 547.
Ein rechter Maler – Bg III, 548.
Meistens ... »Au!« ... Ach! – Bg I, 56–60.
89 *graue, pockig gewordene Hölzer* – Zit. nach Bg II, 1468.
93 *Nun werden* – Brief an Erich Bachmann, 6. 9. 1875, Br II, 294.
sanft-listigen Biedermann ... Er capirt eben nicht – Brief an Otto Bassermann, 1. 6. 1872, Br I, 76.
in Holz sitzen ... bis über die Ohren in Zeichnungen – Brief an Johanna Kessler, 26. 7. 1875, Br I, 151.
Ich zeichnete – Brief an Otto Bassermann, 4. 4. 1873, Br I, 107f.

Siebtes Bild
Böse Buben

95 *in Bildern schreiben* – Wörtlich »in Bildern geschrieben« im Brief an Otto Bassermann, 6. 11. 1872, Br I, 91.
Kaum, daß dieser Herr – Bg I, 62.
96 *Ach, wie oft kommt* – Bg I, 61.
Zwei Nägel, die im Faße – Bg I, 166–168.
98 *etwas Neuem* – Brief an Otto Bassermann, 12. 12. 1863, Br I, 29.
sehr anständig aber ängstlich – Zit. nach Bg I, 1326.
Mein lieber – Brief an Caspar Braun, 5. 2. 1865, Br I, 32.
101 *Menschen necken, Tiere quälen* – Bg I, 331.
Gott sei Dank! – Bg I, 384.
Papiertheater – Bg II, 340.
102 *Seht, da ist die Witwe Bolte* – Bg I, 332.
Ihrer Hühner waren drei – Bg I, 333.
103 *Jedes legt noch schnell ein Ei* – Bg I, 337.
104 *Aber wehe* – Bg I, 331.
105 *der Eier wegen* – Bg I, 332.
Fließet aus dem Aug' – Bg I, 338.
Die Verstorbnen – Bg I, 339.
Daß sie von dem – Bg I, 342.

106 *mein guter Lämpel* – Julius Wilhelm Zincgref: Facetiae Pennalium. Hg. von Dieter Mertens und Theodor Verweyen. Tübingen 1978, S. 43.
107 *Du fragst* – Brief an Lotte Bartels, 22. 3. 1901, Br II, 297.
108 *einstens, als es Sonntag wieder* – Bg I, 355.
109 *Ahnungsvoll tritt sie heraus* – Bg I, 338.
wie zwei Mäuse – Bg I, 377.
fein geschroten und in Stücken – Bg I, 383.
110 *Ach, was muß man oft von bösen* – Bg I, 331.
112 *Wat geiht meck dat an?!* – Bg I, 384.
Mahl er das, so schnell er kann! – Bg I, 381.
Witwe Bolte – Bg I, 384.

Promenade
Neue Regierung, neue Stadt

114 *Verdenke* – Brief an Otto Bassermann, 20. 11. 1860, Br I, 20.
115 *Das Krähen* – Brief an Maria Anderson, 19. 4. 1875, Br I, 140.
116 *Durch das Patent* – Zit. nach Heide Barmeyer: Hannovers Eingliederung in den preußischen Staat. Annexion und administrative Integration 1866–1868. Hildesheim 1983, S. 283 f.
Ich bin – Brief an Otto Bassermann, 20. 10. 1866, Br I, 43.
Man sieht zuerst mit Angstgefühlen – Bg II, 463.
117 *Et schall nich bliben* – Bg II, 465.
Uns' olle König – Bg II, 466.
118 *Die Junfern und der Ehrengreis* – Bg II, 504.
Hier schlich bei Seite – Bg II, 505.
Da hieß es: »Heda! – Bg II, 523 f.
119 *Wo du auch seist* – W II, 525.
120 *wenig* – Brief an Caspar Braun, 7. 10. 1868, Br I, 49.
Die zwei – Brief an Johanne Busch, 6. 10. 1871, Br I, 68 f.
121 *großen* – Brief an Friedrich Warnecke, 27. 12. 1873, Br I, 117.
122 *Das Intereßanteste* – Brief an Caspar Braun, 26. 2. 1865, Br I, 32–34.
123 *Busch lebt in Frankfurt* – Otto Bassermann an William Unger, 28. 2. 1872, zit. nach Bg II, 1553.
124 *Das entscheidende* – Brief an Otto Bassermann, 30. 11. 1863, Br I, 27.
126 *Es sitzt ein Vogel auf dem Leim* – W II, 495.

126 *Versteckt sich* – Otto Busch: Arthur Schopenhauer. Beitrag zu einer Dogmatik der Religionslosen. Heidelberg 1877, S. 47.
127 *Alles im Leben giebt kund* – Arthur Schopenhauer: Die Welt als Wille und Vorstellung. Zweiter Band. Zürich 1988, S. 666.
Wie könnte – Brief an Maria Anderson, 29. 5. 1875, Br I, 144.
129 *ein ehrlicher, gewissenhafter* – Zit. nach Bg III, 1293.

Achtes Bild
Antonius, Helene & Co.

130 *regelmäßig in den Museumsconzerten* – Brief an Johanne Busch, 29. 2. 1872, Br I, 74.
132 *ein zufälliger* – Brief an Moritz Schauenburg, 12. 8. 1870, Br I, 57.
zufällig – Brief an Moritz Schauenburg, 12. 8. 1870, Br I, 56.
133 *Sinne* – Brief an Moritz Schauenburg, 12. 8. 1870, Br I, 57.
pag. 144. Der Custor – Zit. nach Bg II, 909.
der Teuffel Mariae Stammen-Buch – Unser Lieben Frauen Calender, Dillingen 1652, S. 144 f., zit. nach Bg II, 904 f., Abb. 439.
134 *Alsbald so* – Bg II, 93 f.
136 *Juhe! Wir sind ja wieder voll* – Bg II, 105.
zuletzt das wilde Kraut – Bg II, 135.
Da grunzte das Schwein – Bg II, 139.
137 *Das Lächerliche und das Wollüstige* – Zit. nach Bg II, 929.
No 8. – Brief an Moritz Schauenburg, 12. 8. 1870, Br I, 57.
138 *Hier Romane, dort Gedichte* – Bg II, 71.
»Ach, die sittenlose Presse! – Bg II, 227.
»Komm Helenchen!« – Bg II, 229.
142 *Es sei ! … Ich nehme Schmöck & Companie* – Bg II, 287.
Plums! Liegt er da – Bg II, 297.
n' Hang für's Küchenpersonal – Bg II, 258 und 320.
143 *Dies will ich nun auch ganz gewiß* – Bg II, 237.
Ach! – Ach! Ich will es nun auch – Bg II, 271.
Nein! – Aber nun will ich's auch – Bg II, 327.
144 *Das Gute – dieser Satz* – Bg II, 339.
145 *Franz aber faßt die Leiter an* – Bg II, 252.
Man sah ihn oft – Bg II, 258.
Das ist fürwahr zwiefacher Segen – Bg II, 315.
146 *Die Proppertet ist sehr zu schätzen* – Bg II, 285.

147 *Der Rest ist nicht mehr zu gebrauchen* – Bg II, 333.
Der Glaube – Otto Busch: Arthur Schopenhauer. Beitrag zu einer Dogmatik der Religionslosen. Heidelberg 1877, S. 140.

148 *Papst, Infallibilisten* – Zit. nach Bg II, 1347.

149 *Was giebt* – Brief an Otto Bassermann, 16. 6. 1872, Br I, 77.
Tendenzstückerl … allegorische Eintagsfliege – Briefe an Friedrich August Kaulbach, 16. 9. 1886, und an Friedrich Warnecke, 19. 11. 1872, Br I, 273 u. 92.
Zwo bejahrte fromme Tanten – Bg II, 420.

150 *Mein lieber* – Brief an Otto Bassermann, 14. 12. 1872, Br I, 94 f.
deutschen – Brief an Otto Bassermann, 7. 8. 1872, Br I, 81.

151 *Familiär* – Brief an Otto Bassermann, 7. 8. 1872, Br I, 81.

152 *großen Steuermann* – Brief an Franz Lenbach, 3. 2. 1892, Br I, 347.
Fast sämtlich sind sie – W IV, 151.

153 *Den Xylographen* – Brief an Otto Bassermann, 14. 8. 1872, Br I, 83.
Das Porträt ist – Lindau, S. 262.

154 *Ich denke* – Brief an Otto Bassermann, 23. 7. 1872, Br I, 79.

156 *Über diese Antwort* – Bg II, 384.

156f. *der überall bekannte Freund Hain … Er bekam nämlich ein hitziges Fieber* – [Carl Arnold Kortum:] Leben, Meynungen und Thaten von Hieronimus Jobs dem Kandidaten, und wie Er sich weiland viel Ruhm erwarb auch endlich als Nachtswächter zu Sulzburg starb. Münster/Hamm 1784, S. 159 und 164.

157 *Um acht Uhr kommt die Medicin* – Bg II, 412.

158 *Und war froh* – [Kortum:] Leben, Meynungen und Thaten, S. 129.
Diese Rede hat den Eheleuten – Ebd., S. 21.

159 *Grad als die Mutter* – Bg II, 373.
So wollen wir dem Hieronymus – Bg II, 348.
Deine Sachen – Otto Bassermann an Wilhelm Busch, 25. 11. 1872, zit. nach Bg II, 1287.
Im Jahre 1871 – Zit. nach Bg II, 1153.

160 *Schön, daß* – Brief an Otto Bassermann, 16. 6. 1872, Br I, 76 f.
Adelmann … jammervolle Wirthschaft – Briefe an Otto Bassermann, 14. 5. 1872 und 7. 10. 1872, Br I, 75 und 89.
Mit dem – Brief an Otto Bassermann, 22. 8. 1872, Br I, 83.
Ich bin zur – Brief an Otto Bassermann, 6. 11. 1872, Br I, 90.

161 *Die Philosophie* – Otto Busch: Arthur Schopenhauer. Beitrag zu einer Dogmatik der Religionslosen. Heidelberg 1877, S. 7.

161 *Der Schopenhauer* – Äußerung Buschs, zit. in: NWBA, S. 452.
Meine Überzeugung – Brief an Maria Anderson, 12. 9. 1875, Br I, 154.
Du hast dich nicht gebessert – Bg II, 341.

Promenade
Von der Müllerin zur Mühle

162 *Idiosyncrasie* – Bg II, 547.
Fern von der Frankfurter Börsenluft – Brief an Otto Bassermann, 24. 5. 1872, Br I, 75.
163 *Nach Frankfurt werde* – Brief an Otto Bassermann, 25. 10. 1872, Br I, 90.
Nach Frankfurt komme – Brief an Otto Bassermann, 27. 11. 1872, Br I, 93.
Wann werde – Brief an Johanna Kessler, 10. 1. 1873, Br I, 98.
Liebste Tante! – Brief an Johanna Kessler, 17. 1. 1873, Br I, 99.
164 *im Buchsbaumholze sitzen* – Brief an Friedrich Warnecke, 27. 12. 1873, Br I, 117.
in die Mühle – Brief an Nanda und Letty Kessler, »Weihnachts-Abend« 1873, Br I, 116.
165 *von Göttingen* – Brief an Maria Anderson, 28. 1. 1876, Br I, 163.
Gestern Abend – Brief an Otto Bassermann, 25. 10. 1873, Br I, 113.
Es regnet – Brief an Erich Bachmann, 24. 1. 1874, Br I, 117 f.
167 *Es ist mal so, daß* – Bg II, 531.
Fluchend geh ich auf und ab – Bg II, 537.
168 *Demnach hast du dich vergebens* – Bg II, 591.
Schön ist zwar die Wade – F. W. Bernstein: Aus dem Schmatzkästlein des Schweinischen Hausfreundes. Von den erogenen Zonen. In: Ders.: Die Gedichte. München 2003, S. 281.
der Kellnerin listig in die Wade – Bg II, 534.
Frauenzimmers … schön und kräftig – Bg II, 583.
169 *Zwischen diesen zwei gescheiten* – W II, 511.
Ich denke an – Brief an Erich Bachmann, 12. 2. 1875, Br I, 132.
Schönen Dank für Eure Briefe – Brief an Nanda und Letty Kessler, 26. 7. 1875, Br I, 151.
Und jetzt – Zit. nach Bg II, 710.
170 *Obgleich dies* – Bg II, 711.

Neuntes Bild
Abenteuer eines Junggesellen

171 *eine unverhohlene Vorliebe* – Lindau, S. 260.
Strich ... pornographisch ... gründlich eckelhaft – Friedrich Theodor Vischer: Altes und Neues. Stuttgart 1881, zit. nach Bg II, 941.
Was Sie von – Brief an Eduard Daelen, 29. 7. 1886, Br I, 270.
Jedes saubere Mannsbild – Brief an Friedrich August Kaulbach, 16. 9. 1886, Br I, 273.
172 *einen alten Ästhetiker* – W IV, 141.
Der Adam hält den Apfel noch – Zit. nach Bg II, 1044.
Du beugst die lilienweißen Knie – Zit. nach Bg II, 1670.
Der Gourmand hat im Traume – Neujahr 1897, Br II, 85.
Deine Nadel ist ja schon ganz krumm – Bg II, 561.
Und dich, du süßes Mägdelein – W II, 521.
173 *Knopp der eilt nach Hause* – Bg II, 685 f.
174 *Die Herzen* – Brief an Johanna Kessler, 18. 5. 1868, Br I, 46.
Wieder wohne – Brief an Otto Bassermann, 23. 8. 1865, Br I, 40.
ein Gefühl – Brief an Johanna Kessler, 18. 5. 1868, Br I, 46.
175 *Es lebe* – Brief an Carl Holle, 4. 2. 1876, Br I, 163.
Ich werde nie – Aufzeichnung Maria Andersons, Br II, 314.
daß ich mich – Brief an Nanda Kessler, 9. 11. 1894, Br II, 43.
Und die Weiber? – Brief an Maria Anderson, 23. 4. 1875, Br I, 140.
Die alte – Brief an Johanna Kessler, 15. 1. 1876, Br I, 161.
In Wolfenbüttel – Brief an Otto Bassermann, 11. 8. 1864, Br I, 30.
176 *Sie war ein Blümlein* – W II, 522.
177 *An Johanna, Nanda und Letty!* – Refrain in einem Briefgedicht vom August 1872, Br I, 84 ff.
Soll ich? – Brief an Johanna Kessler, 29. 9. 1872, Br I, 88.
178 *recht eifrig* – Brief an Johanna Kessler, 26. 4. 1877, Br I, 178.
Ihr Urtheil – Brief an Maria Anderson, 20. 1. 1875, Br I, 129.
179 *Vor einer Stunde* – Br I, 186.
Meinen Dank – Brief an Maria Anderson, 12. 3. 1875, Br I, 134.
180 *Da Sie mich platonisch* – Brief vom 26. 4. 1875, Br I, 141.
Und die Liebe per Distanz – Bg II, 683.
Liebe Mary – Brief vom 25. 7. 1875, Br I, 151.
Denn wer hat zuerst – Brief vom 3. 8. 1875, Br I, 151 f.
181 *Liebe Frau Anderson!* – Brief vom 12. 9. 1875, Br I, 154.
Es soll mir – Brief an Maria Anderson, 28. 9. 1875, Br I, 155.

182 *nur eine hölzerne Scheune* bis *Wiesbaden zurück* – Aufzeichnung Maria Andersons, Br II, 314.
fürchterlichen ... mißglückte – WBJb 1978, S. 12.
Von der Bewußten – Brief vom 8. 11. 1875, Br I, 158.
Die holländischen Bilder – Brief vom 16. 11. 1875, Br I, 158.

184 *Er war so der Typ* – Zit. nach Bg II, 1566.
Onkel heißt er – Bg II, 768.
herziges ... Warum lacht – Brief vom 11. 10. 1891, Br I, 338.
Ja, die Sehnsucht – Brief vom 22. 10. 1891, Br I, 340.

185 *Mögen die Götter dir* – Homers Odysse, übersetzt von Johann Heinrich Voß. Leipzig 1780, S. 73 f.
einer Unsterblichen gleich – Ebd., S. 70.

186 *Das Familienbild* – Brief vom 22. 11. 1891, Br I, 340.
Nein! liebste Nanda! – Brief vom 29. 11. 1891, Br I, 341.
Liebe Nanda! – Brief vom 15. 12. 1891, Br I, 344.

187 *Liebe Wespe!* – Br I, 346.
holde ... dann dieser – Brief vom 9. 4. 1892, Br I, 348.
tausendjährigen – Brief vom 18. 10. 1891, Br I, 339.
alten, nüdlichen – Brief vom 13. 5. 1892, Br I, 353.
angebetete Tante – Brief vom 30. 5. 1892, Br I, 354.
lieben, traulichen – W IV, 153.

188 *in Kreiensen* – Brief an Erich Bachmann, 14. 1. 1876, Br I, 161.
Ach, so denkt er – Bg II, 606 f.

189 *Versuchen ... sich immerfort* – W IV, 150.

190 *zeichnender Verwerthung* – Wörtlich »Auch ein Brautpaar war hier, an dem sich manches beobachten ließ, was ich einst hätte zeichnend verwerthen können.« Brief an Nanda Kessler, 6. 10. 1907, Br II, 271.
im Leben geglüht – W IV, 151.

192 *In der Wolke* – Bg II, 30.

193 *liebes Plattdeutsch* – Brief an Maria Anderson, 24. 9. 1875, Br I, 155.
Es hält die – Heinrich Heine: Es sitzen am Kreuzweg drei Frauen. Gedichte 1853 und 1854. Sämtliche Schriften. Bd. 11, S. 207.

194 *die geistlichen Angelegenheiten* – Brief an Erich Bachmann, 29. 7. 1876, Br I, 170.

195 *ältlichen Herrn* – Brief an Otto Bassermann, 16. 2. 1869, Br I, 52.
Der Haushalt – Brief an Hermann Nöldeke, 6. 11. 1883, Br I, 241.
Nie in meinem – Brief an Otto Nöldeke, 7. 7. 1897, Br II, 103.

196 *Mit Freude* – Brief an Otto Bassermann, 16. 2. 1869, Br I, 52.
Sehr ernsthaft, tief empfunden – Lindau, S. 261.
197 *meinem und … daß wir nicht viel taugen* – W II, 557.
Sehr tadelnswert ist unser Tun – W II, 502.
erbärmliches … Mißgeburten … empörten gesunden … Wer die Ankündigung – Zit. nach W II, 554 f.
198 *Die Kritik* – Brief an Johanna Kessler, 2. 12. 1874, Br I, 127.
Wärst du ein Bächlein – W II, 519.
199 *Er stellt sich vor sein Spiegelglas* – W II, 501.
200 *eine Neigung, in den Laubengängen* – W IV, 208.
in der Gehirnkammer Mäuse – W IV, 149.
Freilich – Brief an Maria Anderson, 11. 6. 1875, Br I, 144.
Gewißheit – Brief an Maria Anderson, 29. 5. 1875, Br I, 144.
Ich kam in diese Welt herein – W II, 495.
201 *Die Liebe war nicht geringe* – W II, 512.
203 *Ich habe von einem Vater gelesen* – W II, 499.
Ich wußte, sie ist in der Küchen – W II, 506.
204 *Wer einen guten Braten macht* – W II, 503.
Wenn der alte – Brief an Maria Anderson, 18. 6. 1875, Br I, 145.
205 *Selig sind die Auserwählten* – W II, 512.

Zehntes Bild
Das Waisenhaus

206 *Zwar man zeuget viele Kinder* – Bg II, 228.
Und Keiner hatte – Bg II,108.
207 *Manche Eltern sieht man lesen* – Bg I, 61 f.
208 *weit/Wer weiß wohin?* – Zit. nach Bg I, 1081.
209 *Und ich frage Sie* – Oskar Höcker: Elternlos. Stuttgart o. J. [um 1880], S. 79 f.
Haben Sie – Brief an Maria Anderson, 6. 11. 1875, Br I, 157.
210 *Die Tante winkt* – W II, 509.
211 *Max und Moritz, diese Knaben* – Brief an unbekannten Empfänger, November 1907, Br II, 310.
212 *einen Strip wie »Max und Moritz«* – Zit. nach Bg I, 1344.
Won't you … Mit dose – Zit. nach Hans Joachim Neyer: Herzenspein und Nasenschmerz – Karikaturen und Comics im Wilhelm-Busch-Museum Hannover. Katalog. Hannover 2006, S. 183 und 210.

213 *die Götter … einsam sein* – Brief an Maria Anderson, 13. 5. 1877, Br I, 179.
äußersten Winkel – Brief an Nanda Kessler, 18. 10. 1891, Br I, 339.
das Getöse – Brief an Paul Lindau, 18. 1. 1892, Br I, 346.
nach dem Stadtwust – Brief an Marie Hesse, 21. 1. 1881, Br I, 216.
mit voller – Brief an Maria Anderson, 8. 9. 1875, Br I, 153.
sich in aller Stille – Brief an Paul Lindau, 18. 1. 1892, Br I, 346.
klimperkleinen – Brief an Maria Anderson, 24. 9. 1875, Br I, 155.
Das Schloß – Brief an Johanna Kessler, 14. 9. 1893, Br II, 17.
Oansigl – Brief an Friedrich August Kaulbach, 28. 2. 1884, Br I, 249.
grüblerisch – Brief an Nanda Kessler, 2. 9. 1896, Br II, 75.
der Hang zur Einsamkeit – Brief an Friedrich August Kaulbach, 15. 1. 1881, Br I, 216.

214 *der alte Esel* – Brief an Margarethe Röber, 3. 8. 1890, Br I, 324.
der stillste Dachs – Brief an Friedrich Warnecke, 24. 12. 1886, Br I, 278.
eindachselt – Original: »um sich hernach einzudachseln für den Winter«. Brief an Nanda Kessler, 1. 10. 1892, Br I, 367.
Schuhu – Original: »ganz wird der Schuhu sein Gemäuer wohl nicht verlassen«. Brief an Franz Lenbach, 19. 10. 1876, Br I, 172.
reisefeig, dass er sich – Brief an Franz Lenbach, 7. 11. 1887, Br I, 291.
Laubfrosch – Brief an Hermann Levi, August 1891, Br I, 334 f.
Ein alter Kauz, im hohlen Baum – W IV, 533.

216 *klein winzige* – Brief an Nanda Kessler, 6. 10. 1895, Br II, 61.
Anneliese – Brief an Grete Meyer, 18. 12. 1901, Br II, 183.
Jeden Abend – Brief an Grete Meyer, 12. 1. 1904, Br II, 216.
Alsbald – Brief an Nanda Kessler, 9. 9. 1892, Br I, 365.

Elftes Bild
Lebendige Dinge, tote Tiere

219 *Da steht* – Brief an Eduard Daelen, 16. 1. 1886, Br I, 266.

220 *Nur die Pfeife hat ihr Theil* – Bg I, 360.

221 *De Slaprock danzt* – Bg I, 298 f.

222 *Bald schauts so drein* – Bg II, 698–700.
Schwupp! hat der Schlitten ihn – Bg I, 393.
die Buben bei den Röcken fassen – Bg I, 166.

222 *falschgesinnte … seelges* – Bg II, 323 u. 330.
223 *Der Schäfer trägt Adelen fort* – Bg I, 409 f.
Kein Ding sieht so aus – W IV, 205.
224 *Töpfe sind auch Kunstgeschöpfe* – W IV, 545.
Wie andre, ohne viel zu fragen – W IV, 529.
Darwin's Theorie – Brief an Maria Anderson, 25. 6. 1875, Br I, 147.
225 *allgegenwärtigen Drang* – Brief vom 29. 5. 1875, Br I, 144.
Lieber Levi! – Brief vom 13. 12. 1880, Br I, 215.
227 *Sie stritten sich beim Wein herum* – W II, 513.
229 *Ich möchte* – Brief an Maria Anderson, 18. 9. 1875, Br I, 155.
230 *Anfangs ist er recht lebendig* – Bg III, 80.
Fritz, wie alle Knaben – Bg I, 494.
231 *Die Bosheit war sein Hauptpläsier* – Bg I, 517.
232 *Da liegt der schwarze Bösewicht* – Bg II, 559.
Das Messer blitzt – W IV, 413.
Metamorphose … kannibalisch – Brief an Franz Lenbach, 23. 2. 1889, Br I, 313.
233 *unbillig … denn der Hund* – Ebd.
Ein Maikäfer – Brief an Grete Thomsen, 12. 5. 1907, Br II, 262.
Sie mögen – Brief an Maria Anderson, 27. 5. 1875, Br I, 143.
Neulich pußelt Nachbar – Ebd., 143 f.
In Bachmanns – Brief an Grete Meyer, 17. 4. 1899, Br II, 143.
guten Werke … Zärtlichkeit – Brief an Nanda Kessler, 24. 4. 1899, Br II, 144.
234 *In der ebergötzener* – Brief an Grete Meyer, 22. 5. 1900, Br II, 164.
Hund und Katze – W IV, 311 f.

Promenade
Rückzug – München und Wiedensahl

236 *Meine Zeit* – Brief an Erich Bachmann, 16. 8. 1874, Br I, 126.
bummligen – Brief an Carl Müller, 26. 2. 1871, Br I, 63.
möglichst schlicht – Brief an Maria Anderson, 26. 1. 1875, Br I, 129.
bummlichtes Aussehen – W IV, 151.
238 *Schon nach* – Brief an Grete Meyer, 22. 4. 1900, Br II, 162.
Mein genre – Brief an Maria Anderson, 11. 4. 1875, Br I, 139.
239 *Daß Du* – Brief an Franz Lenbach, 20. 2. 1885, Br II, 285.

240 *Ewig der Deine* – Br I, 183, Marginalspalte.
Wie reizende Stunden – Lindau, S. 262.
241 *Großmogul* – Brief an Hermann Levi, 9. 1. 1883, Br I, 233.
sonderbare – Brief an Marie Hesse, 21. 1. 1881, Br I, 216.
christlich überzeugten Protestant – SW VIII, 297.
Nach München muß ich dann – Br I, 172.
Die vielen – Brief an Maria Anderson, 20. 10. 1876, Br I, 172.
So gegen – Brief an Johanna Kessler, 13. 1. 1877, Br I, 175.
242 *man fêtirt* – Brief an Johanna Kessler, 19. 1. 1877, Br I, 175.
Mit dem Malen – Brief an Johanna Kessler, 8. 2. 1877, Br I, 176.
243 *wirklich sehr hübsch* – Brief an Johanna Kessler, 28. 9. 1877, Br I, 182.
erdrückenden … Es gefiel – Müller-Brauel, S. 22.
luftdicht – Brief an Johanna Kessler, 28. 9. 1877, Br I, 182.
Caffé- und Abendgesellschaften – Ebd.
Es muß annersch werden! – Ebd.
So recht eingewöhnt – Brief an Marie Hesse, 28. 10. 1878, Br I, 190.
244 *liebster Freund* – Brief an Franz Lenbach, 20. 12. 1877, Br II, 280.
hartnäckigste – Brief an Franz Lenbach, 9. 10. 1881, Br I, 222.
einfürallemal – Brief an Franz Lenbach, 7. 3. 1888, Br II, 286.
gelegentlich mit – Brief an Franz Lenbach, 9. 8. 1878, Br I, 186.
246 *wortkarg … Ich weiß nicht* – Isidore Kaulbach: Friedrich Kaulbach. Erinnerungen an mein Vaterhaus. Berlin 1931, S. 158.
247 *aus dem Geknuff* – Brief an Franz Lenbach, 19. 10. 1876, Br I, 172.
Schwärmerei – Brief an Maria Anderson, 8. 11. 1876, Br I, 173.
die Italiener – Lindau, S. 263; auch SW VIII, 284.
in einer großen – Äußerung Buschs, zit. in: NWBA, S. 452.
Venedig – Brief an Franz Lenbach, 21. 4. 1878, Br II, 295.
unterrichtet, interessant – JbWBG 1956, S. 29.
leichter und gehaltvoller Plauderei – WBJb 1977, S. 37.
Die kräftig männliche Gestalt – WBJb 1977, S. 36.
250 *Ich sitze so still weg* – Br I, 200.
251 *Da nahm der Bauer* – Bg III, 190 f.
252 *klug und brav* – Bg III, 324.
253 *Wem's gruselt* – Brief an Grete Meyer, 15. 1. 1900, Br II, 156.
Der dänische – Ludwig Ganghofer: Lebenslauf eines Optimisten. Buch der Freiheit. Stuttgart o. J. [um 1924], S. 25–28.
254 *Ihre Vorführungen* – Von Otto Bassermann in indirekter Rede wiedergegeben, WBJb 1978, S. 11.

255 *So ist es leider* – Brief an Marie Hesse, 5. 11. 1881, Br I, 225.
256 *Ich für* – Brief an Franz Lenbach, 11. 5. 1882, Br I, 229.
Was mich betrifft – Brief an Franz Lenbach, 26. 11. 1882, Br II, 282.
Der Sommer – Brief an Friedrich August Kaulbach, 14. 8. 1883, Br I, 238.
Der Bart – Brief an Marie Hesse, 23. 4. 1884, Br I, 249.
Einschachtelung – Brief an Marie Hesse, 16. 12. 1882, Br I, 232.

Zwölftes Bild
Pfüht, Mäh, Klirrbatsch

257 *Wen erfaßt* – Brief an Maria Anderson, 12. 3. 1875, Br I, 134.
Und schon erfolgt der Griff – Bg III, 425.
258 *mütterliche … die brave … zupft … aus weicher … die wohlgerathne … sich zurecht … um zu beglücken* – Bg III, 424–426.
Dann kreuz und queer – Bg III, 426.
göttliche Mensch … wenn er Gedichte – Ebd.
ein guter Mensch – Bg III, 427.
Er fühlt, er muß – Ebd.
259 *Hohnlächelnd meckert* – Bg III, 495.
260 *Der Dichter aber schwärmt* – Bg III, 469.
nachdem er Bein und Blick – Bg III, 458.
261 *Tihumtata* – Bg II, 566.
262 *Ach! – Die Venus ist perdü* – Bg II, 279.
mit einer Axt und stillem Weh – Bg I, 266.
Hier sieht man – Bg II, 333.
263 *Liebe – sagt man* – Bg II, 821.
Horch, wer – Bg III, 13–17.
runzlichten Schaar bärtiger Krieger – Bg I, 590.
Wöhnlich im Wechselgespräch – Bg III, 144.
264 *Adele – Seele* – Bg III, 104.
Und das dicke runde fette – Bg III, 118.
Jeder weiß, was so ein – Bg I, 362.
Wehe! Selbst im guten – Bg II, 72.
Madam Sauerbrod – Bg II, 668.
Der Schwarze aber aß – Bg III, 88.
Heute redet man immer – Müller-Brauel, S. 18.
Jede Sprache – Brief an Maria Anderson, 12. 9. 1875, Br I, 154.

Dreizehntes Bild
Der große Maler mit der kleinen Mappe

267 *mit Leichtigkeit* – Bg III, 531.
so zwei drei vier Glas Bier – Bg III, 533.
so seine vier fünf sechs Glas Bier – Bg III, 534.
269 *Reich der goldnen Rahmen* – Bg III, 504.
Wär nicht die rechte – Bg III, 568.
270 *Lenbach* – Brief an Johanna Kessler, 8. 2. 1877, Br I, 176.
Schaut der Wald … Aber freilich – SW VIII, 346.
272 *So häuften sich* – Hermann, Adolf und Otto Nöldeke: Wilhelm Busch. München 1909, S. 78.
273 *Er wohnt hier* – WBJb 1974, S. 58.
G'schmier … das Zeugs nicht – Brief an Grete Meyer, 8. 10. 1896, Br II, 79.
Kein Kitscher – Paul Klee: Tagebücher 1898–1918. Hg. von Felix Klee. Köln 1979, S. 236.

Promenade
Spaziergänge eines Privatiers

274 *Abkühlung – Eingeschwollen – Böttcher – Hose geplatzt* – Bg III, 776–778.
275 *Selbst mancher Weise* – Bg III, 697.
276 *Daß er mich aber nun* – Zit. nach Bg III, 1097.
277 *auf bessere Ausnutzung* – Zit. nach Bg III, 1256.
278 *Mein bescheidener* – Brief an Franz Lenbach, 20. 2. 1885, Br II, 285.
geliebtes Vaterland – Brief an Franz Lenbach, 27. 4. 1886, Br I, 267.
279 *behext* – Ebd.
jenem alten – Brief an Franz Lenbach, 27. 4. 1886, Br I, 267.
Herrlich – Brief an Marie Hesse, 27. 6. 1886, Br I, 268.
verwandtschaftliche Kreuz- und Querzüge – Brief an Marie Hesse, 29. 6. 1891, Br I, 333.
280 *Eine hübsche … Hauptlockvogel … Welchen … Mich auch … Was wünschen … Nein* – SW VII, 243 f.
Ich bin ja – Brief an Johanna Kessler, 3. 7. 1898, Br II, 131.
281 *Was mich alten Jungen* – Br I, 321.

281 *der alte Buckel* – Brief an Nanda Kessler, 21. 4. 1894, Br II, 28.
rauchend – Brief an Johanna Kessler, 9. 6. 1892, Br I, 360.
gar innig – Brief an Johanna Kessler, 22. 10. 1895, Br II, 62.
Wer einsam ist – W IV, 325.
282 *Schön ist's, Junggeselle sein!* – W IV, 449.
täglich, dass – Brief an Marie Hesse, 12. 6. 1889, Br I, 316.
inzwischen – Brief an Marie Hesse, 29. 6. 1891, Br I, 333.
sinnloses Geräusch … Klappern – NWBA, S. 474.
Ja, es ist ganz eigentümlich – Nöldeke 1909, S. 176.
283 *bekannte Leibgericht* – Bg III, 395.
Von Fruchtomletts – W IV, 276.
284 *Oft war er dann* – Nöldeke 1909, S. 75.
285 *wunderliche Gewohnheiten* – Ebd., S. 116.
286 *Ich habe die* – Brief an Otto Nöldeke, 23. 6. 1888, Br I, 303.
Leider muß ich – Bg III, 936.
287 *Ich habe die Nächte* – SW VIII, 342.
mit allen Vorräten – Bg III, 1295.

Vierzehntes Bild
Der denkende Punkt

288 *drängende Ernährungstrieb* – W IV, 151.
Nie Bienenzüchter – Brief an Nanda Kessler, 20. 4. 1893, Br II, 9.
Nachdem er am Sonntagmorgen – W IV, 312.
289 *Der Kobold ist* – W IV, 296.
290 *Hier, sprach er* – W IV, 329.
traurig, öd und leer – W IV, 330.
Ich denke mir – Brief an Henriette Eller, 29. 6. 1880, Br I, 210 f.
291 *Instrument* – Brief an Johanna Kessler, 26. 4. 1877, Br I, 178.
292 *Die Seite, welche wir benützen* – W IV, 191.
angesehener aber toter – W IV, 177.
bedeutenden Stadt – W IV, 176.
tönenden Schelle – W IV, 199.
stattliche Mann – W IV, 160 und 200.
Das Weitere findet sich – W IV, 200.
293 *größten Mann seines Volkes* – W IV, 181.
nicht unbedeutenden – W IV, 185.
Eine leichte heidnische Dunstwolke – W IV, 177 f.
294 *Und der Jud* – Bg II, 228.

295 *Heid, Jüd, Törk* – Brief an Grete Meyer, 15. 1. 1900, Br II, 156.
296 *europäischen Presse* – Theodor Fontane: Briefe. Darmstadt 1976 ff. Bd. 4, S. 705.
297 *Wo Juden und Christen* – W IV, 522.
Der Antisemit – Golo Mann: Wilhelm Busch. In: WBJb 1982, S. 16.
Besten Dank – Brief an Franz Lenbach, 29. 4. 1891, Br I, 331.
298 *zur Unterhaltung* – Brief an Unbekannt, 17. 12. 1893, Br II, 292.
Lieber Baßermann! – Br II, 45.
Und damit zog er den Hirschfänger – W IV, 249.
300 *in einem dicken Legendenbuche* – W IV, 215.
hübsche Zauberin – W IV, 230.
hundsmäßiger Unterwürfigkeit – Ebd.
schönen Tyrannin – W IV, 250.
untertänigst ergebene Sklavenseele – W IV, 251.
spielend die Seel aus dem Leib – W IV, 239.
Die Zeit ist leider – Brief vom 28. 7. 1888, Br II, 288.
301 *goldigen* – Brief an Nanda Kessler, 13. 5. 1893, Br I, 353.
Ach lieber – Clemens Brentano an Achim von Arnim, 23. 8. 1803. Freundschaftsbriefe. Bd. I. Frankfurt/M. 1998, S. 157.
302 *Eigentlich sollt ich ein Klosterbruder* – W IV, 239.
Mein Medaillon war – W IV, 253.
303 *Der alte Narr!* – W IV, 268.
Die Mutter plagte ein Gedanke – W IV, 307.
304 *der Frack war zur Jacke* – W IV, 252.
Durch reichhaltige Übung – W IV, 262 f.
305 *sie war noch grade so* – W IV, 263.
hübsche Frau – Brief an Nanda Kessler, 11. 10. 1891, Br I, 338.
lachte die Hex – W IV, 248.
Warum lacht die Hex? – Brief vom 11. 10. 1891, Br I, 338.
edlen Herrin – Brief an Nanda Kessler, 3. 5. 1892, Br I, 350.
störrigen Knecht – Brief an Nanda Kessler, 6. 5. 1892, Br I, 351.
306 *zwei niedlichen vergoldeten* – W IV, 256.
der Kohl wuchs zusehends – W IV, 254 f.
307 *angenehme* – Brief an Grete Meyer, 16. 10. 1905, Br II, 241.
Was hatt ich … Der, den ich darin – W IV, 253 und 260.
Ich wollte arbeiten – W IV, 262.

Promenade
Nach Mechtshausen

309 *Ihre Teilnahme ... Daß meine prosaischen* – Brief an Artur Kutscher, 27. 2. 1907, Br II, 260.
Bekanntlich – Brief an Margarethe Röber, 4. 7. 1896, Br II, 73 f.
310 *Wer nicht will* – W IV, 414.
Kunstwerke: Saft – SW VI, 219.
Wer rudert, sieht – SW VI, 220.
Laster: Man liebt – SW VI, 225.
311 *Es gibt ja leider Sachen* – W IV, 273.
Reisen taugen – Brief an Grete Meyer, 22. 7. 1906, Br II, 252.
Der kleine – Brief an Johanna Kessler, 30. 8. 1898, Br II, 134.
312 *Unter den* – Brief an Adolf Nöldeke, 16. 7. 1887, Br I, 288.
Die Leute wurden – Zit. nach Bg II, 1390; die Abkürzungen der Gesprächsnotiz aufgelöst.
Das Pfarrhaus – Brief an Johanna Kessler, 12. 11. 1898, Br II, 137.
313 *hübschen* – Brief an Nanda Kessler, 8. 12. 1898, Br II, 138.
314 *Zu Mittag* – Brief an Grete Meyer, 25. 3. 1900, Br II, 161.
Nur schwach – Brief an Marie Hesse, 24. 5. 1901, Br II, 175.
In Frankfurt – Brief an Erich Bachmann, 31. 10. 1902, Br II, 201 f.
315 *Bei mir aber* – Brief an Nanda Kessler, 2. 2. 1902, Br II, 187.
vielgeschäftigen – Brief an Marie Hesse, 22. 6. 1902, Br II, 196.
Ew. Majestät – Brief an Kaiser Wilhelm II., 17. 4. 1902, Br II, 192.
316 *Per Equipagen* – Ein halbes Jahrhundert Münchner Kulturgeschichte erlebt mit der Künstlergesellschaft Allotria. München 1959, S. 191.
Ich weiß nicht mehr – SW VII, 415 f. und W IV, 541 unter dem Titel »Abschied«.
317 *Dies Stückchen* – Brief an Johanna Kessler, 17. 11. 1899, Br II, 152.
318 *Bildnisse heimatlicher Dichter* – Müller-Brauel, S. 17.
sehr unzugänglich – Ebd.
mittags schliefe er nicht – Ebd.
gleich nach Tisch ... eine lange Reihe – Ebd., S. 18.
Äußerlich war Busch – Ebd., S. 21.
319 *Prachtvoll mundete* – Ebd.
Anfangs Juni – Brief an Grete Meyer, 22. 7. 1906, Br II, 252.

Fünfzehntes Bild
Jetzt raucht er wieder, Gott sei Dank!

320 *Als ich ein kleiner Bube war* – Bg I, 647.
Märzerrungenschaften … mutig … durch die – W IV, 149.
In München habe ich – Nöldeke 1909, S. 183.
321 *Der Hauptweinmarder* – Brief vom 12. 12. 1872, Br I, 94.
Halbe – Brief an Erich Bachmann, 16. 8. 1874, Br I, 126.
Rothwein ist für – Bg II, 621.
nur vormittags etwas – Nöldeke 1909, S. 143.
Ehedem – Brief an Otto Bassermann, 4. 10. 1905, Br II, 240.
Ein guter – Brief an Nanda Kessler, 13. 11. 1894, Br II, 44.
Busch hat viel getrunken – Zit. nach WBJb 1977, S. 29.
322 *Vorige* – Brief an Adolf Nöldeke, 25. 4. 1890, Br I, 320.
ein alter Knecht – SW VII, 449.
Die Männer und die Mümmelgreise – Bg II, 464.
323 *Die Nase schwillt* – Bg III, 9.
Enthaltsamkeit ist – Ebd.
324 *Also reitet er* – Bg III, 12.
Weinen kann ihr Angesicht – Bg III, 36.
325 *Mein guter Zwiel* – Bg III, 62.
Erst bist du froh – Bg III, 54.
326 *Feder, Dinte, Toback und Papier* – Bg II, 348.
von dem Toback ein Verehrer – Max und Moritz, Bg I, 355.
Ein Schlot – Brief an Johanna Kessler, 12. 1. 1892, Br I, 346.
Schmiererei – SW VII, 451.
Geehrtester – Brief an Unbekannt, 2. 12. 1875, Br I, 159.
327 *Er hat eine große Gewandtheit* – Paul Block: Ein Besuch bei Wilhelm Busch. In: Otto Nöldeke (Hg.): Wilhelm Busch. Ernstes und Heiteres. Berlin 1938, S. 188.
den widerspenstigen Tabak – Nöldeke 1909, S. 157.
Die schöne Dose – Br I, 246.
Ja, so – Brief an Grete Thomsen, 12. 1. 1907, Br II, 259.
328 *Zwischendurch rauchte er* – Nöldeke 1909, S. 144.
Feld-, Wald- und Wiesenzigarre – NWBA, S. 478.
Er war ein so – Nöldeke 1909, S. 144.
als Raucher wird man – Ebd., S. 182.
Ich in meiner – Brief an Johanna Kessler, 13. 6. 1902, Br II, 195.
der treuen – Brief an Johanna Kessler, 22. 10. 1895, Br II, 62.

328 *Ein ›mitunteriges‹* – Brief vom 18. 10. 1899, Br II, 151.
Und wie gut wär's – Brief vom 26. 10. 1907, Br II, 271.
329 *Glauben Sie* – Brief an Maria Anderson, 3. 7. 1877, Br I, 179.
Drei Wochen war der Frosch – Bg I, 119.
Mich erwischte – Brief an Else Meyer, Februar 1890, Br I, 319.
heftiges Unwohlsein – Brief an Johanna Kessler, 23. 8. 1874, Br I, 126.
allerlei Gebrechen – Brief an Otto Bassermann, 20. 10. 1881, Br I, 224.
alter abscheulicher Husten – Brief an Hermann Nöldeke, November 1893, Br II, 21.
jene leicht bläulich-blasse Haut – WBJb 1990, S. 60.
für die redliche – Brief vom 29. 11. 1907, Br II, 273.
Da ich – Brief vom 27. 12. 1907, Br II, 274.

Sechzehntes Bild
Todesarten

330 *Und – klapp!* – Bg I, 523.
331 *Aber das Schlimmste* – W IV, 237.
333 *Nämlich* – Brief an Letty Kessler, 19. 3. 1876, Br I, 166.
336 *O wie süß ist* – NWBA, S. 365.
Ich lasse töten – W IV, 272.
Haben wir nicht – Brief an Maria Anderson, 19. 5. 1875, Br I, 142.
Jede Geburt – Brief an Maria Anderson, 30. 6. 1875, Br I, 148.
337 *Der Gedanke an den Tod* – Br I, 144 f.
mit Haut – Brief an Maria Anderson, 18. 6. 1875, Br I, 145.
Mir ist's auch egal – Nöldeke 1909, S. 124.
Die Ungewißheit – Brief an Maria Anderson, 18. 6. 1875, Br I, 145.
Der werthe – Brief an Grete Meyer, 3. 5. 1900, Br II, 163.
338 *Die Welt* – Brief an Grete Meyer, 18. 8. 1897, Br II, 106.
339 *Wo sich Ewigkeiten dehnen* – W IV, 394.
Allein – Variante der zweiten Strophe des Gedichts »Tröstlich« (W IV, 417) in: Brief an Grete Meyer, 22. 4. 1900, Br II, 162.
340 *Was mich* – Brief an Maria Anderson, 6. 11. 1875, Br I, 157.
So sind wir – Brief an Lorenz Gedon, 21. 6. 1879, Br I, 194 f.
seine Vordermänner – Brief an Friedrich August Kaulbach, 30. 11. 1886, Br I, 277.
plötzlich – Brief an Franz Lenbach, 28. 7. 1888, Br II, 287.

340 *auf der Grenze* – Brief an Grete Thomsen, 23. 12. 1907, Br II, 274.
341 *abwechselnd Regen* – Br II, 269.
Erich Bachmann sen. – SW VIII, 380.
Der plötzliche Tod – Brief an Erich Bachmann jun., 15. 8. 1907, Br II, 269.
sehr ernstlichen Wink – Brief an Nanda Kessler, 16. 9. 1907, Br II, 270.
342 *in seiner stillen Ecke … Es kommt alles* – Brief an Nanda Kessler, 16. 11. 1907, Br II, 272.
Mechtshausen 1. Jan. 1908 – Br II, 274.
343 *das im Halse … nur etwas … ihm das Kissen* – SW VIII, 384.
Mein Lebenslauf – W IV, 536.
344 *Derweil wir* – Brief an Johanna Kessler, 12. 2. 1875, Br I, 131.

Literaturverzeichnis

Werk- und Briefausgaben

Brunngraber-Malottke, Ruth: Wilhelm Busch. Handzeichnungen nach der Natur. Werkverzeichnis. Stuttgart 1992.

Die Bildergeschichten. Historisch-kritische Ausgabe. 3 Bde. Bearbeitet von Hans Ries unter Mitarbeit von Ingrid Haberland, im Auftrag der Wilhelm-Busch-Gesellschaft herausgegeben von Herwig Guratzsch und Hans Joachim Neyer. Hannover ^{2}2007.

Gesammelte Werke. CD-ROM. Digitale Bibliothek. Berlin 2005.

Gmelin, Hans Georg: Wilhelm Busch als Maler. Mit einem vollständigen Werkverzeichnis. Berlin ^{2}1981.

Sämtliche Briefe. Kommentierte Ausgabe. 2 Bde. Hg. von Friedrich Bohne. Hannover 1968/1969.

Sämtliche Werke. Hg. von Otto Nöldeke. 8 Bde. München 1943.

Werke. Historisch-kritische Gesamtausgabe. Hg. von Friedrich Bohne. 4 Bde. Wiesbaden o. J. [1960].

Wilhelm Busch. Als Maler in seiner Zeit – Als Zeichner nach der Natur – Die Bildergeschichten zwischen Flugblatt und Cartoon. Niedersächsische Landesausstellung zur 150jährigen Wiederkehr des Geburtstages von Wilhelm Busch. Katalog. 3 Bde. Hannover 1982.

Ausgewählte Literatur zu Wilhelm Busch

Bohne, Friedrich: Wilhelm Busch. Leben, Werk, Schicksal. Zürich/Stuttgart 1958.

Bonati, Peter: Die Darstellung des Bösen im Werk Wilhelm Buschs. Bern 1973.

Knapp, Gottfried: Weltabkehr und Schöpfungsliebe. Über die Bedingungen der Kreativität bei Wilhelm Busch und Vincent van Gogh. In: Wilhelm Busch: Malerei. Hg. von Jochen Poetter. Stuttgart 1990.

Kraus, Joseph: Wilhelm Busch in Selbstzeugnissen und Bilddokumenten. Reinbek 1970.

Lindau, Paul: Wilhelm Busch. In: Nord und Süd. Eine deutsche Monatsschrift. Hg. von Paul Lindau. IV. Bd. Februar 1878. 11. Heft. Berlin, S. 257–272 [Reprint in: Jahrbuch der Wilhelm-Busch-Gesellschaft 1962/63, S. 11–25].

Mihr, Ulrich: Wilhelm Busch: der Protestant, der trotzdem lacht. Philosophischer Protestantismus als Grundlage des literarischen Werks. Tübingen 1983.

Misch, Manfred: »... Und schmeiß ihn an den Kopp!« Wilhelm Buschs in Holzschuhen tanzende Muse. In: Hans-Jörg Knobloch/Helmut Koopmann (Hg.): Das verschlafene 19. Jahrhundert? Zur deutschen Literatur zwischen Klassik und Moderne. Würzburg 2005, S. 139–155.

Mitteilungen der Wilhelm-Busch-Gesellschaft (1932–1943) bzw. Jahrbuch der Wilhelm-Busch-Gesellschaft (1949–1963/64) bzw. Wilhelm-Busch-Jahrbuch (1964/65–1997) bzw. Satire, hg. von der Wilhelm-Busch-Gesellschaft (seit 1998).

Neyer, Hans Joachim: Herzenspein und Nasenschmerz – Karikaturen und Comics im Wilhem-Busch-Museum Hannover. Deutsches Museum für Karikatur und kritische Grafik. Katalog. Hannover 2006.

Nöldeke, Hermann, Adolf und Otto: Wilhelm Busch. München 1909.

Nöldeke, Otto: Wilhelm Buschs Leben. In: Wilhelm Busch: Sämtliche Werke. Hg. von Otto Nöldeke. München 1943. Bd. 8, S. 209–387.

Novotny, Fritz: Wilhelm Busch als Zeichner und Maler. Wien 1949.

Pape, Walter: Wilhelm Busch. Stuttgart 1977.

Ueding, Gert: Wilhelm Busch. Das 19. Jahrhundert en miniature. Frankfurt/M. 22007.

Vogt, Michael (Hg.): Die boshafte Heiterkeit des Wilhelm Busch. Bielefeld 1988.

Wilhelm-Busch-Gesellschaft (Hg.): Pessimist mit Schmetterling. Wilhelm Busch – Maler, Zeichner, Dichter, Denker. Hannover 2007.

Willems, Gottfried: Abschied vom Wahren-Schönen-Guten. Wilhelm Busch und die Anfänge der ästhetischen Moderne. Heidelberg 1998.

Dank

Nicht nur verdanke ich einen großen Teil meines Wissens über Wilhelm Busch der historisch-kritischen Gesamtausgabe der Bildergeschichten, bearbeitet von Hans Ries unter Mitarbeit von Ingrid Haberland, auch stand mir Hans Ries persönlich und schriftlich für meine Fragen zur Verfügung. Seine Antworten waren kompetent, exakt, inhaltsreich und ausführlich, daneben überaus wohlwollend und witzig. Als wäre das nicht genug, fand er sich auch noch bereit, mir wertvolle Hinweise zur Korrektur des Manuskriptes zu geben. Hans Ries vor allen anderen danke ich von ganzem Herzen!

Das vorliegende Buch hätte nicht vollendet werden können ohne den Rat, die Unterstützung sowie das Engagement folgender Personen und Institutionen, denen ich ebenfalls sehr herzlich danke: Dr. Christina Salmen, Ulrich Pöppl, Ursula Codoni (Richard und Uli Seewald Stiftung, Ronco sopra Ascona), Dr. Hans Joachim Neyer (Wilhelm-Busch-Museum Hannover), Denis Lakey und Hermann Wiedenroth, Michael Endepols, Dr. Adrien Hümmer, Arnd Rüttger, Hans Feltkamp, Dr. Waltraud Linder-Beroud und Renate Sarr (Deutsches Volksliedarchiv, Arbeitsstelle für internationale Volksliedforschung, Freiburg i. Br.), Claudia Lüken und Myrjam Salmen (A. W. Faber-Castell GmbH, Stein bei Nürnberg), Universitätsbibliothek Bamberg.

Schließlich danke ich meinem Mann Rolf-Bernhard Essig mit den folgenden Zeilen Wilhelm Buschs:

Alle, wenn sie Mut besitzen,
Dichten, daß die Federn spritzen!
Aber die – nach altem Brauch –
Sich vermählten, können's auch;
Denn, dieweil sie ihrer zwei,
Helfen sie sich sehr dabei.

Register

Personenregister

Adams, Frieder Carl 79
Adelmann, Carl 160
Alexander II., Zar 237, 240
Andersen, Hans Christian 33, 291, 300–302, 349
Anderson, Maria 178–182, 209, 225, 233, 236, 249, 305, 336
Angeli, Heinrich von 268
Arnim, Achim von 64, 301
Augustinus 225, 227, 250, 255, 337, 359
Aumann, Christine 62

Bachmann, Erich 37–41, 164 f., 169, 182, 190, 233, 236, 248, 286, 341, 351
Bachmann, Erich jun. 190, 341 f.
Bachmann, Familie 169, 190, 213
Barks, Carl 211
Bassermann, Familie 190, 213
Bassermann, Friedrich Daniel 125, 128
Bassermann, Marie 196, 254
Bassermann, Otto 7 f., 76, 86, 114, 116, 128 f., 149 f., 154, 159 f., 163, 165, 182, 187, 190, 196, 239, 248, 252, 254 f., 276 f., 286 bis 288, 298, 309, 315 f., 321
Bax, Konrad 62, 356
Bechstein, Ludwig 77
Berkeley, George 45
Bernstein, F. W. 168
Beuys, Joseph 52 f.
Bismarck, Otto von 115, 132, 151 f., 237, 239, 293
Bizet, Georges 237
Boccaccio, Giovanni 136
Böcklin, Arnold 237
Börgmeier 62, 356
Bohnhorst, Friedrich Konrad 32
Bolte, Johan 12
Bolte, Sophie 62
Bornemann, Karl 42
Boswell, James 314
Botterbrodts, Ursula 12
Bouts, Dirk 48
Brahms, Johannes 204
Braun, Caspar 76–80, 98 f., 114, 128, 248, 316
Brehm, Alfred Edmund 227
Brentano, Clemens 64, 301
Brouwer, Adriaen 48–50, 355
Brümmer, Heinrich 37 f., 165, 351 f.
Buer, Hinrich 12
Buers, Katherine 12
Buffalo Bill 237
Bunyan, John 292
Burger, Anton 122
Busch, Adolf 34, 36, 119, 163, 215, 248
Busch, Anna 36, 73, 119, 215, 340
Busch, Fanny s. Nöldeke, Fanny
Busch, Gustav 34, 36, 119, 130, 162, 190, 213, 215, 239, 248, 340

Busch, Henriette Dorothee Charlotte, geb. Kleine 15–19, 34 bis 36, 39–41, 45, 54–58, 65, 115, 119 f., 175, 215, 340, 348–350
Busch, Hermann 73, 130, 164, 194, 215, 247–249
Busch, Johann Friedrich Wilhelm 15, 17, 19–22, 34, 36, 39, 42, 45, 54–56, 58, 65, 68, 115, 119 f., 208, 215, 326, 340, 348 f.
Busch, Johanne 163
Busch, Otto 34, 36, 120 f., 123 f., 126 f., 147, 161, 163, 215, 248 f., 340
Byron, George Gordon Noel 250

Canova, Antonio 245
Cervantes Saavedra, Miguel de 300, 359, 367
Chodowiecki, Daniel 122, 155
Collins, Wilkie 250
Congreve, William 250
Corot, Camille 122

Daelen, Eduard 8, 248, 276, 347
Darwin, Charles 59, 180, 224 bis 229, 337, 357
Denkers, Margarethe 12
Dickens, Charles 250, 359
Diez, Wilhelm 72, 80, 242
Dirks, Rudolph 212
Disney, Walt 211
Doré, Gustave 93
Dostojewski, Fjodor 237
Dreyer, Arendt 12
Dumas, Alexandre fils 144, 146
Duncan, Isadora 240
Dykmans 48
Dzierzon, Johannes 58 f., 356 f.

Ebhardt, Christian Hermann 42
Eichendorff, Joseph von 299
Eichrodt, Ludwig 78
Ettling, Johann Jakob 93
Eyck, Jan van 48

Fastenrath, Louise 280
Fehlow, Grete 183, 190, 236, 256
Feininger, Lyonel 212
Filliucci, Vicenzo 148
Fontane, Theodor 296, 298
Franz Joseph I., Kaiser von Österreich 239
Friedrich II., König von Preußen 355

Ganghofer, Ludwig 253 f.
Gedon, Lorenz 165, 239, 241 bis 243, 248, 256, 327, 341
Gedon, Mina 327
Georg V., König von Hannover 116
George, Stefan 298
Gernhardt, Robert 159
Goethe, Johann Wolfgang 11, 15, 125, 139, 162, 172, 250, 264, 290, 312 f., 340, 367
Grandville (Jean-Ignace-Isidore Gérard) 60, 81, 152
Grimm, Jakob und Wilhelm 64 bis 66, 193
Grimmelshausen, Hans Jacob Christoph von 155
Gruber, Auguste 183

Hallberger, Eduard 128
Hals, Frans 48, 312, 355
Hanfstaengl, Ernst 74, 244 f., 248
Hansen, Karl 252–254

Hartmann, Victor 7
Hauptmann, Gerhart 298
Hawthorne, Nathaniel 250
Hearst, William Randolph 212
Hebel, Johann Peter 64
Heine, Heinrich 11, 193, 198f., 202, 250
Heine, Thomas Theodor 69, 296
Heinrich 348
Herder, Johann Gottfried 64, 291
Hesse, Marie 236, 249f., 281, 342
Hillmann, Heinrich 322
Hobbema, Meindert 312
Höcker, Oskar 209
Hoff, Konrad 239
Hoffmann, Ernst Theodor Amadeus 291
Hoffmann, Heinrich 147, 208
Hofmannsthal, Hugo von 298
Hogarth, William 95, 146
Holz, Arno 298
Homer 185, 263, 299, 359
Howitt, Anna Mary 69–71
Huch, Ricarda 298

Ibsen, Henrik 237
Ippentanz 62

Jean Paul 291

Kant, Immanuel 41, 199f., 224, 353
Kaulbach, Friedrich August 72, 165, 213, 236, 239–241, 243, 246, 248, 319
Kaulbach, Isidore 246
Kaulbach, Mina 319
Kaulbach, Wilhelm von 69, 240
Keller, Elisabeth 47, 115
Keller, Gottfried 20, 47, 115, 314
Kessler, Familie 213, 215, 275
Kessler, Harry 120, 122, 169, 187
Kessler, Hugo (Hudi) 184, 187, 340
Kessler, Hugo 120, 122, 187
Kessler, Johann Daniel Heinrich 120, 122–124, 178, 292
Kessler, Johanna 10, 120–124, 140, 161–164, 168, 175–178, 182, 184, 186f., 236, 239, 241, 243, 270, 279, 283, 291f., 305, 321, 342
Kessler, Letty 120, 122, 163, 169, 177, 184, 186f., 279, 329, 342
Kessler, Lina 122, 163
Kessler, Nanda 120, 122, 163, 169, 172, 175, 177, 184–187, 233, 279, 301, 305, 342
Kessler, Nelly 184, 187
Klee, Paul 51, 273
Kleine, Amalie 16f., 20f., 34f., 349f.
Kleine, Ernst 130, 215
Kleine, Fanny 37, 41, 215, 340
Kleine, Georg 34, 36–42, 57–59, 61, 215, 279, 340, 350, 356f.
Kleine, Helene 119
Kleine, Johann Georg 16f.
Kleine, Karl Friedrich Konrad 73, 119
Klemme, August 44f., 68, 354
Kluge, Friedrich 237, 314, 342
Koch, Robert 237
Köllars, Gese 12–14
Kortum, Carl Arnold 154–159
Kremplsetzer, Georg 75
Kußmaul, Adolf 78
Kutscher, Artur 309

Leibl, Wilhelm 237
Lenbach, Franz 72, 153, 165, 227, 236, 239–246, 248, 254, 256, 270, 278 f., 297, 300, 341
Leo XIII., Papst 239
Lessing, Gotthold Ephraim 291
Levi, Hermann 225, 239–241, 248, 296, 341
Liebermann, Max 237
Liebknecht, Wilhelm 314
Lindau, Paul 7, 153, 171, 197, 239 bis 241, 296
Loriot (Vicco von Bülow) 99
Lossow, Friedrich 80
Lossow, Heinrich 72, 242
Ludwig I., König von Bayern 47, 239
Ludwig, Prinz 242
Luitpold, Prinzregent 240
Luther, Martin 38, 99

Mann, Golo 297
Mann, Katia, geb. Pringsheim 240
Mann, Thomas 240
Massys, Quentin 48
Maurier, Daphne du 54
Mauve 272
May, Karl 26, 211, 286, 292
Memling, Hans 48
Menzel, Adolph 237
Meyer, Conrad Ferdinand 298
Meyer, Grete s. Thomsen, Grete
Molière (Jean Baptiste Poquelin) 148
Mozart, Wolfgang Amadeus 173
Müller-Brauel, Hans 317–319
Müller-Grote, Carl 154
Mussorgski, Modest 7, 9

Nietzsche, Friedrich 237
Nöldeke, Adolf 163, 212 f., 215 f., 248 f., 272, 282, 285 f., 311, 341
Nöldeke, Anneliese 216 f., 311, 313, 342 f.
Nöldeke, Else, geb. Meyer 195, 216–218, 279, 311, 313, 316, 327, 343
Nöldeke, Fanny, geb. Busch 34 bis 36, 68, 73, 119, 163, 175, 194 f., 213, 215 f., 248, 273, 276, 279, 311, 343, 349
Nöldeke, Hermann (Schwager) 119, 163, 195, 213, 248, 340
Nöldeke, Hermann (Neffe) 163, 212 f., 215–217, 247–249, 273, 279, 282, 285 f., 311 f., 321, 341
Nöldeke, Irmgard 217, 273
Nöldeke, Martin 216 f., 311, 313, 342 f.
Nöldeke, Otto 163, 195, 212 f., 215–218, 248 f., 256, 279, 282, 285 f., 311, 313, 316, 319, 343
Nöldeke, Ruth 216 f., 311, 313, 342 f.
Nöldeke, Sophie 273

Otto, Georg 160

Pasteur, Louis 237
Peck, Fritze 12
Piloty, Karl von 68, 72
Pixis, Theodor 72 f., 171, 268
Platon 291
Pocci, Franz Graf von 77, 79
Ponte, Lorenzo da 101

Raabe, Wilhelm 298
Raffael (Raffaello Santi) 312

Rasch, Marie 247 f.
Rembrandt Harmensz van Rijn 50
Richter, Adolph 175 f.
Richter, Anna 175 f.
Richter, Johann Heinrich 85 f., 98 f.
Richter, Ludwig 80, 85
Rockefeller, Familie 240
Rodin, Auguste 237
Rowlandson, Thomas 146
Rubens, Peter Paul 48, 312, 355, 368

Schadow, Wilhelm von 45
Schäkel 62
Schauenburg, Moritz 128, 136 f., 160, 248
Scheid, Josef 268
Schiller, Friedrich 99, 250, 264
Schlaf, Johannes 298
Schneider, Friedrich 77, 114, 128, 316
Schopenhauer, Arthur 124 f., 127, 147, 161, 180, 200, 204, 224 bis 226, 336 f., 357
Schwind, Moritz von 77, 79 f.
Seitz, Rudolf 242
Shakespeare, William 41, 193, 250, 295, 353, 368
Smollett, Tobias 286
Spee, Friedrich von 14
Spieß, Gustav 197 f.
Spitzweg, Carl 77, 237
Sterne, Laurence 286
Stöger, Otto 72
Stümke, Friedrich Wilhelm 16
Swift, Jonathan 291

Teniers, David d. J. 48, 355
Thackeray, William Makepeace 250
Thomsen, Andreas 342 f.
Thomsen, Grete, geb. Meyer 327 bis 329, 342 f.
Thomsen, Hilde 342
Tieck, Ludwig 64
Timmermans, Jean Baptiste (Jan) 48, 52, 55 f., 164, 215, 354
Timmermans, Maria (Mie) 52, 55 f., 164, 215, 354
Tolstoi, Lew 237
Trollope, Anthony 250
Twain, Mark 237

Uhland, Ludwig 64

Vergil 263
Victoria, engl. Königin 47, 237
Vischer, Friedrich Theodor 171 f., 198, 359
Voltaire (François-Marie Arouet) 155
Voß, Johann Heinrich 263

Wagner, Cosima 241
Wagner, Richard 225, 241, 259, 291
Warnecke, Friedrich 57, 65, 248
Wedekind, Frank 298
Weyden, Rogier van der 48
Wilhelm I., dt. Kaiser 116, 237, 239
Wilhelm II., dt. Kaiser 240, 315
Wilkening, Curt 12 f.

Ziegenberg 62
Zincgref, Julius Wilhelm 106
Zola, Emile 237

Werkregister

Abenteuer eines Junggesellen 27f., 93, 170, 173f., 180, 187–190, 194, 264, 274, 306, 321, 323, 325
Abenteuer in der Neujahrsnacht 222f.
Adelens Spaziergang 223
An den »Krökelorden« 214
An Helene 101, 161, 287
Anleitung zu historischen Portraits 168

Balduin Bählamm 79, 88, 108, 206, 236, 255–261, 266, 269, 304, 306
Bilder zur Jobsiade 128, 130, 154 bis 160, 177, 188, 220f., 298, 306, 322f., 326
Bilderpossen 82–86, 97–99, 114, 251
Bis auf Weiters 232

Chor der Nachtlichter 75

Dank und Gruß 316f.
Das Bad am Samstag Abend 130, 206
Das Lied von der roten Nase 322
Das Netz einer Bienenzelle 59
Das Pusterohr 130, 206, 330f.
Das Rabennest 206
Der Alte Narr 303
Der Bauer und der Windmüller 219
Der Deserteur 78
Der Einsame 281f.
Der Eispeter 83–85, 90, 96, 188, 191, 207, 219, 301, 335
Der Frosch und die beiden Enten 329
Der Fuchs. Die Drachen 252
Der Geburtstag oder Die Partikularisten 116–119, 151, 167, 322f.
Der gewandte, kunstreiche Barbier und sein kluger Hund 331
Der Gourmand hat im Traume 172
Der hastige Rausch 169
Der heilige Antonius von Padua 128, 130–138, 140, 145, 147, 152, 160, 169, 171, 177, 188, 191, 198, 206, 214, 248, 264, 266
Der hinterlistige Heinrich 220
Der kleine Maler mit der großen Mappe 78, 267
Der Kobold 289
Der Maulwurf 168, 232
Der Nöckergreis 275
Der Privatier 274, 277
Der Sack und die Mäuse 251
Der Schmetterling 275, 298–309, 331, 333
Der Schnuller 102, 206, 231
Der Schreihals 130
Der Traum 289f.
Der Vetter auf Besuch 75
Der Virtuos 80–82, 241
Der Wurstdieb 335
Der Zylinder 168

Dideldum! 162, 165–169, 172, 177, 231 f., 323, 325
Die Birke 26
Die Brille 220, 331
Die Fliege 231
Die Folgen der Kraft 130
Die Fromme Helene 7, 90, 101, 128, 130 f., 138–147, 152, 156, 159–161, 172, 177, 188 f., 191, 193, 206, 210 f., 222, 262, 277, 294 f., 322 f.
Die Haarbeutel 220, 227, 243, 263, 306, 323–325
Die Kirmeß 168
Die kleinen Honigdiebe 60, 78
Die kühne Müllerstochter 130
Die Lehre von der Wiederkehr 339
Die Liebe war nicht geringe 201 f.
Die Rutschpartie 222
Die Spinne 274
Die Täuschung 78
Diogenes und die bösen Buben von Korinth 96, 206 f., 222
Dorenkat 79

Eduards Traum 25, 275, 290–299, 309, 314
Eine kalte Geschichte 325, 335
Einer hat gebimmelt 75
Er stellt sich vor sein Spiegelglas 199
Erneuerung 303 f.
Es sitzt ein Vogel auf dem Leim 125–127
Es wird mit recht ein guter Braten 204
Es wohnen die hohen Gedanken 199

Fipps, der Affe 227–231, 248 f., 263 f., 330

Hänsel und Gretel (Bilderposse) 83
Hansel und Gretel (Märchenfestspiel) 75
Hans Huckebein, der Unglücksrabe 7, 87, 108, 128, 130, 177, 198, 206, 230 f., 322
Hernach 275 f.
Herr und Frau Knopp 93, 189 bis 191, 194 f., 220–222, 283
Hinten herum 24 f.
Hund und Katze 234 f.

Ich kam in diese Welt herein 200 f.
Ich meine doch 125
Ich wußte, sie ist in der Küchen 203 f.
Idiosyncrasie 162, 177
Individualität 167

Julchen 184, 187, 189–194, 210, 220

Katze und Maus 83, 85, 101 f.
Kennen die Bienen ihren Herrn? 59
Kinder, lasset uns besingen 322
Krischan mit der Piepe 83, 220 f., 325 f.
Kritik des Herzens 7, 15, 119, 125, 176, 178, 196–205, 236 f., 246 f., 257, 276, 288

Liebestreu und Grausamkeit 74
Lied eines versimpelten Junggesellen 282
Lieder eines Lumpen 320

Maler Klecksel 88, 108, 236, 257, 266–270, 274, 323, 331
Max und Moritz 15, 95–114, 127 f., 131, 145, 147, 156, 188, 191, 206 f., 210 f., 220, 231, 233, 255, 264
Meiers Hinnerk 26, 309, 318, 320
Mein Lebenslauf 343 f.
Mich wurmt es 203
Monsieur Jacques à Paris 130
Müller und Schornsteinfeger 102

Naturgeschichtliches Alphabet 79
Nicht artig 27

Pater Filucius 130 f., 148–154, 167, 177, 231
Pfannkuchen und Salat 283 f.
Plisch und Plum 28 f., 38, 108, 212, 220, 246, 255, 260, 283, 294 f.
Pst! 311

Romanze 168

Sahst du das wunderbare Bild 50
Schein und Sein 310
Schmied und Teufel 333
Schnurrdiburr oder Die Bienen 60 f., 88, 130 f., 263, 325 f.
Schreckhaft 288 f.
Schreckliche Folgen eines Bleistifts 88 f.
Schuster und Schneider 74 f., 172
Sehnsucht 336
Sehr tadelnswert ist unser Tun 197
Selig sind die Auserwählten 205
Sie stritten sich beim Wein herum 125, 227
Sie war ein Blümlein hübsch und fein 176
Spricker 289, 310 f.
Stippstörchen 221, 231, 250 bis 252
Summa summarum 168

Trauriges Resultat einer vernachläßigten Erziehung 95 f., 112, 207 f.
Trinklied 167 f.
Trübe Aussicht 168

Übertriebene Gefälligkeit 78
Unser Interesse an den Bienen 59, 225
Ut öler Welt 62–67, 306

Vierhändig 325
Von mir über mich 19, 20–22, 35 f., 41, 45, 248, 266, 276, 347 bis 366

Wärst du ein Bächlein, ich ein Bach 198
Wärst du wirklich so ein rechter 125
Wankelmuth 167
Was mich betrifft 19 f., 34–37, 41 f., 49, 52, 152, 172, 189, 274, 276, 298, 347–368
Wie andre, ohne viel zu fragen 224
Wie schad, daß ich kein Pfaffe bin 172 f.
Wiedergeburt 310
Woher, Wohin? 339

Zu guter Letzt 25, 232, 234, 288 bis 290, 310 f.
Zur 75jährigen Jubelfeier der Technischen Hochschule in Hannover 43 f.
Zwischen diesen zwei gescheiten 169

Abbildungsverzeichnis

Abbildungen

18 Kücheninneres im Wiedensahler Elternhaus. Bleistiftzeichnung. Wilhelm-Busch-Museum Hannover

21 Motiv aus »Maler Klecksel«, 2. Kapitel.

24/25 Prügelszenen aus (von links nach rechts) »Abenteuer eines Junggesellen«, »Der böse Xaverl« (in: Kneipzeitschrift »Der Knotenstock«, 1863), »Bilder zur Jobsiade«, »Der kleine Pepi mit der neuen Hose« (Münchener Bilderbogen, 1860), »Plisch und Plum«, »Die Haarbeutel«.

40 Porträts von Wilhelm Busch und Erich Bachmann. Wilhelm-Busch-Museum Hannover

70 Männlicher Akt. Bleistiftzeichnung. Wilhelm-Busch-Museum Hannover

74 Wilhelm Busch 1860 mit Bierkrug. Foto von Ernst Hanfstaengl. Wilhelm-Busch-Museum Hannover

87 Skizzenblatt zu »Hans Huckebein, der Unglücksrabe«. Wilhelm-Busch-Museum Hannover

91 Beispiele von Bilderhandschrift, Druckstock und Holzstich desselben Motivs: Bild 14 aus »Katze und Maus«. Wilhelm-Busch-Museum Hannover

96 Motive aus »Trauriges Resultat einer vernachläßigten Erziehung« (links) und »Max und Moritz«.

97 Motive aus »Diogenes und die bösen Buben von Korinth« (oben) und »Max und Moritz«.

103 Volksbuch vom »Dyl Ulenspiegel« (links) und zwei Motive aus »Max und Moritz«.

117 Tanzende Schweine aus »Der Geburtstag oder Die Partikularisten«, 3. Kapitel.

121 Johanna Kessler. Bleistiftzeichnung.
Wilhelm-Busch-Museum Hannover

125 Arthur Schopenhauer von hinten mit Pudel. Karikatur.
Wilhelm-Busch-Museum Hannover

135 »Der heilige Antonius von Padua«, 8. Kapitel.

146/147 Die Metamorphose der »Frommen Helene«.

153 Porträt des Gottlieb Michael aus »Pater Filucius« (links) und Selbstbildnis mit Federhut und Palette.
Niedersächsisches Landesmuseum Hannover

156 Vier Motive aus dem 6. Kapitel von »Bilder zur Jobsiade«.

179 Maria Anderson. Foto.
Wilhelm-Busch-Museum Hannover

183 Grete Fehlow. Bleistiftskizze.
Wilhelm-Busch-Museum Hannover

217 Familienfoto.
Wilhelm-Busch-Museum Hannover

220 »Krischan mit der Piepe«.

228 Affen-Studien.
Wilhelm-Busch-Museum Hannover

245 Franz Lenbach, Paul Lindau und Wilhelm Busch als Die drei Grazien. Foto von Ernst Hanfstaengl.
Wilhelm-Busch-Museum Hannover

249 Meine Kammer in Wiedensahl. Bleistiftzeichnung (1882).
Wilhelm-Busch-Museum Hannover

267 »Der kleine Maler mit der großen Mappe« (links) und »Maler Klecksel«, 7. Kapitel.

278 Waldinneres mit Eichenstamm. Bleistiftzeichnung.
Wilhelm-Busch-Museum Hannover

313 Wilhelm Busch vor dem Pfarrhaus in Mechtshausen. Foto.
Wilhelm-Busch-Museum Hannover

324 Zwei Motive aus »Die Haarbeutel«: »Der Undankbare« (oben) und »Die ängstliche Nacht«.

332 Collage von Nasenverletzungen aus (von oben nach unten) »Fipps, der Affe«, »Der gewandte, kunstreiche Barbier und sein kluger Hund« (Münchener Bilderbogen, 1865), »Abenteuer eines Junggesellen«, »Hans Huckebein, der Unglücksrabe«, »Die Brille« (Münchener Bilderbogen, 1870), »Die Fromme Helene«, »Maler Klecksel«, »Ein interessanter Fall« (in: Fliegende Blätter, 1860), »Die Entführung aus dem Serail« (Münchener Bilderbogen, 1867), »Die Drachen«, »Der Bauer und der Windmüller« (Münchener Bilderbogen, 1861), »Das Pusterohr« (in: Über Land und Meer, 1867/1868).

334 Collage von Todesarten aus (von links oben nach rechts unten) »Trauriges Resultat einer vernachläßigten Erziehung« (in: Fliegende Blätter, 1860), »Die kühne Müllerstochter« (in: Über Land und Meer, 1868), »Monsieur Jacques à Paris« (in: Fliegende Blätter, 1870), »Dideldum!«, »Zwei Diebe« (Münchener Bilderbogen, 1866), »Eine kalte Geschichte« aus »Die Haarbeutel«, »Schreckliche Folgen der Neugierde, dargestellt an einem Bauer in der Barbierstube« (in: Fliegende Blätter, 1860)

Farbtafeln

Wilhelm-Busch-Museum Hannover / Deutsches Museum für Karikatur und kritische Grafik: 2, 4, 5, 6, 7, 8, 9, 10, 12, 13, 15, 16

Niedersächsisches Landesmuseum Hannover: 3

Museum Georg Schäfer, Schweinfurt: 11

Privatbesitz: 1, 14

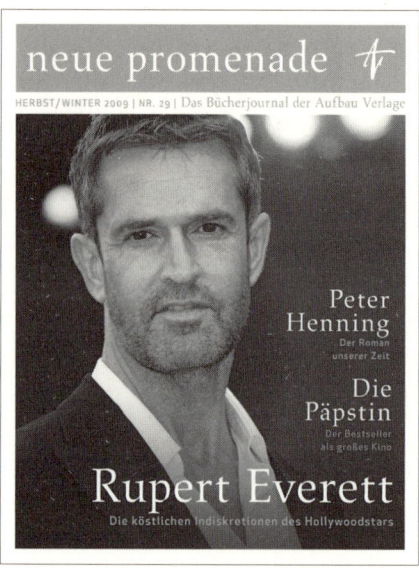

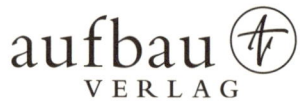

Wilhelm
Busch
Hundert
Gedichte
aufbau